高等院校网络教育系列教材

公共关系学

GONGGONG GUANXI XUE

黄忠怀　邓宏武　张　堃//编著

華東理工大學出版社
EAST CHINA UNIVERSITY OF SCIENCE AND TECHNOLOGY PRESS

图书在版编目(CIP)数据

公共关系学/黄忠怀等编著.—上海：华东理工大学出版社，2010.3(2018.8重印)

ISBN 978-7-5628-2740-5

Ⅰ.①公… Ⅱ.①黄…②邓…③张… Ⅲ.①公共关系学 Ⅳ.①C912.3

中国版本图书馆CIP数据核字(2010)第023859号

公共关系学

编　　著/黄忠怀　邓宏武　张　堃
责任编辑/周　颖
责任校对/张　波
封面设计/戚亮轩
出版发行/华东理工大学出版社
地址：上海市梅陇路130号，200237
电话：(021)64250306(营销部)
传真：(021)64252707
网址：www.ecustpress.cn
印　　刷/上海展强印刷有限公司
开　　本/787 mm×1092 mm　1/16
印　　张/15.5
字　　数/395千字
版　　次/2010年3月第1版
印　　次/2018年8月第5次
书　　号/ISBN 978-7-5628-2740-5
定　　价/39.00元

序 /PREFACE/

网络教育是依托现代信息技术进行教育资源传播、组织教学的一种崭新形式，它突破了传统教育传递媒介上的局限性，实现了时空有限分离条件下的教与学，拓展了教育活动发生的时空范围。从1998年9月教育部正式批准清华大学等4所高校为国家现代远程教育第一批试点高校以来，我国网络教育历经了8年发展期，目前全国已有67所普通高等学校和中央广播电视大学开展现代远程教育，注册学生超过300万人，毕业学生100万人。网络教育的实施大大加快了我国高等教育的大众化进程，使之成为高等教育的一个重要组成部分；随着它的不断发展，也必将对我国终身教育体系的形成和学习型社会的构建起到极其重要的作用。

华东理工大学是国家“211工程”重点建设高校，是教育部批准成立的现代远程教育试点院校之一。华东理工大学网络教育学院凭借其优质的教育教学资源、良好的师资条件和社会声望，自创建以来得到了迅速的发展。但网络教育作为一种不同于传统教育的新型教育组织形式，如何有效地实现教育资源的传递，进一步提高教育教学效果，认真探索其内在的规律，是摆在我们面前的一个新的、亟待解决的课题。为此，我们与华东理工大学出版社合作，组织了一批多年来从事网络教育课程教学的教师，结合网络教育的学习方式，陆续编撰出版一批包括图书、课程光盘等在内的远程教育系列教材，以期逐步建立以学科为先导的、适合网络教育学生使用的教材结构体系。

掌握学科领域的基本知识和技能，把握学科的基本知识结构，培养学生在实践中独立发现问题和解决问题的能力是我们组织教材编写的一个主要目的。系列教材包括了计算机应用基础、大学英语等全国统考科目，也将涉及管理、法学、国际贸易、化工等多学科领域的专业教材。

根据网络教育学习方式的特点编写教材，既是网络教育得以持续健康发展的基础，也是网络教育的一次全新尝试。本套教材的编写凝聚了华东理工大学众多在学科研究和网络教育领域中有丰富实践经验的教师、教学策划人员的心血，希望此套教材的出版能对广大网络教育学习者进一步提高学习效率予以帮助和启迪。

华东理工大学副校长

涂善东教授

2007年1月

目录

/CONTENTS/

公共关系理论篇

公共关系过程篇

公共关系实务篇

公共关系理论篇

第一章 公共关系概述

本章知识点

1. 公共关系的定义
2. 公共关系的特征
3. 公共关系的职能
4. 公共关系的要素
5. 公共关系的传播

第一节 公共关系的内涵与特征

一、公共关系的定义

“公共关系”一词源自英文的 Public Relations。Public 意为“公共的”、“公开的”、“公众的”，Relations 即“关系”之谓，两词合起来用中文表述便是“公共关系”。自从公共关系诞生以来，人们给其下一个准确定义的努力就没有停止过。由于每个人的认识角度不同，对公共关系内涵的理解也各异，于是就形成了许许多多的公共关系定义。20 世纪 70 年代中期，美国著名的公共关系学者莱克斯·哈洛(Rex Harlow)博士就搜集到 47 个关于公共关系的定义，有人不无幽默地说，有多少公共关系学者，便有多少种公共关系的定义。

1. 管理职能说

“管理职能说”这类定义把公共关系看作和计划、控制一样的管理职能，其中美国人莱克斯·哈洛博士的定义便是典型代表。他认为，公共关系是一种特殊的管理职能，它帮助一个组织建立并保持与公众之间的交流、理解、认可与合作，参与处理各种问题与事件，帮助管理部门了解民意，并对其做出反应；它确定并强调企业为公众利益服务的责任；同时，作为社会趋势的监视者，它帮助企业保持与社会同步，并使用有效的传播技能和研究方法作为基本工具。

国际公共关系协会同样认为公共关系是一种管理职能，其定义是：公共关系是一种管理功能，它具有连续性和计划性。通过公共关系，公立的和私人的组织机构试图赢得与它们有关的人们的理解、同情和支持——借助舆论的作用，以尽可能协调它们自己的政策和做法，依靠有计划的、广泛的信息传播，赢得更有效的合作，更好地实现它们的共同利益。

美国著名公共关系学者卡特李普(Scott M. Cutlip)和阿兰·森特(Allen H. Centre)认

为，公共关系是这样一种管理功能，它能建立和维护组织与公众之间的互利互惠关系，而一个组织的成功或失败取决于公众。

2. 传播说

这一类定义强调公共关系是组织一种特定的传播管理行为和职能，认为公共关系离不开传播沟通，我国公共关系学者廖为建就持此种观点。其定义是：公共关系是一个组织与其相关公众之间的传播管理。国外持这种观点的学者不在少数，英国人弗兰克·杰夫金斯(Frank Jefkins)也认为，公共关系是由为达到相互理解有关特定目标而进行的各种有计划的沟通联络所组成的，这种沟通联络处于组织与公众之间，既是内向的，也是外向的。在美国的大学中，公共关系专业往往设在新闻传播学院内。

国外一些大型的百科全书或综合词典也从传播或沟通的角度来定义公共关系。《美利坚百科全书》中的定义是：公共关系是关于建立一个组织同其既定公众之间相互了解的活动。《大英百科全书》中是这样定义的：公共关系是旨在传递有关个人、公司、政府机构或其他组织的信息，并改善公众对其态度的种种政策或行动。《韦伯斯特新国际词典》认为，公共关系是通过传播大量有说服力的材料，发展邻里的相互交往和估价公众的反应，从而促进个人、公司或机构同他人、各类公众以及社区之间的亲善友好关系。

3. 特定关系说

持这种观点的人认为，"关系"体现公共关系的本质属性，公共关系是一种特定的社会关系，正确认识公众关系、处理公众关系，是开展公共关系的出发点和归宿。美国普林斯顿大学的资深公共关系教授希尔兹(H. L. Chils)认为，公共关系就是我们所从事的各种活动所发生的各种关系的统称，这些活动与关系是公众性的，并且都有社会意义。另如英国公共关系学会的定义是：公共关系是在组织与它的公众之间建立和维持相互了解的、有目的、有计划的持续过程。

4. 特征综合说

有的公共关系学者认为，前面几类定义都只反映了公共关系某一方面的含义或特征，未免失之偏颇，因此他们试图通过一个定义把公共关系的所有内涵或特征都包括进去。美国《公共关系季刊》曾详细罗列了公共关系的十四个特征。1982 年 11 月，美国公共关系学会(PRSA)在其由一流成员组成的专家小组的努力下，正式采用了一个"关于公共关系的官方陈述"。这一定义除了概念方面的内容外，还将各种活动、结果和对公共关系实践的知识要求包括在内。

5. 经营艺术说

持这种观点的人认为，公共关系还只是一门不精确的学科，许多公共关系问题不存在唯一正确的答案，公共关系在实际运作中要讲究创造性，讲求形象思维，需要从整体上来把握公共关系及其工作。因此，公共关系是一门艺术。如 1978 年 8 月，在墨西哥城召开的世界公共关系协会大会上，代表们经过商讨，提出了这样一个公共关系的定义：公共关系是一门艺术和社会科学，公共关系的实施是分析趋势、预测后果，向机构领导人提供意见，履行一连串有计划的行动，以服务于本机构和公众利益。我国学者余阳明认为，公共关系是社会组织为了塑造组织形象，通过传播、沟通来影响公众的科学和艺术。

二、公共关系的特征

综合上述定义，本书认为所谓公共关系，是社会组织为了生存发展，通过传播沟通，塑造形象，平和利益，协调关系，优化社会心理环境，影响公众态度与行为的一门科学与艺术。与公共关系相关的概念还有公共关系活动、公共关系职业、公共关系学等。

公共关系是社会关系的一种表现形态，它不同于一般的人际关系，作为一种传播过程，它又与其他传播形式如广告、推销、宣传等有着本质的区别。科学形态的公共关系有其独特的个性，概括起来有六个方面。

1. 以社会公众为工作对象

公共关系特指一定的组织机构和与其相关的社会公众之间的相互关系。公共关系与一般的人际关系不同：人际关系以个人为支点，是个人之间的线性关系；而公共关系以组织为支点，是组织与其公众结成的网状关系。组织必须坚持着眼于自己的公众，才能生存和发展。公共关系活动的策划者和实施者均应始终确认公众是自己的工作对象。

2. 以塑造形象为工作目标

公共关系的基本目标是为一定的组织机构在社会公众中树立美好形象。塑造形象是公共关系的核心问题，组织应通过各种公共关系活动，有效地提高自身的知名度和美誉度。良好的组织形象有利于组织顺应大势，适应环境，使组织在生存、竞争、发展中不断充实、成熟和壮大。

3. 以传播沟通为工作方式

以传播沟通作为工作方法或手段，既是公共关系区别于一般管理职能的重要方面，也是它与单纯的宣传、广告之不同所在。在组织与公众之间，一方面，组织应策划对外传播，使公众认识、了解自己；另一方面，它又要吸取舆论民意以调整、改善自身。只有这样才能达成有效的双向意见沟通，也才能使组织与公众在交流沟通、共享信息的基础上增进了解、理解与合作。

4. 以互惠互利为工作原则

从根本上说，公共关系的内在驱动力是双方的利益要求。然而，不能认为公共关系就是社会组织与公众之间的利益关系，而没有情感上的交流和道义上的帮助。恰恰相反，公共关系正是要建立一种情感融洽、富有职业道德的相互了解、相互合作的关系，并由此与公众一道获取共同利益。可见，公共关系的互惠互利原则是一种双赢的结果。

5. 以真实诚恳为工作信条

公共关系塑造组织形象，必须奉行真实的信条、倡导诚恳的作风。真实的传播、善意的协调、友好的交往，才能在公众心目中产生信任感，才能赢得公众自觉的合作。反之，任何一种虚假的信息传播、生硬刻板的接待服务，甚至居心叵测的交往，都将使组织形象受损，实在是公共关系工作的大忌。

6. 以注重长远为工作方针

组织与公众间的良好关系，不是一朝一夕建立起来的；即使建立起来，也还需要加以维护、调整和发展，因此需要长期、不懈的努力。“宜未雨而绸缪，毋临渴而掘井”，这是公共关系的基本方针。公共关系与一般广告、推销不同，一般广告、推销的目标是直接的、局部的、战术性的，因而是短期的；公共关系的目标则是间接的、全面的、战略性的，它着眼于长远利益。公共关系活动是推销组织，让公众了解并喜欢你的组织，从而喜欢你的产品和服务。因此，可以说公共关系是“无形的推销术”。

三、公共关系学与相关学科

（一）公共关系学的研究对象

任何一门学科，都有自己的研究对象，而且是客观的、带有规律性的。公共关系作为一门学科，也应有自己的、带有客观规律的研究对象。公共关系学的研究对象实际上包含在它的定义中，就是研究社会组织与其公众的关系的规律及各种公关活动的技巧。具体讲它包括四方面内容：

(1) 研究各种具体的"公众"关系，如员工关系、股东关系、政府关系、媒介关系、顾客关系和社区关系等；

(2) 研究社会组织与公众之间的信息传播规律，如研究信息传播的原理、形式、机制、技巧及信息传播体系等；

(3) 研究公共关系作为社会组织的管理职能的种种规律，如帮助组织建立并维持与公众之间的交流、理解、认可、合作，帮助管理部门了解民意，使公关工作本身具有目的性、计划性、连续性；

(4) 研究公关活动及其策划、实施的艺术与方法，如确立公关的目标、制定公关工作的程序、进行公关谈判、策划公关广告、撰写新闻稿件等。

（二）公共关系的研究内容

公共关系学的研究范围是由历史、理论、应用三部分组成的。

公共关系的历史研究，主要研究公共关系是如何产生、如何发展的。目的是从历史的变迁中了解公共关系是如何随着社会的进步、环境的变化而改变自己的工作内容、工作重心和工作策略的，了解哪些做法应予坚持，哪些做法应予修改，哪些做法应予抛弃，以便探索、掌握公共关系的发展规律。

公共关系的理论研究可分为基础理论研究和核心理论研究。公共关系学是一门综合性的交叉边缘学科，它涉及社会学、心理学、广告学、传播学、管理学、市场学、舆论学、新闻学、伦理学、民俗学等。因此，这些学科的许多理论就构成了公共关系学的基础理论部分，它虽然不是公共关系学理论"本身"，但却是公共关系学必须加以研究、公关从业人员必须予以掌握的。如公共关系学要研究社会组织与环境之间的关系，研究组织本身如何自觉地与环境相适应、相协调，这就需要有社会学和环境学的理论；公关中与人打交道，强调人的心理，这就需要掌握心理学的概念和理论；公关在营销过程中有非常重要的作用，这就需要熟悉市场学的理论。

公共关系学的综合性、交叉性、边缘性，决定了它的基础理论的广阔性和学科知识的广博性。公共关系学的基础理论是其创立的理论基础，公共关系学的核心理论就是紧紧围绕公共关系学这门学科的核心而提出的理论。它的核心理论部分比较狭隘，内核较小，但却反映了该学科的质的规定性，如研究公关的构成要素及工作过程、方法，考察公共关系的地位、职能、基本原则等，是紧紧围绕研究公关本身的理论体系及其结构的。

公共关系学的应用部分内容最为丰富，主要研究如何应用公共关系学的原理去指导实践，以提高公关活动的效果，达到公关活动的目标。应用部分的内容包括如何制订公关目标、活动的程序、具体内容及其组织方法与技巧等。公共关系学是一门应用性的学科，它注重实践，公共关系学所有的原理、技能、工作方法等都是从实践中总结出来而又被应用于实践中去的。当今国际、国内流传较广的公共关系学著作大多也是以应用研究为重点，展开讨论和阐述的。

（三）公共关系学的学科特点

1. 应用性

公共关系是一门技术多于理论且操作性和应用性都很强的学科。一方面，公共关系学发展之快、传播之广,从某种意义上说,和学科本身有很强的应用性是分不开的。公共关系具有多种功能,其中主要的是管理功能、传播沟通功能、社会交往功能等,这些都是社会活动的表现。另一方面,公共关系是社会组织参与社会竞争的一门艺术、一种手段。所以无论从哪方面看,都能清晰地看到:公共关系学是一门应用性很强的学科。

2. 边缘性

公共关系学科的外延很广,它的本体知识内涵并不多,但与之相关的交叉学科却非常多。基础理论相互渗透,说明实际进行公共关系操作时,需要交叉运用各种学科的知识和手段。这是由公共关系的特点所决定的。

3. 多维性

首先,公共关系的多维性表现在功能上。公共关系有许多功能,如沟通功能、管理功能、社交功能,这就要求学科本身的架构要照顾到几个方面。其次,由于公共关系的层次不同,具体从事公关工作的人员所在组织的类别、性质也不同,因此对公关人员的要求也就不同,表现在学科上就出现多维性。另外,公共关系学的多维性还表现在研究方向及方法上,不同的研究者,根据自身的经验与见解,有着不同的切入口,用自己认为正确、完善的体系来构建公共关系学。

4. 综合性

公共关系学是在经营管理学、市场营销学、大众传播学、社会心理学等其他有关学科的基础上,综合广告、交际、传播等技术手段所形成的一门综合性较强的学科。

(四)公共关系学的相关学科

由于公共关系学的边缘性、综合性以及多维性,所以与之相关的学科特别多且特别杂,为理顺它们与公共关系学的关系,我们把这一多而杂的学科划分成四大部分,即背景学科、基础学科、技术学科和交叉学科。

1. 基础学科

公共关系的基础学科包括管理学、传播学,以及与管理学相关的市场学、企业文化等,与传播学相关的人际传播、大众传播、组织传播、舆论学等,公共关系学是在传播学和管理学的基础上,综合了两方面的有关理论而形成的一门学科。需要说明的是,尽管公共关系是一种软性管理手段,具有管理功能,但它并不能代替管理科学与艺术的全部,它仅是管理的一个方面,在管理目标系统中,公共关系仅能实现塑造形象这一局部目标。

2. 交叉学科

交叉学科是指有一部分内容与公共关系学彼此重叠的学科,如广告学、营销学、创造学、竞争学、人际关系学等。广告学是研究广告艺术的,它通过广告的宣传、鼓动、劝说、诱导等来达到商品促销的目的,公共关系在一定意义上也可以说是一种促销手段。相比之下,广告推销的是商品,公共关系推销的是组织,一个是直接促销,另一个是间接促销,两者都为着一个共同目的,所以内容上的交叉是很自然的。公共关系学与创造学也有一定的交叉,这主要表现在公关活动的创造策划上。公共关系活动要求"新"、"奇"、"特",因为这样能产生轰动的效果,对公众产生较强的吸引力。公关活动若没有创造、没有新意,就不能取得良好的公关效果。公共关系学虽然研究的是组织与环境的关系,但组织也是人的集合体,而且公共关系的具体实施者也是具体的人,所以公共关系学也要涉及人际关系学的某些内容,两者出现交叉重叠也是自然的事。

第二节　公共关系的职能

一、采集信息，监测环境

公共关系首先要发挥收集信息、监测环境的作用，即作为组织的预警系统，通过各种调查研究的方法，收集信息、监测环境、反馈舆论、预测趋势、评估效果，以帮助组织对复杂、多变的公众环境保持高度的敏感性，维持组织与整个社会环境之间的动态平衡。

采集信息是公关工作的必要前提。在信息社会中，信息已成为公认的巨大资源。公共关系是信息产业，不采集信息，公共关系就成了无米之炊。因此，无论是内部公关还是外部公关，任何策划都应从采集信息开始，这样才能做到知彼知己、百战不殆。采集信息的职能要求公关人员具备信息意识，注意随时采集有关组织的信息。

所谓监测环境，是指观察和预测影响组织目标实现的公众情况和各种社会环境的情况，使组织对环境的发展变化保持清醒的头脑和敏锐的感觉以及灵敏的反应，从而保证科学地塑造组织形象，实现组织目标。

（一）信息的来源

制约和影响组织生存与发展的公众环境包括内部公众环境和外部公众环境两个方面，因此，公共关系工作所需要的信息就包括内源信息和外源信息两个部分。

1. 内源信息

内源信息主要指来自组织内部各方面的信息和动态。一个组织的发展首先受到其内部公众对象的制约和影响，包括组织各部门的管理人员、技术人员及全体职员，他们处在组织日常运转的第一线，他们对组织内部的人、财、事、物的状况和动态的了解与评价，是重要的内源信息。

2. 外源信息

外源信息主要指组织所处的外部环境的信息动态。组织有关的外部公众对象非常广泛、复杂，公共关系需要建立广泛的社会信息网络，密切注视外部公众的各种信息和动态，既要关注已经发生联系的公众对象的信息，也要预测可能发生联系的潜在公众对象的动向；既要重视具有直接利害关系的公众对象，也不能忽略那些只有间接关系的公众对象。如客户的需求、合作者的看法、投资者的意向、竞争者的动态、政府官员的看法、新闻界的评价等，都是公共关系需要采集的外部公众信息资料。

（二）公众信息的内容

公共关系作为组织的信息中心，所面对的信息不仅包括与组织专门业务直接相关的业务信息，而且包括社会的政治、经济、文化、科技、军事、民情等全方位的社会信息资料。

1. 与组织形象有关的信息

公共关系首先要注意与本组织的形象评价有关的各种信息。这些信息涉及公众对组织的政策、产品、行为、人员等方面的印象、看法、意见和态度。

(1) 产品形象信息。产品形象是组织形象的客观基础，只有产品被接受、受欢迎，企业存在的价值才能得到社会的认可。公众对产品的意见和评价是多方面的，如质量、性能、功能、价格、款式、包装、售后服务等。

(2) 组织形象信息。组织的整体形象，还反映在公众对组织其他要素的评价方面。如公众对于组织的方针政策，办事制度、程序和效率，经营管理水平，技术、财政、人才方面的实力，服务质量和水准，市场宣传形象，组织文化和精神文明等方面的反映和评价。组织机构需要根据这些评价来调整和完善自身。

2. 组织环境中的各种社会信息

公共关系需要为组织监测社会变化与趋势，注意社会的政治、经济、文化、科技、军事、时尚潮流、民俗民情、舆论热点等多方面的信息动态，分析其对组织的各种直接或潜在的影响，充分利用环境中的有利因素，避免不利因素，使组织与社会环境的变化保持动态平衡。公共关系的信息功能具有宏观性和社会性，这是组织内的其他职能部门所无法取代的。

二、咨询建议，参与决策

这是公共关系最有价值的职能，因此，公共关系也被称为“咨询业”、“智业”。1978 年在墨西哥召开的世界公共关系大会上提出的公共关系定义，着重强调了公共关系的咨询建议、参与决策的职能。

(一) 咨询建议的含义

公共关系的咨询建议，就是指组织的公关人员向决策层和各管理部门提供公共关系方面的意见和建议，使决策更加科学化、系统化，并照顾到社会公众的利益。公共关系的咨询建议与采集信息是密切相连的。获取信息是咨询建议的前提，没有足够的信息，一切咨询和建议只能是空谈。采集的信息只有通过向组织提供咨询和建议的方式，才能充分发挥其功能，实现其价值。

(二) 组织公共关系咨询建议的主要内容

(1) 对本组织的内部方针、政策和行动提供咨询建议，发挥公共关系对组织的五个导向作用，参与决策，制订出合乎组织发展的目标。

(2) 对本组织的公共关系战略、经营销售战略和广告宣传战略、CIS 战略、组织文化战略提供咨询意见，使原来分别由几个部门负责的工作发展成为一个系统，并制订出科学的实施方案供决策者参考。

(3) 对组织生存环境的有关发展变化进行预测和咨询，使组织决策者拥有一套乃至几套可供选择的方案，以适应这些变化。

(三) 咨询建议的形式

(1) 成立咨询服务部。咨询服务部是组织的智囊团，其主要任务是向组织提供各种咨询建议，为领导者进行科学决策发挥参谋作用。如广东对外经济贸易总公司曾为广州人民造纸厂引进一套造纸设备进行咨询，通过认真比较，分析国际行情和价格，结果使这一项目为国家节约外汇 100 万美元。

(2) 帮助组织选择决策方案和活动的时机。公关的咨询作用表现在运用公关手段,为决策者评价、选择和实施有关的决策方案,特别应关注决策方案在经济效益和社会效益方面的统一与协调,敦促决策者重视决策行为的社会影响和社会效果。同时,调动公关手段,广泛征询各类公众对象的意见,促进决策过程的民主化和科学化。组织要提高知名度,就必须多参加和举办各种各样的公关活动,如举办记者招待会、商品展销会、博览会,策划新闻稿件等。公关人员可根据自己的实践经验,为组织选择恰当的时间、地点和方式参与这些活动,通过活动,使组织广结良缘,提高声誉。

(3) 参与决策。公关人员不仅要向组织提出一般的咨询建议,而且要尽可能参与决策,为领导决策提供必要的信息建议,直接影响决策过程,这才是公关咨询建议的最高形式。公关人员要努力开展工作,在决策之前,广泛征询内外公众意见,获取全面信息,以供决策者参考,使决策方案具有较强的社会适应性和应变弹性,并争取以决策方案中较完整地反映出公关人员的工作成绩及其思想而引起领导层的重视,为公关人员更多地参与决策活动提供机会。

三、传播推广,塑造形象

这是公共关系传播与其他传播在目的与技巧方面不同的特有职能。公共关系的传播沟通职能主要体现在两个方面:一是组织运用传播沟通的手段同公众进行双向交流,与公众交心,赢得公众的信任和支持;二是顺时造势,实现舆论导向,通过策划新闻、公关广告、专题活动等手段,制造声势,提高组织的知名度与美誉度,为组织创造良好的舆论环境。从某种意义上说,丧失了传播沟通的职能,公共关系就将一事无成。

四、协调沟通,平衡利益

(一) 协调的含义

公共关系中的协调是在沟通的基础上,经过调整,达到组织与公众互惠互利的和谐发展。协调的重要作用在于保持组织管理系统的整体平衡,使各个局部能步调一致,以利于发挥总体优势,确保计划的落实和目标的实现。协调关系分为广义协调和狭义协调。广义协调不仅包括组织内部的协调,而且包括组织对外的协调,如组织与政府、社区、消费者等的协调活动;狭义协调主要是指组织内部的协调,如组织内部上下级之间的协调,组织内部同一层次中的各部门、各单位之间的关系协调。内求团结,外求和谐,是公关协调工作的宗旨。

马克思说过,人们奋斗的一切都同他们的利益有关。公共关系也是以利益为基础的。社会进入市场经济以后,许多过去用武力或者由行政手段调节的关系,现在需要用经济规律来调节。组织作为一个开放系统,面对各类公众和各类公众各自的利益要求,其公关人员要想为组织创造一个良好的内外部环境、协调各种关系,就必须本着真诚互惠的原则首先承认这些利益,然后按公共关系双向对称原则来尽量满足这些利益;当各种利益发生矛盾时,应本着公平对等的原则加以协调、平衡,既不能无视正当要求,也不能厚此薄彼。

（二）协调关系的内容

协调既是目的，又是手段，具有两重性。作为目的，指的是一种关系的良好状态；作为手段，指的是一种调整工作，通过协调使关系达到良好状态。公共关系能够发挥平衡、协调关系职能的领域主要有三个：

(1) 协调组织内部领导与职工之间的利益和关系。组织内部领导与职工关系的好坏，直接关系到职工积极性、主动性、创造性的发挥和领导者职责的实现，也关系到组织全体职工能否形成良好的团结奋斗精神和产生有效的协调作用。因此，组织的公关部门和人员要努力协调好领导与职工的关系。具体说来，一方面，公关人员要应用科学方法，经常向职工宣传本组织的方针、政策，传达领导层的经营战略，并尽可能充分地对组织的方针、政策、战略意图作出相应解释和说明，使职工了解、理解，并自觉执行；另一方面，公关人员还要不断地、广泛地搜集职工对组织的意见和看法，及时将这些情况转达给领导，以改善和促进组织的工作，保证领导与职工的关系和谐发展。

(2) 协调组织内各部门、各环节之间的利益与关系。在组织内部，由于分工的缘故，各部门之间往往缺乏全局观念，各自为政，因此会产生一些矛盾，给组织带来不必要的麻烦和损失。部门之间的协调工作，虽然主要由领导去做，但公共关系部门也要积极配合。通过沟通，加强部门之间的联系、了解，使之相互支持、相互信任、相互谅解，协同努力，提高组织绩效，实现组织目标。

(3) 协调组织与外部公众之间的利益和关系。任何一个组织，在其发展过程中都会由于各种原因而不可避免地与外部公众发生矛盾和冲突。一旦出现这种现象，公关部门就要及时了解情况，进行协调，妥善处理各种矛盾和冲突，否则，组织的发展就会受到影响。

（三）协调关系的方法

1. 反馈调节法

反馈调节法，即根据信息的反馈来适当调整组织的行动，以协调关系。在反馈调节过程中，公关人员要把组织的政策、计划情况以及其他信息告之内外公众，同时还要把执行情况以及内外公众的看法及时反馈给组织的决策层，以填补漏洞或进一步修正计划。

2. 自律法

组织与公众之间有时因关系处理不当而引起种种矛盾，如组织内部的干群矛盾、部门之间的矛盾、组织外部的社区矛盾、与消费者的矛盾、与政府有关部门的矛盾等。这时，组织要善于自律，实行自我检查、自我监督，严于律己，发现问题主动纠正。

3. 感情疏通法

人是有感情的，组织与公众之间也存在情感关系。因此，公关人员要重视与公众之间的心理情感的协调，善于运用感情疏通法拉近公众与组织的心理距离。例如，美国著名的推销汽车的能手乔·吉拉德成功的一个重要原因，是与顾客之间建立起一种“唇齿相依”的特殊关系。他说：“当顾客把车开过来要求给予修理或提供服务时，我会尽一切努力为他们争取到最好的东西，这时，你必须像一位医生，顾客的车出了毛病，你应该替他感到心痛。”吉拉德还向从他手里买车的顾客每月寄送一张大小不同、格式精美的明信片。小小明信片紧紧系着吉拉德与顾客的心，使他与顾客保持着密切的关系。因此，周到的服务、情感的协调，是建立组织与公众良好关系的好办法。

4. 信息分享法

信息分享法,即通过建立和完善组织内部的各种传播沟通渠道和协调机制,促进组织内部的信息交流,上情下达、下情上达,横向联络、分享信息,使全体成员在思想上认同、行为上一致,提高组织的向心力、凝聚力。如某厂在厂门口宣传栏开设了一个《每日新闻》专栏,早上8点半之前贴出,除了厂休日和节假日之外从不中断。职工每天上班一进厂,先花上几分钟看看这份《每日新闻》,就能及时了解全厂主要的动态和信息,既有最新的决策和意见、重要的人事变动、生产经营的最新动态,也有关于职工福利的消息和文化娱乐消息,还有各部门、各车间的情况通报以及本厂职工的批评建议等。大家感到这个新闻墙报比开大会更有用,比看报纸更过瘾,一天不看就感觉是个缺憾。由于职工们的喜爱和信任,大家都积极地为编辑部提供信息,这大大加强了组织内部的沟通和横向联系,理顺了人际关系,有效地将全体职工凝聚在一起。可见,内部关系的协调有赖于良好的内部信息沟通,信息的分享度越高,关系就越和谐。

5. 协商法

协商法,就是通过协商的方式来避免或减轻组织与员工之间、组织与组织之间的矛盾和冲突,以及由此造成的损失。

五、教育引导,培育市场

公共关系要完成其社会职能、促进社会发展,就必须加强教育引导;要提高组织美誉度,则更需要教育引导。公共关系的教育引导职能主要表现在对内、对外两个方面。对内,公共关系的主要职能是传播公关意识,传播公共关系的思想和技巧,进行知识更新。不仅要对每名员工进行教育引导,也要说服组织领导接受公共关系思想;对外,组织公共关系主要是对公众进行教育引导。人们常说"公众永远是对的",这是从服务的角度将"正确"让给对方,但客观地讲,公众不可能永远正确,而是需要加以引导。另外,随着科技的突飞猛进、产品的极大丰富,需要公共关系来培育市场。公众不可能了解那么多的新产品,需要不断对其进行商品知识、消费知识、安全保险等方面的教育和引导,提高消费群体对组织及其产品的认同度。

六、科学预警,危机管理

组织危机是组织生存发展的大敌,处理不好往往会给组织造成重大损失,甚至断送组织的"生命",因而组织公共关系将危机处理作为公共关系的主要职能和工作重点之一。随着公关理论和实践的发展,事前预测管理危机已成为公共关系处理危机的主流方法,这是组织公共关系的新发展。

第三节　公共关系的要素

公共关系由社会组织、公众、传播三个要素构成。公共关系的主体要素是社会组织,客体要素是社会公众,连接主体与客体的中间环节、手段要素是信息传播。这三个要素构成了公共关系的基本范畴。

一、社会组织——公共关系的主体

(一) 社会组织的含义及特征

社会组织简称组织，是执行一定社会职能、实现特定社会目标，按照一定的组合方式构成的相互独立的社会团体。组织是公共关系的第一构成要素，是公共关系的主导，它决定了公共关系的状态、活动和发展方向。社会组织具有如下几个特征：

(1) 社会职能是组织存在的前提。社会组织作为社会的一个机构、人类交往的一种结合形式，它必然承担一定的社会职能，完成社会的特定任务，这是社会组织存在的前提，也是开展公关活动的客观依据。由于社会分工的不同，每一个社会组织都有其特定的职能和任务，以此区别于其他社会组织，体现自身的价值，共同推动社会的发展。比如，学校的职能是开展教学、科研和服务社会，工厂的职能是生产出社会需要的产品，商店的职能是将商品从生产者手中转移到消费者手中，等等。

(2) 共同目标是维系组织的基础。社会组织是多数人的集合体，依靠共同目标作为维系组织的基础。目标相同是建立组织的基本条件，没有共同的目标、共同的利益需求，就没有构建社会组织的必要，也就无法形成社会组织。组织的目标是辨别组织的性质、任务、职能的标志，对组织的公关活动起到指向规范作用。社会组织只有具备了共同目标，组织成员才会形成共同信念，统一行动，从而产生较高的社会效益和经济效益；社会组织一旦失去了目标，就会迷失方向，成为一盘散沙，毫无战斗力。因此，一个组织的共同目标是组织成员形成统一意志和整体合力的重要因素和必要保证。比如，海尔集团的目标是成为世界家电第一品牌，可口可乐公司的目标是保持世界饮料行业第一的位置等。

(3) 组合方式是构建组织的重要条件。社会组织是由固定成员按照一定方式构成的统一整体，其内部有明确的分工，纵向存在隶属关系，横向发生合作关系，相互间既保持有机联系，又具有相对的独立性，其中任何一个部门发生变化，都会影响其他部门，甚至影响组织整体。社会组织各部门的功能不是简单的集合，而是经过一定方式实现的有机整合，产生新的功能，以保证社会职能的履行。由于社会组织的组合方式不同，履行的社会职能也不一样，因此就形成了多样化的组织机构。例如，生产啤酒的企业，从横向来说有以下合作关系：供应商(大麦芽、啤酒花、糖浆、生产设备)、销售商(一批、二批)等；纵向是隶属关系，如主管部门(轻工局)专业协会、总公司(集团公司)、子公司(分公司)、一个企业的各个部门等。

(4) 公众需求是组织价值的体现。社会组织的对象是与其发生密切关系的内外公众。组织的建立须拥有一定数量的内外公众，组织的兴旺与衰败都与内外公众的需求密切相关，内外公众需求决定着组织的发展方向、发展规模和发展结果。而组织的建立，一方面是适应公众环境的需要，另一方面又能动地改变公众环境，也就是主动地对公众施加影响，这也就是组织开展公关的动因。例如，正是由于有人需要汽车，才有了汽车制造厂；正是由于有人需要楼房，才有了房地产开发公司；正是由于广大群众迫切需要接受高等教育，才有了高校扩招，才有了许多民办高校的成立。

(二) 社会组织的类型

在公关活动中，明确组织所属的类型，目的是为了有利于把握公关的行为方式和公众的类型划分。由于组织的属性比较复杂，划分的依据也不尽相同，因此国内外按照不同的标准把组织分成很多类型。这里介绍常见的几种划分方法。

(1) 以组织成员之间的关系状态为标准，可将组织划分为正式组织和非正式组织。正式组织的成员之间关系明确，对组织活动也有一定要求和规定，最为典型的就是工商企业、学校、政府、军队等。非正式组织成员之间的关系比较松散和自由，彼此是一种地缘、趣缘、业缘的关系，如一些群众团体、各种协会、志愿者组织、同乡会、同学会等。

(2) 以组织的性质及其职能为标准，可将组织划分为政治组织、经济组织和文化组织。政治组织具有政治职能、权力职能，集中体现了社会成员某些阶级和阶层的利益，如属于国家机构的立法组织(人民代表大会等)、司法组织(法院、检察院、公安局、监狱等)、行政组织(中央及省市的政府机构等)、政党组织(政党、政治团体等)以及各种军事组织等。经济组织具有经济职能，是担负经济领域中的生产、交换、流通、分配等职能的组织，它参与原材料生产、能源生产、加工制造、销售流通、交换分配、消费服务的全过程或部分过程，沟通生产、流通、消费三个环节，如生产组织(工厂、农业生产单位)、商业组织(商店等)、交通运输组织(铁路公司、航空公司、船舶公司等)、社会服务组织(银行、饭店、保险公司)等。文化组织具有文化、教育职能，是以满足人们的文化精神生活需要而成立的组织，包括文学、戏剧、影视、音乐、舞蹈、美术、书法、曲艺等狭义的文化组织，还包括教育组织、体育组织、卫生组织、科研组织以及各种学术和科研团体、协会等广义的社会组织。

(3) 以组织获利与否为标准，可将组织划分为营利性组织、服务性组织、互利性组织和公益性组织。营利性组织以经济利益为目标，追求的是利润，如工商企业、金融机构、旅游服务性单位等。服务性组织以服务对象的利益为目标，是为服务对象谋求利益的，主要有学校、医院、慈善机构、社会公用事业机构等。互利性组织以组织内部成员之间互获利益为目标，即组织的目标对所有的组织成员都有好处，如党派、群众团体、宗教组织等。公益性组织以国家和社会利益为目标，是为国家和社会公众谋求利益的，如政府、军队、治安机关等。

以上三种分类标准，对社会组织的划分也不是绝对的。不仅不同标准下的组织之间呈现出互相交叉、互相重叠的关系，而且同一标准下的不同组织之间也是互相联系、互相制约的。如，以营利性组织、服务性组织、互利性组织、公益性组织为例，学校属于非营利的文化组织，而学校的校办产业则属于营利性的经济组织。但由于学校以提供社会人才服务为主，所以学校仍属于服务性的文化组织。又如，政党属于非营利性的政治组织，但从相互利益关系来说，它是互利性组织，而从对外服务的职能来说，它又是社会的公益性组织。

不同类型的社会组织的相互联系，形成了社会组织的机构网络，并且随着社会分工的发展而逐步发展。只有既看到它们各自的特殊性，又看到它们之间的相互联系，才能正确地认识各类社会组织。

(三) 社会组织对环境的适应与影响

社会组织在公关活动中处于主体地位，发挥主导作用。它是公关计划、方案的策划者，也是公关各项专题活动的实施者，对公关活动的成效起着决定性的作用。从一定意义上讲，组织作为公关主体是环境的产物，它要受到环境的影响和约束。但是组织在环境面前不是随波逐流、无能为力的，实际上，它对环境也有所影响、有所改变、有所超越。一个组织在与环境相适应的过程中，适应是相对的，不适应是绝对的，问题是作为组织如何来调节所出现的不适应，以寻求和建立与环境间的相对适应，按照既定的目标来策划各种影响环境的公关活动，这就是公关主体能动作用的发挥。

1. 社会组织必须适应环境的变化

任何组织都不是孤立地存在于社会之中的，它们的生存和发展要受到与之相联系的环境变化的极大影响，这种影响贯穿于组织发展的始终。作为组织来讲，只有认清影响组织的各种环境因素及其变化情况，才能更好地适应环境的变化，并在变化的环境中始终保持对环境的适应性和主动性。

(1) 适应经济环境的变化。经济因素是人类社会发展的重要基础。在现代社会中，每一个组织都在社会经济运行系统中扮演一定的角色，即便是不直接从事经济活动的组织也不能游离于社会经济生活之外。市场经济是一种社会经济因素。我国建立市场经济体制，既给社会经济环境带来了巨大的生机和活力、带来了效益，也保证了我国市场经济的发展。同时，它也给组织的公关意识、公关行为提出了新的适应要求，市场经济环境要求社会组织运用公关艺术，充分发挥能动作用，努力提高组织的信誉、质量和服务水平，抵制不守信用、见利忘义、损害国家和公众利益、影响市场声誉的不道德行为，始终与统一、开放、竞争、有序的市场运行机制相一致，与加强经济全球化的进程相适应。比如，许多效益非常好的企业，在改革开放后，由于不适应市场经济的变化而纷纷倒闭；而适应经济环境变化的企业则在竞争中异军突起，立于不败之地。

(2) 适应政治环境的变化。在影响组织的环境因素中，政治因素是一个重要的环境因素。国家的政治稳定、政治民主化及法制进程的加快，要求社会组织的经营指导思想、经营管理活动与之相适应。社会组织的员工管理与客户管理要符合民主管理的要求，市场的主体行为要依靠法制规范，发挥公关软控制的功能，促进社会的稳定、发展，与国家政治民主化、法制化保持一致。改革开放初期，由于法制不健全，很多人钻了法律空子，而现在法制越来越健全，只有守法才能致富，所以要适应这个变化。

(3) 适应文化环境的变化。文化作为人类的社会环境，是一个复杂的整体，包括知识、信仰、艺术、道德、法律、风俗习惯以及人们所学习到的任何技能。文化是人类为了使自身适应环境，以改善生活方式而所作努力的一种积累，也是现阶段人类所具有的抱负和价值观的基础。社会先进文化是社会主导文化，它必然影响和支持组织文化，影响组织的理念、价值观、伦理原则、行为规范、组织传统习惯等，并进而影响到组织的稳定与发展。因此，组织在规划经营发展、经营目标、管理方式时，必须适应文化环境变化的要求，增强文化观念，充实文化内涵，赋予市场竞争以文化因素，开拓更为广阔的竞争领域，在高层次的竞争中塑造组织独特的高品位的文化形象。比如，深圳康佳电子集团着力培养"康佳"特色的组织文化，把员工的利益、荣誉和组织的发展目标统一起来，营造"爱厂爱国、团结协作、遵纪守法、好学上进"的组织文化氛围，提出"我为你，你为他，人人为康佳，康佳为国家"的口号，将"康佳精神"确定为"团结开拓、求实创新"，并要求全体员工内化为自己的行为准则。这一系列的组织文化活动，体现了社会主导文化的要求，也适应社会文化环境的需求，它必然能够优化组织的公众环境，潜移默化地影响员工自觉地将"康佳精神"作为公关意识，内求团结、外求发展，推动组织的发展。又如，现在人们更注重生活环境，注重回归大自然，所以作为房地产开发商建造的房子不仅要房屋结构好，还要注意社区的环境。

2. 社会组织要能动地影响环境

(1) 真实感知环境的信息。社会组织及其公关人员要通过公关调查，尽可能正确、及时、真实地向领导提供各种环境变化的信息，而不是错误、过时、虚假的信息，以帮助组织的决策者改善感知环境的方式，提高感知环境的能力。

(2) 预测环境的变化。社会组织及其公关人员面对不断变化的环境，必须及时地向组织决策者提供环境变化的预测，提出适应环境变化的组织结构、组织目标变化的依据和意见，供领导决策参考。公关人员要帮助领导及时迅速地进行调整，以适应环境变化的速度，并根据大量的环境变化信息，从中分析出带有规律性的东西，在把握环境变化规律的基础上使社会组织始终处于主动的地位和与环境处于相对和谐的发展状态。

(3) 应对复杂多变的环境。对组织所处环境的复杂性，组织及其公关人员应有清醒的认识。公关人员应帮助组织了解复杂环境中各种因素的特殊性及其相互关系，要做到全面地反映和深入地分析，不能片面，不应浅尝辄止，这样才有助于组织做出正确的决策，也有利于组织在复杂纷繁的环境中做到胸中有数、处变不惊、有条不紊。所以，只有正确、及时、全面地掌握环境变化的各种信息，才能发挥组织的能动作用，按照组织的既定目标来策动各种旨在影响环境的公关活动，而这种能动作用的发挥，很大程度上又是依赖于组织的公关人员。没有公关人员的密切配合和得力工作，组织的能动作用就难以发挥，组织与环境的平衡也难以实现。

二、公众——公共关系的客体

公共关系中的公众不同于政治学或社会学中所讲的公众，与日常生活中所讲的“人民”、“大众”、“群众”也不一样。公共关系中的公众特指公共关系工作对象的总和，即那些与公共关系主体有直接或潜在关系，相互影响、有互动关系的个人、群体或组织的总和。公众是公共关系中较重要也是使用频率较高的概念之一。只有搞清楚什么是公众、公众在哪里、公众有哪些特征，并且真正了解公众，才能搞好公共关系。否则，就可能是无的放矢，甚至与最初的目标南辕北辙。

(一) 公众的含义

公众是指在公关活动中与社会组织存在某种利益关系的个体、群体或组织。公众对社会组织有着重要的影响，因而也是社会组织传播、交流信息对象的总称。公共关系学所研究的“公众”和人们日常所熟悉的“群众”、“大众”等概念不同，它是指因面临共同的利益问题而与社会组织发生利益关系的社会群体，因而，它是一种具体的、特指的概念。因此，正确地认识公关客体，必须准确地理解和把握公众的含义。

1. 共同的利益关系是公众形成的基础

公众的形成是因为这类群体遇到了共同的问题，这一共同的问题对他们有着共同的利益关系，而共同的利益关系使他们有了共同的目标，因此联结在一起，成了社会组织公关工作的对象，即客体。共同的利益关系是维系这类群体的纽带，是形成这类公众的基础。公众是受时间、空间、利益关系限制的，共同利益关系既是形成公众的基础，又是理解公众含义的关键。

2. 与组织的相关性是公众产生的条件

公众是因面临共同的利益关系而形成的群体，这种关系的产生和解除又与一定的社会组织有着密切而直接的关系。因为，维系公众的共同利益关系是因社会组织而产生的，没有社会组织的存在，就无所谓与之相关的公众的存在，也就没有形成公众这一群体的共同问题的存在。所以,社会组织对公众这一群体所面临的共同问题的决策与行为,对公众所面临的相同利益关系的解决有着直接的关系。同样,因为公众对社会组织的决策与行为的反应是理解或不理解、合作或不合作,即公众的态度与行为对社会组织的目标实现、社会组织的生存发展也有着重大的影响,因此,社会组织主体必须十分重视公众的利益和要求。随着主体对公众问题的解决以及公众需求的满足,组织与公众之间互相依存的关系将不复存在,这时,形成公众这一群体的共同利益关系也随之消失,公众也就解体了。所以,社会组织与公众既是矛盾对立又是互为条件的双方,共同处于一个统一体之中。

3. 人群的集合是公众的存在形式

公众是一个集合性概念,它是人群的集合体。维系公众这一群体的利益关系,不是某些个人的特殊利益关系,而是代表和反映了相当一部分人的共同利益关系。只有具备了那种相对普遍的利益关系,才能产生公众这种人群的集合形式。

4. 客观存在是公众的本质特征

公众是客观存在的,它作为社会组织传播交流信息的客体对象,与社会组织存在着客观的、不依其主观意志转移的关系。这里,存在公众的客观性与组织的主观性相对应的问题,如果社会组织能够正确认识公众,主动协调公众关系,公众的客观性与组织的主观性就能达到统一;相反,由于受到社会组织及其公关人员认识能力、认识水平的限制,无法正确了解与对待公众,或不能准确鉴定目标公众,必然使组织利益受到损失,甚至会铸成大错。

(二) 公众的特点

1. 整体性

公众不是单一的群体,而是与社会组织种种活动相关的整体环境。这里既有与社会经济、政治、文化相关的环境因素,又有与社会公众舆论、公众关系相关的公众环境因素,社会组织面对这两种环境因素的影响,应作整体思考,要用全面、系统的观点来分析和对待整体的环境影响。

2. 共同性

公众是因共同利益、共同问题、共同需求结合而成的群体。因而,这一群体必然产生相同或相似的态度与行为。

3. 相关性

公众不是抽象的,而是与具体的、特定的组织相联系,是相对一定的公关行为的社会组织而存在的。这种相关性是形成良好公众关系的关键。社会组织鉴定公众、分析公众的依据就是明确这种相关性,以此确定组织的工作目标,选择工作对策和行动方案。

4. 可变性

公众的态度不是单一的,而是复杂多样的,并且处于不断变化发展的过程之中。任何组织的公众,可能因面临的共同问题、利益关系的变化而变化,也可能因需要、情绪、态度的变化而变化,使公众具有多种社会角色,形成多种公众关系。比如,同一公众群体,在商店里是顾客,在公共汽车上是乘客,到了医院就变成患者,在学校就是学生。这种公众角色的多样化、可变性也是公众的重要特点。

(三) 公众的类型

作为公共关系对象的公众是一个复杂的统一体,它是由不同类型、不同层次、不同社会角色，有个性、有感情、有思想的活生生的人所组成的社会群体。公众由于在社会生活中所处的地位和所起的作用不同，或者由于各自的年龄、个性和经历不同，因此它可以按不同的标准划分成许多类别。如按性别来划分，有男女的区别；按年龄来划分，有老年、中年、青年、少年、儿童的区别；按职业来划分，有工人、农民、学生、军人的区别；按政治信仰来划分，有党员、非党员的区别；按担负职责的不同来划分，有领导、群众的区别。此外，还可以按社会团体、教育程度、宗教信仰等标准划分出许多不同类型的公众。这些不同类型的公众因所处的环境不同、利益需求不同，与社会组织的关系也就不同。公众类型一般可按横向和纵向进行分类。

1. 横向分类

横向分类是指按公众所遇到的问题并由此引发的同一种利害关系作为划分标准。按这一标准划分的公众，不受其他因素（如社会地位、性别和年龄）的限制，所以，这一分类也被称为按问题导向分类的方法。例如，把公众作为组织的一种对象来划分，可以分成内部公众和外部公众；又如，将公众按其对于组织的重要性程度来划分，可以分成首要公众、次要公众、边远公众；将公众按其对组织的态度来划分，可以分为顺意公众、逆意公众和独立公众。当然，也可按组织对公众的态度来划分，可以分为受欢迎公众、不受欢迎公众和被追求公众；按公众的稳定程度和组织程度来划分，又可以分为临时型公众、稳定型公众和流散型公众、组织型公众、权利型公众。同时，在公关工作中，各种不同类别的公众又经常出现相互交叉、角色重叠的现象。因此，在公众分类中，一种分类只适宜用一种标准，这里，我们就常见的内部公众和外部公众的划分分别给予阐述。

(1) 内部公众。内部公众即组织内部的结合体，它是直接隶属于某个组织体的，是该组织成员的一部分，如商店的营业员、企业的职工、学校的师生员工、工厂的职工等。内部公众是社会组织的重要公众，它是实现组织目标和利益的重要依靠力量，是树立组织良好形象的决定因素，也是处在对外公关前沿的哨兵。因此，处理好内部公众关系是公共关系主体所要完成的一项重要工作。

内部公众是实现主体目标和利益的主要依靠力量。内部公众是组织赖以存在的细胞，是组织的物质承担者。组织所确定的目标和任务、制订的计划、采取的措施，必须首先取得内部公众的理解、支持与配合，并且要依靠他们的身体力行才能付诸实际。因此，社会组织必须具有对内部公众的吸引力、凝聚力，要运用各种方法，采取各种手段，通过各种途径，把内部公众牢牢地吸引和凝聚在自己的周围，使内部公众把自己的利益与组织的利益紧紧地结合起来，把组织的目标作为自己的目标，与组织融为一体，具有强烈的责任感、参与感、归属感，愿意和组织同心同德、同甘共苦，这种内部公众关系是组织实现目标和利益的强有力的力量。反之，如果社会组织缺乏对内部公众的吸引力和凝聚力，领导与职工之间、职工与职工之间目标不一致，关系不和谐，互相不理解，离心离德，整个组织就丧失了活力。这样的内部公众关系将严重地威胁组织的生存和发展，也就谈不上成为组织实现目标和利益的依靠力量了。

内部公众处于公共关系的前沿，它既是组织“内求团结”的主要工作对象，也是组织“外求发展”的主要依靠力量。许多具体的公关工作是由他们开始的，他们总是自觉或不自觉地在从事着公关工作，他们在与外界接触时所做的每一件事、所说的每一句话无不代表组织的形象，无不给外界带来好或坏的印象。因此，他们的所作所为既可以为组织的公关工作增添美好色彩，也可能将组织的公关工作抵消殆尽。所以，组织的公关工作对内部公众的任务，就是要很好地团结、教育每一位职工，培养他们的公关意识，使每个成员在对外公关的前沿阵地上都能自觉地发挥主人翁的职责作用。如果每位职工都具备了这种意识，都发挥了这种作用，那么，组织对内部公众的公关工作就做好了，由此而形成的力量、所发挥的作用将是无法估量的。

内部公众是树立组织良好形象的决定性因素。因此，公共关系所着力追求的直接目标就是树立组织的良好形象。一个组织是否具有良好的形象，是衡量该组织公关发展水平的尺度，也是该组织在公众心目中是否具有影响力的反映，还是该组织在市场上的竞争力的表现，组织的良好形象能使组织受益无穷。

组织形象是由许多因素构成的，在这些因素中，都离不开组织和内部公众关系的处理。组织要提高产品质量、提供一流服务，离不开内部公众认真、严谨、负责的工作态度；组织环境的文明程度也与职工的文化素质密不可分，它也体现了该组织内每个公众的主人翁精神和组织的良好氛围；组织的技术设施的先进度反映了一个组织的经济实力和技术水准；而组织内部公众的素质既能折射出该组织领导是否具备长远的战略眼光，也是该组织能否重视人才、吸引人才的标志；组织在历史上的地位是靠组织内几代职工长期不懈的努力而巩固形成的，组织目前的知名度、声誉更是离不开当代职工的齐心协力，而组织的经济效益同样是依靠职工的双手创造出来的。

树立组织的良好形象是组织公共关系的首要任务，也是每位公关人员奋力追求的理想目标。而这一任务的完成和目标的实现主要取决于内部公众。因此，如果一个社会组织不注意处理内部公众关系，缺乏内部公众轻松、愉快、心情舒畅的工作环境，缺乏民主、和谐的领导与职工的上下级关系，不尊重职工的正当权益，不满足职工的合理要求，甚至压制不同意见，打击报复，破坏民主，造成人心涣散，这样的内部公众关系也就缺乏形成组织良好形象的基础和条件，也必然大大影响组织的形象。

(2) 外部公众。外部公众是社会组织外部的结合体，是独立于社会组织之外的组织或群体。外部公众主要有消费公众、社区公众、新闻媒介公众、政府公众、国际公众等。处理好外部公众的关系问题，实质上是理顺左邻右舍和上级与下级之间的公众关系，创造有利于组织发展的良好的外部条件。

● 消费公众

消费公众不仅是指物质产品的消费者，还应该包括精神产品的消费者，它是一个广义的概念，对不同的组织来讲，消费对象是不同的。消费者也可统称为顾客。消费者是组织外部公众的主要对象。

消费者关系指的是一个企业与其产品或服务的对象之间的关系。在外部公众中，消费者公众是最关键且数量最大的公众。随着我国社会主义经济的不断发展和市场机制作用的逐步发挥，把组织与消费者的关系提到了维系组织的生命线的高度。消费者关系直接关系到组织的生存和发展，也就是说，一个组织如果失去了消费者，那么就失去了组织生存的条件和发展的活力，也就意味着这个组织面临灭亡的危险。

消费者不仅对组织的生存、对组织的产品实现其商品的价值起决定作用，而且在这种商品交换过程中，也起着决定作用，处于主动的地位。对企业来讲，失去了消费者，将严重地动摇它赖以生存的基础。因此，消费者利益就是组织的利益，与消费者的关系是组织不可轻视的关系。

当然重视消费者关系，并不是说其他的外部公众关系就不重要了，外部公众关系对组织的发展来说都有作用，只是消费者关系对企业的生存发展显得更重要、更密切、更关键。对于不同职能的组织来讲，消费者的含义是不同的。对一家工厂来讲，它的消费者是产品的用户；对一家宾馆来讲，它的消费者是房客；对一家商店来讲，它的消费者是顾客。总之，明确消费者关系，是组织生存和发展的必要条件。

● 社区公众

社区指的是一定地域的社会共同体，它既包括地理界限的自然因素，又包括与组织有关联的各种公众关系因素。社区是组织生存的自然环境，也是组织发展的最直接的社会环境。

社区公众是指该区域内与组织具有左邻右舍关系的各种社会组织和群体。任何组织都是处在一定的社区中，并同社区的公众发生种种关系。社区关系就是指组织与周围同处于这个区域的其他组织、群体的左邻右舍的关系，如组织所在社区的其他工商企业、各种社会团体、居民及其家庭、街道组织、政府部门、学校的图书馆、卫生保健机构、文化娱乐场所等。所以，社区关系实质上就是组织与所在地区各类公众的关系，也是组织外部环境的重要组成部分，对组织的生存、发展依然有着一定的影响。

第一，睦邻关系是组织赖以生存的必要条件。社区关系犹如邻里关系，追求的是和谐、协调、互相理解、互相支持，组织与社区公众的利益是息息相关的，组织要处理好与该区域内其他组织或群体的左邻右舍关系，建立睦邻关系，善结良缘，使组织的生存获得一个良好的外部条件。

保护社区的生态环境是组织的一项比较重要的任务，也是维护社区公众利益的关键问题。例如，社区居民对工业组织的废水、废气和工作噪声等公害最易产生抱怨和反感，"三废"严重影响社区公众的生活和健康，也影响企业组织的生产和内部公众的健康。"三废"的处置不当往往是使许多社会组织与社区关系陷入困境的重要原因，也是威胁组织生存的一个敏感问题，如果不采取切实可行的措施予以解决，不把防治污染、维护社区的良好环境落到实处，就不可能在社区内与其他组织或公众建立起睦邻关系。要建立睦邻关系必须自己先做一个好邻居，多做美化社区环境的好事、实事，造福于社区，消除造成有害环境的一切污染源，对有可能造成严重后果的情况，要以高度的责任感和组织生存的危机感来引起充分重视，并尽力解决，为建立一个清洁、安静、优美的生产环境和社区环境而作出切实努力。同时，通过公关工作，让周围组织、群体了解组织为消除工业污染所作的努力，亲眼目睹组织所作努力的结果，使组织不仅赢得生存权，而且成为一个受欢迎的好邻居。

第二，睦邻关系是组织得以发展的有利环境。社区公众是组织最邻近的外部环境，和谐、协调的社区公众关系是社会组织顺利发展的有利环境。一个组织只有建立起良好的社区关系，才有可能在一个比较有利的环境中得到发展。

对于一些企业来说，社区公众实质上是消费者公众的一部分，这部分公众是组织最邻近、最稳定的消费者公众。组织的产品首先是组织一个较为稳定的市场，组织要发展必须重视社区这个窗口，重视社区公众的反应。

社区是社会大环境的一个缩影，搞好社区关系，在社区中树立组织自身的良好形象，有利于提高组织在整个社区中的地位和声誉，从而获得组织发展的更为有利的环境。因此，作为组织要热心为社区的公益事业尽义务，帮助社区繁荣富强，在公众中树立起热爱公众事业、维护公众利益的组织形象，这样，就能使社区公众产生对该组织的良好印象，进而对该组织的产品和服务也产生信赖感。组织要求得发展，必须要建立这样一种融洽的社区公众关系，必须有这样一种良好的外部条件。

● 新闻媒介公众

新闻媒介主要是指报刊、广播、电视等大众传播工具。新闻媒介公众主要是指服务于报社、通讯社、电视台、电台等部门的记者、编辑、节目主持人、专栏作家等传播专业人员。新闻媒介公众是外部公众中最特殊的公众，有人把他们称为“被追求的公众”，有人把服务于新闻媒介的记者称为“无冕皇帝”，欧美学者把新闻媒介看成是继立法、司法和行政三大权力之后的“第四权力”。任何组织只要重视与公众之间的信息交流，就一定要十分关注和善于协调与新闻媒介的关系。

新闻媒介在信息社会中具有巨大作用，主要表现在：第一，新闻媒介的影响面大。广播、电视、报刊、网站的收看(听)者人数多，不同行业、不同阶层和不同层次的人都有；分布广，覆盖整个社会，只要有人群的地方，都可以感受到新闻媒介这个传播工具的巨大作用。第二，新闻媒介的信息传递速度快。由于新闻媒介运用现代通信和印刷技术，使得信息传递的速度加快，有时甚至可以使新闻事件的进程与接收者的信息接收同步进行，无论远近，不分国度，一概如此，缩短了空间距离，改变了公众的时空观念。第三，新闻媒介的权威性强。有些新闻媒介所担当的及时、准确地报道党和国家领导人的各种出访信息的职责，使它在一般公众中具有一定的权威性。有些报刊由于专业性强，在某些领域也具备了一定的专业权威性，使得这些新闻媒介在公众中具有强大的导向作用。其宣传报道的倾向，使它的影响和作用都能长久地保持下去。第四，传播内容具有长久性。由于新闻媒介既有文字形式，又有互相复制等技术条件，所以便于公众反复研究和保存，将对公众心理和社会舆论产生重大影响。新闻媒介的这些作用，使得新闻媒介公众也成为公关工作的重要外部公众。

新闻媒介公众同时也是具有双重人格的特殊公众。新闻媒介公众之所以能成为“被追求的公众”，成为“特殊的公众”，成为公共关系重要的外部公众，还因为它是具有双重人格的公众。一方面新闻媒介公众是公关的对象，是客体；另一方面它又是介于组织与其他外部公众之间的信息传播者，是主体与客体之间的中介和桥梁。

新闻媒介公众所能起的这种中介、桥梁作用体现在两方面，它既可以把组织的信息向外部公众传播，成为组织的代言人，又可以成为公众的代言人，把收集到的外部公众的意见反映、传递给组织。作为社会组织，应该充分发挥新闻媒介公众的这种作用，提高自己的知名度、美誉度。为此，每个组织首先必须十分认真地对待这类公众，及时地让他们了解事实真相，主动、准确地提供最新的信息资料，有利于新闻媒介公众对本组织的情况有及时和现实的了解，以利于正确地进行报道；其次，要掌握新闻媒介报道的动向，使组织提供的信息与新闻媒介报道的重点和主题相一致，提高投稿的录用率；再次，要掌握新闻媒介公众的分工情况以及各种新闻媒介的特点、风格，以便有针对性地选择传播媒介。

总之，充分有效地利用新闻媒介，争取他们的理解和支持，发挥他们的作用，并以此进一步争取社会其他公众的了解和支持，这是组织公关工作的重要内容。同时，作为社会组织还应充分重视新闻媒介公众所具有的公众代言人的作用，正确对待新闻媒介所反映的公众意见和批评报道，对于与事实有出入的报道要及时澄清，讲清原委，切忌冷嘲热讽或置之不理；对于与事实相符的批评，要虚心接受，积极改进，变不利的舆论环境为有利的舆论环境，变坏事为好事，通过策划新的传播，赢得新的声誉。总之，新闻媒介公众是社会组织与公众之间信息交流的中介和桥梁，这种重要作用和地位应得到公关部门的高度重视并加以充分利用。

新闻媒介公众作为公关的对象，要求每一个社会组织在与这一特殊公众打交道时，都要注意树立自己的良好形象，应该以实际行动引起他们的浓厚兴趣和热情。为此，首先必须要有过得硬的产品和服务，要形成自己一整套的科学管理体制，应该有令人赞叹的厂风、店风，也就是说要使新闻媒介对组织的信息进行传播报道，就要有传播报道的价值，就要创造出与众不同的一流的工作成就，只有这样，才能给新闻媒介公众留下深刻的印象，引起传播媒介的重视和兴趣，才能真正树立自己的良好形象。

● 政府公众

政府是国家行政机关，是国家机构的组成部分，也是国家权力的具体执行机关和对社会组织进行管理的权力机构。公关之所以把政府作为外部公众，是因为每个社会组织都要与各级政府部门发生关系。从纵向看，组织要与自己本系统的各级政府主管部门发生关系；从横向看，组织要与自己系统之外的其他政府部门发生关系。因此，政府也是社会组织的工作对象，是公关中不可或缺的公众。

第一，在公关活动中，组织要依靠政府、取得政府的理解与支持。一个组织要在竞争中不断地开拓业务，提高自身的知名度，说到底要靠自己提供质量过硬的产品和服务。也就是说，要以自身的完善和提高来赢得公众的赞誉，赢得政府的支持。而公关活动就在于凭借组织自身的完善和提高，去主动地影响政府及其主管部门，以获得政府及其主管部门的支持，从而为组织的进一步发展创造较好的条件。离开组织自身的努力，仅仅企图通过开展公关活动来扩展业务、影响政府及其主管部门，甚至通过不正当手段来达到目的，这是组织在开展公关活动时必须坚决摒弃的错误行为。

第二，公关把政府作为自己的工作对象，就要求公关工作人员必须及时地了解和掌握政府的有关方针、政策和计划、意图，以便及时报告领导，使领导作出符合政府发展计划、方针、政策的决策，从而赢得较大的主动权；反之，如发现政府的有关政策、方针不符合实际情况，则可以主动通过积极的公关活动，将有关信息反馈到政府决策部门，使政府能及时修正有关计划和方针、政策。

第三，组织的公关人员必须经常注意加强政治学习，及时了解和分析形势的特点、形势发展的趋势和对本组织的影响，提高政治敏锐性和对形势的预见性，以便及时研究对策，修正计划，增强组织的应变能力，适应形势的变化，并在形势变化的条件下，扬长避短，取得更大的发展。

● 国际公众

国际公众是社会组织为发展国外业务、扩大在国外的影响，而需要面临并与之发生某种关系的非本国的组织或群体。组织开展国际公关的主要任务之一，在于通过公关活动，提高组织在国际公众中的知名度和信誉度，以增强组织在国际公众中的影响力和信任感。因此，不断提高本组织工作的质量、提供最完善的服务，就成为有效地开展国际公关活动的前提和基础。社会组织没有最佳的工作质量(对一个涉外企业来说，没有高质量的产品)和最完善的服务，要想在国际公众中取得知名度、增强信任感就失去了物质前提和基础。

要有效地开展国际公关活动，还需要区别不同的国际公众对象。组织在国际交往中面临的国际公众是一个整体概念，其中还可以依不同的关系区分为不同的对象公众，例如，同行公众、贸易伙伴公众、消费者公众、新闻媒介公众、政府公众等。这些区分之所以必要，在于只有明确了解国际公众与组织的具体关系，才可能因人而异，因势利导，选择不同的形式，增强公关工作的针对性，提高工作效率。

组织所面对的国际公众是生活在不同的国家和地区，在不同的社会制度和文化背景下，有着不同的语言、风格和生活方式的人们，不但与本国的公众有着巨大的差别，而且不同国家之间的公众也存在着很大的差别。因此，从事国际公关的工作人员，要根据不同的对象、不同的国家和地区、不同的时间等特点，制订不同的公关策略和方针，设计符合对象公众习惯和需要的信息交流形式。这就要求从事国际公关的人员必须切实了解影响异国公众心理状态的经济、政治、社会、文化、环境等各方面的因素，并针对这些因素，选择异国公众经常接触的、具有一定权威性的新闻媒介，运用异国公众所喜闻乐见的不同语言和风格，把自己的信息传递给预期的公众，包括潜在的公众，以此在异国公众中树立组织的信誉，从而加速促进异国公众对组织由不知到知、由知之甚少到知之甚多并发生浓厚兴趣的转变过程。组织只有千方百计地获取异国公众的充分信任，才能在国外站稳脚跟，并进而有效地开展工作。

对从事国际公关活动的公关人员的基本要求有：首先，必须熟练掌握对象国的语言，语言是信息沟通、交际往来的必要工具；其次，要熟悉异国风俗、宗教信仰和对方要求；再次是要了解国际惯例和异国法律、惯例，掌握货币汇率、保险、运输、关税等知识。此外还需要了解对象国公众新闻媒介的基本情况，例如，当地的重要报刊、广播、电视、出版商、名记者和名编辑、政府管理机构及工作程序、有关信息传播的法律规定、收费标准等。只有具备这些基本知识和条件，才能在国际公关活动中有效地开展工作；而组织只有在具备了这样的公关人才后，才能使国际公关工作有所成效。

2. 纵向分类

纵向分类是按照公众变化发展的一般过程来划分的，把公众分为四类：非公众、潜在公众、知晓公众和行动公众。

(1) 非公众。非公众是指那些与组织之间没有相互联系的组织或个人。也就是说，在一定条件下，他们既不受组织行为的影响，又不对组织的生存和发展产生任何后果，他们存在于组织周围，但不是公关部门的工作对象。一般来说，任何一个组织都存在着这样一些非公众，如，不会骑自行车的老人是自行车组织的非公众，还在上幼儿园的小朋友是大学组织的非公众等等。对公共关系部门来讲，弄清楚非公众的情况，可以节约开支、减少公关的盲目性，避免精力、财力、时间的浪费。

(2) 潜在公众。潜在公众是指那些面临由组织行为引起的某一利益关系，但由于这一利益关系尚未完全暴露，他们本身还没有意识到这一利益关系存在的社会群体。潜在公众因本身尚未意识到利益关系的存在，所以他们暂时不会采取任何行动，作为组织的公关人员在了解潜在公众时就要采取对自己有利的措施，以便赢得主动。

(3) 知晓公众。知晓公众是由潜在公众发展而来的。所谓知晓公众，是指那些已经意识到由组织行为所引起的利益关系的群体。知晓公众特别想了解问题的缘由，这时他们对组织有关方面的情况特别敏感。一个组织的公关部门必须在潜在公众形成时能及时开展公共关系活动，采取有力措施，扩大组织影响，使更多的潜在公众成为知晓公众。

(4) 行动公众。行动公众是由知晓公众进一步发展而来的。行动公众是不仅得到了有关组织的信息而且已开始了行动的公众。这类公众如果是受组织欢迎的，而且也是组织所期望的，那么这类公众越多越好；相反，如果因组织本身不佳的质量、服务等问题而产生的行动公众，就是组织所应设法解决的问题了。如果组织没有采取措施，行动公众的存在对组织将是很大的威胁。

综上所述，对公众进行纵向分类，有助于我们把公关工作重点放在对组织有关系、有利的公众身上。同时，有助于组织采取多种手段来争取更多的自己所期望的目标公众，从而有效地开展公关工作。

纵向考察公众的意义是把公众理解为一个连续的发展过程，而成功的公关实务就是区别谁是非公众、谁是潜在公众，从而通过传播工作，把必要的非公众变为潜在公众，使潜在公众变为知晓公众，进而使知晓公众变为支持组织的行为公众。

3. 其他分类方法

还可以根据公众对组织的态度将公众分为以下几种：

(1) 顺意公众，指对组织的政策、行为和产品持赞成意向和支持态度的公众；

(2) 逆意公众，指对组织的政策、行为和产品持否定态度的公众；

(3) 边缘公众，指对组织持中间态度，观点和意向不明确的公众。

对顺意公众，要加强联系，有效地维持这种关系；对逆意公众，要做好转化工作，改变其态度；对边缘公众，应加强沟通，争取他们的支持，防止其成为逆意公众。

根据公众的稳定程度，可将公众分为：

(1) 稳定性公众，指具有稳定结构和稳定关系的公众。这是组织的基本公众，如老主顾、社区人士等。

(2) 周期性公众，指按一定规律和周期出现的公众，如游客等。

(3) 临时性公众，指因某一临时因素、偶发事件或专题活动而形成的公众。如展销会上的顾客、突发事件中受到影响的公众群体等。对这类公众，如果处理得好，可以建立周期性、稳定性联系，使之成为顺意公众；如果处理不好，就可能使其成为逆意公众，成为公关工作中的不利因素。

（四）公众在公关活动中的地位与作用

1. 公众是公共关系结构的重要组成部分

公众是公关的客体，它对社会组织具有积极的能动作用，是构成组织的公关结构的重要因素之一。公众是公关中社会组织须臾不可分离的重要因素，社会组织工作目标的确立离不开公众的实际，社会组织要卓有成效地实施工作计划必须根据公众的情况变化而不断地补充、修正和完善，社会组织若要取得工作的实绩也离不开公众的理解、合作和支持。公关工作过程就是社会组织处理与公众的关系的过程。

公众是公关中提高传播效果所要研究的重点对象。传播所追踪的对象是公众，因此要提高传播的效果就必须对公众进行研究；公众对传播工具的选择、对传播内容的吸取、对传播效果的评价都有自己的主观能动性。因此，公关的过程，就是运用传播手段与公众进行信息交流的过程，也是着力研究公众、不断提高传播效果的过程。

公众是公共关系的客体，离开了客体，主体就失去了工作的目标和对象，也就失去了存在的价值和意义；同样离开了客体，中介也就名存实亡。所以在公共关系的结构中，缺少了公众，这个结构就是残缺不全的了。公众在公共关系结构中，占有主要的一席之地。

2. 公众是确立公共关系目标的依据

确定公共关系目标是开展公关工作的前提条件，也是公共关系实施过程的关键。公关目标的确定除了要依据组织的总目标和总任务外，还要依据公众的客观实际。我们只有对公众的各种情况进行充分的调查了解，尽可能多地掌握公众的各种信息，并对掌握的信息进行科学的、恰如其分的分析，才能根据组织的总目标和公众的具体特点与需求来确定公关的目标。公众往往是由不同类型、多种层次的人组成的复杂群体，由于每个人所处的地位不同、所受的教育不同、各自的年龄和经历也不同，因此，反映出各自的需求和特点也是不同的。我们可以制订出比较切实可行的必达目标和期望目标，使组织的公共关系目标的确定建立在对公众的充分了解的基础上。可以说，对公众的正确认识是确立目标的依据，也是实现必达目标、努力争取实现期望目标的保证。

3. 公众是有效地组织公共关系过程的前提

公共关系的过程既是社会组织按照自己的目标、运用传播手段向公众施加影响的过程，也是社会组织与公众互相影响、互相交流的双向沟通活动。在这个过程中，公众并不仅仅是消极、被动地接受组织的影响，他们有着积极的能动作用。公众的能动作用有两方面的含义：一方面是有利于增强扩大组织影响的作用，另一方面也有减弱、抵消等不利于组织影响的作用。因此，对于组织来讲，如何准确地了解公众、充分地把握公众是极为重要的。因为只有如此，才能使公关工作有的放矢，获得公众的支持和配合，从而不仅使组织的工作能收到预期的成效，而且在公众的支持配合下，还可以取得超出预料的更大成效。

4. 公众是提高公共关系效果的保证

公关效果体现在质和量两个方面，也就是社会组织及其公关人员能以较少的资金、人力、时间等投入，获取公关工作的较大成效，使公关的产出大于投入。这就要求社会组织在策划公关活动时，必须制订合理的工作计划与方案，妥善安排人力、物力，进行初步的预算。在计划方案中明确工作目标以及所要解决的主要任务。根据目标、任务来确定公众对象，鉴别自己的主要公众和次要公众。并且根据轻重缓急，合理地安排人力、物力，注意挖掘、发现潜在公众，努力使潜在公众变为知晓公众，使知晓公众变为行动公众，当然也要了解非公众，这样就可以避免把有限的人力、物力花费在与社会组织毫无关系的公众身上。在公关工作中，只有对自己的公众和非公众关系对象情况非常清楚，对自己的工作对象的重点也非常了解，才能在安排预算的过程中减少盲目的、不必要的开支，集中力量，有针对性地把人力、物力等用在社会组织最需要、最关键的公众对象身上，并做到合理、有效，从而提高人力、物力的利用率，争取获得较好的公关效果。

总之，公关工作说到底是组织为了生存和发展或实现一个目标时，需要协调和处理各种公众关系的活动，公关的全部工作要义在于处理好与各类公众的关系。因此，正确地把握公众、分清公众的不同类型、认识公众的地位和作用，对于开展公共关系工作意义重大。

三、传播——公共关系的介体

公共关系的介体是传播。传播是连接社会组织与公众的纽带，从一定意义上说，公关的过程就是传播的过程。

（一）公关传播的含义

传播从一般意义上理解是指信息或观点的传递与交流。在公共关系活动中，所谓传播是指社会组织运用传播媒介向公众进行信息或观点的传递与交流。理解公共关系的传播要把握几个要点。

1. 传播的作用是沟通社会组织与公众的桥梁

社会组织在与公众联系时，主要是通过传播媒介进行的。传播媒介常常直接体现社会组织的政策与意图，反映社会组织的文化素质，它是开展公关活动的最重要的组成部分。这种沟通作用表现在：首先，社会组织可以通过传播媒介的报道向公众传递组织的信息。社会组织要巧妙地运用传播媒介的传播作用，使传播媒介对组织内部发生的事情感兴趣，并加以报道，为组织和组织的产品进行宣传，帮助组织把信息输送给公众。其次，社会组织可以通过传播媒介收集到各种信息，尤其是关于公众对组织的印象恶化、对产品的意见方面的信息。这有利于组织了解公众的意向、要求，有的放矢地开展公关工作。再次，社会组织可以通过传播媒介的宣传，扩大公关工作的影响。特别是大众传播媒介，包括网络媒介，能同时影响众多的公众，这种方式在组织的沟通中所发挥的重大作用是其他传播媒介所不能比拟的。

2. 公关传播的内容是信息或观点

公关传播的内容是社会组织要向公众进行传递与交流的信息和观点。它的一个很大的特点是分享性，即将少数人享有的信息与观点通过媒介手段向公众进行传播，使公众得以共享。由此可见，公关传播就是把社会组织的观点及所制定的政策、方针与公众进行交流，因此要求传播媒介能生动、全面、客观、准确地向公众传递各种观点与信息。传播的内容是沟通的信息，信息沟通的目的是为了更好地认识公众、说服公众、影响公众、赢得公众，同时也是为社会组织决策和行动提供依据。

3. 公关传播的手段是运用各种媒介形式

社会组织向公众进行信息或观点的传递，需要运用一定的手段。这种传递手段可以通过面谈、写信、打电话等个体语言或文字等媒介形式，也可以通过报告会、博览会、展销会等语言、实物媒介形式，还可以通过印刷媒介和电子媒介等传播媒介手段。公关传播主要是运用大众传播媒介包括网络媒介手段进行信息或观点的传递与交流。大众传播媒介是公共关系中沟通的最重要的工具，它的影响范围最为广泛，传播速度最为迅速，是其他任何传播媒介形式所不能比拟的。这是最符合公关要求的，是公关活动不可缺少的重要媒介手段。

（二）公关传播的特点

1. 互利性

公关传播是一种信息传递和交流的活动，这种活动不能是单向的，只出于社会组织自身的需要。一个成功的传播活动必须着力于寻找组织与公众双向之间利益相关的热点，抓住双向利益之所在来开展传播活动，这样的活动效果才比较理想。要突出双向利益要求，首先，必须了解和掌握公众的利益需求心理，了解公众有哪些利益要求，再找到与此相关的组织利益热点，这样的传播活动，双方都能接受。其次，注意收集和研究公众信息反馈，把事前注意信息收集和事后注意信息反馈结合起来，使传播工作能抓住要点，这样才能使传播活动做到有的放矢。

2. 双向性

任何社会组织要建立和发展与公众的良好关系，创造最佳的社会环境，都要依靠有效的信息交流。而信息交流实际上是社会组织与公众之间双向交流的传播过程，即社会组织将信息传递给公众、公众对这些信息的态度再反馈到社会组织这样两个环节。现代社会完整的信息传播系统结构，必然包含着信息传递系统和信息反馈系统两个部分。社会组织的信息传递是前提，公众的信息反馈是结果。社会组织的信念、意图、决策是否正确、是否符合公众的实际，要靠反馈来检验和修正。没有社会组织的传递，便没有公众的反馈。只注意社会组织的信息传递，而不注意客体的信息反馈，则主体的预想、计划和决策就无法得到检验与修正，也就无法实现通过传播、沟通信息，达到一致的目的。如在组织内部的公关过程中，组织领导和主管部门处于传播者的地位，而所属内部公众则是信息接受者，组织只有通过上情下达和下情上传的双向信息流动去沟通彼此的关系，才能使整个组织提高工作效率、社会效益和广大员工的满意度。而在组织与外部公众之间，公关更多的是借助新闻媒介以及个人接触等渠道，建立信息传播网络，既向外界发布有关组织的决策、行动等信息，又向组织反馈社会环境的变化、公众的意见和态度等信息，形成信息的双向交流。

3. 情感性

情感在双向信息交流与沟通中起到润滑剂的作用，因为组织与公众都是人群的集合概念，人总是有情绪、情感、情操的。在传播过程中，情感的特点表现为相互尊重、信任、平等式交流，也表现为互动、认可、合作式沟通，这种情感式的交流与沟通能起到调节作用，有助于组织与公众双向互动关系的发展，如社会组织友好热情的态度能使公众给予积极的支持与合作；同时，一个组织对公众的态度和情感的不同，本身就会形成公众对组织形象的看法和评价，等于向公众输出了组织的形象信息，直接影响着社会组织形象的塑造。

4. 扩散性、认可性、独立性

公关传播可以将社会组织所要传播的信息或观点扩散到全社会的范围，具有放大器的作用。由于传播媒介所具有的社会属性，它所传播的信息基本上是准确且可靠的，因此，这种信息有相当程度的社会认可度，所以传播又具有“信度仪”的作用。由于传播媒介对于所接受的信息都根据传播主题、报道形式、社会需要等要求进行选择，因此具有独立性。媒介客观上所具有的扩散性、认可性，正是公关工作所刻意追求的目标，也是公关最具实质意义的工作。每个组织都希望通过新闻媒介把自己的良好形象扩散到全社会，以此来提高声誉、获得信誉、赢得美誉。而传播媒介的独立性又使得社会组织与传播媒介之间的关系呈现复杂化，因此，传播媒介的这些特点，是每个组织要认真考虑并加以妥善处理的问题。

（三）公关传播的类型

在公关传播中，由于传播的公众对象不同，因此运用的手段也不同，我们把传播的类型划分为以下几种。

1. 个体传播

个体传播主要是指个人对个人的传播所运用的电话、信件、面谈等手段和方式。个体传播类型由于是个人对个人的，因而传播范围小、传播目标明确，能够有针对性地解决一些特殊问题，而且其信息能得以及时的反馈。如果组织所面临的公众是特殊的、重要的，又是个别的，而且必须马上获得信息反馈，就可以运用这一媒介来有针对性地、有效地实现公关工作的目的。

2. 群体传播

群体传播主要是指个人对一群人的传播所运用的报告会、座谈会、展销会等形式。群体传播类型由于是面对一群人的，很显然，传播范围要比个体传播类型大得多，对象人员也要多得多。如果组织所要解决的问题是针对同一类公众的，且带有较大的普遍性，就可以运用群体传播媒介进行传播。

3. 大众传播

大众传播主要包括组织对群体的传播所运用的印刷媒介和电子媒介，具体是指在传播途径上以有复制和传播信息符号的机械和有编辑人员的报刊、电台之类的传播组织作为中介的传播渠道。由于大众传播类型传播范围广、传播速度快、影响范围大，所以它成为公关工作中最常用、最有效且最为重要的传播类型。

（四）公关传播的作用

公关主要是运用传播手段来沟通和协调组织与公众的关系，公关传播所起的作用有以下几个方面。

1. 沟通信息的作用

沟通信息是公关最基本也是最基础的工作。社会组织通过传播向公众传递信息，又可通过公众信息的反馈，向社会组织反映公众信息，这种双向信息的交流与沟通，是公关传播的重要作用。

2. 增进情感的作用

增进情感是指社会组织通过公关传播向公众传递其关心社会公益事业的信息、关爱内部公众的举措及建立信誉的承诺，以此增进组织与公众的感情，提升组织的形象，扩大组织的影响力。如，上海艺境等10家装潢企业率先在报刊上承诺诚信装潢，让消费者享受到先进、便捷而安全的装潢服务，告别烦恼装潢所带来的情感失落。这一公关传播活动，在组织与消费者之间架起了一座温馨的情感桥梁，用诚信承诺的信息交流，营造轻松、安全、理智的文化氛围和消费环境。

3. 改变态度的作用

公众的态度涉及其对社会组织的看法和认可程度，对组织的发展是至关重要的。对组织有利的公众态度，通过公关传播要使之强化，持续发展；对组织不利的公众态度，通过公关传播的信息沟通，消除矛盾与隔阂，理顺关系，使公众改变态度，并引导其向有利于组织的方向转变。公关策动的传播都是以公众态度为转移的。

4. 引起行为的作用

公关通过传播活动引起公众行为，公关传播归根到底是为了使公众对组织行为采取合作态度和消费行为，这是公关传播的最后落脚点和归宿。评价和衡量公关传播的作用，主要以引起的公众行为及其结果为依据。否则，公关传播的效果就无法体现。总之，公关传播既使社会组织和公众发生紧密的联系，又是社会组织与公众沟通的桥梁，公关离开了传播，就无法实现其自身的价值。

思考题

1. 何谓公共关系？它有什么学科特征？
2. 公共关系的主要职能有哪些？
3. 公共关系学主要的研究内容有哪些？
4. 公共关系学中传播的重要性如何体现？
5. 怎样认识当代公共关系的价值？

第二章　公共关系发展的历史过程

本章知识点

1. 公共关系的产生与发展
2. 现代公共关系产生的社会条件
3. 中国公共关系的发展阶段
4. 中国公共关系发展的基本特征

第一节　公共关系的产生与发展

"公共关系"(Public Relations,简称 PR)一词最早出现于 1807 年美国的《韦氏新九版大学辞典》。所谓公共关系,指的是社会组织与共同构成其生存环境、影响其生存与发展的那部分公众的一种社会关系,具体来说就是社会组织为了生存发展,通过传播沟通来塑造形象、平衡利益、协调关系、优化社会心理环境、影响公众的科学与艺术。公共关系作为一种特殊的管理功能,以帮助组织建立并维系与公众间的双向沟通、了解、接纳及合作为目的,参与处理组织面临的各种问题与纠纷;帮助组织了解公众舆论并做出反应,促进公众了解组织和事实真相;帮助组织随时掌握并有效利用变化的形势,预测发展趋势,使之成为组织的预警系统。公共关系以使用有效、合适的传播技能和研究方法来为组织和公众利益服务。

公共关系从诞生之日发展至今,有一个从小到大、从简单到复杂的发展过程,我们把这个过程划分为五个阶段。

一、古代自发的"公共关系"

严格意义上的公共关系虽然是在 20 世纪初才出现的,但像任何事物都有其胚胎、雏形一样,具有公关意识的思想、活动在古代社会便出现了。不过,那时的人们并未认识到公共关系的意义,也不会采用科学、系统的方法为自己开展塑造形象的活动,所以都属于公共关系的自发状态。

在国外,考古学家在伊拉克发现了公元前 1800 年巴比伦王国的一份农场公告,告诉农民如何播种、如何灌溉、如何对付鼠害、如何收获庄稼,很像现代的农业组织发布的宣传材料。这一发现被称为人类历史上最早的公关活动痕迹。在中国古代,自发的公关活动也是广泛存在的。传说在尧舜时代，政府在宫廷外树立“诽谤木”，鼓励世人向政府进谏。《后汉书·杨震传》载，“臣闻尧舜之时，谏鼓谤木，立之于朝”，这可能是古代政府征求民意的最初设施。

春秋战国时期，秦国宰相商鞅推行变法，为了取信于民，特地在城门口放了一根树干，并贴出告示说：谁能将此树干从这个门口扛到另一个门口，就可以赏其十金。开始人们都不相信，但有一个人完成了此事，真的得到了赏金。第二天，许多希望这样轻松得到赏金的人又聚集到城门口，但这时已经没有了木头，而贴出了政府变法的公告。变法因商鞅“行必信，言必果”，从此在民众心目中树立了威信，这可以看成是一次成功的公关策划，在历史上被称为“徙木立信”。通观古代中外自发的公共关系，可以发现一些共同的特点：首先是盲目性，其次是经验性，最后是低层性。古代公关活动的主要形式是人际传播，其层次、范围都是很小的。古代的“公共关系”只能算是一种“准公关”、“类公关”。

二、近代公共关系的萌芽

近代公共关系萌芽于美国。在美国的独立战争中，独立运动的领导人利用集会、游行、展览、庆祝等机会，以诗歌、漫画、雕像等手段，宣传自己的政见，号召人民起来赶走英国殖民者。在美国获得独立后的总统竞选活动中，现代公关中常见的一些手法已经被普遍采用，如利用报刊、小册子宣传自己的政治主张，利用与选民见面、握手等机会与民众联络感情，最终达到拉选票的目的。

对于工商企业而言，近代公共关系的萌芽出现在 19 世纪 30 年代，以美国的“报刊宣传运动”为标志。当时随着经济的繁荣、技术的发达，大众传播事业也获得了长足的进展。1833 年，《纽约太阳报》创办了廉价报纸——《便士报》。《纽约太阳报》的这一举措得到了其他报纸的响应，使许多普通民众也可以买得起报纸，因而使报纸的发行量大增，进入千家万户。但报纸售价的降低造成了另一结果，即报刊上刊登广告的费用大幅度上升。这时一些大公司为了节省广告费用，便雇用了大批专门人员，在报刊上制造煽动性新闻，为自己的产品或服务进行宣传，以此来扩大影响。有些报纸为了迎合下层民众的阅读心理，也乐意刊登这类新闻，两相配合，就出现了所谓的“报刊宣传运动”。

当时许多企业雇用的报刊宣传员，编造了大量离奇的新闻，以引起公众对自己及他们所代表的组织的关注。而最具有代表性的宣传员就是受雇于纽约一家马戏团的菲尼斯·泰勒·巴纳姆，他一改常规的方式，不是直接去宣传马戏团的演出如何精彩，而是说马戏团有一名黑人女仆海斯已经 160 多岁，曾经养育过美国第一任总统华盛顿。在报纸发表了这一耸人听闻的“新闻”以后，他又借用不同的笔名向其他报刊寄去许多“读者来信”，有的说人不能活 160 岁，巴纳姆是个骗子；有的说巴纳姆发现了海斯是一大功劳。人为地炒热这一“新闻”的结果，就是引起公众的好奇心，纷纷要求到马戏团一睹海斯的风采，为马戏团引来大量的顾客。不久海斯去世了，医生对她进行了尸体解剖，确定她最多不超过 80 岁。一时舆论哗然，人们纷纷谴责巴纳姆是个骗子，可巴纳姆却厚颜无耻地说：“凡宣传皆是好事”，只要别把他的名字拼错了。

从“巴纳姆事件”可以看出，在报刊宣传运动时代，每个报刊宣传员在争取顾客的关注时，都是不择手段地制造神话，甚至不惜愚弄公众。他们只顾为企业赚钱，完全不顾公众的利益，甚至公开嘲笑、谩骂公众。美国铁路大王范比尔德一次在接见记者时竟说：“让公众见鬼去罢!”这话在很大程度上代表了那个时代资产者及其代理人的心态。

报刊宣传运动还不是真正意义上的公共关系,因为他们并没有认识公众的作用。从思想实质来看,这一时期实际上是一个反公众、反公关的时期。不过,当时巴纳姆等人运用报刊等大众传播媒介为组织进行宣传,已经具有了现代公关活动的萌芽意识。

三、现代公共关系的开端

19 世纪末至 20 世纪初,以美国为首的西方资本主义国家相继进入了垄断阶段。以美国为例,占人口 1%的资本家却控制了国家全部财富的 54%。垄断资本家的强取豪夺极大地激化了劳资关系和社会矛盾,社会危机日益加深。一方面表现为一浪高过一浪的工人运动,另一方面则引起了大批具有社会良知的知识分子利用新闻媒介对垄断资本家进行强烈的抨击,掀起了一场旷日持久的“揭丑运动”(又称“扒粪运动”、“清垃圾运动”)。

20 世纪初,美国相继出现了几家新闻宣传公司。1900 年,乔治·米凯利斯、赫伯特·斯莫尔和托马斯·马文在波士顿创办了一家新闻宣传办事处,专为企业进行形象宣传。1902 年,威廉·沃尔夫·史密斯辞去了《纽约太阳报》和《辛辛那提问询者报》记者的职务,在华盛顿创办了第二家新闻宣传公司。这些人从事的活动,都可以看成是早期的公共关系活动。但很遗憾,他们都没有将这些活动坚持到底,更没有提出现代公共关系的理念,使它发展为一门独立的学科。而完成这一历史使命任务的是被尊为“公共关系之父”的艾维·李(Ivy Lee)。

艾维·李(1877—1934)是美国佐治亚州一个牧师的儿子,毕业于普林斯顿大学,曾就学于哈佛大学法学院。他曾经是《纽约时报》和《纽约世界报》的记者,1903 年,艾维·李辞去了《纽约世界报》记者的职务,开始投身于公共关系方面的工作。1904 年,他与资深记者乔治·帕克一起,创立了美国第三家宣传事务顾问所,为一些企业家和政治家进行形象方面的宣传。艾维·李认为,解决企业的形象危机最好的办法是把事实真相告诉新闻界,采取信息公开的政策,这样不仅可以消除误会,还可以促进企业完善自己。艾维·李坚持自己的信念开展公众工作,使他的公司成为公共关系公司的前身,公共关系从此进入了职业化时期。

1906 年,美国无烟煤矿业发生了工人大罢工,劳资双方尖锐对立。艾维·李临危受命,负责为煤矿主处理这起严重的事故。他提出了两个先决条件:一是必须有权参加行业最高决策者的相关会议;二是在必要时有权向社会公开全部事实真相。在这两条的基础上,艾维·李公布了一个《原则宣言》,提出了处理企业与公众关系的“公开管理原则”。这一原则的提出,彻底改变了过去企业宣传愚弄公众、欺骗新闻界的传统,为日后公共关系的进一步发展奠定了良好的基础。他一改过去企业界蔑视公众、回避记者的工作方法,积极地向报界提供各种相关的资料,以便公众能够获得和他们利益有关的情报,通过沟通来改变企业在公众心目中的形象。专家认为,《原则宣言》的提出,标志着公共关系进入了一个新的阶段,是现代公共关系真正的开端。

艾维·李的公关实践,为日后公共关系的发展奠定了基础,他从事公关工作的原则是“公众必须迅速被告知”和“向公众说真话”,使公共关系走上了一条正确的道路。不过在艾维·李时代,公共关系尚处于开端时期,它仅仅是一门艺术,尚未成为一门学科。艾维·李本人以及他的同事们,大多是从新闻记者改行过来的,他们都是运用新闻记者的经验或直觉去开展工作。

四、现代公共关系的成熟

美国学者爱德华·伯尼斯以其杰出的研究，成为公共关系学的创始人，使公共关系进入了科学化阶段。伯尼斯是奥地利籍的美国人，他的妻子多丽丝·弗雷奇曼也是一位著名的公共关系专家，夫妻双方共同经营他们自己的公司——爱德华·伯尼斯公共关系咨询公司，为许多大公司、政府机构及美国总统提供咨询，直到1965年他退出公共关系第一线。

伯尼斯和艾维·李有一点不同，即他更注重公共关系理论的研究。他逐渐转向了教学和研究工作，他于1923年首次在纽约大学讲台上讲授公共关系学，并于当年出版了《公众舆论之形成》(又称《舆论明鉴》)一书。这是第一部研究公共关系理论的专著，因而被视为公关发展史上的一个里程碑。在这本书中，他对公共关系的实践进行了系统的研究，使之形成一整套理论。他提出了"投公众所好"的根本原则，主张一个企业或组织在决策之前，应该首先了解公众喜好什么、需要什么，在确定公众的价值取向以后，再有目的地从事宣传工作，以便迎合公众的需要。伯尼斯的思想比艾维·李前进了一步，不仅是在事情发生后对公众说真话，而且要求企业对公众进行调查，根据公众的态度开展公关工作。同时，他将艾维·李的活动与1897年美国《铁路文献年鉴》中出现的"公共关系"一词结合了起来，使这一词语具有了科学的含义，并在社会上流行开来。从此，公共关系正式从新闻领域分离出来，成为一门独立而又系统的管理学科。1952年，伯尼斯又编写了一本教材《公共关系学》，对公共关系理论进行了更为系统、详尽的阐述和发挥。

1952年，美国著名学者斯科特·卡特里普和阿伦·森特合作出版了一本公共关系学方面的权威著作——《有效的公共关系》。在这本书中，他们提出了"双向对称"的公关模式。这种公关理论比伯尼斯又进了一步，因为它把公共关系看成了组织与公众之间的一个互动的过程，这才是现代公共关系的真正本质。《有效的公共关系》一书提出的"四步工作法"，成为公共关系工作中最重要的工作流程。四步工作法是指公共关系活动的一般程序和过程，由美国公共关系学家斯科特·卡特里普和阿伦·森特首先总结提出。其内容是公关调查、公关策划、公关实施和公关评估。至此，现代公共关系学的理论框架基本构成，进入了它的成熟阶段。此后，公共关系的技巧虽然不断发展，但体系基本稳定下来。特别难能可贵的是，卡特里普和他的学生们，根据全世界公共关系的发展，不断对自己的著作进行修订。2000年，格伦·布鲁姆也加入这一工作。目前该书已经修订了8版，成为公共关系领域最具权威性的教科书，被后人誉为"公共关系学的圣经"。

五、当代公共关系的普及

20世纪30年代以后，公共关系在美国获得了高速的发展。至1960年，美国公共关系的从业人员已达到了10万人，职业公关公司1 350家，75%的企业设立了公共关系部。而到了1985年，公共关系从业人员达到15万人，公关公司超过2 000家，85%的企业设立了公共关系部或者长期外聘公关顾问。美国较大的公关公司之一的伟达公司，已有50多年的历史，雇佣2 000多名员工，在全世界设有52个办事处和67家联营公司。在现代的美国，任何一个组织离开了公共关系都将寸步难行。

20世纪20年代以后，公共关系传入欧洲。1948年，英国成立公共关系协会，拥有英联邦50多个国家和地区的2 500名会员;1967年,英国公共关系顾问协会成立,至今已有170多家分支机构。1955年,法国公共关系协会成立。几乎在同时,德国、意大利、荷兰、挪威等欧洲国家的公共关系也积极地发展起来。1940年,公共关系传入加拿大。1947年,公共关系传入日本。1964年,日本公共关系协会成立。

20世纪50年代以后,公共关系的思想和实践也开始传入第三世界国家,在东南亚、拉美和非洲各国生根开花。50年代初,香港地区政府设立公共关系部,一些企业也纷纷效法,使公共关系成为企业经营过程中的重要管理方式。

1955年,国际公共关系协会(IPRA)在伦敦成立,当时有会员20多名,出版《国际公共关系协会通讯》和《国际公共关系评论》两本杂志。以后会员不断增加,变成了世界上最大的公共关系协会。现在,这一组织已经有60个国家或地区的760名会员,在全世界有很大的代表性。

第二节　现代公共关系产生的社会条件

公共关系的产生及传播,是20世纪人类文化史上的重大事件,在这短暂而又具有传奇色彩的历史背后,有着深刻的社会历史必然性。

一、商品经济的高度发达

当人类完成了从自然经济向市场经济过渡,并逐渐进入到商品经济的发达阶段,人与人之间的关系也发生了根本的变化,传统社会中那种具有强烈人身依附色彩的人际关系逐渐让位于开放的、可变的、广泛的人际关系。在市场经济社会里,除了传统意义上的家庭关系、地域关系,人与人之间更多的则是由于商品交换而形成的利益关系,公共关系的思想与实践也随之发展起来。20世纪以前,即使在西方发达国家,经济发展水平也不是很高,社会上存在着严重的两极分化,物资供应也不很丰富,因此对于企业来说,并不需要专门用心思去考虑公众的需要与情感。然而随着20世纪科学技术与生产力的发展,物质产品极大丰富,社会上大量中产阶级的出现,就迫使企业家必须高度重视公众的利益和需求了。可以说,是发达的商品经济提出了对公共关系的需要,其原因如下:

(1) 公共关系适应了商品经济分工协作和社会化大生产的需要;

(2) 公共关系是物质生产供过于求,市场重心从卖方向买方过渡的产物;

(3) 政治民主化运动推动了公共关系的深化发展;

(4) 民众的巨大压力迫使企业家放弃唯利是图的经营方针,采取赢利与公关并重的经营战略。

我们可以肯定地说:公共关系是一种适应社会化大生产的现代文明经营观念。当商品经济发展到一定程度,就必然要把它应用于生产实践之中。

二、民主政治制度的出现

从封建制度向当代民主制度过渡,是一场深刻的社会变革,也是公共关系产生的重要政治前提。

(1) 民众社会地位提高,公众队伍形成,老百姓有了维护自己合法权利的可能;

(2) 民主制度的建立,提高了民众的参与意识,而民主政治的每一步都需要公共关系活动的配合;

(3) 言论自由、出版自由是民主制度的重要支柱,也是公共关系运行的重要保证。

三、现代管理理论的发展

公共关系是组织的一项重要管理职能,它的发展与管理学的发展密切相关。20 世纪以来,西方管理学领域中的两种思潮对公共关系的发展影响极大:其一是科学管理理论;其二是人际关系理论。科学管理理论以美国福特汽车公司的工程师泰勒为代表。1911 年,泰勒系统总结了他的管理学说,出版了《科学管理原理》一书。在这本书中,他提出了生产作业标准化、工时利用科学化、管理权力层次化、劳动分配合理化等原则。泰勒的“科学管理原理”比传统的经验管理有了重大的发展,确实起到了促进生产力发展的作用。泰勒在书中虽然强调了要在管理人员和广大工人之间建立一种和谐的关系,但由于时代的限制,其理论的核心仍然是如何控制机器的附属品——工人,以便最大限度地提高劳动生产率。他把工人看成是受金钱驱使的“经济人”(经济动物),把物质刺激当成调动工人生产积极性的唯一手段。他主张把人与人之间的关系简单化为纯粹的金钱关系,用对钱和物的管理代替对人的管理。在这种理论指导下,当然没有内部公关工作可言。所以在公共关系发展的早期,公关活动都是面对外部公众的。

影响公共关系发展的第二种管理理论是人际关系理论。20 世纪 20 年代,哈佛大学教授梅耶在著名的“霍桑实验”中,提出了如何激励人的积极性从而提高工作效率的问题。人际关系理论的出发点是:工人是“社会人”,劳动对于人来说恰如娱乐和休息一样自然;在为既定目标奋斗的过程中,人有自我引导和控制的能力;对目标的执著追求而取得的成功本身就是一种报酬;在一般情况下人们不仅接受而且谋求责任;为解决组织的问题而激发的想象力、聪明才智和创造力是一种普遍现象。后来,美国管理学家麦格雷戈把泰勒的理论称为 X 理论,把人际关系理论称为 Y 理论。人际关系理论注意到了工人的人格尊严及个人价值,注意到了生产过程中要发挥工人的积极性。在这种理论的指导下,组织内部公关的问题被提了出来,并得到迅速的发展。

四、大众传播事业的发达

20 世纪以来,大众传播事业获得了长足的发展,为公共关系的发展提供了必要的技术手段。进入工业社会以后,生产的社会化使人们之间有了进行交往的迫切需求。只有占有充分的信息资源,一个企业才能在激烈的市场竞争中永远立于不败之地。近代有了公路、邮政、报纸,才有了报刊宣传运动,有了公关的萌芽。进入 20 世纪,由于电报、电话、广播、电视、电传、电脑互联网络等电子媒体的发展,使信息可以迅速地传送到每个人手中,公共关系从而也获得了飞速的发展。社会组织可以运用各种传播工具与公众进行沟通,从公众中采集信息,又把组织的信息传达到公众中间去,最终达到为组织树立形象的目的。特别是互联网的发展,已引起了人们的普遍关注,在互联网中传播信息,具有更迅速、更广泛、更自由的特点。

第三节　中国公共关系的发展阶段

中国的公共关系走过了一段从无到有、从弱到强、从不自觉到自觉、从分散发展到逐步规范、从曲解到理解的曲折历程。中国公共关系经历了20年的发展,尽管有起有落,但主流是健康而强劲的,这为公共关系事业的进一步发展打下了坚实的基础,为公共关系在新时期发挥更大的作用提供了可靠的保障。

公共关系是踩着世界经济一体化的步伐迈入中国的,中国的公共关系与中国的改革开放更是同步而生、同步而长,大体可以分为三个阶段。

一、拿来主义时期(20世纪80年代初—1986年)

现代公共关系真正进入中国内地可以说是姗姗来迟,而且,起初大都只是作为舶来品引进而已,没有形成自己的公共关系思想特色和操作规范,且模仿和搬抄国外的理论与操作规则占主流,所以,基本上只能算是拿来主义时期。突出表现在以下几个方面:

1. 公关部挂牌,公关从业人员出现

早在20世纪60年代,中国的台湾与香港就较早地接受了公共关系思想的洗礼。1963年,主要是一些跨国公司在台湾的分公司纷纷把母公司的体制和管理方式引进台湾和香港,企业中的公共关系部迅速壮大。随之公共关系理论和实务迅速流行开来。台湾《世界日报社》社长成舍我先生创办的世界新闻学校率先引入了公共关系课程。在香港,1963年出现了第一家专业的公共关系公司——韦特公共关系公司。1975年,台湾的魏景蒙先生创办了第一家中国人自办的公共关系专业公司——联合国际公司。由此可见,60—70年代,香港、台湾两地的公共关系已进入职业化阶段。

正当台湾与香港地区公共关系事业红火之时,中国内地的政治及经济形势也悄然地发生了一些变化。1978年的十一届三中全会彻底打开了中国这扇封闭已久的大门。这扇巨门一旦打开,就再也不可能关上,随之公共关系也趁此良机欣然进入。80年代初,中国内地出现的公共关系与中国台湾、香港地区是极其相似的。主要是在沿海改革开放最早的深圳特区的一些外商独资或中外合资企业中率先出现的,这些公司或大或小在运作过程中均参照了其海外母公司的经营管理模式,设立了公共关系部,招聘培养了一大批公关从业人员,开始了早期的公共关系业务。紧接着是在广东、汕头、佛山、北京等地的中外合资企业中公共关系部也开始陆续出现,特别是在宾馆、饭店等行业,公共关系部的作用尤其出色。如广州的白天鹅宾馆、中国大酒店,北京的长城饭店可以说是80年代早期中国公共关系发展的典范。他们参照合资企业国际规范化的管理,导入了公共关系的管理职能,并设立了相应的公共关系机构,演绎了一个个精彩的中国特色的公共关系经典案例。像广州的中国大酒店首任公关部经理美籍华人田士玲小姐和第二任公关经理常玉萍小姐的公关业绩,在1989年播出的电视连续剧《公关小姐》中得到了生动再现,这成为国人心目中公关的神话。它既有效地传播、普及了公共关系的观念和知识,也缩影了早期的中国公关历史。虽然当时《公关小姐》的播出也带来了一些负面影响,使很多人误以为公关就等于漂亮的脸蛋加上时髦的打扮，经常出入酒吧舞厅的奢华生活。但这只能算是公关长驱直入中国的一个小小杂音。

同样，在 1984 年 4 月 28 日，北京长城饭店在其美籍公关部经理的策划下，成功策划了一次精美绝伦的大型公共关系活动。美国总统访华的答谢宴会从人民大会堂的宴会厅搬到了刚开业的北京长城饭店。来自世界各地的 500 余名记者把里根连同长城饭店一起“推销”到了世界的每一个角落，此案例可以称得上中国早期公共关系发展最精彩的一幕。

在中外合资企业、独资企业纷纷挂牌公关部、演绎一幕幕神话之时，一些具有超前意识的国有企业的企业家们也不甘落后，急起直追。特别值得一提的是 1984 年，广州的白云山制药厂——一家国有大型企业率先挂出了国内第一块国有企业公共关系部的招牌，并投入 120 万元，开展公共关系活动。实际上在 1983 年，广州的白云山制药厂就拨出年产值的 1% 作为“信誉投资”。这是一个敢为人先的大手笔，在世界范围内，人们认为卓越公共关系管理的“信誉投资”也就是 8% 的概念。随后，白云山制药厂一发不可收，举办了广州“白云杯”城市国际足球邀请赛，将广州歌舞团也收在“白云”麾下。白云山制药厂的声名也随着足球和歌舞团的南征北战而蜚声长城内外。

1984 年 12 月 26 日，《经济日报》刊载了题为《如虎添翼》的长篇通讯，报道了白云山制药厂的公共关系工作，并编发了“认真研究社会主义公共关系”的社论。接着，《文汇报》、《北京日报》、《广州日报》等 35 家报纸杂志先后载文报道或评论公共关系，阐述评析了公共关系在中国兴起发展的必然性和必要性。这就如“催产素”使公共关系这个怀胎十月的婴儿呱呱坠地，于是我们的国有企业纷纷仿效，匆匆上马。一时，大江南北公关部如雨后春笋般蓬勃生长。

接着，中国早期的公关从业人员在这些或洋或中的公关部里开始出现，一个崭新的职业群体浮出水面。

2. 国际著名公关公司抢先登陆中国市场

随着我国改革开放向纵深发展，我们的经济发展吸引了全世界关注的目光。“美国之音”曾报道说，“中国是一块肥沃的公关市场”，这对世界上的大型公关公司无疑是一个振奋人心的好消息。国际公关界摩拳擦掌冲入中国市场，捷足先登的是世界上最早诞生(1927 年)也是当今世界第二大公关公司的伟达公关(Hill & Knowlton)，1984 年率先在我国的首都北京设立了办事处。该公司亚洲地区经理 T · F · 桑德斯认为，在中国首都没有公共关系机构是不可想象的。1985 年 8 月，世界上最大的公共关系公司——博雅(成立于 1930 年，掌门人曾任美国公众咨询委员会副主席)也向中国投来了深情的目光，中国新华社下属的中国新闻发展公司展开双臂迎接了这一新生事物。两家联手成立了中国第一家公共关系公司——中国环球公共关系公司。环球之路不平坦，环球之路是中国公关业的一个缩影。叶茂康的报告文学《环球专业公关之路》道出了中国公关的风风雨雨，也让我们看到了公关业更灿烂的未来。值得一提的还有在 1985 年出现在中国市场上的另一家合资公关公司——中法公关公司(Ihterasia)。实际上截至 1990 年年初，在中国内地有影响且有一定规模的外资(含合资)公关公司基本上就只有这两三家，然而他们带来的新的思路、新的国际操作规范都极大地催发了我们本地公关公司的出现和成长。

二、自主发展时期(1986—1993 年)

近五年的公关引进，作为舶来品的公关已开始落户中国大地，到 20 世纪 80 年代中期，中国的公关事业已蔚然成风、遍地开花。众多迹象表明，公共关系作为拿来的事业，经过本土的消化吸收已有了良好的发展势头和逐渐被社会接受与认知的氛围。这样的潮起潮涌有效地促进了公共关系事业的职业化和公共关系研究的学科化。从中我们可梳理出几个为世人所关注的板块。

1. 行业协会辈出,职业网络出现

1986年1月,中国内地第一个公共关系民间团体——广东地区公共关系俱乐部成立,这是中国第一个公共关系机构。同年6月,第一家由官方组织的公关机构——上海市公关协会成立。1987年6月22日,中国公共关系协会在北京成立,安岗任协会主席,这标志着公共关系在中国得到了正式确认和接受,公共关系事业的发展进入了一个崭新的发展时期。紧接着,深圳、北京、浙江、天津、南京、武汉、陕西、四川等地先后成立了省市一级的公共关系协会、学会、研究会和俱乐部等社团组织。1991年4月26日,中国国际公关协会在北京成立,前任美国大使柴泽民任会长。据中国国际公关协会1999年第一期《通讯》发布的公关调查,当时全国已有100多家公关协会或学会,其中浙江和江苏两省拥有的数量最多,各有公关协会或学会8家;其次为河北和河南两省,各有公关协会、学会6家。全国共有全国性的协会2家,省级公关协会28家,地市级70家。这些学会在20世纪80年代中期积极发展会员,进行公共关系基本知识的培训与传播,对于推进公共关系事业的普及、促进公共关系职业的规范化、完善公共关系学科化做出了卓越的贡献。

2. 公关出版物丰硕,学术成果推广快

中国公关事业的发展与20世纪80年代中期趋向热火的公关学术成果的翻译、出版、推介有直接关系,同时也与《公共关系报》的陆续推出有关。我国内地第一部公共关系学专著,是中国社科院新闻研究所公关课题组编著的《公共关系学概论》(塑造形象的艺术),是1986年11月由科学普及出版社出版的。这是我国较早的一部全面、系统论述公共关系理论和实践的专著。1994年8月,我国最大的一本公关巨著、550万字的《中国公共关系大辞典》问世,吴学谦、邵华泽为此书作序。正如邵华泽在序言中所言,"可以预料《中国公共关系大辞典》将对推动我国公共关系事业的发展发挥重大的作用,从而对我国的改革开放和经济建设,对建设有中国特色的社会主义事业产生积极的影响"。在这段时期,大量的公共关系译著、专著、教材、辞典纷纷出版。在大众传媒方面,最早问世的一张公共关系专业报纸是由浙江省公共关系协会主办的《公共关系报》,1987年1月在杭州创刊;1989年1月25日,陕西省公共关系协会和中国公共关系专业委员会联合主办的《公共关系》杂志在西安面世;同年,《公共关系导报》在青岛创刊;1993年,《公关世界》在石家庄创刊。专业性的公共关系传播媒介的发展,极大地推动了公共关系的普及和公关向纵深的发展。

3. 公关培训活跃,教育层次多样化

自20世纪80年代中期开始,公共关系的培训异常活跃,这个阶段公共关系的教育培训开始初具规模,规范化、系统化的正规职业教育和学历教育逐步形成。

可以说,1985年1月深圳市总工会举办的公共关系培训班是我国有史以来的第一家。同年4月,北京师范大学开设公共关系讲座。6月,北京大学研究生院举办公共关系讲座。1985年下半年,中山大学与广州青年经济协会、广州财贸管理干部学院联合举办了三期公共关系讲习班。1985年9月,深圳大学首先设立了公共关系专业,开设公共关系的必修与选修课程,从此,公共关系开始步入高等学府的讲坛。1987年,国家教委正式把公共关系列入行政管理、工业经济、企业管理、旅游经济、市场营销、广告学、新闻学等专业的必修课。全国有300多所大学开设了公共关系课程,像复旦大学、中山大学、兰州大学、上海外国语大学等均是较早引入公共关系这门学科专业的。1994年,经国家教委批准,中山大学创办了我国第一个公共关系本科专业，同时在行政管理专业的硕士点招收公共关系研究方向的研究生，这不仅填补了我国公共关系专业本科和硕士研究生学历教育的空白，也形成了我国高校从研究生、本科、专科、成人教育到函授培训班等多层次、多形式的公共关系教学与培养的体系，从而使我国公共关系的学科化建设迈上了一个新的台阶。我国公共关系教育事业已开始逐步走向正规化和系统化的高层次学历教育阶段。

4. 公共关系科学研究和实践运作空前繁荣

20 世纪 80 年代中后期，随着我国公共关系教育和实践的迅速发展，一大批有识之士结合中国的政治、经济和文化的特点来探索中国公共关系的一些重大理论问题。尤其是在两大国家级协会的推动下，每年都召开公共关系理论与实践问题的研讨会。1986 年 3 月，在广州和北京分别召开了“公共关系与现代化”、“公共关系和新闻工作”的研讨会；1987 年 7 月，在杭州召开了由复旦大学、中山大学、兰州大学和杭州大学发起的全国高校公共关系理论研讨会；1988 年 5 月，在北京召开了由中国环球公共关系公司和博雅公共关系公司联合主办的首届国际公共关系专业研讨会；1989 年 12 月，在深圳召开了第一届全国高校公共关系教学研讨会。公共关系的研讨会加强了学界的成果交流与传播，对公共关系理论的深化和完善，公共关系的国际化、专业化、职业化发展起到了促进作用。

中国公共关系的实践空前繁荣，可以从中国公共关系协会主办的“中国最佳公共关系案例大赛”得到证明。始于 1993 年、每两年举行一届的“中国最佳公共关系案例大赛”至今已举办了七届，而且每一届的获奖案例均汇集成册，由复旦大学出版社出版。对公共关系实务进行研究、总结和探讨，举办一年一度的公共关系案例的评优活动，这已是国际公关行业的惯例。我国举办这种评优活动不仅表明了我国公共关系的实践的繁荣，而且总结了我国公共关系实践的成功经验，也有效地促进了公共关系从业人员不断提高项目策划和实际操作水平。这对推动中国公共关系事业的职业化、规范化的健康发展，对促进我国公共关系与国际公共关系的交流，促进中国公共关系早日纳入国际的轨道，加入世界公共关系的大家庭，都将产生深远的影响。

5. 国内外公关市场开始交流，国际公关职业市场正在开辟

中国国际公关协会自 1991 年成立以来，本着“让世界了解中国、让中国走向世界”的宗旨，致力于加强中国公关界与国际公关界的联系和交流，每两年一届的中国国际公共关系交流大会，均取得了巨大的成就。尤其在接受世界各国商业性公关业务的咨询、委托方面，渠道更为畅通，从而为国内公关界认识和了解国际公关市场，为国内企业提供国际公关服务、培养和输送国际公关人才创造了特定的氛围和环境，也为国际社会了解中国公共关系行业的市场发展潜力提供了机会。中国国际公关协会多次邀请一些世界著名的公关专家来华授业解惑，像前国际公关协会主席、英国公关权威萨姆·布莱克教授和美国的公关专家格鲁尼格教授等均应邀来华讲学。尤其是萨姆·布莱克教授访华后，先后两次在英国《公共关系》季刊上撰文，盛赞中国公共关系行业发展之快，并称中国有 10 万人从事公共关系职业，50 万人学习公共关系课程。确实，这一时期是中国公共关系理念传进千家万户的时期，这是改革开放的成果，正如李瑞环先生所说的“中国公共关系事业发展是中国改革开放的必然趋势”。

三、迈入成熟发展时期(1993 年至今)

1993 年 11 月，中国共产党十四届中央委员会第三次会议通过了《中共中央关于建立

社会主义市场经济体制若干问题的决定》后，若春风吹拂五洲，中国社会主义市场经济的步伐全面启动，这给中国公共关系行业带来了勃勃生机，使中国公共关系行业进入了全面的整合时期。公共关系行业作为一种智力产业，经过了市场经济优胜劣汰的大浪淘沙之后，开始步入更加职业化和专业化阶段，逐步进入成熟发展时期。具体表现在以下方面。

1. 公共关系职能部门渗透到各行各业

公共关系事业经过近10年的冲浪，开始步入稳步发展时期，从一开始的仅限于服务行业渐渐进入到了各种形式的企业和经济实体中，并已扩展到各种社会组织和行业，如社会团体科研机构、银行、学校和党政部门。这些组织成立了具有公共关系功能的机构，或在某些已有的机构中扩充了公共关系功能，人们越来越重视运用公共关系手段来保障和促进自身的发展。公共关系作为一种管理功能被引入各行各业的管理领域，一种形象管理即无形资产管理的理念已广为人们所认识。人们开始重视运用公共关系的手段来加强对组织的公众关系和公众舆论的管理。于是，各行各业出现了各种各样的公共关系的职能部门，这些部门尽管名称各异，例如叫做公关宣传部、公关营销部、公关策划部、公关发展部等，但它们的功能大同小异，都不同程度地发挥着公共关系的功能。

2. 职业公关公司开始成熟与发展

专门化的公关公司经过前10年风雨的洗礼，开始步入了自我整顿、自我提高时期。20世纪80年代中期到90年代初期，名目繁多的公关公司曾风起云涌，其中大多是缺乏实力、名实不符的空头公司。据媒体报道，当时全国注册的公关公司有2 000家之多，但由于自身人才的匮乏、公关市场的不成熟及运作规则的不规范，许多注册公司在90年代初中期便纷纷关门倒闭或转业另谋出路，而生存下来的一些中资公关公司属于千锤百炼始出山，开始走向专业化、市场化、职业化的轨道，在公关市场上逐渐确立了自己的地位，像环球公关公司就是很典型的一家。据中国国际公关协会1996年对部分中资公关公司的调查显示，中资公关公司规模大多以中小型为主，小型公关公司的员工大多在10人以下，中型公关公司在20人左右。像环球这样拥有百名员工的公关公司已属大型公关公司，在国内数量不多。

中资公关公司的专业程度逐步提高，服务对象既有外埠客户，也有国内客户，但大多局限在本国客户。所服务的行业涉及吃、穿、住、行，但并非是纯粹公关业务的运作，很多公关公司通过这几年的发展，服务开始系统化、专门化，往往代理客户整体形象的定位、策划、传播和实施，在公关、广告、CI、营销等领域全面开花。由于许多中资公司规模小，因而机制相对灵活，经营成本也低。同时有优于外资公司的熟悉国情和市场的特点，因而在市场上富有竞争优势。

3. 外资公关公司纷纷抢滩中国市场

自1984年、1985年美国的伟达、博雅挺进中国市场后，有相当一段时间外资公关公司在中国内地的市场开拓基本维持在两至三家的现状。到了1992年，由于中国公关市场有所发展，生机初显，一大批外资公关公司又纷纷杀进，像美国的爱德曼、奥美、福莱、罗德、凯旋先驱及英国的宣伟等。这些公关公司纷纷与中资公司建立联营关系，或在一些发达地区设立办事机构或业务点。他们很多是出于自身战略发展的需求进驻中国市场的，因为开放的中国是他们发展全球业务网络的良好市场，同时发展中的中国不仅可以维系原有跨国客户，还可以争取到新的外资国际客户，并且又可以带出未来的中资客户。这些外资公关公司为拓展中国市场，积极导入公关新观念，着力于公关专业宣传。比如有意识地通过举办公关研讨会、研修班、新闻发布会等形式，对媒介、企业、政府和社会公众进行公关专业知识的传播和教育，让业内人士了解了像“认知管理”、“危机和问题管理”、“财经传播”、“高科技传播”等一些公关的新观念，同时，外资公关公司通过自身的实践，引进了公关的最先进的国际职业操作规范和标准，特别是一些先进技术手段的广泛运用，向中国的客户展现了极高的专业服务水准，让人们看到了公关更灿烂的未来。尤其是一些著名的公关公司代理一些著名跨国公司在中国市场运作的成功案例，让业内人士和中国客户备受鼓舞，也让他们看到了公关带来的希望，极大地推进了中国公关市场的形成，并对中国公关市场的专业化、职业化、国际化产生了积极的影响。

4. 公关教育立体化

公关教育经过十年的风风雨雨，目前基本形成了立体多维的学历和非学历交叉并存的局面。从低级到高级，公关教育的具体种类有：① 业余培训，包括各协会、学会、学校、组织的各类中短期的培训班及专题全员公关培训讲座；② 函授教育，指某些学校开设的面向成人在职的一种业余学习，颁发大中专文凭；③ 普通全日制教育，由一些大学开办的学制为两至三年的全日制普通大专班，通过三年学习，学生能成为较为专业的公关人才，这是现今存在于公共关系市场的最大的一批公关主力军；④ 大学全日制本科教育，这是目前培养公关专业正规军的最有效的途径，学生通过四年的规范化学习，能较快地适应社会，成为社会上各大专业公关公司和公共关系部的高级公关人才。

最高层次的教育是公共关系专业方向的硕士研究生的培养。目前在复旦大学、上海外国语大学、中山大学等高校的一些传播专业、工商管理专业硕士点中有公共关系专业方向，这为我国日后培养高层次公关人才指明了方向。特别值得一提的是，在社会各界的推动下，公关事业的实体结构已遍及全国，从业人员已达相当数量，但从业人员的职业身份一直以来未能得到正式确认，国家劳动和社会保障部为适应上述形势发展的需要，于 1997 年 11 月 15 日成立了中国公共关系职业审定委员会。该委员会先后在北京、上海、广州等地举行了职业论证研讨会、座谈会，并取得了重要成果：一是为公关职业定下了“公关员”的职业名称，并正式列入了《中国职业大典》，这标志着国家已正式承认公共关系这一职业；二是制定了公关人员的国家职业标准和考核规范；三是正式编撰出版了权威性的培训教材——《公关员职业培训和鉴定教材》；四是于 2000 年 12 月 3 日，在全国范围内举行第一次公关员职业资格上岗全国统考。这标志着我国的公共关系开始真正走上职业化和行业化的道路，不久的将来，真正意义上的职业公关人将不断涌现。这不仅完善了公关职业的成熟发展，并极大地推进了中国公共关系行业纳入国际化运作轨道，同时必将为中国经济真正融入全球一体化经济发挥巨大作用。

5. 政府公共关系建设是构建和谐社会的必要条件

2004 年 9 月 19 日，中国共产党第十六届中央委员会第四次全体会议通过《中共中央关于加强党的执政能力建设的决定》。该决定指出：“坚持最广泛、最充分地调动一切积极因素，不断提高构建社会主义和谐社会的能力，是当前和今后一个时期加强党的执政能力建设的主要任务。妥善协调各方面的利益关系，正确处理人民内部矛盾。建立健全社会利益协调机制，引导群众以理性合法的形式表达利益要求、解决利益矛盾，自觉维护安定团结。”做好协调关系、引导群众的工作都需要高超的公关能力。因此，提高政府公关能力是提高执政党的执政能力的具体体现，是构建和谐社会的客观需要，在新形势下研究提高政府公关能力的意义和措施十分必要。

第四节 中国公共关系发展的基本特征

一、中国公共关系发展的基本脉络

追溯中国公共关系发展走过的20多年历程，从无到有，历经风雨。中国公共关系20年发展的主要脉络如下：

——20年来，中国公共关系从误解到明晰，从浅表到本质，全民公共关系意识得到广泛的普及和提高，并被提高到贯彻科学发展观、构建和谐社会的高度。

——20年来，包含博士、硕士、学士、大专、职教、自考、短训、资格考试的公共关系教育体系已初步形成，应运而生的公共关系专著、译著、教材、丛书、杂志与工具书层出不穷，在普及中提高，在引进中发展。

——20年来，国际、本土专业公共关系公司定位细分、相互促进、共生共荣。公共关系市场目前在中国终于成为一个被政府认可并拥有广阔服务领域的崭新职业。与此同时，经历风雨依然痴心不改的、忠诚的中国公共关系队伍不断扩大，并深入到各行各业。

——20年来，以申奥、申博为标志的政府公共关系和以危机处理为特色的企业公共关系同样精彩，并得到日益重视。中国公共关系的成功案例业已成为世界公共关系界的注意焦点。

——20年来，中国国家、省市自治区公共关系协会组织相继成立，相对健全并高度覆盖。中国公共关系组织与国外同行交流频繁、层次广泛。

二、中国的"公共关系热"代表性事件

这里的"公共关系热"指的就是公共关系发展较为迅速且相对集中的一段时间。中国的公共关系在这20多年的发展过程中出现了5次主要的"公共关系热"。

(1) 20年前，公共关系旋风曾登陆中国南部城市，掀起了一场"公共关系热"，20世纪80年代初的中国，春风初度，百业待兴。改革开放打开了这个文明古国厚重的大门，于是伴随着外资企业、合资企业的兴起，"公共关系"这个西方文明的产物，终于从太平洋彼岸舶来，在南中国海岸登陆。"春潮带雨晚来急"，"公共关系"由南而北，一路风尘、扶摇直上。

(2) 20世纪90年代初，一部流行电视剧《公关小姐》，引发了中国内地的一场公共关系热潮。《公关小姐》的播出对于中国公共关系来说是喜忧参半：从好的方面来说，这部万人空巷的电视剧迅速提升了公共关系的知名度，其对于公共关系职能的解读基本上是准确的；从坏的方面来说，"公关小姐"这种不太规范的称谓使以后的中国公关界屡屡被毫不相干的"情色"所骚扰，甚至使许多公共关系行业的业内人士都开始羞谈公共关系。这种影响至今也没有完全被消除。

(3) 20世纪90年代，"CIS热"再次席卷中国。1992年，日本的CIS(企业形象识别系统，Corporate Identity System)之父中西原南到中国传播CIS理念，掀起了国内企业的CIS

热，重现了日本在60年代工业高速成长而兴起的CI运动景象。世纪之交，许多已具有规模优势的企业，面临产业多元化和国际化的品牌升级要求，企业CI修正和重构显得更加从容而理性。

(4) 2003年，“非典”成为一个重新洗牌期，引发新一轮公共关系热。在“非典”时期，全国乃至全世界都经历了一场严峻的考验。“非典”过后，某些领域的竞争格局发生重大变革。中国的市场竞争到了拼实力的阶段，这个实力主要不是指经济实力，更多的是指管理的实力。尤其是在突发事件发生时，管理做得扎实，就能轻松化解危机；管理比较薄弱，就会被淘汰出局。

(5) 中国申奥、申博的成功，促进了公共关系公司如雨后春笋般发展壮大起来。20多年来，中国的公共关系从无到有，特别是中国申奥、申博的成功，为中国公共关系的发展带来了又一次春天。一些大中企业也相继设立了公共关系部门，这是提升企业形象、加强品牌管理所不可或缺的。在中国，公共关系是一个朝阳产业，与发达国家相比，中国还处于起步阶段。所以，公共关系是大有发展的。

三、中国公共关系发展的特色概括

纵观中国公共关系20年的发展历程，与国际同行相比，中国公共关系呈现出的鲜明特色主要有以下三方面：

(1) 中国公共关系已经得到政府部门的高度重视，一些权威的中国公共关系组织均挂靠在中国的相关部门，如统战部或外交部。

(2) 中国公共关系发展不平衡。公共关系是现代社会经济高度发展的产物，改革开放为我国公共关系创造了良好的发展环境。但是，由于中国经济发展的不平衡，导致了中国公共关系发展的不平衡。

(3) 中国公共关系学科定位不仅在新闻传播层面，更定位在企业管理层面。这种学科定位的趋势反映出中国公共关系在技术和应用层面上更重视应用。追求实效性和应用性是中国公共关系的普遍要求。

四、中国公共关系发展的未来展望

1. 中国公共关系市场将更趋国际化

这包括两方面的含义：一方面，更多的国际公共关系公司随着中国加入世贸组织的步伐继续跟进中国市场；另一方面，中资公共关系公司将不断发展壮大，业务趋向国际化。中国公共关系公司会有两种模式：一种是纯中资式的，一种是合资式的。他们的服务对象会有所变化，20世纪90年代时，中资公共关系公司的绝大多数客户是国内客户，但近年来这种情况已发生了变化。中资公共关系公司的外资客户比例已大大提高，像世界著名的跨国公司，如微软、惠普、诺基亚、摩托罗拉等的许多公共关系业务已收于中资公共关系公司名下。同时，一些外资公共关系公司将会增加，中外公共关系公司合作倾向更为明显，这种联手将更多地带动国内的一些著名企业走向世界，创立国际品牌、进入国际市场。

2. 中国公共关系实务将更为专业化

随着中外公共关系市场的逐步接轨，市场运作的游戏规则将更加健全规范。专业服务将进一步细分，专业服务更加到位。公共关系公司将从简单项目执行发展向高层次整合策划和顾问咨询方面转变，公共关系协会的功能也将向行业公共关系协会的职能转变。专业化的公共关系公司将备受各级组织青睐，他们将给现代组织带来更为详尽到位的服务。人们就像发展中离不开法律顾问一样离不开公共关系公司，由此而生的公共关系咨询业将成为新世纪公共关系行业的新的增长点。公共关系咨询业表现出来的强劲的智力劳动的价值将得到社会的广泛尊重和高度重视。

3. 中国组织的公共关系手段将更加丰富

随着因特网(Internet)多媒体时代的到来，现代组织已越来越认识到信息网络、现代传媒新技术对公共关系传播的重要意义。这些新技术将完成对公共关系传播沟通管理的方法和手段的调整与更新，公共关系手段和技巧将更为丰富多彩，从一般的新闻发布、媒介宣传、市场推广的营销公共关系，到政府关系协调、大型公益活动的策划等等。

4. 中国组织的公共关系地位将更为战略化

全球一体化经济的蓬勃发展，使组织的传播活动日益多元化。一方面，组织的形象竞争呈白热化状态，公共关系作为一种重要的传播手段和传播战略，将为组织塑造一种"全球形象"而纳入组织的战略管理层面，其战略性地位日益加强；另一方面，全人类面临的一些全球性问题，比如环保、人口膨胀、战争与和平、人权与主权等问题的存在与解决，已非一个国家和一个民族所能承受，它必须通过国际性的沟通对话，通过全球性、跨文化的传播沟通去形成共识，在此基础上，制定国际化的标准，依靠全人类通力合作来加以解决。公共关系在解决这种问题的过程中，是具有一定成效的。我们已将《中国国家形象战略构建研究》、《国际企业并购中的战略沟通》等列为重大公关研究课题。

5. 中国公共关系教育将更加规范化

中国公共关系事业的发展，要求中国公共关系教育更加科学化和规范化。21世纪是世界经济大循环、经济技术快速发展的时代，信息技术、网络经济、生命科学等的发展，将对人类的生活、学习、生产带来前所未有的机遇和挑战。同样，全球公共关系行业面临的新问题也将是前所未有的，这对公共关系从业人员的数量和质量都将提出更高的要求：一方面，市场迫切需要大量的公共关系人才，尤其是复合型的、国际化的公共关系人才将大受欢迎；另一方面，社会化的公共关系教育与培训将有增无减，在公共关系行业发展的推动下，在规范化的高等教育的引导下，全社会的普及型及提高型的公共关系教育与培训，将有规模、有系统地交叉运行。随着公共关系职业的认定和公共关系资格考试的规范化，中国公共关系职业化将迈入新的时代。

思考题

1. 公共关系发展包括几个时期？每个时期的特点、意义是什么？
2. 从公共关系的历史来看，公共关系产生与发展的社会条件有哪些？
3. 公共关系在中国兴起的条件有哪些？
4. 中国公共关系发展的基本特征有哪些？

第三章 公共关系人员与机构设置

本章知识点

1. 公共关系人员及培养
2. 公共关系意识
3. 组织的公共关系工作机构
4. 公关机构的活动内容

第一节 公共关系人员及其素质

一、公共关系人员的基本素质

（一）公共关系从业人员的知识结构

公共关系从业人员与其他行业从业人员的最大区别在于，他们具有从事公共关系工作的必要知识和专业技能，特别是有了职业准入制度以后，是否具备公关理论和实务知识更是成为公关人员的必要条件。要成为一名合格的公共关系从业人员，掌握以下几方面的知识是非常有帮助的。

1. 公共关系的基本理论知识

这方面的知识主要有：公共关系的基本概念、职能作用，公共关系的由来和历史沿革，公共关系的核心概念和基本理论，公共关系的三要素及其相互关系，公共关系工作的基本程序等。

2. 公共关系的基本实务知识

公共关系是一种实践性强、重视经验积累的职业，当然也重视公关基本实务知识和技巧。事实上，公关调研知识、公关策划知识、公关谈判技能、公关传播方法等，是每个公关从业人员都应该掌握的实务知识。

3. 相关学科专业知识及开展特定公共关系工作所需的专业知识

公共关系从业人员为了更好地开展工作，还应该掌握一些相关学科的理论知识。与公共关系学科联系最紧密，对公关理论和实务影响最大的学科有管理学、传播学、社会学、心理学、行为科学，而市场营销学、广告学、人际关系学则因为与公关学科的理论和实务有相当的交叉而颇具借鉴意义。除此以外，公共关系从业人员在接受特别的委托公关业务，如国际市场公关、行业公关时，还要了解相应的地区文化传统、风俗习惯以及特定行业的基础知识。

现代社会是信息爆炸、知识爆炸的社会,公关人员再勤奋也不可能全部掌握所需的公关知识,但每个公关人员都应以此为目标激励自己,不断地学习和吸收最新的公关理论、实务知识和公关技巧,努力使自己成为知识结构合理的公关人员。

(二)公共关系从业人员的能力结构

美国一位公共关系专家坎托曾在《公共关系杂志》(Public Relations Journal)上撰文,阐述成功的公关从业人员的十大特征:① 对于紧张状态做出反应;② 个人主动性;③ 好奇心和学习;④ 精力、活力和抱负;⑤ 客观的思考;⑥ 灵活的态度;⑦ 为其他人提供服务;⑧ 友善;⑨ 多才多艺;⑩ 强烈的自我意识。分析这十大成功因素,我们发现大都与公关人员的工作能力相关,由此可以看出,较强的综合能力对公关人员十分重要。一般说来,合格的公关人员应努力使自己具备以下几方面的能力。

1. 表达能力

表达能力包括口头表达能力与书面表达能力。

口头表达能力,就是通常所说的口才。口头表达是公关工作中实现信息双向交流沟通最主要、最直接、最迅速的传递手段:有在特定场合对公众发表专题讲话,以争取公众,创造和导向舆论的演讲形式;也有在人际交往中与个别公众面对面沟通,进行解释、说服等的交谈形式;还有为争取组织利益而与其他组织采取的谈判形式。为此,公关人员要掌握口头表达的规律和艺术,充分借助面部表情、动作体态等辅助语言,增强口头表达的说服力、亲和力和感染力。

书面表达,就是指写作能力和文字能力。公关人员在工作中涉及写作的范围非常广,从日常的信件文牍、公文告示到公关计划、调查报告、总结报告,从新闻稿、演讲词、广告语到公关手册、公关策划书,都需要公关人员有熟练的文字功底和写作技巧。

因此,公共关系人员要熟练掌握包括新闻、信函、计划、总结、分析报告等各种类型文体,同时要注重严谨的逻辑思维和朴实流畅的文风。

2. 社交能力

公关人员工作的大量内容是直接面对各方面、各类型的社会公众,去迅速建立双向的有效沟通,赢得好感、认同与合作。这就要求公关人员必须具备较强的与人打交道的本领,即社交能力。只有这样,公关人员才能在各种社交场合从容应对,广交朋友,广结良缘,树立自己的良好形象,也为组织赢得更多的发展机会。

3. 组织管理能力

公共关系人员要善于调动、组织和协调组织内外公众的力量和关系;善于制订公共关系工作的日常计划和专题计划,并适当有效地组织实施与评价;善于组织和参与各种有关的、公共关系原理与实务常见的会议和活动,并恰当有效地选择和运用多种传播手段,推动组织预期目标的实现与完成。

4. 自控应变能力

公关人员的公关活动时常会遇到各种意想不到的突发事件和问题,此时要能做到镇定自若、头脑清醒、正确判断、机智应变,最终圆满解决问题。

5. 创新能力

公关工作从某种程度上讲就是以变促变,不同时间、不同地点、不同对象,同一内容的工作方式也会不尽相同。因此,公关人员的工作是一种富于创造性、创新性、开拓性的工作,它要求公关人员思维活跃，激情勃发，摒弃成规与陋俗，不断开创公关工作的新境界。

（三）公共关系从业人员的生理和心理素质

谈到公关从业人员的心理和生理方面的素质，对公关了解不深的人便会认为：外向型性格的人比内向型性格的人更适合从事公关工作，相貌英俊、漂亮的人会比相貌平平的人工作得更出色，善于应酬和交际的人比不善应酬的人更有优势。其实这是一种误解。我们当然不能否认那些性格外向、热情奔放、英俊潇洒、善于交际的人可以从事公关工作，但后者同样可以在公关行业找到自己的位置。原因在于：第一，性格的内向与外向、相貌的俊美与否、交际能力的高低是相对的，并无统一的标准，很外向的人也有沉默寡言的时候，很内向的人在知己面前同样会滔滔不绝，因此这种区分本身就不科学。第二，公关工作是多样化的，既有公共场合的交际应酬，也有独处一室的日常工作。整理资料要求细致，分析问题需要严谨，接待来访要求耐心，文案工作也与人的美丑关系不大，因此正如一句广告语所说：每个人都有机会。第三，虽说"江山易改，本性难移"，但事实上，通过适当的学习和培训，人们还是可以改变自己的。闻名世界的日本魔鬼训练、美国的卡耐基成功学训练和希尔成功学训练，就是通过卓有成效的培训使人达到特定要求的典范。

当然，公共关系作为一种职业，还是需要具备一定的生理和心理素质的，但这些生理和心理素质是可以培养出来的，只要通过一定努力，使自己具备或努力培养以下方面的心理素质，成为一名合格的公关人员并非难事。

1. 兴趣广泛

公关人员的职业特点决定了其必须与各种专业、各方面、各层次的人物打交道，具有广泛的兴趣是建立交往的基础，是寻找共同点和接近点、实现与公众沟通和交流的主要手段。同时，对于公关人员来说，具有广泛的兴趣可以博采众长、见多识广，在复杂的环境和关系中能够机智应变，顺利开展工作。

2. 意志坚强

公关人员应该在错综复杂的公关活动中，在面临诸多棘手的困难面前，保持较强的心理承受力、忍耐力和自制力，保持很强的自信心、上进心，敢于承担责任、承认错误，善于发挥自身力量从容处置问题，迎难而上，以达到既定目标。

3. 性格开朗

人的性格在公关交际中具有重要意义。开朗外向型性格的人，常常充满热情、富有朝气，可以使人感到亲切，易于创造交流思想、交流感情的环境，能够使人在困难面前乐观向上，宽容豁达。因此，公关人员具有开朗、开放的性格，是促进公关工作开展的重要心理条件。

4. 保持良好的仪表和风度

生理素质是指对公关人员的体形、长相、外表、风度等方面的要求。公关工作要求经常与公众打交道，从生理的角度看，较好的体形、强健的体格、端庄整洁的仪表和潇洒飘逸的风度，会对公众产生天然的吸引力和首因效应，为进一步发展交往、增进友谊、开展工作打下相应的基础、创造良好的条件。

（四）公共关系从业人员的道德修养

一门学科、一个行业、一种职业的真正成熟，其标志并不是从业人员的大量增加，也不是营业额或客户数量的迅速增长，而是形成该行业的职业道德准则。所谓职业道德，是社会对各种不同职业、行业所提出的专门化的道德要求,是一种系统化、条理化的规章准则。任何一种行业、职业,只有认真地履行自己的职业道德准则,才会得到社会的认可、支持和理解。公共关系行业在长期的社会实践中,其职业道德准则也得到了不断的完善。

在公关发展史上,美国公关协会是最早推出自己职业道德准则的专业协会,到1988年推出新的《职业标准准则》时,该准则已先后修订过6次。在美国公共关系协会的带动下,很多公关协会推出了自己的道德准则。

1. 国际公共关系协会的《国际公共关系道德准则》

在所有的公关道德准则中,《国际公共关系道德准则》无疑是影响最大的。很多国家直接采用此准则,或以此为范本制定自己的职业道德准则。长期以来,国际公共关系协会一直致力于推动各国公共关系工作的职业化和规范化。该协会的第一个《国际公共关系道德准则》(《雅典准则》)于1965年5月推出,其后,经多次修订,形成了现在的《国际公共关系道德准则》。

2. 英国公共关系协会(IPR)的职业行为标准

英国公共关系协会的职业行为标准同样在国际公关领域享有盛誉。该准则共有16条,第一条开宗明义地规定了公关人员的职业行为标准,"各会员在其职业活动中应尊重公众利益和个人尊严。在任何时候都应忠诚、公正地对待他目前及以往的客户与雇主、其他会员、传播媒介及公众"。该准则还注意维护准则本身的权威性,其第15条规定:"各会员均应维护准则,并团结其他会员在实际中加以贯彻,如果其会员发现另一会员参与破坏准则的行为,应向协会报告,全体成员都应自觉支持协会推行此准则,协会亦应支持它的会员。"该准则还对传播媒介、信息保密、利益冲突、职业声誉、中伤他人、影响他人等条款,制定了相应的规范和要求。

3.《中国公共关系职业道德准则》

具有中国特色的全国省市公共关系联席会议在我国的公共关系工作中,特别是公关职业道德的制定上扮演着非常重要的角色。在1989年9月的第二次联席会议上,提出了《中国公共关系职业道德准则》(草案);1991年5月的第四次联席会议上,正式通过了经过国内公关专家反复修订的《中国公共关系职业道德准则》。

二、公共关系人员的培养和考评

要成为一名合格的公关人员并不是一件容易的事情,达到公关人员基本要求只是第一步,而接受公关教育和培训是必经之路。

(一) 公共关系人员的培养

公共关系工作在一定意义上说只是一种手段,手段的成功与否关键在于人的运用与把握。公关人员的素质并非天生,而是后天有意识、有组织地不断加强教育培养、培训的结果。

1. 培养规格

(1) 通才型。就是知识面广,有较合理的知识结构,有良好的心理素质和综合能力素质,在工作中能独当一面,能够较好地处理复杂问题的公关领导人才或专职管理人员。有人把此类人才结构形象地称为"三个1/3",即:1/3的企业家,有企业家头脑,有强烈的经济效益的观念，敢于竞争，追求卓越的自信以及深刻的洞察力、敏锐的判断力、丰富的想象力和果断的决策力及较顽强的意志力；1/3 的宣传家，有较强的形象观念、信息观念，能说会写，掌握传播技巧，信息灵通，左右逢源；1/3 的外交家，待人热情真诚，说话幽默高雅，举止端庄，态度谦和，善交朋友。

(2) 专才型。就是比较精通某方面的公关技术技能，如编辑、写作、设计创意、市场调查、绘画摄影、设计广告等。这类人才是公关工作不可或缺的人才，是某方面的专家，较适宜于公关工作中某些具体的业务工作。

2. 培养途径

(1) 学校正规的教育培训。这是一条专门培养公共关系人才的正规途径，也是社会培养公关人才的一种方式。在这种方式下，学生可以系统地学习公关理论，潜心研究公关技巧，掌握信息传播工具，并参加适当的实践与模拟活动。学校正规培养的优点是：课程学习安排具有系统性和科学性，专业基础知识学习具有广泛性和厚实性。

(2) 在职进修培训。在职进修是我国公关教育培训中最受欢迎的形式之一，其主要特点是：教学的现实针对性较强，周期短，见效快；学生的学习目的明确，且已有实践经验，故易于理解、接受和领悟，而且能学以致用。主要包括短期培训、岗前培训、见习培训、聘请专家或学者指导及其他培养形式。短期培训一般由高校、企业或行业组织(如公关协会)举办，时间长短不一，有半个月、一个月、半年等，培训对象是有一定实践经验的人员，培训目标和重点是专业基本理论与知识，着力于理论水平的提高。岗前培训主要是进行专题讲座与报告，属于角色培训；见习培训的特点是在实践中学习与提高，让见习者在一段时间内担任本组织或外部组织公关人员的助手，见习并实际参与公关实践，学习别人处理公关事务的技巧和方法，增强感性认识；聘请专家、学者指导，即聘请公共关系专家或学者，来单位指导和咨询，帮助解决公关工作中的疑难问题，对公关人员进行业务的实际辅导和点拨，这种方式针对性强、启发性大、实际效果好；其他培养形式，如组织员工参加自学考试、函授刊授教育及电视广播教育，并为之提供参加辅导、面授等机会，多途径、多形式地帮助员工提高专业理论水平和业务水平。

(二) 公共关系从业人员资格证书

早在 1953 年，美国著名公共关系专家爱德华·伯内斯就看到了不合格的公关人员滥竽充数的危害性，提出对公关从业人员实行职业许可制度，以保证公关职业的权威性。但直到 1965 年，美国公共关系协会才开始实行专业资格认证制度，到 20 世纪 80 年代中期，该协会 11 700 名会员中的 1/3 获得了 APR 称号。

相比而言，英国公共关系协会主持的 CAM 考试虽然比美国的 APR 要晚，但其影响力更大。CAM 是传播(Communication)、广告(Advertising)和市场(Marketing)教育基金会的缩写。CAM 考试分两个等级，第一等级有 7 门考试课程：市场学、广告学、公共关系媒介、调查与行为研究、传播实践、商业与经济环境。公关、广告和市场营销人员只要通过其中 6 门课程的考试，就可获 CAM 传播研究证书，获此证书后再参加第二等级考试。第二等级的考试分开进行，针对公共关系人员的考试课程有 4 门：商业组织公共关系、非商业组织公共关系、公共关系战略、管理资源，考生只要通过其中 3 门就可获得 CAM 公共关系文凭和公关从业资格。该项考试和专业资格不仅英国认可，而且得到国际广告协会的正式承认。已经有越来越多的外国人报名参加这项考试。

1993 年,中国公共关系协会也开始推进“公共关系专业资格证书”培训活动。经过几年的实践探索和不懈努力,终获国家有关部门认可,从 2000 年起,在全国举行统一的公共关系从业人员任职资格考试,合格者获“公关员”称号,有资格从事公共关系工作。

(三) 公共关系从业人员的考核方法

1. 考核内容

主要有德、勤、能、绩四个方面。

(1) 德。即思想政治素质,包括是否遵守国家政策、法律法规,是否具备良好的职业道德和社会公德,以及敬业精神、奉献精神、廉洁自律和团结协作精神等。

(2) 勤。即勤奋精神,包括工作出勤率、工作积极性等。

(3) 能。即完成各种公共关系专业性活动的能力,包括知识水平、业务水平、表达能力、交际能力、分析判断能力、组织管理能力、预见反应能力、应变耐久力、开拓与创新能力等。

(4) 绩。即工作的实绩(数量与质量),包括工作业绩、工作效率、工作质量等。

2. 考核方法

考核的方法要坚持科学性原则,即做到客观、公正、全面。常见的考核方法有:

(1) 量表评定法。量表评定法是以一种标准化的等级量表为工具,采用组织评、群众评、自己评等多种途径,对公关人员进行全面评定的方法。量表评定法的优点是评定项目设计严格,定义明确,计量方法统一合理,评定结果既可以反映一个人的实际水平,又可以进行相互间的比较。因此,这是一种比较好的判定方法。这种方法是根据各考核要素把所有的被考核者分别按两两一组的方式进行比较,并判断每组的优者和劣者,然后综合其结果得出最终序列和成绩。采用这种方法,必须把所有被考核者两两相比,每一要素的对比次数为 $\frac{n(n-1)}{2}$(n 代表被考核者人数),因而考核的准确性较高;而且,由于考核者在考核过程中很难判断每个被考核者的最终成绩,因此可以避免考核者的主观影响。但这种考核方法的被考核人数有限,手续繁琐,工作量大。

(2) 考试评议法。考试是检查公共关系人员专业理论、技术知识的重要考核手段,分为口试和笔试两种。公共关系人员的职位不同,对其文化程度和专业理论知识的要求也不同。评议,就是采取多种方法征求有关人员对被考核人员的意见,并组织进行分析、讨论,最后做出公平、正确的评价。这里,关键是需要事先深入了解公关人员的全面业务工作状况,以避免评议结果的片面性和主观性。

(3) 工作标准法。这种方法主要是根据从事各种职务的公共关系人员的各项具体要求(包括工作的质量、数量、时间期限、工作方法等)制订工作标准,并以此标准去衡量公关人员的优劣。这种方法有明确而具体的客观标准,比较公平合理,特别适合考核工作成绩。这一方法适用于调整职务津贴和奖金分配,但不宜直接套用以决定公关人员的晋升和调配。因为有些职务不易制订标准,尤其是复杂的脑力劳动更难制订标准。因此,这种方法的适用范围有一定的局限性。

除上述方法外,公共关系人员的考核方法还有很多,如代表比较法、评分法、因素评级法等。各种方法都有优劣,而且考评的侧重面也不同,因此在选择考核方法时,必须从实际出发,不能套用一种模式。

第二节　公共关系意识

一、公共关系意识的含义

公共关系意识也被称为“公共关系思想”、“公共关系观念”，是指一种尊重公众，自觉致力于塑造组织形象、传播沟通、争取公众理解与支持的观念和指导思想。公关意识有三层基本含义：对公众地位、作用的认识，对影响和争取公众的必要性和能动性的认识，对公共关系如何影响公众的认识。

二、公共关系意识的内容

公关实务是一项系统工程，指导这一系统工程的公关意识也是一个系统，概括起来有六个方面的内容。

1. 尊重公众的意识

尊重公众的意识，也可称为“投公众所好的意识”、“公众优先的意识”，是公关意识中最重要、最基本的意识。要具备尊重公众的意识，应做到以下几点：

(1) 在组织的发展决策中，要尊重公众的需求；

(2) 当组织与公众发生矛盾时，应尊重公众的权威性；

(3) 为公众服务时要热情，要负责到底；

(4) 于细微处体现公关意识；

(5) 要主动投公众之所好。

2. 塑造形象的意识

塑造形象的意识是公关传播工作的核心，其他方面的公关意识是在尊重公众意识这个逻辑核心的基础上围绕着如何塑造组织形象的实务而展开的。

3. 真诚互惠的意识

真诚互惠的意识是公共关系的交往意识和功利意识。组织不可避免地要同外界交往，要在竞争中盈利生存。但公关理论指导下的竞争，不应是“你死我活”、“尔虞我诈”的，而应该是现代文明的竞争，既竞争又合作，共同发展。现代哈佛谈判术也提倡成功的谈判双方都是胜利者。互利互惠的前提是“真诚”，缺少“真”就是虚情假意，说一套、做一套，互惠就难以成立。互利互惠的意识表现在四个层次上：① 目的的互利互惠；② 计划的互利互惠；③ 行为的互利互惠；④ 效果的互利互惠。只有这样，才能赢得公众，使组织在竞争中永远立于不败之地。

4. 传播沟通的意识

传播沟通的意识实际上也是一种重视信息的意识，一种平等民主的意识。组织为了塑造良好形象，实现其目标，必须做到：

(1) 重视信息传播；

(2) 当组织与外界发生矛盾时,要具备民主意识;

(3) 塑造形象要深入细致,不怕麻烦。

5. 创新审美的意识

创新审美的意识突出了公共关系是塑造组织形象的艺术的内涵。公共关系既是一门科学,又是一门艺术;既有规律性、实验成功的可重复性,又强调创新性、唯一性。如果说公共关系的原理在全世界都是大同小异的话,那么公共关系实务则特别强调各国、各民族、各地区、各企业的个性、艺术性和创新性。公共关系要随人类社会的发展而不断创新。良好的组织形象需要相对稳定,但稳定不是一成不变,而是一种积极的稳定,在稳定中孕育发展;不但要超越对手,而且要超越自我,超越昨天。

6. 立足长远的意识

立足长远的意识是塑造组织形象稳定性的要求,也是其艰苦性的表现。组织形象是主体作用于客体的一种信息,可以传播、储存,可以保留很长时间而不失真,但它不是一朝一夕可以完成的。一个形象一旦传播出去、树立起来,就具备了相对稳定性。这一特性要求组织树立形象时一定要慎重,有立足长远的意识,而不能朝三暮四。

三、全员公共关系意识

全员公共关系意识又称“全员 PR”,是指组织的全体人员都要具备公共关系意识。理论界有人认为这样的提法不符合公共关系职能的本意,是一种降格。因为公共关系是一种高智慧的职业,要靠策划参与竞争,是一门专门的科学与艺术;一个组织内不可能全体人员都是高智慧的专家与艺术家,不可能都是智者、参谋、外交家、宣传家。其实,这是一个问题的两个方面,好的形象需要专家策划,更需要全体员工展示,只靠专家自己展示是远远不够的。因此,不能否定全员 PR 的重要性。全员 PR 与专家 PR 非但不矛盾,而且是相辅相成的。公关工作需要组织专家、专业公关人员和每个员工都参与到其中才能成功。培养全员公关意识有利于塑造良好的组织形象;有利于维持组织的良好形象,使专家的策划不至于落空;有利于员工素质的提高,使组织立于不败之地。

四、公共关系意识的培养

公关意识同一切人类先进的思想一样,是少数先进的实践者、开拓者从实践中领悟出来并将其上升为理论的。因此,培养、启发、引导、灌输先进的公关意识,就成为组织现代化的重要任务之一。培养公关意识的有效途径可以归纳为以下几种:

(1) 普及公关知识,明确公众在公共关系中的地位,明确组织形象是无形的资源,明确公关意识的科学性,以科学的理论抵制不正之风;

(2) 学习公共关系的历史与产生条件,明确公关意识是对历史发展规律的自觉认识,从而增强培养公关意识的自觉性;

(3) 结合学习马克思主义的唯物史观和方法论,学习现代社会主义市场竞争原则,明确人民群众是创造历史的动力,学会真诚合作;

(4) 加强业务学习,分析成功案例,提高基础素质、文化素质,培养敬业精神,加强实践,学习先进,领导要以身作则,上行下效。

第三节　组织的公共关系工作机构

组织的公共关系工作机构，是指由专职公关人员组成的、专门从事公共关系工作的专业部门或机构。主要分为三种：一是组织内部的公共关系部门(一般称公关部)，二是不从属于任何组织的专业性社会机构(一般称公关公司)，三是公共关系专业组织。

一、公共关系部

(一) 公共关系部的主要职能

1. 信息收集和处理

通过与组织内各部门、各方面保持接触和联系，对组织外公众进行调研、收集信息并汇总，做出分析和处理，掌握组织内外公众的要求和倾向，为最高领导层提供决策依据。

2. 新闻传播

公共关系部根据组织的决策，担负对内外公众宣传、阐释、传递信息的职责，主要包括：① 编制刊物、画册等宣传品；② 直接与社会媒体沟通，并提供相关的新闻资料；③ 负责其他对内外公众公共关系原理与实务施加影响的广告设计和信息传播工作。

3. 协调沟通

公共关系部要与组织内外公众(即与组织发生联系的社会组织和个人)保持沟通和协调，并为组织营造上下、内外、左右各方面关系和谐的人际环境和社会心理环境。

4. 处理突发事件和举办专门活动

对突发事件可能给组织的形象与发展带来的影响，公关部门要及时协助组织最高当局，迅速、客观地进行调查处理。包括与媒体积极接触，传播真相，与公众组织沟通或对其安抚、释疑，与法律部门打交道等。为使组织形象发展有利于预期目标，公关部门要适时地策划、举办各种专门活动，如展览、参观访问、新闻发布会、记者招待会、交流会、联谊会等，以有效塑造组织的良好形象，营造有利于组织生存发展的环境。

(二) 公共关系部的组织原则

公共关系部是组织内部的一个专门从事公共关系工作的部门，它的组建必须遵循一定的组织原则。

1. 精简原则

这是组建一个机构的基本原则，在组建组织内部的公共关系部时，首先要考虑的也是这一原则。这意味着公关部下属的二级机构要精简，公关部的人员岗位和编制也要精简，不要因人设岗而导致人浮于事。

组织内公关部的规模可大可小，大者有几千人甚至上万人，小者有3～5人甚至只有1人。在确定公共关系部的规模时，一般要考虑组织本身的规模、组织内部各职能部门的职能分配、组织对公共关系部的要求、组织的公众特点等情况。

一般来说，公关部的规模与组织规模呈现一种正相关态势。美国公关学者经过调查发现：年产值超过10亿美元的大型企业，公共关系部门平均人数为44人，一般的大中型企业平均为10人，其他文教、医疗、基金会等组织为6～7人。

2. 效能原则

公共关系部是专门开展公共关系工作的组织机构，它的每一项工作都可能涉及组织的声誉和形象。因此在设立公关部时，一定要考虑让公共关系部充分发挥其效能，行使其职能。这就要求一方面要界定公关部的职责和权力，要让公关部门拥有其职责范围内相应的人、财、物的决策权，以保证其工作的主动性和积极性；另一方面要合理设置公关部内部的二级机构，使整个公关部能有效地整合起来，形成整体效应，发挥最大威力。

3. 灵活机动原则

公共关系部的工作既包括日常性的信息收集和整理分析、公众来访接待、常规公关宣传等工作，也包括一些临时性大型专题活动的组织和临时性突发事件的处理。这就要求组织在设立公关部时，充分考虑这两种不同性质工作的特点，使组织的公共关系部能适应客观环境的变化和组织工作的调整，保持高度的灵活性和应变能力。

（三）公共关系部的组织类型

组织内部的公共关系部可以用不同标准来进行分类。

1. 按照公共关系部在组织内部的位置来分类

(1) 高层领导直属型。这是一种比较理想的模式，对公共关系工作的开展最有利。公关经理直接向总经理报告工作，对总经理负责；也有的组织由最高领导（总经理）直接兼任公关经理。其组织结构如图3－1所示。

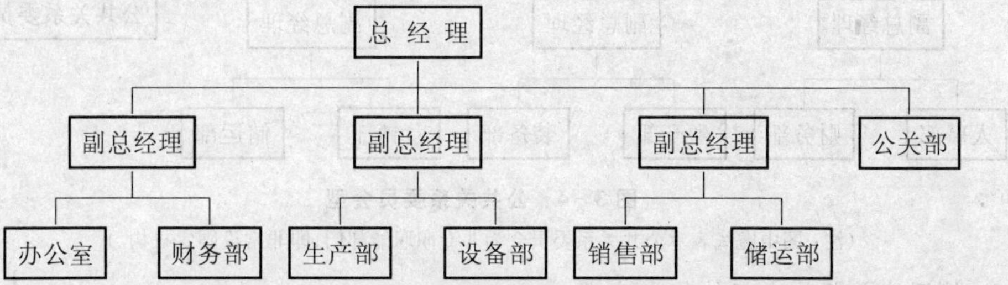

图3－1　高层领导直属型

(2) 部门并列型（最高领导间接负责型）。在这种模式中，公共关系部是组织的一个二级职能部门，与生产部、财务部等业务部门处于并列地位，公关经理向其主管领导报告工作。其组织结构如图3－2所示。

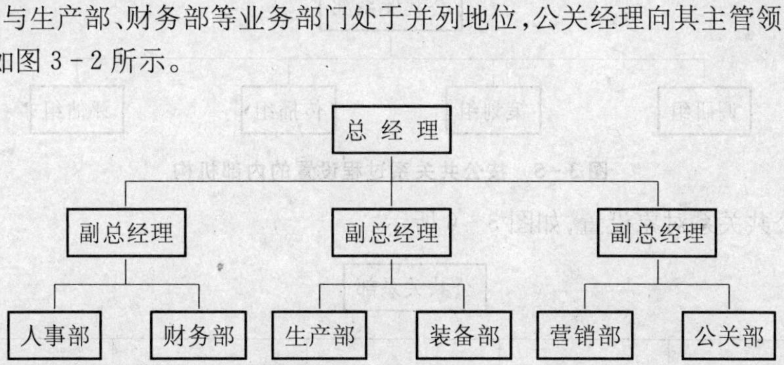

图3－2　部门并列型

(3) 部门附属型。在这种模式下，公关部只是组织二级部门下的一个附属机构，也即组织的三级机构。公关部可能隶属于销售部、广告宣传部、外事部或行政办公室。其结构如图 3－3 所示。

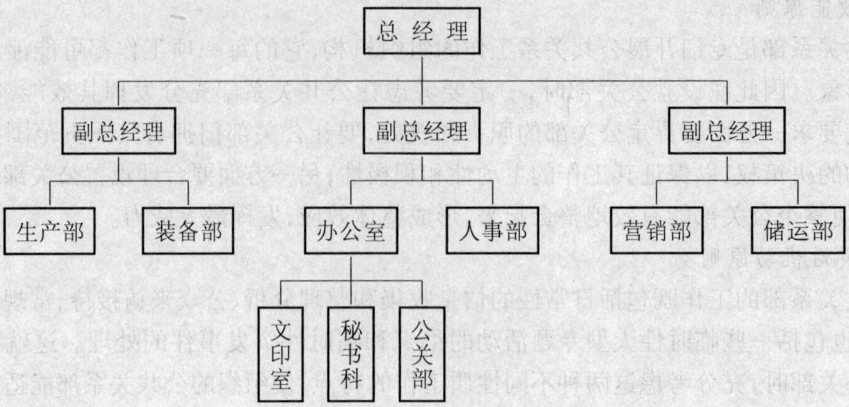

图 3－3　部门附属型

(4) 公共关系委员会型。有的组织不设常设的公关部门，也没有专职的公关人员，而是成立一个公关委员会，负责组织的重大公关事务，一些日常工作则分散到各职能部门。公关委员会的成员一般包括最高负责人及各副职、各职能部门第一负责人及相关人员，其组织结构如图 3－4 所示。

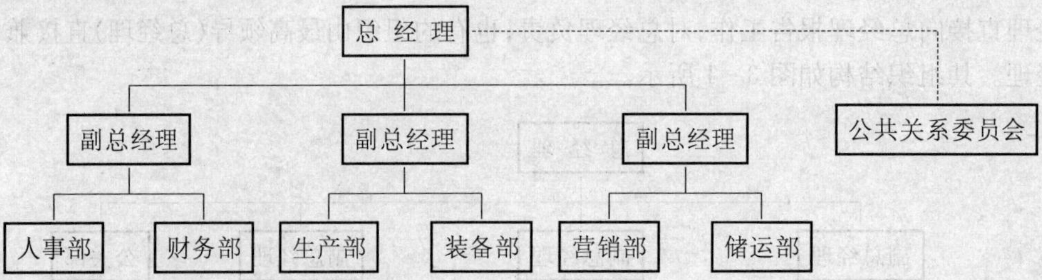

图 3－4　公共关系委员会型

（注：图中虚线表示公共关系委员会为非专职职能部门，即非常设固定机构。）

2. 按照公关部的内部结构来分类

(1) 按公共关系过程设置，如图 3－5 所示。

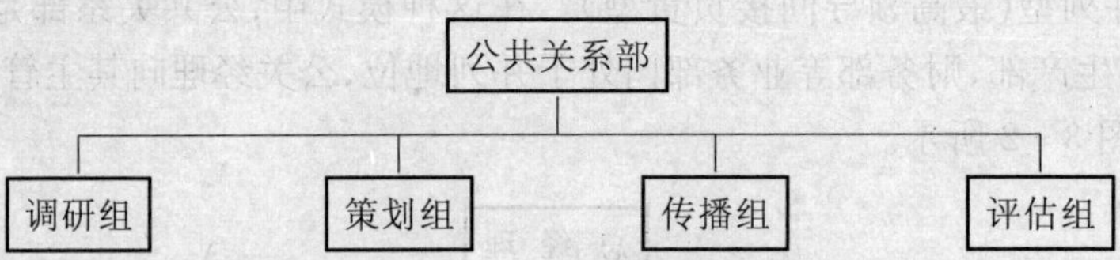

图 3－5　按公共关系过程设置的内部机构

(2) 按公共关系对象设置，如图 3－6 所示。

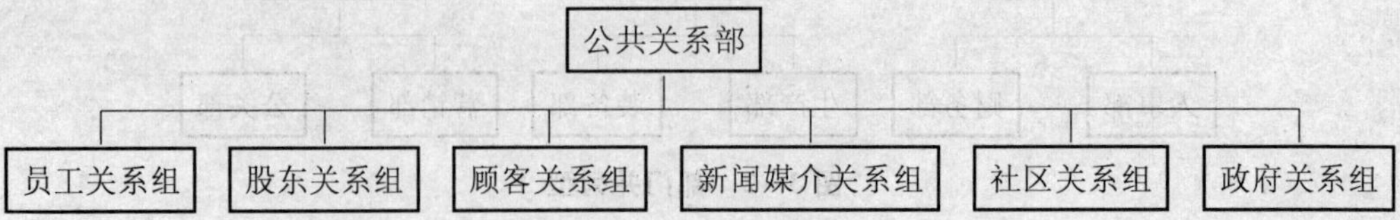

图 3－6　按公共关系对象设置的内部结构

(3) 按公共关系手段设置,如图 3-7 所示。

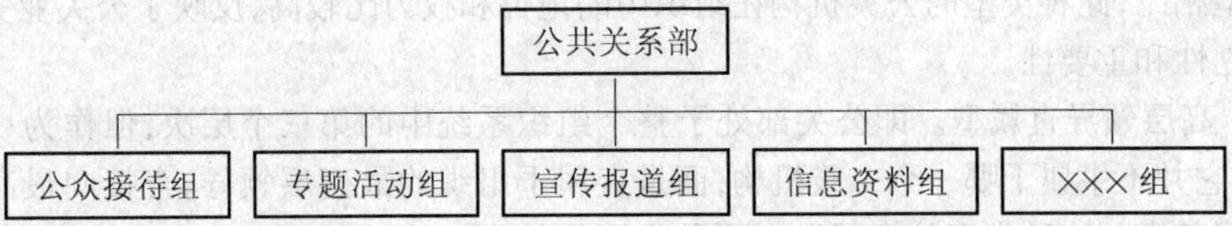

图 3-7　按公共关系手段设置的内部结构

第四节　公关机构的活动内容

公共关系的组织机构是专门执行公关任务、实现公关功能的行为主体,是公共关系工作的专业职能机构。公共关系的组织机构包括组织内设的公关职能部门、专业的公关公司和独立的公关社团组织。

一、组织内设的公共关系职能部门

1. 公关机构在组织中的性质和地位

由于公共关系的职能是传播性、沟通性的,即统筹管理组织有关传播沟通的业务,因此其职能目标和业务内容完全不同于其他的职能部门。

从管理作用上看,公共关系职能部门在组织总体中扮演一种“边缘”、“中介”的角色,即处于决策部门与其他专业职能部门之间、组织与外部环境之间,担负着建立联系、沟通信息、咨询建议、辅助服务、策划组织、协调行动等责任。

(1) 公关部门在组织内部管理中的地位。从系统论的观点来看组织的管理结构,公共关系部门作为一个子系统,它的位置介于管理子系统与其他非管理子系统之间。公关部门介于高层决策中心与各个执行部门之间,介于各管理、执行部门与基层人员之间。

(2) 公关部门在企业外部经营中的地位。公关部门介于组织与公众之间,对外代表组织,对内代表公众,通过传播活动,保持组织与公众环境之间的双向沟通。

2. 组织内设公关机构的名称和形式

在各类不同的组织内,公关机构往往以不同的名称和形式存在。除“公共关系部”之外,还有许多不同名称。有人对国外组织中公共关系机构的名称有一个不完全的统计,使用得比较多的有:公共关系部、公共事务部、公共信息部、传播沟通部和公关与广告部。

我国政府中的“新闻办公室”、“信访局(处)”、“交际处”、“联络处”、“对外宣传处”等,都包含公共关系工作,承担部分公关职责。

公共关系机构的名称在国外已沿用了约 90 年,已经得到世界性的理解和接受。我国的组织在规范自已的公关行为和职能的时候,可以考虑与这个国际性的概念和名称接轨。

3. 组织内设公关机构的模式

组织内部设置公关机构有四种基本模式可以选择。

(1) 部门附属型。即公关机构附属于组织的某个职能部门。

(2) 部门并列型。即公关机构与组织的其他职能部门平行排列,处于同一层次。与第一种类型相比,此种类型的公关机构在组织中的地位和权力比较高,反映了公关业务在组织中的独立性和重要性。

(3) 高层领导直属型。即公关部处于整个组织系统中的第三个层次,但作为一个第三级机构,它并不隶属于哪一个二级机构,而是直属于组织的最高层领导,直接向最高决策层和管理层负责。这种类型综合了以上两种类型的特点。公关部具有较大的沟通权限,可以直接与最高行政长官沟通,并代表最高行政长官与其他部门沟通,直接介入决策。

(4) 公共关系委员会。即由组织的主管领导牵头,由各职能部门负责人共同组成的公关工作协调委员会,统一指导和协调全局的公共关系活动,下设公共关系办公室,负责日常工作。

各类组织在具体设置公关工作机构的时候,必须根据自身的性质、特点、需要及规模等具体情况来考虑。

4. 公共关系部门的内部分工

公共关系部门的内部分工,一般可分为对内关系、对外关系和专业技术制作三个方面。对内关系主要是处理员工关系、部门关系、股东关系等;对外关系主要是处理政府关系、社区关系、媒介关系、顾客关系等;专业技术制作是根据公共关系手段和技巧进行分工。

二、公共关系公司

公共关系公司由职业公共关系专家和各类公关专业人员组成,是专门为社会组织提供公共关系咨询或受理委托为客户开展公共关系活动的信息型、智力型、传播型的服务性机构。

1. 公共关系公司的类型

(1) 按业务内部划分:一是专项业务服务公司;二是专门业务服务公司;三是综合服务咨询公司。

(2) 按经营方式划分,有合作型和独立型两种:一是合作型,这类公司是与广告公司等合作经营的公司;二是独立型,这类公司坚持自身经营的独特性,不论经营单项、专项、多项或综合性业务,都不与广告公司或其他部门合作。

2. 公共关系公司的组织机构

从工作范围看,公共关系公司有局限于一地的小公司,也有跨地区、跨国度的大公司。从业务内容看,公共关系公司有承担单项业务的公司,也有承担多项业务的公司。从人员组成看,公共关系公司有几个人的小型公司,也有几十人的中型公司,还有几百人的大型公司。大中型公共关系公司一般由四部分组成:

(1) 行政部门。根据人力、物力、财力,及时为各个项目提供指导和咨询,保证项目按时按质完成。

(2) 规划审计部门。除了进行企业战略的规划,还要对具体公关策划方案进行评估。

(3) 专业技术部门。接受并完成规划审计部门分派的与本部门专业技术相关的任务,人员主要由一定数量的精通专业技术的公共关系职业专家组成。

(4) 国际和地区部门。一些大型的国际公共关系公司为客户提供国际公共关系服务,设有地区部门和国际部门,由这些部门来完成有关地区和国家的国际公共关系服务项目。

3. 公共关系公司的经营范围

公共关系公司主要的经营范围包括：咨询诊断、联络沟通、收集信息、新闻代理、广告代理、推介产品、会议服务、策划活动、礼宾服务、印刷制作、音像制作和培训服务。

4. 专业公共关系公司服务的特点

专业公共关系服务公司的特点有：

(1) 较为客观公正；

(2) 技术全面，专业性强；

(3) 较灵活，适应性强；

(4) 关系较疏远；

(5) 运作成本较高。

三、公共关系协会

公共关系协会是非官方、非营利的群众社团组织。行业性协会的建立和发展，是公共关系成熟程度的一个标志。国际公共关系协会成立于1955年。随着公共关系的发展，公共关系协会也在我国各地广泛出现。1986年11月，上海市公共关系协会成立。1987年6月，中国公共关系协会成立以后，各省市乃至地县和乡镇都出现了公共关系协会。

公共关系协会的基本任务包括：加强从业人员之间的交流、协调与合作；维护本行业专业人士的基本权利和利益；推动公共关系学术理论的发展，编辑出版会刊和专业资料，传播公共关系学知识；规范本行业的职业道德和行为准则，维护本行业的形象和声誉；培养和训练公共关系从业人员，不断提高业内人士的专业水准；为会员及各界人士提供公共关系专业方面的咨询服务；建立和发展本行业与社会各界及国外同行之间的联系与合作。

公共关系协会的主要活动内容有：

(1) 联络会员，建立经常性的联系；

(2) 规范本行业的职业道德和行为准则，维护本行业的形象和声誉；

(3) 将专业培训作为一项经常性的工作；

(4) 普及知识，向公众宣传和介绍公共关系；

(5) 编辑出版公共关系方面的书籍、报刊。

当前，我国的公共关系协会已形成了不同层次和范围的网络，并正向国际化的趋势发展。

思考题

1. 公关人员应具备什么样的基本素质？
2. 一名优秀、称职的公关人员应该具备什么样的能力结构？
3. 公共关系部的职能有哪些？
4. 简述组织内设公共关系部门的特点。
5. 公共关系公司的优势有哪些？

第四章 公众的心理分析

本章知识点

1. 公众的需要与动机
2. 公众的心理
3. 公众的态度与组织发展

第一节 公众的需要

一、公众需要的内涵与特征

公共关系活动的职能之一即与公众进行双向沟通,只有了解公众的需求,公共关系活动才能有的放矢。公众依据自己的愿望和特点对组织有哪些要求,他们的需求是否得到了满足,直接影响到他们对组织的判断。由于经济的发展和社会的变化,公众的需求结构也会发生变化,因此,组织应了解公众需求结构变化的趋势。

需要是个体由于缺乏某种东西而产生的心理或生理上的不平衡状态。在正常情况下,有机体生理状态和心理状态是趋于均衡的,这种均衡是个体维护其生存的条件。从某种意义上说,需要可以看作是减少或消除这种紧张状态的反应。人的需要具有广泛性、关联性、反复性、竞争性、发展性和差异性等特点。

二、公众需要的相关理论

1. 马斯洛的"需要层次论"

美国心理学家马斯洛的"需要层次论",对揭示需要与公众行为有重要的启发意义。马斯洛认为:

(1) 人类有五种基本需要。即生理的需要、安全的需要、归属和爱的需要、尊重的需要和自我实现的需要。

(2) 人的需要是有层次的。人类的五种需要由低到高构成一个阶梯,当低层次的需要获得相对满足后,高一层次的需要就占据了主导地位,成为驱动行为的主要动力。五种需要的排列顺序是:生理的需要和安全的需要属于低层次需要,归属和爱的需要属于中间层次需要，尊重的需要与自我实现的需要属于高层次需要。

(3) 优势需要决定人的行为。在同一时间、地点和相同的条件下，人存在多种需要，但其中只有一种占优势地位的需要决定着人的行为。当一种优势需要获得满足后，其驱动力逐渐减弱，取而代之的是新的优势需要，由此驱动人的新行为。公共关系活动要注意不断满足公众新的需要。

2. 奥尔德弗的"ERG 需要理论"

美国耶鲁大学的奥尔德弗在马斯洛提出的需要层次理论的基础上，进行了更接近实际经验的研究，提出了一种新的人本主义需要理论。奥尔德弗认为，人们共存在三种核心的需要，即生存(Existence)的需要、相互关系(Relatedness)的需要和成长发展(Growth)的需要，因而这一理论被称为"ERG 理论"。生存的需要与人们基本的物质生存需要有关，它包括马斯洛提出的生理和安全需要；相互关系的需要是指人们对于保持重要的人际关系的要求，这种社会和地位的需要的满足是在与其他需要相互作用中达成的，它们与马斯洛的社会需要和自尊需要分类中的外在部分是相对应的；最后，奥尔德弗把成长发展的需要独立出来，它表示个人谋求发展的内在愿望，包括马斯洛的自尊需要分类中的内在部分和自我实现层次中所包含的特征。

除了用三种需要替代了五种需要以外，与马斯洛的需要层次理论不同的是，奥尔德弗的 ERG 理论还表明：人在同一时间可能有不止一种需要在起作用；如果较高层次需要的满足受到抑制的话，那么人们对较低层次的需要的渴望会变得更加强烈。

马斯洛的需要层次是一种刚性的阶梯式上升结构，即认为较低层次的需要必须在较高层次的需要满足之前得到充分的满足，两者具有不可逆性。相反，ERG 理论并不认为各类需要层次是刚性结构，比如说，即使一个人的生存和相互关系需要尚未得到完全满足，他仍然可以为成长发展的需要工作，而且这三种需要可以同时起作用。

此外，ERG 理论还提出了一种叫做"受挫—回归"的思想。马斯洛认为，当一个人的某一层次需要尚未得到满足时，他可能会停留在这一需要层次上，直到获得满足为止。而 ERG 理论则认为，当一个人在某一更高等级的需要层次受挫时，那么作为替代，他的某一较低层次的需要可能会有所增加。例如，如果一个人的社会交往需要得不到满足，可能会增强他对得到更多金钱或更好的工作条件的愿望。与马斯洛的需要层次理论相类似的是，ERG 理论认为，较低层次的需要得到满足之后，会引发对更高层次需要的愿望。不同于需要层次理论的是，ERG 理论认为多种需要可以同时作为激励因素而起作用，并且当满足较高层次需要的企图受挫时，会导致人们向较低层次需要的回归。因此，管理措施应该随着人的需要结构的变化而作出相应的改变，并根据每个人不同的需要制订出相应的管理策略。

奥尔德弗的 ERG 理论在需要的分类上并不比马斯洛的理论更完善，对需要的解释也并未超出马斯洛需要理论的范围。如果认为马斯洛的需要层次理论是带有普遍意义的一般规律，那么，ERG 理论则偏重于带有特殊性的个体差异，这表现在 ERG 理论对不同需要之间联系的限制较少。ERG 理论的特点有：

(1) ERG 理论并不强调需要层次的顺序，认为某种需要在一定时间内对行为起作用，而当这种需要得到满足后，可能去追求更高层次的需要，也可能没有这种上升趋势；

(2) ERG 理论认为，当较高层次的需要受挫时，可能会退而求其次；

(3) ERG 理论还认为，某种需要在得到基本满足后，其强烈程度不仅不会减弱，还可能会增强，这就与马斯洛的观点不一致了。

3. 麦克利兰的三种需要理论

由大卫·麦克利兰(David McClelland)等人提出的三种需要理论认为,个体在工作情境中有三种主要的动机或需要,即:成就需要(Need for achievement),达到标准、追求卓越、争取成功的需要;权力需要(Need for power),影响或控制他人且不受他人控制的欲望;亲和需要(Need for affiliation),建立友好、亲密的人际关系的愿望。

(1) 成就需要。麦克利兰认为,具有强烈的成就需要的人渴望将事情做得更为完美,提高工作效率,获得更大的成功,他们追求的是在争取成功的过程中克服困难、解决难题、努力奋斗的乐趣,以及成功之后的个人成就感,他们并不看重成功所带来的物质奖励。个体的成就需要与他们所处的经济、文化、社会、政治环境的发展程度有关,社会风气也制约着人们的成就需要。麦克利兰发现,高成就需要者有三个主要特点:

其一,高成就需要者喜欢设立具有适度挑战性的目标,不喜欢凭运气获得的成功,不喜欢接受那些在他们看来特别容易或特别困难的工作任务。他们不满足于漫无目的地随波逐流和随遇而安,总是想有所作为。他们总是精心选择自己的目标,因此,他们很少自动地接受别人——包括上司为其选定的目标。除了请教能提供所需技术的专家外,他们不喜欢寻求别人的帮助或忠告。他们要是赢了,会要求应得的荣誉;要是输了,也勇于承担责任。

其二,高成就需要者在选择目标时会回避过大的难度。他们喜欢中等难度的目标,既不是唾手可得没有一点成就感,也不是很难达到只能凭运气。他们会揣度可能达到的程度,然后再选定一个难度中等力所能及的目标——也就是会选择能够取胜的最艰巨的挑战。对他们而言,当成败可能性均等时,才是一种能从自身的奋斗中体验成功的喜悦与满足的最佳机会。

其三,高成就需要者喜欢多少能立即给予反馈的任务。目标对于他们非常重要,所以,他们希望得到有关工作绩效的及时、明确的反馈信息,从而了解自己是否有所进步。这就是高成就需要者往往选择专业性职业,或者喜欢从事销售或参与经营活动的原因之一。

(2) 权力需要。权力需要是指影响和控制别人的一种愿望或驱动力。不同的人对权力的渴望程度也有所不同。权力需要较高的人对影响和控制别人表现出极大的兴趣,喜欢对别人"发号施令",注重争取地位和影响力。他们常常表现出喜欢争辩、健谈、直率和头脑冷静的特点;善于提出问题和要求;喜欢教训别人,并乐于演讲。他们喜欢具有竞争性和能体现较高地位的场合或情境,他们也会追求出色的成绩,但这样做并不像高成就需要的人那样是为了个人的成就感,而是为了获得地位和权力或与自己已具有的权力和地位相称。权力需要是管理成功的基本要素之一。

麦克利兰还将组织中管理者的权力分为两种:一是个人权力。追求个人权力的人表现出来的特征是围绕个人需求行使权力,在工作中需要及时反馈和倾向于自己亲自操作。麦克利兰提出,一个管理者若把他的权力形式建立在个人需求的基础上,则不利于他人来续位。二是职位性权力。职位性权力要求管理者与组织共同发展,自觉接受约束,从体验行使权力的过程中得到一种满足。

(3) 亲和需要。亲和需要就是寻求被他人喜爱和接纳的一种愿望。高亲和动机的人更倾向于与他人进行交往,至少是为他人着想,这种交往会给他带来愉快。高亲和需要者渴望亲和,喜欢合作而不是竞争的工作环境,希望彼此之间的沟通与理解,他们对环境中的人际关系更为敏感。有时,亲和需要也表现为对失去某些亲密关系的恐惧和对人际冲突的回避。亲和需要是保持社会交往和人际关系和谐的重要条件。

麦克利兰的亲和需要与马斯洛的情感需要、奥尔德弗的关系需要基本相同。麦克利兰指出,注重亲和需要的管理者容易因为讲究交情和义气而违背或不重视管理工作原则,从而会导致组织效率下降。

第二节 公众的动机

一、动机及其与需要、行为的关系

我们常说,行为之后必有原因,这里所说的原因就是动机。动机与需要是紧密联系的。需要产生动机,一个人渴了想喝水,就会产生寻找水的行为,行为指向一定的目标,直到找到水为止。根据心理学原理,产生行为的直接原因是动机,渴了,是个体缺乏某种东西——水,想喝水是需要,需要产生找水的动机,动机是引起个体找水行为,并维护该行为,将行为导向直至找到水这一目标的过程。需要、动机和行为之间的关系如图 4-1 所示。

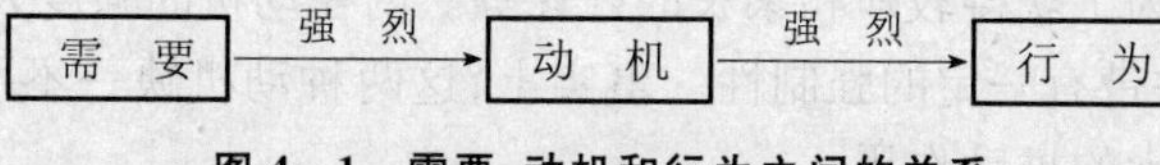

图 4-1 需要、动机和行为之间的关系

理查德·巴雷特则把人的需要总结为四个方面,并提出了九大个人动机,如表 4-1 所示。

表 4-1 人的需要分类

人的需要	个人动机
精 神	9. 服务社会
	8. 变革现实
	7. 人生意义
心 理	6. 个人成长
	5. 个人成就
情 感	4. 自我尊严
	3. 人际关系
物 质	2. 健 康
	1. 安 全

巴雷特认为,前五个动机与后四个动机之间有明显的不同。前五个动机满足的是我们作为个人的需求。在这些动机层次上,自我尊严是通过外在环境实现的,具体包括:所拥有的财产、所认识的人、聪明的程度、受到师长、朋友、家人以及同事的羡慕和

尊重。

如果说需要是人的活动的基本动力和源泉，那么，动机就是推动这种活动的直接力量，而行为则是前两者的后果。动机是指引起和维持个体活动，并使活动朝向某一目标的内部动力。动机这一概念包含以下内容：第一，动机是一种内部刺激，是个人行为的直接原因；第二，动机为个人的行为提出目标；第三，动机为个人行为提供力量以达到体内平衡；第四，动机使个人明确其行为的意义。

二、动机的分类

动机对于活动的影响和作用有不同的方面，由此可对动机进行不同的分类。

1. 内在动机和外在动机

根据动机的引发原因，可将动机分为内在动机和外在动机。内在动机是由活动本身产生的快乐和满足所引起的，它不需要外在条件的参与。个体追逐的奖励来自活动的内部，即活动成功本身就是对个体最好的奖励。如学生为了获得知识、充实自己而努力读书就属于内在动机。外在动机是由活动的外部因素引起的，个体追逐的奖励来自动机活动的外部，如有的学生认真学习是为了获得教师和家长的好评等。内在动机的强度大，持续时间长；外在动机持续时间短，往往带有一定的强制性。事实上，这两种动机缺一不可，必须结合起来才能对个人行为产生更大的推动作用。

2. 主导性动机和辅助性动机

根据动机在活动中所起的作用不同，可将动机分为主导性动机与辅助性动机。主导性动机是指在活动中所起作用较为强烈、稳定，处于支配地位的动机；辅助性动机是指在活动中所起作用较弱、较不稳定，处于辅助性地位的动机。在儿童的成长过程中，活动的主导性动机是不断变化与发展的。事实表明，只有主导性动机与辅助性动机的关系较为一致时，活动动力才会加强；主导性动机与辅助性动机彼此冲突，活动动力则会减弱。

3. 生理性动机和社会性动机

根据动机的起源，可将动机分为生理性动机和社会性动机。生理性动机是与人的生理需要相联系的，具有先天性；人的生理性动机也受社会生活条件所制约。社会性动机是与人的社会性需要相联系的，是后天习得的，如交往动机、学习动机、成就动机等。

4. 近景动机和远景动机

根据动机行为与目标远近的关系，可将动机划分为近景动机和远景动机。近景动机是指与近期目标相联系的动机，远景动机是指与长远目标相联系的动机。如有的学生努力学习，其目标是为期末考试获得好成绩；而有的学生努力学习，其目标是为今后从事教育事业打下基础。前者为近景动机，后者为远景动机。远景动机和近景动机具有相对性，在一定条件下，两者可以相互转化。远景目标可分解为许多近景目标，近景目标则要服从远景目标，并体现远景目标。“千里之行，始于足下”，是对近景动机与远景动机辩证关系的描述。

三、动机的诱引

公众动机与公众需要有着紧密的联系，公众有了需要才有动机，有了动机才有行为。组织在公关实践活动中，可以采取以下几种方式来诱引公众的行为。

1. 需要方面的诱引

需要是公众客观存在着的一种缺乏状态，表现为对某种客观对象的渴求和欲望。它是人类不断进步和发展的原始动力。公众的需要是多种多样的，而且是多层次的，从公共关系活动的角度来看，组织除了要做到及时满足公众已产生的合理需要之外，还要主动地去激发公众的潜在需要。激发是诱引的特殊形式，激发公众的潜在需要能够更充分地体现诱引公众的心理的性质。

公众的潜在需要主要是指积极参与组织的各种活动，显示自己才能和与组织获得共同利益等方面的需要。组织要激发公众的这些需要必须建立在三个基本条件之上：第一，要给公众以信任感；第二，要给公众以公平感；第三，要给公众以安全感。当然，要激发公众需要，还要恰当地运用各种方法，其中最常用的方法主要有奖励和惩罚两种。

(1) 奖励不仅是对公众某种需要的肯定，而且是对公众某种需要的满足，具有激励和诱引的作用。美国心理学家戴维·普瑞迈克(David Premack)认为，"世界上的任何事情或活动都有可能加强另一事情或活动——前提是：这种事情或活动本身必须比另一事情或活动具有更高的反应发生可能性"，这说明了奖励的作用在于强化某种行为或肯定某种行为。关键在于发现那些对公众有更高反应发生可能性的事物，这些事物可以促使公众去做他们应该做但也许并不想做的事情。如为了激发公众为组织目标而牺牲个人目标，可以从了解公众的迫切需要入手，因为迫切需要比非迫切需要更能激发公众的为组织目标而奋斗的动机。

奖励包括物质奖励和精神奖励两种，但无论哪种奖励都应遵循一定的原则：第一，奖励要有目的性，即一定要让公众对象知晓为何奖励，否则就达不到鼓励的目的。第二，奖励要合理，不要搞平均主义和形式主义。第三，奖励要有针对性，要能满足公众的不同需要，否则只会是"有奖无励"。第四，奖励要得当。奖励太高会使公众的期望值过高，太低则没有刺激性。第五，奖励要注意时效性。奖励来得太慢，公众需要的功能就会淡化。

(2) 惩罚是对公众需要的一种否定。它是通过外部压力使其自动调整结构，从而和惩罚者方面的要求一致，它能够起到调整公众需要的诱引作用。根据惩罚的终止效应模式原理，惩罚的关键在于使个体的某些行为与焦虑或恐惧联系起来，一旦形成条件反射，这些行为本身不需惩罚就会导致焦虑与恐惧。为了避免焦虑与恐惧反应，个体不得不中止不良行为。

组织团体在运用惩罚时首先应注意惩罚发生的时间。惩罚发生的时间是指个体的不良行为发生多长时间后进行惩罚，它所强调的是什么时候惩罚，效果最好。根据惩罚终止原理，个体开始发生不良行为时就给以惩罚，效果最好，它使个体的这种行为一开始就与焦虑或恐惧相连，为避免这种反应，个体不得不中止这种行为。一旦此种行为中止，惩罚立刻结束，焦虑和恐惧也随之消失。如果不良行为发生后惩罚，个体不良行为发生时体会不到焦虑与恐惧，有些时候，还会从不良行为中获得乐趣，这种乐趣可能部分抵消后来惩罚带给他们的不快。其次应注意惩罚要有针对性。第三，惩罚要运用正确的政策和方法。第四，惩罚要注意给人以出路。

2. 兴趣方面的诱引

兴趣是公众行为活动的内部动力机制，对其行为有直接的激发作用。重视诱引公众的兴趣对组织开展公关活动具有重要作用，主要表现在以下三个方面：

(1) 对公共关系的目标有导向作用。公共关系的目标只有在迎合了公众兴趣的前提下才有实际意义。组织在制定公关目标时,公众的兴趣必然会自发地产生影响,发挥事实上的导向作用。

(2) 对公共关系过程有能动作用。由于公关活动是组织和公众之间双向交流的过程,因此公众有能动作用,兴趣是公众能动作用的内容。组织发出的公关信息要受到公众兴趣的检验,若符合公众的兴趣就能推动公共关系的发展,反之就会起阻碍作用。

(3) 对公共关系有启迪和诱导作用。组织在公关活动中必须收集各种有用的信息,利用各种机会。公众的兴趣是重要的信息资源,它能使组织受到启迪,为开展公关活动提供机会和条件,对组织产生诱导作用,使公关活动产生实效。

在公关实践活动中常用的诱引公众兴趣的方法有以下几种:

(1) 以利益为媒介的诱引。以利益为媒介诱引兴趣的方法,我国古代早已有之,"张榜悬赏"就是如此。除了经济利益能够诱引兴趣外,其他利益也能诱引兴趣,如商业活动中的"有奖销售"、"有奖竞猜"等。

(2) 以竞赛为媒介的诱引。竞赛本身具有刺激性,它能够刺激人们的情绪,激发人们的参与意识,诱发人们的兴趣。

(3) 以专家指导为媒介的诱引。某种产品或某种活动如有专家或名人的指导,往往能引起人们更大的兴趣。

(4) 以新奇为媒介的诱引。好奇是人的天性,新奇的内容、新奇的结构、新奇的功能、新奇的包装、新奇的方法等都能引起人们的好奇心,进而诱引人们的兴趣。企业之所以要不断开发新产品、使用新包装、采取新颖的广告形式,也是基于此目的。

总之,兴趣能激发人的需要,引导人们的行为,因而公关活动应注意分析和把握每一个时期、每一类公众的兴趣所在,对公众那些凡是属于正当的兴趣给予关心和支持,对那些有意义的工作也要注意培养人们的兴趣,引导人们关注和参与。组织若能很好地做到这些,对内能凝聚人心,对外能得到公众的认同。

第三节　公众的心理效应与行为表现

一、公众的心理效应概述

1. 公众心理效应的定义

心理效应是公众在人际知觉中形成的一种规律性的反应,这种效应的产生,除了与客观刺激物的特点有关外,主要是由于主观的意识和心理方面的原因造成的。了解这些心理效应的含义及表现形式,有助于帮助公关人员在公关活动中形成正确的人际知觉,树立良好的组织形象,出奇制胜,同时最大限度地避免不良形象的产生。

公众心理效应是指在一定社会条件下,由于人与环境的相互作用而产生的公众对某一对象共同的心理准备状态与一致的行为倾向。它是在具体事件中表现出来的,主要反映当事人个体的心理趋向。公众效应一旦形成,就对公众以后的感知、记忆、思维、情感等心理活动及行为活动起着正向的或反向的推动作用。公众的心理效应犹如物理学中的“惯性运动”一样,使人不自觉地沿着一定的方向去感知事物、记忆事物,去思考和寻找解决问题的方法,并对人的心理活动和行为起定向和动力的作用。

2. 公众心理效应的内容

公众的心理效应也是一种心理现象。人的心理现象包括心理过程和个性心理两大主要方面。

心理过程指人对客观事物的反映过程,包括认识过程、情感过程和意志过程。认识过程是人们获取知识和运用知识的过程;情感过程是人们对待其所认识的事物、所做的事情以及他人和自己的态度体验;意志过程表现为人们为了达到一定目的、制订一定计划、排除各种障碍的心理过程。认识、情感、意志过程相互联系、相互促进。由于个人的先天因素不同,生活条件不同,所受教育不同,所从事的实际活动也不同,因此这些心理过程在每个个体身上的表现都不同,这样又形成了每个人的个性心理。

个性心理包括个性倾向性、个性心理特征与自我意识三个方面。个性倾向性是指人对客观事物的态度和选择趋向,它包括需要、动机、理想、人生观、世界观等,它是推动人们进行活动的动力系统;个性心理特征是个人身上经常地、稳定地表现出来的心理特点的独特组合,它是人与人心理差异的特征系统;自我意识是人对自己的自觉因素,它是一种多维度、多层次的心理系统,是人们对自己的认识、情感、意志的三方面统一构成的高级反映形式。当自我的三种表现形式综合为一个整体时,便形成了个体的基础——自我。自我是使一个人的个性心理特征与心理倾向性等成分成为一个整体的关键,它是人的心理活动的调节系统。

公众的心理效应是公众在人际互动中根据交往对象的外在特征推测与判断其内在属性的心理活动。在某一特定情景中,当对象的某些外在属性进入公众的知觉范围时,公众必然产生心理活动中的某种惯性,在这种惯性的引导下去认识某一具体对象,从而迅速地形成对这一对象的心理特征和心理倾向。心理特征、心理倾向与心理效应都产生于共同的认识过程之中。但是,心理特征和心理倾向是对公众心理状态的静态反映;而心理效应则是对公众心理活动的前后连续性、导向性和动力性的分析,是对心理状态的动态反映。因此,心理效应既是对心理特征和心理倾向研究的补充,又是对心理特征和心理倾向研究的深化。研究公众在对象相同或相似的心理过程中所表现出来的心理活动的共同特点与规律,揭示这些心理活动的特点与规律如何影响和推动人的行为,是公关活动取得成功的关键。

公众心理效应的产生来自公众的社会认知(social cognition),社会认知包括对他人外部特征的认知、对他人性格的认知和对人际关系的认知。

3. 公众心理效应的影响因素

影响心理效应的因素是多种多样的。首先有来自客体的因素,如客观刺激物的物理特性与社会特性;其次有来自主体的因素,如主体的个性心理特征和心理倾向性以及自己所从事的职业、知识背景、工作单位中群体成员的彼此影响、传媒的影响等因素;此外还有主客体相互作用的因素等。这些主客观因素的相互作用潜藏于个体的心理活动中,使个体的心理活动处于一种规律性的准备状态。如受公众自身所处的工作环境、受教育水平的影响,不同的公众面对同样的事件,其反应是不一样的。如遇到危急事件,有的人会马上报警,有的人会视而不见,有的人会无计可施。另外,由于每个人的主观能动性存在差异,他们在选择、加工外部环境的影响方面也有差异。外部的影响只有通过内部的心理矛盾运动才能发生作用。因此,同样的外部影响会产生不同的心理定势。在火灾、水灾等突发事件中,有的人首先想到的是救人,有的人首先想到的是保护自己。这种一瞬间的差异反映的是长期积累和沉淀下来的心理定势上的差别。所以从心理学的角度来看,所谓的“一念之差”只差在事后的悔恨,而当时做出的抉择是心理效应的驱动,有其必然性可寻。

4. 公众心理效应的特点

公众的心理效应有其自身的特点,这使它与其他的心理活动相互区别,构成一个相对独立的心理研究领域。这些效应特点具体表现为以下几方面:

(1) 潜在性。同人们的外显行为相比,公众心理效应是内潜的和隐蔽的。它潜伏在公众心中,是外界环境与公众之间的中介环节。心理效应在它表现出来之前是看不见的,只有在外界环境的刺激下,在行为上表现出来以后,才是可见的。例如,我们到一个陌生的地方去,如果不仔细观察人们的衣食住行,就不可能了解他们的习俗,只有当人们的习俗在衣食住行中表现出来以后,我们才有可能知道:这里的习俗“原来如此”。公众心理效应作为人的内在心理状态,主要是通过人对某种对象的价值评价、情感认同和意向选择等心理活动方式来表现和起作用的,所以它给人们开展公众交往活动造成了较大的困难,同时也给公众交往活动创造了更多的机会。

(2) 自发性。任何一种公众心理效应的形成及它在特定情境中对公众行为的驱动作用,都不是人们事先有目的、有组织、有计划形成的,而是完全由一种自发性而引起和形成的某种连续性心理反应,继而表现为一定的、共同的心理行为趋向。在公众心理效应形成过程中,公众的无意识心理起着举足轻重的作用。例如,当名牌商品在市场上流行走俏时,很多人趋之若鹜,花高价购买名牌商品,形成一种穿名牌、用名牌的时尚。这种心理效应在形成初期,人们并未意识到它的出现,而一旦趋势形成以后,它便开始制约人们的行为。趋势的自发性有时表现为一种盲目性,即在无计划、无目的、无意识和无准备的状态下表现出来。当然,这不等于说人们不能有目的、有组织、有计划地自觉引导、诱发和强化公众的某种心理状态并进而引发其行为,恰恰相反,只要人们真正把握公众心理效应的这一特征及其形成变化的内在规律,就能达到预期目的。如广告宣传就是利用人们的这种心理效应来达到树立组织及其商品信誉的目的。

(3) 固着性。固着性是一种特殊的心理定势。定势是指心理活动的准备状态,它影响着解决问题时的倾向性。这种倾向性,有时有助于问题的解决,有时会妨碍问题的解决。心理学家陆钦斯(A. S. Luchins)曾做过一个有趣的实验。实验的材料是 A、B、C 三个大小不同的量杯,实验的要求是利用三个大小不同的量杯量出一定量的水。实验包括两部分:第一部分有五个实验序列,其解决问题的模式是 B—A—2C;第二部分有两个序列,其解决问题的模式是 A－C 和 A＋C。实验的目的主要是考察被试在解决问题的过程中是否受思维定式的影响。研究发现,当被试完成了实验的第一部分后,面对第二部分的实验内容,仍然试图用第一部分所形成的思维定式去解决问题,不会用简单的方法即 A－C 和 A＋C 的方式解决问题,这说明由于定式导致思维活动刻板化,妨碍了问题的解决。

一种特殊类型的思维定式是功能固着(functional fixedness)。这个概念是由德国心理学家邓克(Karl Danker)首先提出来的,它指一个人见到某种物品有一个惯常的用法后,就很难发现其他新用途。如在赫林和希尔(Hiling, M &Scheerer, M)的实验中,要求被试站在一间房子的白线后面,把两个铁环放在垂直的木钉上。被试可以在房间里自由走动,除了不能把铁环拾起来直接放在木钉上以外,可以运用房间里的任何物品来解决问题,房间里放了两根木棒,一根木棒够不着,但把两根木棒用绳子接起来就可以完成任务。在实验中,被试被分为两组,两组的房间里都有绳子,唯一的区别在于:第一组的绳子挂在墙上的钉子上,没有固定的用途;第二组的绳子用来挂日历,用途已经固着。实验结果发现,第一组被试解决问题的效果非常好,而第二组被试解决问题的效果不如第一组。这说明心理效应产生的固着性。心理效应的固着性又称为习惯性或相对稳定性。公众心理效应从某种意义上讲是一种心理上的屈从,表现在行为上是从众,这种心理效应一旦形成,往往不容易消失。这种固着,一是指心理效应一经形成就会在人的心理活动中占据一定位置而不会轻易消失;二是指心理效应只要存在,即会发生作用并且固执地影响人们的行为。

日常生活中的一些习俗是经过无数代人的流传而延续下来的,想一下子改变很难,如过年放鞭炮、走亲戚、准备年货等。有的习俗在公众心理中被视为天经地义的,若有人提出改变,就会受到非难。在习俗中,又以社会风尚和蕴涵有某种敬奉、崇拜心理的建筑风格的稳定性最强。后者如西方的教堂和东方的庙宇各具不同风格,这本来是由东西方的地理、气候和文化等因素所致,但是一经教徒和僧人认同后,全世界的教堂和庙宇都具有大致相同的风格。

(4) 驱动性。心理效应的驱动性是指心理效应一旦形成并成为公众的内在心理倾向之后,便具有了某种动力的性质,表现为激发人们行为的主动精神。驱动性这种特性类似于物理学中的“惯性运动”,使人们具有一种难以遏制、难以驾驭的驱动力度。人们在特定环境中往往相互感染和模仿,彼此影响,循环往复,心理效应就不断有力地驱使人们采取行动。例如,当街上某种服装款式形成一种时尚时,它会很快在大众心目中形成一种趋势,使人们在从众心理的驱使下去追逐这种时髦。在我国曾风靡一时的“呼啦圈”、“魔方”就是这种驱动性的典型例子。心理效应的这种驱动性往往是盲目的、冲动的,有时会导致人们做出某种非理智的行为,造成不必要的失误。

(5) 变化性。人的心理与行为总是会因为环境的影响而发生变化,公众心理效应也不例外。心理效应的变化性主要表现为它受外界环境因素,如情境特征、近期经验和时代潮流所左右,即使较为稳定的心理效应,也会发生变化,旧的效应总会被新的效应所取代。心理效应的稳定性总是相对的,某些效应在形成之后的一段时间内,是基本稳定的,它会使公众的行为呈现出一定的、共同一致的惯性反应。但是当外界环境发生变化之后,公众的心理效应也会随之发生改变,进而形成新的心理效应。例如,在市场经济中,公众对某种商品的抢购,对某种服装款式的热衷,以及某种消费观念的兴起等,往往是在各种外部和内部因素的促使下,一哄而起,风靡一时,但时间不长,很快又销声匿迹,无影无踪了。

(6) 感染性。感染是人们情感的传递与传染。公众的心理效应一旦形成,往往会使很多人在情感上发生感染,产生连续反应,从而形成一种无形的力量,使更多的人被卷入其中。例如,有时一个消息传来,大家都感到吃惊,许多人不管是真是假,都信以为真,很快地一传十、十传百……心理上的感染性,是公众心理的一个显著特点。如当人们发现植物芦荟的药用功能和美容功能后,市场上就有了各种以芦荟为原料的保健品、化妆品,许多人家里也种上了芦荟。

(7) 综合性。公众心理效应是人的多种心理成分的综合,是人的认识、情感、意志等综合作用的结果,并不是认识领域独有的现象。“一朝被蛇咬,十年怕井绳”,既有强烈的情感色彩,同时还反映着人们的意志品质。人们在购买活动中,对某种产品的认同或讨厌,都包含这些因素在内。因此,心理定势是一种综合效应,它综合反映人的经验、知识、文化素养和意志品质等。

心理效应的上述特点使它与其他心理活动相区别,构成一个相对独立的心理研究领域。公共关系工作需要了解把握公众的心理定势特点,合理地顺应和利用公众的心理定势,及时地调解和引导公众的心理定势,提高组织与公众之间的沟通质量和沟通效率。

二、心理效应对公众行为的作用

1. 常见的心理效应

(1) 首因效应。就是说人们根据最初获得的信息所形成的印象不易改变,甚至会左右对后来获得的新信息的解释。

(2) 近因效应。是指在人际沟通过程中,知觉对象最近给人留下的印象。

(3) 光环效应。又称晕轮效应,指对他人知觉的一种偏差倾向,当一个人对另一个人的某些主要品质有个良好的印象之后,就会认为这个人的一切都良好,这个人就被一种积极的光环所笼罩;反之,则被赋予其他不好的品质。

(4) 刻板效应。是指人们头脑中存在的关于某一类人的固定印象的心理现象。

(5) 从众效应。是指在群体作用下,个人调整与改变自己,使其变得与其他人更相似。

(6) 暗示效应。是指在无对抗的条件下,用含蓄、抽象诱导的间接方法对人们的心理和行为产生影响,从而诱导人们按照一定的方式去行动或接受一定的意见,使其思想、行为与暗示者期望的目标相符合。

(7) 名人效应。由于接受名人的暗示所产生的信服和盲从现象被称为名人效应。即两个人在交往时,如果一方首先表明自己与对方的态度和价值观相同,就会使对方感觉到你与他有更多的相似性,从而很快地缩小与你之间的心理距离,更愿同你接近,结成良好的人际关系。在这里,有意识、有目的地向对方所表明的态度和观点,如同名片一样把你介绍给对方。

(8) 角色效应。现实生活中,人们以不同的社会角色参加活动,这种因角色不同而引起的心理或行为变化被称为角色效应。

(9) 奖惩效应:奖励和惩罚是对学生行为的外部强化或弱化的手段,它通过影响学生的自身评价,对学生的心理产生重大影响。由奖惩所带来的行为的强化或弱化,就叫做奖惩效应。

(10) 皮格马利翁效应。人们把这种通过教师对学生心理的潜移默化的影响,从而使学生取得教师所期望的进步的现象,称为罗森塔尔效应,习惯上也称为皮格马利翁效应(皮格马利翁是古希腊神话中的塞浦路斯国王,他对一尊少女塑像产生爱慕之情,他的热望最终使这尊雕像变为一个真人,两人相爱结合)。

(11) 门槛效应(层递效应)。心理学家查尔迪尼在替慈善机构募捐时,仅仅是附加了一句话"哪怕一分钱也好",就多募捐到一倍的钱物,这就是著名的门槛效应。这一效应的基本内容就是由低要求开始,逐渐提出更高的要求。

(12) 拆屋效应。鲁迅先生曾于1927年在《无声的中国》一文中写下了这样一段文字:"中国人的性情总是喜欢调和、折中的,譬如你说,这屋子太暗,说在这里开一个天窗,大家一定是不允许的,但如果你主张拆掉屋顶,他们就会来调和,愿意开天窗了。"这种先提出很大的要求,接着提出较小、较少的要求,在心理学上被称为拆屋效应。

(13) 链状效应。有一句俗话是"近朱者赤,近墨者黑",在心理学上这种现象被称为链状效应,它是指人在成长过程中的相互影响作用。

(14) 花盆效应,又称局部生境效应。花盆是一个半人工、半自然的小生境。首先,它在空间上有很大的局限性;其次,由于人为地创造出非常适宜的环境条件,在一段时间内,作物和花卉可以长得很好。但一离开人的精心照料,它经不起温度的变化,更经不起风吹雨打。

(15) 蝴蝶效应。指在一个动力系统中,初始条件下微小的变化能带动整个系统长期的、巨大的连锁反应。即一个坏的微小的机制,如果不加以及时地引导、调节,会给社会带来非常大的危害,戏称为"龙卷风"或"风暴";一个好的微小的机制,只要正确指引,经过一段时间的努力,将会产生轰动效应,或称为"革命"。

(16) 手表效应。大家都有这种体会:一个人如果只有一只手表,他知道现在几点了;如果有两只手表,他往往不知道现在几点了,也就是说,他无法知道哪一只手表更为精确,于是他也就无法确定精确的时间。这就是"手表效应"的原意。

(17) 禁果效应。"禁果"一词的来源:夏娃被神秘的智慧树上的禁果所吸引,去偷吃禁果而被贬到人间。这种禁果所引起的逆反心理现象,称为"禁果效应"。

(18) 超限效应。刺激过多、过强或作用时间过久,会引起极不耐烦或逆反的心理现象,心理学上称为"超限效应"。这个效应启示我们,在批评或表扬时,应掌握一个"度"。"不及"固然达不到既定的目标,但"过度"又会产生超限效应,非但起不到应有的效果,甚至会产生一些反作用。

(19) 责任分散效应。众多的旁观者见死不救的现象,称为责任分散效应。即如果有许多人在场的话,帮助求助者的责任就由大家来分担,造成责任分散,每个人分担的责任很少,旁观者甚至可能连他自己的那一份责任也意识不到,从而产生一种"我不去救,由别人去救"的心理,造成"集体冷漠"的局面。

(20) 配套效应。就是人们在拥有了一件新的物品后不断配置与其相适应的物品,以达到心理平衡的现象。

(21) 马太效应。《圣经》中,"马太福音"第二十五章有这么几句话:"凡有的,还要加给他叫他多余。没有的,连他所有的也要夺过来。"1973 年,美国科学史研究者默顿用这几句话来概括一种社会心理现象:"对已有相当声誉的科学家做出的科学贡献给予的荣誉越来越多,而对那些未出名的科学家则不承认他们的成绩。"默顿将这种社会心理现象命名为"马太效应"。

(22) 詹森效应。有一名运动员叫詹森,平时训练有素,实力雄厚,但在体育赛场上却连连失利。人们借此把那种平时表现良好,但由于缺乏应有的心理素质而导致竞技场上失败的现象称为詹森效应。

(23) 鲶鱼效应。沙丁鱼捕捞后如果没有刺激和活动,就会很快地死去。挪威渔民每次从海上归来,为了不使鱼在途中死去,都在鱼舱里放几条鲶鱼,以挑起它们与沙丁鱼之间的摩擦和争端,使大量的沙丁鱼在紧张中不停地游动,其结果不但避免了沙丁鱼因窒息而死亡,而且还能保证它们一条条活蹦乱跳地抵达港口。这种现象后来被人们称为鲶鱼效应。它给我们的启示是:第一,在适度的紧张中才能更好地发挥能力。因此,家长和老师要给学生创造一个适度的紧张氛围,并引导学生在紧张中学会适应。当然我们也不否认过度的紧张应该避免,以防止对学生身心造成不可逆转的伤害。第二,要充分利用好班级中的"鲶鱼"。班级中常常有这样一些学生,他们学习成绩一般,但能量很大,特别活跃,在学生中有一定的号召力,他们在一定程度上影响着班级的纪律和学习。如果不好好发挥他们的主观能动性,则常常会起相反的作用。在班干部的设置上若能将这些人安排到适当的领导岗位,就会产生鲶鱼效应,使班级活动容易开展,班集体建设更为顺利。

(24) 瓶颈效应。它反映的是一定社会心理过程中各个因素、环节的相互关系。社会角色扮演者在进行某项创造活动时,或在从事某一学习、工作和生活的角色行为时,要求与之相关的各因素、环节配合与协调并进,如果其中某一因素和环节跟不上,就会成为"瓶颈"卡住整个活动和某一行为的正常进行。有的时候,"瓶颈效应"得到了克服,TOT (Tip of the Tongue)状态很快从"几乎有了"转向"有了"、从"就在舌尖上"转为"完全说出来了",使问题得到解决,创造趋于成功。有时候,听任"瓶颈效应"起作用,TOT 状态得不到解除,时间一长,心理上松懈并产生一种惰性,就会使整个活动和某一行为前功尽弃。

(25) 月曜效应(又称"星期一效应"或"休息使人后退")。由于星期日的休息,扰乱了学生的正常生活起居和学习秩序,使学习意志下降,注意力分散,精神不振,从而影响了学习的效果,这种现象称为月曜效应。

(26) 罗密欧与朱丽叶效应。罗密欧与朱丽叶相爱,但由于双方世仇,他们的爱情遭到了极力阻碍。但阻碍并没有使他们分手,反而使他们爱得更深,直到双双殉情。这样的现象我们称为罗密欧与朱丽叶效应。

2. 心理效应对行为的影响

(1) 认识作用。心理效应能够为行动者提供有关行为的指示性知识。当行动者在纷繁复杂的市场潮流中无所适从、无从选择时,心理趋势能够为行动者提供简单的行为方面的指示:顺从趋势,与时尚保持一致。例如,当你走进商店不知选择什么式样的服装时,就会看一看别人在买什么式样,并与其保持一致,这是一种既简单又省事的选择。

(2) 顺应作用。心理效应能够使行动者适应环境,顺应群体的要求,使个体行为与大众行为保持一致,以避免逆趋势而动所产生的心理压力。例如,假若有一天,当满街的男人都穿西装时,而某先生却天天穿中山装,当然这一方面可以表现出他不随波逐流的个性,但另一方面他却要承受几分由于与众不同所带来的心理压力,于是,过不了几天,我们也许会发现这位先生也会"顺应"潮流,穿西装上街。

(3) 表达作用。心理效应有时能够表现出主体内心的状态、个性和需要。每个人在趋势面前必然有所选择,是顺应趋势与大众保持一致,还是逆趋势而动表现出一种独立的品质,都将展示出个体不同的个性、需要和心理状态来。因此,公关人员在公关活动中既要制造潮流,也要满足公众个体的个性需要。

(4) 保护作用。心理效应能够帮助个体解决自身内部的心理冲突。当个体的理性与外界时尚相矛盾时,服从趋势、顺应时尚,能够消除个体内部的心理冲突、缓解心理压力、消除认知失调、恢复心理平衡。

(5) 选择作用。定势常常支配着人们对事物的预料与评价,从而影响着是否接受有关的信息及接受的质量。前苏联的心理学家施巴林斯基的实验证实了这一点,他把进修班学员分为四组,让一位教授分别向他们作关于学校教育的讲演。在四个组中,讲演者分别以教授、中学教师、运动员、保健工作者的身份出现,尽管讲演时穿着统一的服装,用同样的讲稿,有相同的姿态,但效果却有着明显的差异,后两组学员对讲演评价较低,而第一组学员则普遍评价较高。这是因为学员有着"不是专家就讲不清教育问题"的思维定式。在公关传播中,传播的内容如果与传播对象头脑中的定势相符合,就可能被传播对象所选择、接受,并巩固在他的记忆之中。同时，随着定势的作用，这种记忆还会继续得到强化，进而转化为人的稳定的态度和信念，收到好的效果。反之，如果两者不相符合，或相距甚远，或原有定势很强而难以改变，公关传播就难以取得好的效果。所以，组织在公关活动中选择什么样的主题、形式及手段，对公共关系的效果有直接的影响。

(6) 巩固、强化作用。心理效应对某种已稳定的意识、行为有巩固、强化的作用。一般来说，人们在相同情况下随着定势的作用，会比较容易地加强或实现某种行为；反之，则可能产生躲避和抵制的反应。比如一个人一旦形成了合理的饮食以及锻炼等有关的减肥观念，就会自然而然地巩固和强化这种健康的减肥观念，对于其他的药物减肥宣传会避而远之。

公众心理效应的作用具有积极性和消极性两个方面。虽然一方面它会对公众正确认识事物形成障碍，对组织形象在其心目中的建构产生不良效果；但另一方面，如果利用得好，它却能对公众正确认识组织，形成对组织的良好印象和评价起到推动作用，产生令人满意的效果。由于公众的心理定势具有两重性，因此，对心理定势的具体作用不能给予简单的肯定或否定，而应当作具体的分析。

任何心理定势都是一定经验、知识的积累，正是在以往经验和所学知识的基础上，人们才有判断事物的能力并对该事物表现出相应的情感，并影响今后的活动。心理定势的积极作用在于它能促使人们带着自信，自己辨识问题，自己解决问题。因而公关活动应善于利用和扩大公众定势中对本组织有利的一面，避开或削弱对本组织不利的一面。比如，企业、商店广告中运用“百年老字号”、“百年老店”的字样，就是为了调动公众对老字号的信任感，利用“姜是老的辣”的经验吸引广大消费者。

第四节　组织的公众形象与组织发展

一、公众的态度的定义及分类

公众的态度即公众对组织的态度，是指公众对组织或组织内部的事情或人所持有的带有稳定性的反应倾向。社会组织自身形象的好坏直接体现在公众对组织持有的态度之中。公众态度可以分为正态度和负态度。前者是对组织的肯定性评价，后者则是对组织的否定性评价。虽然人们的态度一旦形成就会具有相对稳定的特征，但是随着信息的不断交流和外界条件的变化，人们的态度也是可以转变的。

根据公众对组织的态度，我们可以将公众分为：

(1) 顺意公众，指对组织的政策、行为和产品持赞成意向和支持态度的公众。

(2) 逆意公众，指对组织的政策、行为或产品持否定态度的公众。

(3) 边缘公众，指对组织持中间态度，观点和意向不明确的公众。

对顺意公众，要加强联系，有效地维持这种关系；对逆意公众，要做好转化工作，改变其态度；对边缘公众，应加强沟通，争取他们的支持，防止其成为逆意公众。

公众的态度对组织形象及发展有着重要的影响，公共关系传播活动就是运用各种传播手段和媒介来促使公众对组织产生好感，由负态度转变为正态度，从而可以使公众对组织的态度产生积极影响和促进作用。

二、组织发展

1. 组织发展的定义

组织发展（Organizational Development，简称 OD），是指将行为科学知识广泛应用在根据计划发展、改进和加强那些促进组织有效性的战略、结构和过程上。该定义突出了几个特征，使得组织发展区别于其他对推动组织变革和改进的措施，例如管理咨询、技术创新、业务管理以及培训和开发。它也有助于将组织发展同另外两个相关领域——变革管理和组织变革区别开来。

组织发展是一个通过利用行为科学的技术和理论，在组织中进行有计划的变革的过程。组织发展指的是在外部或内部的行为科学顾问，或有时被称为变革推动者的帮助下，为提高一个组织解决问题的能力及其外部环境中的变革能力而作的长期努力。组织发展也指的是一个有计划的、涵盖整个组织范围的同时由高层管理者控制的努力过程，它以提高组织效率和活力为目的。该过程利用行为科学知识，通过在组织的“进程”中实施有计划的干预而进行。

组织发展是一个数据收集、诊断、行为规划、干预和评价的系统过程，它致力于增强组织结构、进程、战略、人员和文化之间的一致性，开发新的创造性的组织解决方法，以及发展组织的自我更新能力。这是通过组织员工之间及其与使用行为科学理论、研究和技术的变革推动者之间进行合作来达到的。

进行组织发展，往往要在一些专家的指导和帮助下，运用管理心理学和其他学科的理论和技术，以实现预定的组织变革计划和目标。组织发展比较强调正式的工作群体的作用，它的主要对象是工作群体，包括管理人员和员工。这一点不同于传统方式的组织改进活动，传统的办法集中于个别管理人员，而不是群体。全面的组织发展还包括群体间的相互关系以及整个组织系统的问题。

组织变革与组织发展有十分密切的关系，组织发展可以看成是实现有效组织变革的手段。与组织变革和组织发展密切相关的另一个概念是组织创新，组织创新是指运用多种技能和组织资源，创造出所在行业或市场上全新的思路、产品或服务。

现在，组织发展领域正受到全球化和信息化趋势的影响。许多国家和世界性组织正在应用组织发展，这就导致了一整套新的干预方法的产生和对传统组织发展实践活动的适应。另外，组织发展必须使其方法与组织所使用的战略相适应。随着信息技术继续影响组织的环境、战略和结构，组织发展就需要管理变革过程，使之可以与信息技术相结合。这种发展规则的多样性导致了组织发展专业人士、应用组织发展的种类，以及应用组织发展的国家的数量急剧增加。

2. 组织发展的特征

组织发展是提高全体员工积极性和自觉性的手段，也是提高组织效率的有效途径。组织发展有几个显著的基本特征：

(1) 组织发展包含深层次的变革，包含高度的价值导向。组织发展意味着需要深层次和长期性的组织变革。例如，许多企业为了获取新的竞争优势，计划在组织文化的层次实施新的组织变革，这就需要采用组织发展模型与方法。由于组织发展涉及人员、群体和组织文化，这里包含着明显的价值导向，特别是注重合作协调而不是冲突对抗，强调自我监控而不是规章控制，鼓励民主参与管理而不是集权管理。

(2) 组织发展是一个“诊断—改进”周期。组织发展的思路是对企业进行“多层诊断”、“全面配方”、“行动干预”和“监控评价”，从而形成积极健康的“诊断—改进”周期。因此，组织发展强调基于研究与实践的结合。组织发展的一个显著特征是把组织发展思路和方法建立在充分的诊断、裁剪和实践验证的基础之上。组织发展的关键部分之一就是学习和解决问题，这也是组织发展的一个重要基础。

(3) 组织发展是一个渐进过程。组织发展活动既有一定的目标，又是一个连贯的、不断变化的动态过程。组织发展的重要基础与特点，是强调各部分的相互联系和相互依存。在组织发展中，企业组织的各种管理与经营事件不是孤立的，而是相互关联的；一个部门或一方面所进行的组织发展，必然影响其他部门或方面的进程，因此，应从整个组织系统出发进行组织发展，既要考虑各部分的工作，又要从整个系统协调各部分的活动，并调节其与外界的关系。组织发展着重于过程的改进，既解决当前存在的问题，又通过有效沟通、问题解决、参与决策、冲突处理、权力分享和生涯设计等过程，学习新的知识和技能，解决相互之间存在的问题，明确群体和组织的目标，实现组织发展的总体目标。

(4) 组织发展是以有计划的再教育手段实现变革的策略。组织发展不只是有关知识和信息等方面的变革，更重要的是在态度、价值观念、技能、人际关系和文化氛围等管理心理各方面的更新。组织发展理论认为，通过组织发展的再教育，可以使干部员工抛弃不适应于形势发展的旧规范，建立新的行为规范，并且使行为规范建立在干部员工的态度和价值体系优化的基础之上，从而实现组织的战略目标。

(5) 组织发展具有明确的目标与计划性。组织发展活动是订立和实施发展目标与计划的过程，并且，需要设计各种培训学习活动来提高目标设置和战略规划的能力。大量的研究表明，明确、具体、中等难度的目标更能够激发工作动机，提高工作效能。目标订立与目标管理活动，不但能够最大限度地利用企业的各种资源，发挥人和技术两个方面的潜力，而且还能产生高质量的发展计划，提高长期的责任感和义务感。因此，组织发展的一个重要方面就是让组织设立长远学习目标和掌握工作计划技能，包括制订指标和计划、按照预定目标确定具体的工作程序，以及决策技能等。

三、组织形象

组织发展的一个重要目标就是树立良好的组织形象。所谓组织形象，就是社会公众对组织综合评价后所形成的总体印象。

1. 组织形象的特征

组织形象包括的内容很多，如组织精神、价值观念、行为规范、道德准则、经营作风、管理水平、人才实力、经济效益、福利待遇等，组织形象是这些要素的综合反映。一般来讲，组织形象具有以下几个方面的特征：

(1) 整体性。组织形象是一个有机的整体，形象是由组织内部诸多因素共同作用的结果。以一个企业为例，企业形象包括：第一，企业历史、社会地位、经济效益、社会贡献等综合性因素；第二，员工的思想、文化、技术素质及服务方式、服务态度、服务质量等人员素质因素；第三，产品质量、产品结构、经营方针、经营特色、基础管理、专业管理、综合管理等经营管理因素；第四，技术实力、物资设备、地理位置等其他因素。这些不同的因素形成不同的具体形象，但这些具体形象只是构成企业整体的基础，而完整的企业形象是各个形象要素所构成的具体要素的总和，这才是对组织具有决定性意义的宝贵财富。当然，对有些组织而言，可能会因某一方面的形象比较突出，进而掩盖其他方面的形象，导致组织形象的片面性或不完整性。其实这也是正常的，因为组织宣传有侧重点，公众也不可能全面了解组织的所有情况，他们的印象大部分都是源于他们所能接触到的组织的一个或少数几个方面的情况，这就要求组织要认真对待每一个方面、每一个环节，从而在公众心目中形成良好的总体印象。

(2) 主观性。组织形象是公众对组织的意见或看法，因而是一种主观性的东西。因为社会公众本身具有差异性，他们的社会地位、价值观念、思维方式、认识能力、审美标准、生活经历等各不相同，他们观察组织的角度、审视组织的时空维度也不相同，这样社会公众对同一企业及其行为的认识和评价就必定有所不同，“公说公有理，婆说婆有理”就是这个道理。此外，在形象塑造和传播过程中，必然要发挥组织员工的主观能动性，渗透企业员工的思想、观念和心理色彩，因此，组织形象是主观的。

(3) 客观性。形象是一种观念，是人的主观意识，但观念的反映对象却是客观的。也就是说，组织形象所赖以形成的物质载体都是客观的，建筑物是实实在在的，产品是实实在在的，组织的员工也是具体的，组织的各种活动也是实实在在的。所以，组织形象作为客观事物的反映，是不以人的意志为转移的，不能在虚幻的基础上构筑组织形象。我们说组织形象是客观的，是基于一种统计规律。组织形象是公众的意见或看法，这个公众不是单个的人或少数群体组织，而是一个公众的集合。个人的意见是主观的、可变的，但作为一个整体的公众或大多数公众的意见则是客观的。虽然大多数人也可能被误导或因其他原因而产生错误看法，但这也正是公关状态的一种反映。如果不从整体公众的角度来理解组织形象，便无法形成组织形象。因为做得再完美的企业也总会有反对者，再蹩脚的公关也总会有人拍手叫好。

(4) 相对稳定性。当社会公众对组织产生一定的认识和看法以后，一般会保持一段时间，而不会轻易改变或消失，这就是组织形象的相对稳定性。要在公众心中留下一个印象并不容易，特别是在当今产品众多、广告泛滥的年代；然而，要改变一种产品或一个组织在公众心中的形象就更难了。比如说中国人到了国外，常会碰到一些令人啼笑皆非的提问，如凭票购物、统一服装甚至还有小脚女人之类的问题，反倒是中国 30 年来发生的巨大变化在外国人(特别是没来过中国的外国人)心中并未留下什么印象。组织形象的这种相对稳定性可能会产生两种结果：其一是组织因良好形象被维持而受益；其二是组织因不良形象难以改变而受损。当然形象不是一成不变的，但要改变一种形象总是不容易的。

2. 组织形象的分类

组织形象是多层次、多维度的，因此我们也应该从不同角度来把握组织形象。

(1) 按组织形象的内容可分为特殊形象和总体形象。特殊形象是某一或少数几个方面给公众留下的印象，或者组织在某些特殊公众心中形成的形象。如企业的良好服务使某些顾客形成了组织“优质服务企业”的形象，企业的某一次慈善捐款给公众留下了乐善好施、热心公益事业的形象。特殊形象对企业很重要，因为公众是不可能全方位、全面地了解组织的。组织在他们心中留下的往往就是这种特殊形象，而且某些公众就是因为组织在某些方面的独特形象而支持组织的,如歌迷之于演唱会、球迷之于球星等。因此,特殊形象是组织改善形象的突破口。总体形象就是企业各种形象因素所形成的形象的总和,也是各种特殊形象的总和,但两者又不是简单的总和。一个比较极端的例子是:某个员工工作敬业,技术一流,人际关系也好,深得领导和同事的赞许;但不喜欢他的人可能会说,他没有个性或没有特长云云。对一个组织而言,就应该努力追求总体形象和特殊形象的统一和谐。

(2)按照组织形象的真实程度可分为真实形象和虚拟形象。真实形象是指组织留给公众的符合组织实际情况的形象,虚拟形象则是组织留给公众的不符合企业实际情况的形象。虚拟形象形成的原因是多方面的,既有传播信息过程中的失真,也有公众评价的主观性、偏向性原因。需要说明的是,真实形象不一定就是好形象,而虚拟形象也未必等于坏形象,如企业经营伪劣产品被曝光后,在公众中形成的一个不好形象是真实形象,而一个骗子在被揭穿之前的公众楷模形象往往是虚拟形象。一些企业也通过虚假统计数据而在上级部门(官员)那里形成了一种好形象,但这肯定是虚拟的。对企业来说,当然应追求真实的良好形象,而避免虚假的、不好的形象。

(3)按照组织形象的可见性可分为有形形象和无形形象。有形形象是指那些可以通过公众的感觉器官直接感觉到的组织形象,包括产品形象(如产品质量性能、外观、包装、商标、价格等)、建筑物形象、员工精神面貌、实体形象(如市场形象、技术形象、社会形象等),它是通过组织的经营作风、经营成果、经济效益和社会贡献等形象因素体现出来的。无形形象则是通过公众的抽象思维和逻辑思维而形成的观念形象,这些形象虽然看不见,但可能更接近企业形象的本质,是企业形象的最高层次。对企业而言,这种无形形象包括企业经营宗旨、经营方针、经营哲学,企业价值观、企业精神,企业信誉、企业风格、企业文化等。这些无形形象往往比有形形象更有价值,如对麦当劳、可口可乐、索尼、劳斯莱斯等企业而言,它们的企业信誉等无形资产比那些机器设备和厂房要重要得多。

此外,还可以按形象的现实性,把组织形象分为实际形象和期望形象。

3. 塑造良好组织形象的途径

如何才能塑造良好的组织形象呢?一般来说,要塑造良好的组织形象,组织应该做好以下几方面的工作:

(1)消除组织形象塑造中的误区,树立正确的组织形象观。尽管组织形象的重要性已为越来越多的组织领导层所认识,但在实际中,还是存在着对组织形象的若干误区。

第一,组织形象无用论。认为组织形象是摆花架子、图形式,中看不中用,以前从没听说或没塑造过组织形象,不也照样获得成功吗?市场竞争是短兵相接,时间就是金钱,市场是不会让你从容地塑造好形象再参与竞争的。

第二,组织形象万能论。认为组织形象是点金术,是灵丹妙药,企业形象一导(导入)就灵;只要导入组织形象战略,组织就会像可口可乐公司那样名扬四海,像微软公司那样财源广进,像清华同方那样潜力无限。

第三,组织形象趋同化。照搬照抄的组织理念设计和行为设计大同小异,毫无本组织的特色和个性。如在设计企业精神时,大部分的企业都是选择诸如“团结、创新、求实、奉献、文明”等词,形成一种高度趋同化的企业精神。

第四,组织形象盲目化。组织形象应该是组织长期的经营理念、经营宗旨及其他方面的集中、综合反映,应该具有典型性、代表性、综合性。但很多组织在塑造形象的过程中,既不了解组织的历史及发展过程,又不针对公众开展调研,因此这样的组织形象往往带有很大的盲目性，很难被公众认同。

针对上述组织形象塑造过程中的误区，组织在进行形象塑造时必须树立正确的组织形象观，努力避免或消除对组织形象的不正确看法。既不要因看不到组织形象的作用而轻视，也不要因组织形象有作用而人为拔高，同时在组织形象设计和实施过程中要注意特色，注意针对性和代表性，只有这样才能真正做好组织形象的塑造工作。

(2) 捕捉组织形象塑造的有利时机，以达到事半功倍的效果。不同的时期，组织形象塑造的途径和方法会有所不同，能巧妙地把握时机，因势利导，就能收到事半功倍的效果。

第一，新组织创立时期。新组织创建开业时，还未能与社会各界建立广泛联系，知名度不高。这时，组织如能确立正确的经营理念、完善的组织和员工行为规范，设立独特的视觉识别系统，选取最佳的传播方式和媒介，就能给公众留下美好的第一印象。

第二，组织顺利发展时期。此阶段应致力于保持和维护组织的形象和声誉，巩固已有成果，再接再厉，进一步提高知名度和美誉度，以强化组织在公众心目中的良好形象。当组织处于顺利发展时期时，其各方面运转往往较好，因此，可供利用的宣传机会和“扬名”机会当然也会多些。“经济效益上台阶，文化生活辟新路，组织荣誉接踵至，主要公众赞扬多”等，都是可以利用的极好契机。

第三，组织处于逆境时期。组织的发展不可能是一帆风顺的，当组织处于逆境时，公关人员应沉着、冷静，善于捕捉组织中的亮点，然后抓住有利时机，采取灵活机动的宣传策略，以赢得组织内外公众的支持、理解和合作，帮助组织顺利渡过难关。就算是组织处在最困难时期，只要公关人员勤于思考，敏于发现，总能找到一些组织的亮点。如某企业可能因经营不善导致亏损，经济效益滑坡，员工福利受到影响，外部的公众如供应商、代理商、顾客组织的支持力度也有减弱的趋势，组织的运转看起来很困难。这时，公关人员便要努力寻找组织亮点，如企业虽暂时处于困境，但企业或者有雄厚的基础，或者有良好的企业形象，或者有超强的技术开发实力，或者有诱人的发展前景，或者有乐观自信的员工……这些都可作为对内对外宣传的突破口，作为使组织重新赢得公众信心的催化剂。正如一句流行语所说，“只要思想不滑坡，办法总比困难多”。

第四，组织推出新产品、新服务项目、新的方针政策或经营方式时期。这时组织面临的最大挑战就是如何消除公众的观望与等待心理。由于受消费惯性的影响，社会公众在组织推出新产品、新服务或新举措时，往往会持观望和等待态度。这表明消费者对这些新产品、新服务、新举措还不了解，还有疑虑，还存有戒备心理。因此，公关部门应主动出击，采取有针对性的措施，如现场产品(服务)展示、操作示范、广告宣传、顾客承诺等，消除公众的疑虑和摇摆态度，把公众的注意力尽快吸引到组织上来。

(3) 统筹兼顾，全面安排，保持组织形象的统一性和连续性。在塑造组织形象的过程中，组织要统筹兼顾、全面安排，以保证组织形象的统一性和连续性。许多经营不佳、形象不好的企业，并不是因为没有去塑造组织形象，而是因为缺乏连贯一致的组织形象。它们今年强调成本低、价廉物美，明年强调服务好、体贴入微，后年又强调革新、创新制胜，不仅使内部职工无所适从，而且也导致外部公众无法对其形成一个稳定的印象。再看看国际上那些知名公司的做法就很值得借鉴学习。如美国国际商用机器公司(IBM)在其成长过程中，产品不断更新，管理体制也发生了变化，但我们从它最近公布的组织目标及目前所强调的基本信念来看，仍然没有离开其第一任领导老托马斯·沃森最初的设想；日本松下公司所遵循的整体企业精神，仍然是公司创始人松下幸之助所拟定的一些信条。可见，保持组织形象的一贯性、连续性，对于一个企业的长远发展是至关重要的。

思考题

1. 何谓公众？公众的心理特征有哪些具体方面？
2. 公众的心理定势与其行为有什么关系？
3. 公众态度对组织发展有哪些影响？

公共关系过程篇

第五章　公共关系调查

本章知识点

1. 公共关系调查的定义与特点
2. 公共关系调查的基本原则
3. 公共关系调查的作用
4. 公共关系调查的意义
5. 公共关系调查的基本内容
6. 公共关系调查的基本程序
7. 公共关系调查的类型与方法

第一节　公共关系调查的界定

美国公关学研究权威卡特利普和森特的《实用公共关系学》一书，把公关工作的一般程序分为四个步骤：调查研究、制订计划、策动传播、评价结果。具体地说，调查研究就是了解那些受到组织的行为和政策影响的人的观点、态度和反应，同时也包括了解组织存在的问题；制订计划则是一种决策，是使公众的观点、态度和反应对组织的政策和目标产生影响，使组织朝着对各方都有利的方向发展；策动传播是向有关各方解释组织的政策和行动方向；评价结果是对公共关系的结果作出评价。

调查研究是公关活动的起点，调查研究的目的，就是了解公众意见和社会趋势，分析公众的需求，发现组织所面临的问题，为确定公关目标和制订计划打下基础。公关调查是为制订公关战略、了解公关环境、调整公关计划、安排公关活动、协调内外关系等各方面的公关工作服务的。

一、公共关系调查的定义与特点

公共关系调查是社会调查的一种，有狭义、广义之分。狭义的公共关系调查是为收集有关组织公共关系状况、公众需要和社会环境等方面信息而进行的调查。如果从“大公共关系”的概念出发，以国家为组织主体，则一切社会调查都可以称为公共关系调查。我们提倡以“大公共关系”的视角来认识社会，来看待公共关系学的学科地位和作用，但是，一般情况下所说的公共关系调查是指狭义的公共关系调查。

公共关系调查是社会组织根据某种需要，运用科学合理的方法，为准确地收集有关信息而进行的专项活动。这种调查活动的目的是认识自己、了解公众意愿、把握社会环境的发展趋势，为组织开展公共关系活动提供条件和基础，为组织制订公共关系计划提供科学依据。

根据公共关系调查概念的内涵，我们可以看出公共关系调查本身所具有的一些特点。

(1) 公共关系的调查对象具有广泛的社会性。公共关系状态涉及的调查对象不仅包含了主体组织、客体组织和相关公众、社会环境，而且随着世界经济一体化的发展趋势和组织对外界认识观念的转变，公共关系调查研究的内容和应用的范围也在逐步扩大，涉及社会经济、政治、文化生活的各个领域。

(2) 公共关系调查是认识和研究公共关系状态的一个实践过程。调查过程具有相对整体性，即不是一个单纯的收集公共关系信息的活动，它包括了确定调查题目、设计调查方案、收集资料、统计整理资料、分析研究资料、撰写和提交报告的完整过程。

(3) 公共关系调查是有目的的实践活动。调查本身不是目的，而是一种认识公共关系状态和社会组织现状与变化的手段。调查的目的是根据实际情况和面临的问题，协助有关社会组织进行预测与诊断，并且为决策提供科学、准确的依据。

(4) 公共关系调查之所以能取得客观、真实的调查结果，依靠的是一定的科学方法和技术手段，而不是主观猜测。各种调查对象的选定方法、资料的收集方法、数据的统计技术、资料的整理方法和分析方法及所有具体的操作方法和技巧，都是在一定的科学原理指导下形成的，这些科学方法和技术手段被无数实践证明是行之有效的。

(5) 公共关系调查不是万能的，具有不确定性。公共关系调查并不能确保社会组织的决策一定会成功，因为有准确的调查结果，并不等于有了正确的策划。况且，社会环境和组织状态是受众多综合因素影响的变量，公共关系调查有可能只掌握部分信息，其他的信息或许被忽视，或许某些信息资料在当时就根本无法得到，即使收集到的资料是相对完整的，公共关系调查也会因受到一些无法预测的因素的影响而带有某种不确定性。从这个意义上讲，调查结论的准确性是相对的。

随着公共关系活动的广泛开展，公共关系调查的实践越来越多。当前有许多社会组织为了提高公共关系活动的水平和质量，越来越普遍地借助科学的公共关系调查方法，进行活动预测、行为诊断和为决策提供依据。因此，公共关系调查在近 10 年间有了突飞猛进的发展。当前的公共关系调查与 20 世纪 80 年代初国内的公共关系调查相比，出现了许多新的特点。

(1) 公共关系调查的理论研究更加广泛和深入。随着公共关系调查实践活动的广泛开展和理论研究的深入发展，公共关系调查不仅成了公共关系学的一个重要分支，而且在其理论性、科学性上也有了较大的发展。公共关系调查的内容在公关教科书中所占的篇幅也有所增加，亦有公共关系调查的专著不断出版。这说明，公共关系调查的理论在调查的实践中发挥着越来越重要的指导作用，公共关系调查研究已发展到了一个新的阶段。

(2) 公共关系调查研究中定量调查的成分有了显著增加。科学的方法与技术手段使调查方式和过程更具有精确的操作性，各个环节的操作更加规范，定量调查的比例显著增多，公共关系调查研究的主观意愿成分明显减少，从而使公共关系调查的结论更加客观化。

(3) 许多相关学科的研究成果和研究方法被公共关系调查所吸收和运用，使公共关系调查研究的手段、方法更趋多样化，与不同学科之间的相互影响在不断加深。公共关系调查的研究成果和研究方法与社会调查、市场调查有许多相似和相通之处，这三者在某些方法、技术和技巧上是不分你我的,很难划清彼此的界限。特别是随着公共关系调查在更广泛领域的展开,它们相互之间的交叉渗透会越来越深入,越来越趋科学化、系统化。

(4) 随着现代科技的迅猛发展,20 世纪 90 年代电子计算机在各个领域得到广泛应用。电子计算机被引入公共关系调查工作中,使调查研究的效率得到空前的提高,达到了一个新的水平。计算机的应用不仅缩短了调查周期、提高了调查数据的质量,还使工作流程标准化,管理也更加科学化。

二、公共关系调查的基本原则

公共关系调查的基本原则有真实性原则、系统性原则、时效性原则和经济效益原则。

(1) 真实性原则。即指公共关系调查获取的材料和数据必须真实、客观,能够准确地反映公共关系状况的实际。精确的预测需要依据真实的调查资料,优秀的策划需要也依据真实的调查资料,科学的决策更需要依据真实的调查资料,只有在真实、客观、准确的公共关系调查资料基础上,尊重客观事实,进行实事求是的分析,才能看清问题,抓住时机,作出精确的预测、精良的策划、科学的决策。公共关系调查资料的真实性取决于两个方面:第一,公共关系调查人员的工作态度、责任心和技术水平;第二,调查对象是否采取积极合作的态度,也是影响公共关系调查真实性的重要因素。

(2) 系统性原则。这一原则是指根据调查目的,全面系统地收集调查范围内有关公共关系的信息资料,从而全面、系统地反映公共关系状况。系统性原则强调注重公共关系调查对象的整体性,不能只重视其中的要素而忽视整体联系。社会环境对一个组织的影响因素很多,由于各因素之间的变动是互为因果的,如果单纯就事论事地调查,而不考虑周围环境等其他因素的影响,就不能把握事物发生、发展以及变化的本质,难以抓住关键因素得出正确的结论。公共关系调查的系统性原则还包括调查过程的层次性和顺序性问题。

(3) 时效性原则。公共关系调查与市场调查有着某些类似之处,它的时效性原则也比较突出。当今社会已经进入了信息时代,经济组织在市场上的竞争非常激烈,在生产经营活动中企业需要掌握准确及时的市场信息,对消费者的需求变化及市场变化迅速做出反应,及时调整和开发产品,以适应社会和市场,唯此才能在竞争中稳固地位,赢得发展的先机。特别是在危机公共关系中,其调查的时效性原则更为突出。在制订公共关系调查计划时,必须考虑到该项工作对提交报告的最后时限要求,并要适当留出一定的提前量;进入调查工作阶段,要充分利用有限的时间,将所需的数据资料和信息收集到手,遇有意外事件要采取相应措施,避免调查工作的拖延。如调查工作不能按时完成,不仅可能会使经费超支,而且更严重的后果是可能使组织丧失决策的良机。因此,进行公共关系调查要增强时效原则的观念,使调查工作顺应瞬息万变的社会环境,及时反馈信息,以满足社会组织各方面的需要。

(4) 经济效益原则。公共关系调查与其他调查工作一样,需要有人力、物力、财力的保障。公共关系调查本身也属于一种经营活动,有投入就应该有效益,即使进行的某次公共关系调查是一项纯粹的公益性活动,也要追求一定的社会效益,要使社会组织的知名度、美誉度有所扩大。因此,进行公共关系调查要严格依照调查目的,选择恰当的调查方法,争取用较少的投入获得较大的效果、较多的信息资料。公共关系调查必须进行调查项目的成本效益分析,因为在调查内容不变的情况下,采用的调查方式不同,费用支出会有所差别;同样在费用支出相同的情况下,不同的调查方案也会产生不同的效果。由于调查委托主体的经济状况不同,因此需要根据各自的经济实力确定调查费用的支出,并制订相应的调查方案。总之,公共关系调查必须讲究经济效益原则。

三、公共关系调查的作用

任何一项重要的工作都离不开调查研究,公共关系工作更是如此,无论是对重大发展战略的科学决策,还是处理日常的公共关系工作,都始终贯穿着细致的公共关系调查研究。只有通过公共关系调查,才能获得大量丰富的、真实准确的、动态鲜活的信息,才能按照这些信息决定采取什么样的工作方针和决策。显然,这里所说的公共关系调查的作用,主要指的是狭义公共关系调查的作用。

(1) 通过公共关系调查研究,能及时掌握公众需求的变化特点,为组织制订各项行动计划和进行科学决策提供依据。只有依靠调查研究,才能有效地防止计划的盲目性和决策的任意性,避免主观主义和形而上学,提高组织的公共管理水平。

(2) 通过公共关系调查研究,能及时了解组织内部、外部关系的现状以及社会大环境的实态和变化。组织对难以控制的外部关系和环境的波动规律有了深刻认识,才能有效地增强应对突发事件的承受力。对外部关系和环境的有效调查监测,无疑有助于组织提高防御各种风险的能力。

(3) 通过公共关系调查研究,能促进组织不断改善管理,提高社会效益和经济效益。进行公共关系调查能够及时了解组织在市场竞争中的地位,并通过对比调查,反映出综合管理水平上的差距,为提高组织的竞争能力和管理水平指明了方向。特别是经济组织经营管理的好坏,关系到消费者的利益,也直接关系到组织自身的生存和发展。对自身状况和市场环境的调查,无疑能够对生产经营起到监测和预警的作用,以促进经济组织的改进调整,进一步提高经济效益。

四、公共关系调查的意义

公共关系的调查研究极为重要,对组织有如下意义:

(1) 使组织能够准确地进行形象定位。一个组织的形象尺度是社会舆论和公众评价。公共关系调查可以使组织准确地了解组织在公众中的形象定位。组织的形象定位是指组织在其公众中形象的定量化描述。通过形象定位,可以测量出组织自我期望的形象与其在公众中实际形象的差距。组织可针对这个差距筹划有效的公共关系活动方案,由此也可以大大加强策划的目的性。一个组织准确的形象定位的作用是很大的,它能提高该组织在社会中的知名度和美誉度,使公众对该组织产生信心和依赖,并给公众留下难以磨灭的印象。

(2) 使组织决策的依据科学化。毛泽东同志指出:"要了解情况,唯一的方法是向社会作调查。"要保证组织的决策正确,也得向社会调查,因为只有通过调查,才能使组织了解公众的要求和愿望,只有了解公众的要求和愿望,才能作出符合公众要求和愿望的决策,只有作出符合公众要求和愿望的决策并认真实施,才能使组织在公众的心目中树立起良好的形象。

(3) 使组织及时地把握公众舆论。公共关系调查可以使组织及时把握公众舆论并适时地作出决策。如公众对于组织销售管理的评价如何、组织对市场的预测是否准确、产品定价是否合理、广告宣传做得好坏、吸引顾客是否有新招等。公众舆论是自发产生的并处于不断扩大和缩小的动态中,它是公众对组织的一种浮动的、表层的认识。但是,当少数人的观点、态度扩展为多数人的观点、态度,分散的、彼此孤立的意见集合为彼此呼应的公众整体意见,声势尚小、影响甚微的局部意见变成声势浩大的公众的共同反响时,对组织的形象将产生极大的影响。积极的公众舆论有利于塑造组织的良好形象,消极的舆论则有损于组织的形象,甚至会造成组织形象危机。因此,通过公共关系调查,监测公众舆论,并使组织及时扩大积极舆论、缩小消极舆论是非常重要的。

(4) 有利于塑造组织良好的形象。公共关系活动是一种有组织、有计划的社会性活动。它是以传播为手段,为实现组织的特定目标服务的。公共关系调查从组织的主观方面来说,以收集信息为主要目的,但在客观上,开展调查活动要与调查对象进行广泛接触,所以,调查人员同时向公众传播着组织注重自身形象的信息,恰当的调查本身也会赢得公众对组织的好感。因此,从某种意义上说,公共关系调查本身也是一种传播,会起到塑造组织形象的作用。

第二节　公共关系调查的基本内容

公共关系调查的内容范围十分广泛,它涉及社会组织公共关系状态的种种影响因素。根据公共关系状态的影响因素以及社会组织与公众关系现状的知名度、美誉度、和谐度这三大指标项目,大致可将公共关系调查的内容范围区分为五大方面。

一、组织自身状况调查

兵法云,“知己知彼,百战不殆”,社会组织要想取得公共关系工作的成功,“知己”乃是第一要事。

1. 组织基本情况调查

任何公共关系活动的开展都不能脱离社会组织的实际情况,因而也都离不开对组织自身基本情况的掌握。组织基本情况调查的内容,依据公共关系工作的需要,主要可确定为以下几个方面:

(1) 组织总体情况,如组织的性质、任务、类型与规模,组织的管理体制、机构设置、主管部门等;

(2) 组织经营情况,如组织经营发展目标、经营方针、经营战略,组织对社会提供的产品和服务及其特色等;

(3) 组织荣誉情况,如组织的光荣历史、组织发展史上的重大事件及影响、组织对社会的贡献、组织获得的各种奖励与殊荣;

(4) 组织文化情况,如组织信念、组织精神、组织的信条、组织的道德规范、组织的文化传统以及组织的名称和各种识别标志等的文化含义等。

2. 组织实力情况调查

组织实力情况一般指的是组织自身的物质基础和技术力量方面的情况。具体应当调查的有:

(1) 组织的物质基础情况，如组织拥有的空间、组织拥有的先进设备和设施、组织拥有的现代办公手段、组织的各种附属设施等；

(2) 组织的技术实力情况，如组织拥有的技术人员的数量和知识构成、组织拥有的科研器材和实验手段、组织技术和领先程度等；

(3) 组织的财务实力情况，如组织的固定资产总额、流动资金总额、人均利润率等；

(4) 组织成员的待遇情况，如组织成员的工资水平、奖金数额、津贴标准、住房面积、劳动保护情况等。

二、相关公众状况调查

在公共关系工作中，要想取得公共关系工作的成功，除必要的“知己”外，关键的问题还在于“知彼”。因此，公共关系调查必须将相关公众状况调查作为其工作重点。具体的调查内容主要有以下几个方面。

1. 公众构成情况调查

任何一种公共关系活动都很难全面地影响所有的公众。公众的构成情况调查的主要内容包括：

(1) 内部公众构成情况，如组织成员的数量构成、专业构成、年龄构成、性别构成、角色构成、能力构成、文化程度构成、职务职称构成、需求层次构成、劳动态度构成、思想素质构成等；

(2) 外部公众构成情况，如外部公众的数量构成、空间构成、特征构成、需求构成、观念构成、与组织的联系状态构成、对组织的重要性构成、对组织的依赖性构成等。

2. 公众评价情况调查

任何公共关系工作的开展，必须基于对组织实际社会形象的清楚认识。所谓组织形象，实际上是公众对社会组织各种评价的综合。因而，社会组织开展公共关系调查，必须着重收集公众对组织的评价性信息。公众对组织的评价主要有：

(1) 对组织产品的评价，如对产品的内在质量的评价、对产品外形的评价、对产品价值的评价等；

(2) 对组织服务质量的评价，如公众对组织服务项目、服务方式、服务措施、服务水平的评价等；

(3) 对组织管理水平的评价，如公众对组织管理机构及其办事效率的评价、对组织经营创新和管理革新的评价、对组织管理效益的评价等；

(4) 对组织人员素质的评价，如公众对组织领导人、中层管理人员、专业技术人员、一般员工、公共关系人员及特殊人物的评价等；

(5) 对组织外向活动的评价，如公众对组织外向宣传活动、社会公益活动的评价等。

3. 组织的产品或服务的形象调查

产品作为一种实物，与组织的管理和技术水平密切相关，而且产品形象是外观的形象，易于影响公众，良好的产品形象是组织获得公众的信任与好感、在公众中树立最佳形象的重要途径，因此，对产品形象的调查是组织的一项重要调查任务。目前，中国许多企业已经很重视对其产品和服务的形象调查，例如，我们经常在购买某项产品和服务时，被邀请填一份调查表。这样的例子很多。

三、传播媒介状况调查

传播媒介状况调查的主要范围是对大众传播媒介情况进行调查。对大众传播媒介情况进行调查的基本内容和范围是：

(1) 大众传播媒介的分布情况，如地域分布情况、行业分布情况、类型分布情况、数量分布情况；

(2) 大众传播媒介的功能作用情况，如涉及大众传播媒介功能作用的传播范围、传播内容、传播特色、传播效果、传播者的威信等方面的情况；

(3) 大众传播媒介所需信息的情况，如一定时期内大众传播媒介的报道中心、新栏目的开辟、编辑和记者需要的内容等方面的现实状况。

四、社会环境状况调查

社会环境是指与社会组织生存和发展相关联的外部社会条件的总和，包括基本社会环境状况调查、具体市场环境状况调查、所属行业环境状况调查等。

1. 基本社会环境状况调查

基本社会环境一般是指由社会组织所处的一个国家或地区的政治、经济、文化等因素构成的宏观社会环境系统。政治环境状况，如国家或地区的政治体制及其改革情况，国家或地区的方针政策和法令法规的提出、制定、颁布、实施等方面的情况，以及其他方面的政治性因素存在与变化的情况等。经济环境状况，如国家或地区的经济体制及其政策情况，国家或地区的产业结构、分配结构、交换结构、消费结构、技术结构及其调整变化情况，国家或地区的经济发展情况及相应的战略与策略的情况等；文化环境状况，如国家或地区的民族特征、文化传统、宗教信仰、教育水平、社会结构、风俗习惯、价值观念、生活方式、社会道德规范与精神文明建设等方面的情况。当前，许多跨国公司进入中国或中国的企业走出国门，都需要进行"本土化"的过程，即要熟悉当地的政治、经济和文化的背景以及政策法律规章制度等，以减少阻力，加快进程。

2. 具体市场环境状况调查

在现代市场经济条件下，对具体市场环境状况进行调查，是社会组织特别是企业组织环境状况调查的一项重要课题。具体市场环境状况调查的主要内容有：

(1) 市场需求状况调查，如市场容量、社会的购买力、居民的消费结构与消费水平、现有的和潜在的购买人数、银行是否贷款支持某类消费等。

(2) 消费者状况调查，如消费者的总体数量、消费者的构成情况、消费者的消费欲望与购买动机、消费者的偏好以及造成消费者偏好的原因等方面的情况。

(3) 市场竞争状况调查，如市场是否形成竞争态势，竞争对手的生产能力、产品特色、销售政策、服务措施、在消费者中的印象、与中间商和消费者的关系、广告宣传的力度、公关促销的措施等方面的情况。

(4) 行业发展趋势。对某一组织的发展战略而言，关注本行业发展趋势是至关重要的。

3. 所属行业环境状况调查

所属行业环境状况调查的内容主要包括：

(1) 所属行业基本情况调查,如行业的发展情况、行业的发展前景等。

(2) 所属行业特定组织情况调查,如行业的管理机构、行业协会的发展等。

(3) 所属行业横向协作情况调查,如相关行业的发展情况、技术水平、谈判能力等。

(4) 所属行业竞争对手情况调查,如目前竞争对手、潜在竞争对手的发展能力与成长空间,所占市场的份额及它们的企业文化等。

五、社会组织与公众关系现状调查

社会组织与公众关系的现状,实质上就是社会组织公共关系的现有状态,它是社会组织公共关系调查的重要内容。如果说前述有关公共关系状态的四大影响因素状况的调查是一种分立项目调查的话,那么,这里所讲的社会组织与公众关系现状的调查则是一种综合项目的调查。社会组织与公众关系现状调查的具体内容,可根据公众关系的三大指标项目确定为以下几项。

1. 认知度调查

认知度是衡量社会组织与公众关系现状的一个重要指标。它表明一个社会组织在社会公众中的影响大小,说明一个社会组织被社会公众关注的程度。认知度由两大维度构成:一是知晓度,即一个社会组织为社会公众知晓的广度;二是熟悉度,即一个社会组织为社会公众知晓的深度。

2. 美誉度调查

美誉度是衡量社会组织与公众关系的一个具有决定性意义的关键指标。一般来讲,一个社会组织要获得社会公众的赞誉,必须具有符合社会公众需要的优良的组织行为及行为结果。因而,一个社会组织获得公众赞誉的程度,实际上就决定了一个社会组织与公众关系现状的性质。美誉度从某种意义上讲,是社会公众对社会组织的行为及行为结果的一个评价性指标,因此,对美誉度的调查一般要通过态度测量方式来进行,且往往同认知度的调查结伴而行。可以这样认为,美誉度即指在对社会组织具有一定认知度的公众中,对社会组织持好感、信任、欢迎、赞赏态度人数的百分比。美誉度调查也可以区分为不同的具体内容,一般来讲有以下几个方面:

(1) 公众对组织理念的赞誉程度,如对组织的经营宗旨、经营价值观、经营哲学的赞誉程度等;

(2) 公众对组织行为的赞誉程度,如对组织的行为机制、行为规则、行为模式、行为过程、行为结果的赞誉程度等;

(3) 公众对组织视听标识的赞誉程度,如对组织名称、组织标志、组织标准色、组织标准字、组织广告、组织特定歌曲和音乐的赞誉程度等;

(4) 公众对组织产品的赞誉程度,如对组织的服务方式、组织服务保障体系、组织服务的完备性和方便性、组织服务的环境、组织服务的态度、组织服务的效果的赞誉程度等。

3. 和谐度调查

和谐度也称协调度,它是衡量社会组织与目标公众关系现状的一个重要指标。和谐度是指一个社会组织在发展运行过程中,获得目标公众态度认可、情感亲和、言语宣传、行为合作的程度;是组织从目标公众出发,开展公共关系工作获得回报的指标。和谐度调查一般涉及利益协调、目标协调、态度协调、行为协调等多项内容,并且涉及社会组织与公众之间的

“交互式”调查问题，这就决定了其调查内容的复杂性。就公众对社会组织的取向来讲，具体调查内容可分为：

(1) 公众对社会组织态度赞同的情况，如公众对社会组织的经营观念、经营政策、经营措施、经营发展目标等持支持、中立、反对态度的公众的比率等；

(2) 公众与社会组织情感亲和的情况，如公众对社会组织的好感程度，公众对社会组织存在的冷漠、敌视、怨恨等情感障碍的情况等；

(3) 公众对社会组织作言语宣传的情况，包括宣传的次数、宣传的性质、宣传的力度等；

(4) 公众与社会组织行为合作的情况，如公众对社会组织融资的合作情况、公众对社会组织产供销和技术合作的情况、公众对社会组织产品与服务的接纳情况，以及公众对社会组织采取其他特殊行动的情况等。

就社会组织对公众的取向而言，具体调查内容则包括：

(1) 社会组织对公众合理需要的承认情况；

(2) 社会组织对公众合理需求的满足情况；

(3) 社会组织对公众意见和合理化建议的接受采纳情况；

(4) 社会组织与公众情感沟通的情况；

(5) 社会组织对公众或公益事业给予支持和赞助的情况等。

在公共关系调查中，和谐度的调查要将行为记录、事实调查和态度测量三者结合起来进行，方能有效把握社会组织与公众关系的协调状况。

通过“三度”的调查，能把握社会组织与公众关系的状态，即组织形象的级别，这就为公共关系活动提供了依据。

第三节　公共关系调查的基本程序

公共关系调查程序通常是对社会组织公共关系状态的实际情况进行系统调查的基本过程，这个过程是一个整体性、系统性较强的过程，有着丰富的内涵，包含着不同的阶段。研究公共关系调查的基本程序，对于公共关系调查的开展十分有益。

一、公共关系调查的课题确定

确定课题是公共关系调查工作的开端，选定题目之后，调查工作才可能按部就班地展开。调查课题要经过慎重考虑才能决定，首先，应明确调查的领域和范围，以选定调查的类型；其次，再通过实地考察、文献研究和专家咨询等方式和方法，来确定具体的调查研究课题。

调查课题是对调查工作所要解决的重要问题的高度概括。它要体现社会组织的现实需要，即调查课题要有必要性。调查课题的任务最终能否完成取决于主观条件和客观条件，主观条件指调查研究者能否胜任某一课题，客观条件主要指完成课题任务必备的财力。课题符合组织需要才有必要，仅有需要和必要还不够，如果调查主体限于知识结构、能力结构等素质和能力条件，不能驾驭该项工作也不行；即使调查主体能够胜任，而财力不济的话，调查工作也完不成。

如果调查项目交给公共关系公司承办,受委托方一般要对课题进行反复论证,并根据与委托方达成一致的调查方案,提出经费预算。待双方签订协议,调查课题才算正式确定。

二、公共关系调查的方案设计

公共关系调查的方案设计是对调查的全部内容和整个过程各个环节的总体安排。它既是布置调查工作的计划和依据,又是向委托方承诺的一些具体操作指标。方案是关系到调查信度、效度的一个关键因素,因此,方案设计务求详细、周密,符合客观实际。公共关系调查设计方案包含如下一些内容:

(1) 说明本项公共关系调查的目的。明确调查目的就是搞清调查要解决什么问题,然后才能考虑怎样去解决问题。明确调查目的后,再进一步确定调查内容、范围和方法,调查内容、范围和方法都是根据目的而来的。

(2) 说明公共关系调查的空间范围、调查对象和调查对象单位以及采用何种调查方式。调查范围和总体是由某种性质相同的许多调查单位所组成的,调查单位就是所要调查总体中的个体。比如,为了调查某市各公共关系公司的经营情况,就要对全市公共关系公司进行全面调查,那么,该市的所有公共关系公司都是调查对象,每一个公共关系公司都是调查单位;再如,某市京剧团在出台奖金发放制度前进行摸底调查,该团全部演职人员、工作人员都是这一调查项目的调查对象,每一位演职人员、工作人员就是一个调查单位。调查方案要明确调查是在某个社区,还是在全市、全省或全国何种空间范围内进行。比如,对生源均来自市区的某中学或产品销售仅限市区的某小型食品厂进行调查,调查范围就是本市区,根本没有必要把调查范围扩大到外市或全省。在调查方案设计中,要注意有时调查对象与调查填报单位是有区别的,比如,调查某研究所的电脑设备运行情况,调查单位是该研究所的每台电脑设备,填报单位是各处、室单位。不同的调查方式有不同的调查对象,比如,采取全面调查方式,那么调查总体内的所有单位都是调查的单位;如果采用典型调查方式,只有选出的有代表性的单位才是调查单位;如果采取抽样调查方式,则将抽样决定的样本单位作为调查单位。调查设计方案还要确定采用何种调查方式进行调查,最重要的是确定调查规模,即样本数量。

(3) 说明公共关系调查采用的方式之后,方案中还要说明采用何种方法向调查单位收集资料,即具体使用访谈、文献、观察、问卷、实验等哪一种方法。

(4) 确定调查项目的内容。即所要调查的主要内容,或者说准备向调查对象调查哪些问题,并制订各项调查的提纲和问卷。

(5) 确定时间进度和人员安排。详细计划各环节具体的时间、进度,制订出工作流程图及各环节投入专家和工作人员的数量。

(6) 确定调查资料统计、整理和分析的方法。

(7) 确定调查报告的提交方式。主要包括报告书的形式、保密级别、调查报告的基本规模、报告书提交的期限和份数等。

(8) 调查的预算。

三、公共关系调查的实施

调查实施阶段,调查人员要深入现场与调查对象接触,收集第一手资料,并按照方案要求完成收集各类资料的任务。从某种意义上说，这是整个调查过程的一个核心环节。

收集资料就是要按照设计方案，运用访谈、座谈、问卷、观察等方法和适当技巧展开调查工作，从调查对象那里获取系统、客观、准确的调查材料。这个阶段要进入调查对象所在的区域，并事先安排好交通问题。在实地调查阶段投入人员最多，花费也最大，由于头绪多、情况复杂，也是最容易出现差错的阶段。在实地调查现场，很可能出现一些意外情况或发现原来的设计方案与实际情况不相符之处，此时要及时与调查负责人取得联系，对原来的方案进行必要的调整和修改，以保证调查任务按时保质完成。

四、公共关系调查的资料处理

公共关系调查的资料处理，包括资料整理和资料分析两个方面。

公共关系调查的资料整理，除了在调查资料回收过程中对到手的资料进行检查、整理之外，还要将收集回来的原始资料进行统计、登录，按照设计方案和整理方案的要求，进行审核、订正、分类、汇总，把调查所得的各类资料的目录列出分类明细表，使之条理化和系统化。

资料整理的大致步骤是：首先，核实资料是否合格，辨别资料的真伪和可靠程度，以及所得资料是否是严格按规定要求收集的；其次，核实资料的准确性；再次，核实资料的完整性，查缺补漏；第四，将文字资料、数字资料和音像资料的索引系列化。对于开放性问卷答案、访谈记录等进行分类编排，进行统计；将数据资料、各种图表编成程序输入计算机。

公共关系调查的资料分析就是对文字资料和数字资料进行综合的分析研究，从感性认识到理性认识，揭示调查对象的表面特征、数量特征和本质特征。资料分析还包括运用归纳、演绎、综合、逻辑、历史、统计、比较、系统等各种分析方法，揭示被调查事物各部分之间的关系及该事物的发展变化规律，作出判断性结论。

五、公共关系调查的总结报告

最后阶段的工作是总结、评估本次调查，对调查全过程作出说明，包括本次调查的目的、方法、起讫日期、主要调查人数、调查表回收情况，以及对全部资料进行的客观分析和结论，作出实事求是的总结，特别是对信度和效度作出评估。调查报告是本次调查工作成果的集中体现，在报告中除了交代调查的观点和结论，还应提出解决问题的建设性意见。

第四节　公共关系调查的类型与方法

一、公共关系调查的类型

公共关系调查工作由于目的、性质、范围、时序等各种因素不同，可以划分为不同的类型。不同类型的公共关系调查具有不同的特点、适用范围和实施条件。了解和掌握公共关系调查类型，有助于我们根据调查目的、调查要求等因素，选择相适应的具体调查类型，圆满完成调查任务。

(一)全面调查、抽样调查和个案调查

公共关系调查按照调查对象的多少,可划分为全面调查、抽样调查和个案调查。

全面调查又称为普查,是指对调查对象的全体所作的逐个调查。全面调查是一种一次性的调查,其目的是把握某一社会组织或某一公共关系现象在某一特定时间点上的一定范围内的基本情况。全面调查的优点在于它能够比较全面、系统地把握被调查对象的基本情况,特别是为了调查组织的队伍状况或全体成员对某种重大议案的态度和意见而进行的全面调查,它对组织的决策具有重要的影响作用。

抽样调查是一种非全面调查。所谓抽样调查,就是从调查对象的总体中,抽出一部分样本作为总体的代表进行调查,将调查结果作为推断总体情况的一种调查类型。

个案调查是在全部调查对象范围内选取个别调查对象进行调查的一种类型。个案调查对于认识总体来讲是一种定性研究。这种定性研究由于对象比较少,典型性程度的大小不一,所以调查结果的代表性得不到保证。

(二)定性调查和定量调查

定性调查和定量调查是按照公共关系调查的性质来划分的调查类型。

定性调查是以现有的文献资料或经验材料为依据,运用演绎、归纳、比较、分类和矛盾分析等方法,对某一公共关系现象进行调查的一种类型。

定性调查的特点有:第一,定性调查所运用的方法大多是以典型调查方法来获取资料,并以此为主要依据得出结论;第二,定性调查可以从纷繁复杂的事物中探寻其本质特征和要素,从个别的、典型的材料中得出结论;第三,定性调查得出的结论大多具有概括性和概貌性。

定性调查还有一些缺点,需要在调查中予以注意。第一,定性调查只调查了某些典型组织或典型事物,忽视了同类性质事物和数量上的差异,以典型概括一般。如果是对同类事物再进行一些调查,可能会得出有所差异的结论。例如,组织内部的各部门同样实行岗位责任制,但是,各部门对岗位责任制的看法会有一些区别。第二,定性调查得出的结论会受到调查者主观成分的影响,不同的人可以选择不同的对象进行调查,甚至不同的人选择同一对象进行调查,其结论也会出现差异,甚至会得出相反的结论。第三,用定性调查得出的结论推断所涉及的公共关系现象,如果推导的大前提失真,那就可能"失之毫厘,差之千里",很容易产生较大的失误,而且这种失误还不容易让人发觉。

定量调查是运用概率、统计原理,对公共关系事物、现象的数量特征、数量关系和事物发展过程中的数量变化等方面进行的调查。

定量调查的特点有:第一,在实际调查收集资料方面,定量调查强调运用抽样技术选择样本;第二,在对样本进行调查时,要运用变量、操作化、假设等概念和方法进行量化研究;第三,定量调查为认识公共关系事物的不同性质提供了量的说明,通过量的调查来了解事物的性质,或者通过量的分析来了解某一公共关系事物各要素之间的量的关系。

定量调查是一种科学的方法,它对于认识社会现象具有重要意义。定量调查虽然受到广泛重视,但是有些公共关系现象还无法进行定量调查,有些公共关系现象也只能进行粗略的定量调查。正因为如此,公共关系调查研究类型的发展趋势是定性和定量相结合,从定性

出发，经过量化过程，再返回到定性，以达到正确认识公共关系现象、公众态度、组织和社会发展趋势的目的。

（三）描述性调查、解释性调查和预测性调查

按照公共关系调查的目的来划分类型，可以分为描述性调查、解释性调查和预测性调查。

描述性调查是以了解某一事物或某一问题的全貌发生、发展的过程为目的的调查，是按照事物客观的面貌进行调查的一种类型。它是对某一事物或问题的基本情况的了解，目的是了解公共关系事物现象实际是什么样的。任何调查都要首先了解事物或问题的基本情况，所以描述性调查是公共关系调查研究的基础性研究。

解释性调查是以探索公共关系现象、现状之间的逻辑关系为目的的调查。这种调查不仅要了解公共关系现象的基本情况，更主要的是调查、分析其产生的原因。解释性调查是对产生某种公共关系现象的原因所做的研究，是通过理论抽象而进行的调查，它比描述性调查更进一步，是对公共关系现象、现状产生原因的本质的调查研究。这种调查类型具有重要意义，它不是对公共关系现象表面的、片面的认识，而是对公共关系现象的一种本质的、全面的、深刻的认识。

预测性调查是对公共关系现象和社会环境的发展趋势作出推断和估计的一种调查研究。预测性调查主要关注事物未来会怎么样，这种调查类型的难度较大，它是通过了解事物的过去、现在来预测未来。预测性调查是制定发展战略必须进行的一项重要工作环节，它对调查者提出了更高的要求。进行预测性调查不仅要具备深厚的理论基础、丰富的实践经验、敏锐的洞察能力，还必须运用科学的方法，才能准确地预测事物未来的发展方向，揭示事物的发展规律。

（四）横向调查与纵向调查

公共关系调查依照时序划分类型，可以分为横向调查与纵向调查。

横向调查是指在同一时间内对某一事物现象的各个侧面进行调查研究的一种类型。

纵向调查是指在某一段较长的时间内对某一事物现象进行历史演化的调查研究。这种调查类型至少要了解在某段时间内两个以上或多个时点的情况，是从较长时间内，研究某一公共关系事物的发展变化及其规律性。

纵向调查有以下几种形式：

(1) 趋势调查，即通过对某种公共关系现象过去和现在的情况的调查来预测将来，多用于发展规划、制定方针等方面的基本依据；

(2) 同期调查，即对同一种公共关系现象在不同时间内的情况进行调查研究，多用于某一公共关系现象或某一组织的成长变化历程；

(3) 追踪调查，即对某一特定公共关系现象在其发展变化过程中，进行定期的或不定期的调查研究。

二、公共关系调查的基本形式

在公关领域中，有三种形式的调查十分重要：初步调查，它重点关注原始研究，形成新的数据；次级调查，它对已经掌握的数据和信息进行进一步挖掘；数据建模，初步调查和次级调查中存在来源不同的数据，数据建模就是通过统一的数据分析，形成最终的认识。

初步调查常常涉及询问受访者，寻找深层次的看法。初步调查中，以客观数据作为结果的类型称为定量调查，最常见的形式就是问卷调查。如果适当运用，定量调查得到的结果可以反映大部分人群的情况。

定量调查者通过各种途径积累数据，但最常见的途径包括电话、网站、信件和电子邮件。每一种途径都在速度、成本、灵活性和受众参与度方面存在各自的优点和缺点。

初步调查的另一种形式是定性调查，最常见的就是焦点团体。焦点团体由十几个人组成，他们在主持人的引导下，相互交换他们对于话题的意见、困惑和喜好。焦点团体这种形式十分利于收集观点，但是其结果却很难反映大部分人群的意见。因此，在公司需要迅速、廉价的信息反馈时，常将焦点团体讨论的结果作为定量调查的补充，这时焦点团体常常被滥用。如果运用得当，定性调查可作为定量调查的准备，从而使问卷调查更有效率。

数据建模常常用在营销和公关分析过程中，采用数学的方法来解释历史后果，预测未来结果。这些分析基于许多可能影响将来行为和结果的变量，关注事件的可能性和趋势。举一个营销中的例子，根据客户的性别、年龄和购买历史可以预测未来销售的可能性。要建立一个预测模型，需要从相关的预报者那里获取数据，建立数据模型，做出预测，获得额外的数据以证实(或调整)模型的准确性。在公共关系中，数据模型可以用来揭示公关的效果，以及公关与其他营销和传媒公司的互动，还可以解释诸如气候、人口这样的外部因素对行为造成的后果。当这种类型的模型应用于销售时，它们被称为"营销组合模型"，目的在于找出驱动购买行为的原因。

三、公共关系调查的具体方法

公共关系调查研究的方法很多，常用的方法有抽样调查法、问卷调查法、访谈调查法、观察调查法和文献调查法。

(一) 抽样调查法

1. 抽样调查的概念

抽样调查是按照一定的科学原理，从被调查的总体全部单位中抽取一部分单位作为调查对象，并以部分调查结果来推算全体的一种调查方法。抽样调查依据的理论是概率论和大数定律，这是抽样调查的科学依据，被国际上公认为是非全面调查中计算总体数量特征的最科学的方法。抽样调查是公共关系调查中常用的基本方法之一。

抽样调查作为一种非全面调查，是通过从调查总体中抽取部分调查对象来进行调查的，被选取的对象叫样本。它的一个主要问题是如何保证样本对于总体的代表性，也就是说抽样总是会存在抽样误差。只有把抽样误差控制在一定范围之内，才能使调查获得成功。

2. 抽样调查的分类及其实施步骤

抽样调查的关键是抽样，抽样调查分为随机抽样和非随机抽样两种类型。

(1) 随机抽样。随机抽样就是调查对象总体中每个部分都有同等被抽中的可能，是一种完全依照机会均等的原则进行的抽样调查，被称为是一种"等概率"。随机抽样有四种基本形式，即简单随机抽样、等距抽样、分层抽样和整体抽样。

简单随机抽样又称纯随机抽样，是事前对总体数量不作任何分组排列，完全凭偶然的机遇从中抽取样本加以调查的方法。简单随机抽样一般可采用抽签法、摇码或查随机数表等方法抽取样本。这种抽样方式比较适合于总体单位之间差异较小的状况。实施步骤：第一，取得总体单位名录，即所有被调查对象；第二，为总体单位编号；第三，利用抽签法、查随机数表等方法抽取样本。

等距抽样也称机械抽样或系统抽样。这种抽样方法要求先将总体各个单位按照空间、时间或某些与调查无关的标志排列起来，然后等间隔地依次抽取样本单位。抽样间隔则等于总体单位数除以样本数所得的商。这种抽样方法用于被调查的总体数量较多时更为方便。实施步骤：第一，取得总体抽样框架；第二，为总体单位排队编号；第三，计算抽样距离间隔；第四，在抽样距离间隔数中，随机抽取一个样本单位；第五，按照间隔数依次抽取其他样本单位。

分层抽样亦称分类抽样或类型抽样，适用于总体量大、差异程度较大的情况。先将总体单位按其差异程度或某一特征分类、分层，然后在各类或每层中再随机抽取样本单位。分层抽样实际上是科学分组或分类与随机原则的结合。分层抽样有等比抽样和不等比抽样之分，当总数各类差别过大时，可采用不等比抽样。除了分层或分类外，其组织方式与简单随机抽样和等距抽样相同。

整体抽样即按照某一标准，将总体单位分成“群”或“组”，从中抽选“群”或“组”，然后把被抽出的“群”或“组”所包含的个体合在一起作为样本，被抽出的“群”或“组”的所有单位都是样本单位，最后利用所抽“群”或“组”的调查结果推断总体。抽取“群”或“组”可以采用随机方式或分类方式，也可以采用等距方式来确定；而“群”或“组”内的调查则采用普查的方式进行。整体抽样又可分为一段抽样和分段抽样两种类型。

(2) 非随机抽样。非随机抽样是指抽样时不是严格按随机原则来进行，而是按照调查人员主观设定的某个标准抽选样本，又被称为不等概率抽样。由于非随机抽样不是依照大数定律为基础，因此，理论上说它无法准确地推断总体。但是，在现实的许多情况下，必须采用非随机抽样方法，况且，非随机抽样获得的调查资料并不是没有参考价值。在公共关系调查中，采用非随机抽样一般有以下原因：第一，在人员流动性较大的场合，受客观条件限制，调查人员无法从容地进行随机抽样；第二，在调查对象的总体数量不确定的情况下，无法确定总体与样本的比例，只好采用非随机抽样的办法，例如，对突发事件进行现场调查等；第三，总体各单位间的离散程度不大，而且调查人员又具有丰富的调查经验，为了快速获得调查结果、提高调查的时效性，而采用非随机抽样的办法。非随机抽样方式主要有三种：偶遇抽样、判断抽样和配额抽样。

偶遇抽样又称任意抽样，是根据调查者的方便与否而采取的以尽可能使调查对象体现总体代表性的一种抽样方法。“街头拦人法”和“空间抽样法”是两种常用的方法。“街头拦人法”是在街上或路口向巧遇的行人进行调查，例如，在街上向各种偶遇的行人调查对某公共关系活动的看法，或请偶遇的行人填写某种问卷等；“空间抽样法”是对某一场合内相对聚集的人群，从后向前、从里到外或从左至右地对他们进行抽样调查，比如，在大型展览会上或电影院内向观众询问对某一热点问题的看法，或在体育场内调查主场球迷的情况。偶遇抽样法简便易行，方法灵活，能及时获得所需的信息资料，省时、省力、节约经费，一般用于非正式的探测性调查，只有在调查总体各单位之间差异不大时，抽取的样本才有较高的代表性。

判断抽样又称目的抽样，它是凭借调查人员的主观意愿、经验和知识，从总体中选择具有典型代表性样本作为调查对象的一种抽样方法。判断抽样的前提是调查者对所调查总体的有关特征有相当的了解，这种方法在我国公共关系调查实践中得到广泛应用。判断抽样选取样本单位一般有两种方法：其一，选择最能代表普遍情况的调查对象，往往选“平均型”和“多数型”为样本，“平均型”是在调查总体中具有平均水平的代表性单位，“多数型”是在调查总体中占多数的单位；其二，利用调查总体的全面统计资料，按照一定的标准主观地选取样本。判断抽样方法在样本规模小、样本不易进行分门别类地挑选时，有较大的优越性，但由于其精确性依赖于调查者对调查对象的了解程度、判断水平和对结果的解释情况，所以，在调查精度要求不太高的调查中或时间较为急迫的情况下，常常采用该方法。

配额抽样也称定额抽样，是非随机抽样中最流行的一种。配额抽样在调查前要先确定一定的样本容量，并制定出与调查内容有关的标准，将总体中的所有单位按一定的标准分为若干类，将样本数量按不同标准予以配额，再从符合标准的调查单位中抽取样本单位进行调查。配额抽样的方法类似于随机抽样中的分层抽样，但是，配额抽样是主观地确定调查对象的分配比例，并不按随机的原则进行。配额抽样法简单易行，而且可以保证总体各个类别的样本中都有代表，使样本具有较高的代表性。采用定额抽样事先要将总体中所有的单位按其属性、特征分成若干类型，然后按照这些特征分配样本数额。

3. 抽样调查的一般性实施步骤

尽管抽样调查的种类很多，确定调查对象的过程也因抽样类型的不同而有些差异，但就总体情况而言，抽样调查的程序大致可分为以下几个步骤：

(1) 确定调查的总体。调查总体就是根据调查目的的要求确定调查对象的范围，总体范围是抽样的基础，总体范围明确才能考虑样本与总体的比例。

(2) 确定总体名单。

(3) 确定样本规模。样本规模就是所要抽取的样本应包括的单位数。从一般意义上讲，样本比例越大，抽样的误差率就越小。因此，在人力、物力、时间允许的范围内，确定一个规模合适的样本数量时，应根据调查允许误差及可靠性的要求，按公式推算样本数，规模与总体比例应成正比。

(4) 抽取样本。

(5) 评估样本。即检查样本对于总体的代表性如何，如果极限误差小于或等于允许误差，其样本符合要求。

(6) 实施调查。

4. 抽样调查的特点

首先，按随机抽样确定样本单位的机会是均等的，所有调查对象的个体单位都存在同样被抽选的机会。抽样的方法使大家的机会都是均等的，从而避免了调查人员主观意识对样本确定的影响，使样本在总体中的代表性不致出现倾向性错误。

其次，抽样调查是一种目的在于了解全面情况的非全面调查方法，它是根据样本资料估算总体的数量特征。而全面调查由于规模大，调查内容多样，参与调查的人员水平参差不齐，因此误差相应也比较大。抽样调查是只调查总体单位中的部分个体，由于调查单位数量少而且集中，调查人员精干，差错率也会降低，所以，最后的结果具有较高的准确性。其中最重要的原因是，抽样调查按照科学的方法抽取样本，样本对总体有充分的代表性。在对总体数量特征进行估算时，所依据的是大数定律，所以，符合对客观实际的估计和推断。

再次，采用抽样调查方式，还可以使调查内容得以大大扩展，其深度和广度都有提高。目前，美国95%左右的统计资料都是通过抽样调查方式获得的，如果不以这种方式进行调查，根本无法取得如此广泛而深入的信息资料。

最后，由于抽样调查只对全部总量中的少数样本进行调查，涉及人员少，投入财力小，而且进度快，取得调查结果的时间短、花费低。所以，抽样调查具有良好的经济效益和明显的实效性。

5. 抽样调查的适用范围

抽样调查的特点决定了它的适用范围。第一，运用抽样调查的方法，可以不用调查全部情况就能够把握总体状况。所以，对于那些不可能和没必要进行全面调查的公共关系现象，最好采用抽样调查的方式进行。第二，运用抽样调查对全面调查进行检验。全面调查涉及面广、工作量大，花费时间和经费多，组织起来比较困难。在不知调查质量需要如何检验或验证时，显然不能重新用全面调查方式去进行检验，为了节省时间和经费，常用抽样调查进行检查修正。第三，通过抽样调查，对同一调查对象在不同时期进行连续不断的调查，可以监测环境和分析发展变化趋势，这对社会组织了解现状、预测未来、制订发展规划来说是非常重要的。第四，对某种总体的假设进行检验。判断某种假设的真伪，以决定行为的取舍时，也经常利用抽样调查来测定。第五，在经费、人力、物力和时间有限的情况下，采用抽样调查方式可节省开支，争取时效，用比较少的人力、物力和时间，达到满意的调查结果。

（二）问卷调查法

1. 问卷调查法的概念

问卷调查法是根据调查目的将所需调查的问题具体化，通过某种方式由调查对象作出回答后，再经过统计分析得出结论的一种调查研究方法。它是公共关系调查中应用最广泛的方法之一，在其他的各类调查中也常采用问卷方式进行。

问卷是事先设计的，它系统地列出了所需要调查的内容。问卷可以邮寄，可以组织笔答，可以留置回答，可以通过电话询问，还能采用访谈法进行，近年还出现了网络问卷调查。这种调查方法的特点是有一些固定的问题，且答案简单，有的只答“是”或“否”，有的从预设的备选答案中选择，这样就方便了系统分类和统计答案，从而可作定量对比，有利于电子计算机分析。

2. 问卷设计的原则和程序

问卷设计是问卷调查的关键技术。要使调查达到预期目的，问卷设计必须遵循一定的原则和程序。进行问卷设计要力争做到规范、清晰、重点突出、精练、有特色，一个好的问卷设计必须多角度、多层次地考虑问题，并运用一些特殊的措施，使回答者无从作假或不愿作假，还必须进行效度和信度测定，保证其科学性和实用性。问卷设计的原则有以下几点：

(1) 目的明确原则。介于调查者与调查对象之间的中介是问卷，设计者要把调查主题操作化，即分解为更详细的项目，再将这些项目转化为具体的询问题目，供调查对象回答。问卷中调查的问题一定要与主题密切相关。这就要求调查者在设计问卷时必须紧紧“扣题”，突出重点，避免可有可无的问题，从而保证问卷调查的效度。

(2) 可接受原则。问卷设计的内容要让调查对象比较容易接受。因为调查对象是否愿意参加调查取决于其本人，本人对此有绝对自由，既可以接受调查，也可以不接受调查。如何使调查对象采取合作态度，这是顺利完成调查任务的一个关键所在。考虑到调查对调查对象来说是一种额外负担，因此必要时可采取一些物质奖励的办法。目前，国内的有些问卷调查会附带赠送一些小纪念品，也有的调查问卷开始实行付费办法。

(3) 简约性原则。简约性原则在问卷设计中体现在三个方面：第一，问卷设计的形式应简单明了；第二，问卷提问内容要精炼，与主题无关的问题不要列入，与主题有关的也不能重复，争取用最少的问题获取最完整的调查信息；第三，问卷不宜太长，以尽量缩短调查对象填写问卷的时间，占用调查对象太长时间容易引起反感，往往会导致答卷行为中止，或勉强地匆匆作答，草率应付，从而影响真实性。

(4) 匹配性原则。匹配性原则即是让调查对象的回答便于进行检查、统计和分析处理。设计的问题和答案都要考虑到能作相应的分类和解释，使调查所得的结果能用于作交叉分析。另外，问卷的内容要匹配，封闭性题目与开放性题目要匹配。

3. 问卷的结构设计

一份完整的调查问卷，应包括标题、说明、调查对象基本情况、调查内容、问卷编码、调查者实施情况记录等内容。

问卷的标题是概括说明调查主题的，标题要使人一看便明白问卷的主要意图。因此，设计标题要简明扼要，易于理解。在问卷的说明部分，一般需要解释两方面的情况：首先，交待本项调查的目的、意义；其次，说明填写问卷的注意事项，有的需要提醒调查对象交回问卷的时间、地点等特殊要求。问卷说明的主要目的是打消填写人的顾虑，使其掌握填写问卷的要领，以保证调查的真实性，提高合格调查问卷的回收率。因此，说明部分的文字设计要认真对待、仔细斟酌，既要引起调查对象的重视和兴趣，又要言简意赅，有亲切感。

非当场填写的问卷，一般在说明中还应写明收回问卷的方法。有一些调查活动为提高问卷回收率，往往设置一些奖励项目。凡属此类，在说明中一定要说明获奖条件和方式、奖励等级和内容、兑奖要求和时间地点等，以免日后产生纠纷。

有一些调查根据需要在问卷中设计了调查对象基本情况的内容，这一类问题一般排列在调查表开头部分，故称"表头"。调查对象的基本情况是指调查对象的一些主要特征，如调查对象的所在地区、性别、年龄段、学历程度、职业、收入情况等，通过这些基本情况，便于统计分析不同公众类别的构成比例、态度和倾向的差异。

4. 问与答的设计技术和注意事项

问卷设计是问卷调查法能否达到预期目的的关键，问卷设计的核心体现着询问技术的语句设计，问卷语句又称为"题干"，是要求调查对象回答的问题。问卷设计主要涉及下面一些询问技术和注意事项：

(1) 直接性问题、间接性问题和假设性问题。问卷语句的设计类型分为三种，即直接性问题、间接性问题和假设性问题。

直接性问题是指调查对象根据问卷语句能够直接回答的题目，所询问的内容是调查对象的基本情况和态度。

间接性问题是指不直接询问调查对象的态度和想法，而是让其回答"其他人的态度和想法是怎么样"的一种题目。那些有可能使调查对象产生顾虑、可能不敢或不愿真实表达意见的问题，不能采用直接提问的方式，而要采用间接提问的方式。所以，间接提问比直接提问得到的信息更多、更符合实际。

假设性问题，就是根据组织的现状，把理论上可能发生的事情或主观想象出来的事情在调查问卷中作为一个问题提出来。假设性问题也具有间接性问题的特征，它的优点是可以通过问卷得到的答案对组织未来可能发生的事情进行预判，并进行相应的策略调整。

(2) 封闭式设计与开放式设计。问卷的设计分为封闭式与开放式两种，或两者兼而有之，以封闭式为主。

所谓封闭式问卷就是在每一个问题下列出可供选择的备选答案，要求调查对象从中选定一个或数个答案。封闭式问卷调查方便、快捷，答案比较规范，易于进行定量分析。从利于数据统计处理的角度出发，问卷调查多采用此种设计方式。封闭式问卷也是存在缺陷的，主要是调查对象在规定的备选答案范围内被迫回答，难以使调查结果反映出其真实的想法。

所谓开放式问卷，即自由式问卷，它不提供答案，而是在问题后面留出了供调查对象自由作答的空间，调查对象可以充分发表意见，答案比较真实、丰富多彩。开放式问卷要求回答者自由发表意见，有详细回答和简略回答的区别，这种方式主要用于深度调查和直接访问。由于开放式问卷没有备选答案，难作定量统计分析和计算机处理，因此在样本较多的调查中不宜采用这种设计。

在大型调查中，一般都是采用以封闭式问卷为主、开放式问卷为辅的方式。

(3) 问卷的答案设计。封闭式问卷的备选答案又称为“题枝”。题枝的设计并不只有一种模式，设计时会根据具体情况采用不同的形式。答案设计最主要的形式有是否式、选择式、排列式等。

是否式答案设计也称“二项选择法”，或称“是非法”。它只有两项供选择的答案，“是”与“否”、“有”与“无”等，这两个答案是对立的，只能选择其中的一个，没有其他选择。选择式答案设计即一个问题下有多个可供选择的答案，要求调查对象选择一个或者多个。排列式答案设计也称“顺位法”，或称“品等法”。这种答案设计要求调查对象根据自己的实际认识或情况，将所提供的答案按其重要程度或时间性等排列先后顺序。

(4) 设计问卷的注意事项：

第一，问卷的语句设计要围绕主题，词语要确切，避免使用比较笼统的、含糊不清的词语和句子。

第二，问卷设计要避免使用诱导性的词语，以免影响调查对象的真实看法和认识。所谓诱导性是指在问卷提问中包含着引导答题倾向的明显暗示，其后果很可能是调查对象顺从问卷的暗示结论，因为调查对象按照引导词就可以不假思索地得出逻辑结果。诱导性问题的要害是让调查对象产生顺应反应，特别是对一些敏感性问题的调查，由于诱导性的提示，使调查对象不敢表达自己的真实看法，使调查失去意义。

第三，问卷的几个答案相互间不能包容或交叉，必须是相互排斥的。采用同层次分类和标准统一是使两个答案互斥的重要方法。

第四，问卷中的答案设计应包含所有回答内容，能够穷尽各式各样的项目。就是说，应将调查对象可能回答的所有答案都设计在问卷中，否则有些人将无法选择符合自己观点的答案。

5. 问卷调查的主要优势作用

采取问卷调查方式，有利于定量统计分析，提高调查信度。在问卷调查中将主题分解为若干个具体问题，绝大多数问题又提出了备选答案，这种标准化方式有利于将调查内容进行数据统计。问卷调查能将调查对象的基本状况、态度、行为等转化为统计数字，这有利于科学地划分公众类型，对各种公共关系现象的各种因素进行相关分析、回归分析，以提高调查的客观精度。

以问卷调查形式进行调查不仅可以提高信度，还可以提高效率。因为在问卷设计时已经对调查目的、内容进行了精心的安排，并在问卷上印有详细的说明，因此，在实施调查过程中无需调查人员反复阐释调查主题，只需调查对象按照设计要求回答问题即可。这种调查方式节省了大量的解释工作，从而缩短了调查时间，并且可以使众多调查对象同时答卷，其调查速度明显优于其他调查方式。

问卷调查是一种简单易行的调查方式。在众多与调查对象接触的调查方式中，唯有问卷调查是将调查问题列出并提供了多种可能的现成答案，供调查对象选择，因此这种方式比较容易被广大调查对象所接受。而且，组织实施调查也比较方便，也不要求实施人员的询问技术有多么高超，一般在培训中讲清有关程序和注意事项之后，基本就可胜任此项工作。

问卷调查适用于多内容、大范围的公共关系调查。它既可用于社会组织内部的调查，也可用于面向广大社会公众的大范围的调查。进行较大范围的公共关系调查，其调查对象的选择一般是经过抽样确定的，只要抽取少量的调查对象就具有了较高的代表性。问卷调查方式适用范围大、内容涉及广泛，能以较少的调查经费获得较大规模的全面调查效果。

基于以上优势作用，问卷调查已成为近年来我国公共关系界推广最快、应用最多的一种调查方法。

（三）访谈调查法

1. 访谈调查法的概念

访谈调查法常常被用于公共关系问题的调查研究，它是通过调查者与调查对象之间的人际沟通，以有目的的访谈询问形式收集调查资料的一种方法。调查人员在访谈前，要事先拟定调查项目的提纲及做好各项准备工作，访谈中要围绕调查议题进行，并运用访谈技巧，循循善诱，逐步深入，使调查对象畅所欲言，以获取广泛、丰富的调查信息。

2. 访谈调查法的类型

在实际访谈调查中，根据不同的角度可以将其划分为不同的访谈种类。一般来说，主要有以下几种类型。

(1) 根据与访谈对象的接触方式划分，有直接访谈和间接访谈。

直接访谈就是调查者与调查对象进行面对面的交谈，调查者直接走访调查对象，当面听取其意见。直接访谈的优点是：第一，可以说明调查目的，当调查对象因理解不了或其他原因不想回答时，调查者可以根据实际情况进行解释，消除误会，以求得成功合作完成任务，因此，回答率较高；第二，调查对象当面填写问卷，可以提高调查结果的代表性和准确性。直接访谈的局限性是：第一，使用人员较多，费用支出高，耗费时间长；第二，对调查人员的素质要求比较高，调查结果的质量往往受调查人员心情、态度和访谈技巧等因素的影响；第三，目前入户访谈常常会遇到许多意想不到的困难。

间接访谈即非面谈，可以是电话访谈，也可以是通信访谈等其他形式。电话访谈虽然与调查对象不见面，但是电话访谈的速度快、调查对象的范围广，相比之下费用低、成本小。电话访谈回答率一般来说也比较高，出现误差的几率比较小。电话访谈中的问和答通常比较坦率，所以适用于不习惯面谈的人。电话访谈的局限性是：有些调查对象对突如其来的调查不了解，需花费一些口舌来解释调查原因和目的；那些对电话访谈有偏见的人，往往还会以拒绝电话骚扰为由，采取不合作态度；电话访谈答案较为简单，难以深入；电话访谈受电话设备的限制。通信访谈，即信访。调查者将统一设计的调查问卷邮寄给调查对象，要求在一定的时间内填好寄回。通信访谈方式的特点是：要求掌握调查对象的通信地址，适用范围比较广泛；调查对象有充裕的时间认真考虑问卷内容，可以从容作答，不会受调查者的影响。主要缺点是：许多人对此不屑一顾，问卷回收率低；一来一往的邮寄，加上填写时间，使信息收集时间加长，影响时效性；不同分布区域的回函率不一致，会使样本的分布发生误差；难以确定是否是调查对象本人填写，也往往因为某些误解得不到解释或请人代填，而使问卷资料的真实性受到一定影响。

(2) 根据访谈内容的展开程度或访谈是否随机进行来划分，可以分为结构性访谈或非结构性访谈。

结构性访谈也被称为一般性访谈，就是调查者按照事先制订的调查提纲或问卷，向调查对象进行发问，内容和形式较简单，有关解释说明按原定统一口径进行。结构性访谈的优点是：调查比较规范，获得的资料便于统计处理。

非结构性访谈，就是调查者在访谈之前未拟订详细的提纲或问卷，而只是就调查主题随机应变地发问。非结构性访谈的优点是：调查者能够根据临场情况调整话题，发现意外情况可以进行深入调查，以求获知调查对象的深层动机、大量的感性材料、真实细节以及广泛的背景资料，所以有人把非结构性访谈称为深度访谈。非结构性访谈的局限性是：深度访谈中可能会掺入较多调查者个人的主观意图；谈话内容广泛，很难作统计处理。一般情况下，将它作为问卷调查的辅助手段，用于重点调查和典型调查。

(3) 根据访谈对象的数量划分，有个别访谈和群体访谈。

个别访谈是指调查对象是单个人的情况下进行的访谈。

群体访谈又称为集体座谈会、代表座谈会，是指多人同时作为调查对象参与访谈。在开群体座谈会时，应注意调动与会者广泛发表意见，以避免冷场。

3. 访谈调查法的准备工作

访谈调查进行前，要尽力做好准备工作，主要有以下几点：

(1) 准备访谈计划。调查者必须明确此次访谈的目的，对访谈的主题作尽可能充分的思考，对于准备提出的问题应列出提纲。如果有统一的问卷，要逐条逐句研究，将自己不清楚的问题搞明白。此外，要根据调查对象的总体数量和调查的进度计划，安排每日每个调查人员的访谈量。

(2) 准备访谈工作的用品。准备好能够证明自己身份的证件和标识，如介绍信、工作证、胸章、袖章及绶带等，还有调查表、问卷、记录使用的笔、照相机、录音机、摄像机等。如果有宣传品、纪念品准备赠送给调查对象，也要根据每天的访谈量将其准备好。

(3) 事先与调查对象联系，了解调查对象关于所希望的访谈时间、地点和其他建议。

(4) 尽可能多地了解调查对象的身份、生活背景以及与调查问题有关的情况，以便在访谈时发问更加得体。

(5) 对新参加调查的工作人员进行培训和指导。

(6) 为了保证访谈效果，如果有条件最好能搞一次模拟访谈，以便从中发现访谈计划中的缺陷和不足。

（四）观察调查法

1. 观察调查法的概念和基本要求

观察调查法是调查者身临现场，通过感官的耳闻目睹或借助工具，对调查对象进行有针对性的直接观察、记录，取得生动、感性的信息资料的一种调查方法。观察调查法不是直接向调查对象提问访谈，而是凭借调查人员的直观感觉或利用照相机、摄像机、录音机等器材，观察和记录调查对象的活动或现场事实。

实施观察调查具有以下基本要求：

(1) 进行观察调查必须有明确的调查目的和假设，有针对性地去进行观察调查；

(2) 观察者应事先划定一定的观察范围，即观察的内容和空间；

(3) 实施现场观察要有系统性，有组织地按照事先制订的详细观察计划方案进行；

(4) 对观察到的情况要进行客观地记录；

(5) 观察到的现象和结果,必须通过鉴定才能下结论。

2. 观察调查法的类型

从不同的角度划分,观察调查法可以分为以下几种类型:

(1) 结构式观察和非结构式观察。结构式观察按照事先制订好的观察计划进行观察。其特点是观察过程标准化,获得的资料比较系统,故此也称为系统观察。非结构式观察又称为随机观察,是事先对观察范围和程序不作严格规定,而依照现场的实际情况随机决定的观察方法。前者一般用于目的性、系统性较强的调查,适用于对调查对象有较多了解、调查对象比较稳定的情况;后者则比较灵活,常用于对调查对象了解不多的情况,有时也用于进行探索性调查或有一定深度的专题调查。

(2) 深入参与观察与旁观参与观察。根据调查者参与观察活动的程度情况,划分为深入参与观察和旁观参与观察。深入参与观察是指调查者亲身与调查对象生活在一起,有些调查者甚至短时间内将自己原有身份伪装起来,直接参与调查对象的活动,与此同时又要保持着客观态度进行观察,以获得翔实、全面的调查资料的一种方法。旁观参与观察是指调查者以局外人的身份对调查对象进行观察的方法。这种观察比较客观、公正,受约束少,但是,观察容易停留在表面层次,无法掌握复杂事情的真实原因或根本原因。而深入参与观察了解资料细致,便于了解事情的现状全貌及产生的原因,但是,调查者受约束多。

(3) 纵向观察、横向观察。按照所取得的资料时间特征划分,可以分为纵向观察和横向观察。纵向观察又称时间序列观察,就是对某一事项进行不同时期的连续观察,取得一连串的观察记录;对纵向观察资料进行分析研究,能了解调查对象发展变化的过程和规律。横向观察也被称为横断面观察,是在某一特定时间内,对与某事项有关的若干调查对象同时进行观察,并加以记录;对横向观察资料进行分析研究,能够了解调查对象之间的差异和区别,扩大调查的范围。

3. 观察调查法的实施技术和技巧

在实施观察调查时,应尽量不使调查对象察觉,以避免调查对象因发觉调查行动而改变原有的行为、状态,影响真实结果。观察调查要求及时记录,尽可能详细记录调查内容和有关事项;无法立即记录的,也应当尽快追记。记录应不夸张、无遗漏,尽量保持观察的原貌。

观察是获得感性资料和深入认识社会公共关系现象的有效方法,要保证观察达到预期效果,就要求调查者有敏锐的观察力、准确的判断力、良好的记忆力和周密的思维能力。而这些能力的获得又要通过大量的观察实践来培养。

4. 观察调查法的优越性

使用观察法收集资料有许多优越之处:第一,观察调查是在调查对象没有觉察到自己的行为正在被调查的情况下进行的,从而可以客观地收集和记录现场的实况,获得的资料比较详细、可靠;第二,由于观察调查是在调查对象不知情的状态下进行,因此获得的资料不会受观察对象能力的限制,不依赖观察对象的合作态度;第三,简便易行,灵活性大。

观察调查法也有不少局限:第一,不大适用于研究大范围、大规模的社会现象,因为大型调查所需人员多,花费时间长,经费开支大;第二,观察的结果主要用来说明一些现象和事实,而难以发现其内在的原因和动机;第三,观察调查受观察者条件、能力的制约,往往会加入主观的经验和臆测,记录的数据精确度无法检验;第四,有时观察者的存在也可能会影响观察对象的行为,从而影响研究效果;第五,观察调查受客观环境的左右,有时观察现场出现意外情况,可能使观察者无法控制调查进程。

（五）文献调查法

文献调查法是利用文献资料来收集、考察、分析和研究公共关系现象和状态的调查方法。它不是通过实际调查获取第一手资料的方法，所以又称间接调查法。它是利用社会组织内部和外部现有的各种文字信息、情报资料、媒体的宣传报道和历史资料，对公共关系现象和状态进行分析研究的一种调查方法，在公共关系调查中经常使用。

文献资料的类型主要是从三个角度来划分的：第一，根据文献资料的性质划分，有原始资料和第二手资料。原始资料是指第一手资料，它是由社会事件或行为的直接参与者和接触者亲手记述撰写的，是未经他人整理的原始文本；第二手资料又称次级资料，是经过他人整理、改编、总结、归纳之后的转手资料，即间接的文献。一般来说，原始资料要比第二手资料可信度高。第二，根据文献资料的来源划分，有组织公务文献、社会宣传文献和个人性文献。组织公务文献有各级政府和行业管理部门的文件、会议记录、工作总结、业务报表、各种档案等；社会宣传文献有报纸杂志、宣传片、广告等；个人性文献有组织领导人或工作人员的日记、著作、书信等。第三，根据文献资料的形式划分，有文字材料、数字材料和音像材料。

文献调查法的最大特点是不直接与现实社会中具体的人进行交往，而是在与各类文字材料的接触中找到有价值的信息，通过一系列的分析形成对组织公共关系问题的认识。这一点不像实地调查那样受时间和空间的限制，既可以查看现实资料，也可以调查以前的历史资料，回顾过去的历史；既可以了解组织在本地的活动资料，也可以调查在外地的活动资料和同类组织在外地的资料。当前的任何一个调查项目都不可能单纯地采用一种调查方式，那么，文献调查则能为实地调查准备充分的背景资料，并为设计调查方案提供参考性的意见。

文献调查法的优点主要是：获取资料比较方便，既省时省力，又节省开支，是比较经济的调查方法。文献调查法可以作为实地调查的重要辅助方法。它的局限性主要是：各类文献资料不可能都十分齐全，有些资料会因为当时撰稿人或记录者的倾向性使文字材料不真实。

文献调查法的主要步骤是：首先，大量收集与调查课题有关的各类文献资料。要利用资料检索工具查找资料，或者请资料管理者提供线索，到调查的区域范围和单位的档案馆、图书馆去查找资料。其次，对获取的各类资料进行鉴定和筛选。要检查、判断资料的可信程度，从大量的资料中选出有价值的资料，并进行分类。再次，摘录资料。在阅读的基础上，将重要的内容抄录下来并制作卡片，注明标题和出处。第四，考证、分析资料。在此阶段完成判别资料可靠性和使用价值的任务，并复印资料。第五，归纳、总结。将分析研究的问题概括为简明的结论，形成较系统的观点，用文字报告的形式总结其成果和理论。

思考题

1. 公共关系调查应秉承哪些基本原则？
2. 简要概述公关调查研究的基本内容。
3. 如何进行公共关系调查的方案设计？
4. 试比较定性调查和定量调查的优缺点。
5. 如何进行调查问卷的设计？
6. 观察调查法有哪些类型？

第六章 公共关系策划

本章知识点

1. 公共关系策划的基本理论
2. 公共关系策划的要素与原则
3. 公共关系策划的技巧
4. 公共关系策划的程序
5. 公共关系活动模式
6. 公共关系策划的创意与文案

第一节 公共关系策划的基本理论

公共关系策划是伴随着危机和人类竞争的产生而逐渐发展的。随着社会主义市场经济体制的不断完善,市场竞争更加激烈,无论是政府还是企业都面临着严峻的挑战,因此迫切要求政府和企业的公关工作摆脱以往的低层次运作,以达到成功塑造政府、企业形象的目的。公共关系策划简称"公关策划",是指公关人员根据组织形象的现状和目标要求,分析现有条件,谋划并设计公关战略、专题活动和具体公关活动最佳行动方案的过程。

一、公共关系策划的含义

1. 策划的含义

"策划"一词在辞海中的解释同"策画",即谋划、计谋的意思。《孙子兵法》载:"夫未战而庙算胜者,得算多也;未战而庙算不胜者,得算少也。多算胜,少算不胜,而况于无算呼?"《汉书·高帝纪》中说:"运筹帷幄之中,决胜千里之外。"由此可见策划对于成功的重要性。

《中国公共关系大辞典》将"策划"定义为:"人们为了达成某种特定的目标,借助一定的科学方法和艺术,为决策、计划而构思、设计、制作策划方案的过程。"

美国哈佛企业管理丛书中写道:"策划是一种程序。在本质上是一种运用脑力的理性行为。基本上所有的策划都是关于未来的事物,也就是说,策划是针对未来要发生的事情作当前的决策。换言之,策划是找出事物因果关系,衡度未来可采取之途径,作为目前决策之依据。"

王续琨对策划的解释是:为达到社会组织的预定目标或解决面临问题,利用个人或集体智慧预先拟定行动方案的思考活动。策划学是以策划活动作为研究对象的学科，策划科学是在策划学基础上发展起来的软科学学科群组。策划科学的收敛式发展和发散式发展是当前值得关注的基本演进态势，策划科学与思维科学、决策科学、咨询科学、管理科学分别存在着依托延伸、时序衔接、部分叠合、归属包容关系。①

由此可见，策划是一种程序。为了完成某项任务，达到特定的目标，根据已经掌握的相关信息，推测事物变化发展的趋势，分析事物发展过程中可能出现的问题和困难，权衡主观能力和客观条件，以此来设计能产生最佳效果的资源配置方式和行动方案。

2. 公共关系策划的含义

公共关系活动是社会组织所要开展的一项重要工作，公共关系策划是策划理论在公共关系活动中的具体运用。我国学术界对公共关系策划并没有统一的定义，如汪秀英认为："公共关系策划是指企业组织为实现某一具体公共关系目标而选择公共关系主体、设计公共关系方案、谋划公共关系对策、攻克公共关系难关的运筹过程。"

邱伟光认为："公关策划作为策划的一种特殊表现形式，它既有一般策划的特点，又有自己的特殊属性，它是在特定的时空范围内达到既定目标所采取的手段。"②

岳兴录认为："所谓公共关系策划，是对公关活动项目的形式和内容出谋划策与设计行动方案的泛指。也可以说，公关策划是策划者为实现一定企业公共关系目标，采取科学的策划方法和艺术，能动地改变并适应环境的一个行为过程。"③

一般来说，对公共关系策划有这样三种不同的理解：

其一，"程序说"，即把公共关系策划理解为公共关系活动"四步工作法"的第二步。四步工作法包括调查、策划、实施、评估，公共关系策划就包含了第二步的全部内容，包括公关目标、计划、策略等方方面面，也就是在公共关系调查分析的基础上，做好公共关系活动实施前的一切准备工作，公共关系策划过程的完成也就是实施前的一切准备工作的完成。

其二，"谋略说"，即把公共关系策划仅仅理解为谋略或策略，理解为一种简单的设计。按照这种观点，公共关系策划就不应把具体的实施计划包括在内。

其三，"计划说"，即把公共关系策划理解为计划，是依据一定目标建立起来并可用来进行具体操作的方案步骤。

综合以上定义，笔者认为，所谓公共关系策划，即社会组织为了实现某种组织目标，收集组织内外相关信息，根据客观环境条件与主观能力，运用一定的策划理论，设计出实现资源优化配置、形成良好声誉、能最优化实现组织目标的行动方案的过程。它是根据组织环境设定关系目标，并围绕关系目标创意和制订公共关系方案的过程；也是通过公共关系策划来增强组织形象塑造的目的性、计划性，以有效调配公共关系资源，提高公共关系活动效率，确保关系目标顺利实现的过程。这个定义包括五层意思：

(1) 公共关系策划方案和行动是为特定社会组织服务的，但是，方案的制订和行动可以由组织自己完成，也可以通过外包形式来完成。

(2) 公共关系策划是为特定社会组织的组织目标服务的。这里的特定社会组织可以是政府，也可以是企事业单位等，可以是在突发事件下、危机下或者是为组织的某种未来目标

① 王续琨：《策划·策划学·策划科学》，《软科学》，2001 年第 6 期。
② 邱伟光：《现代公共关系学》，华东师范大学出版社，2002 年版。
③ 岳兴录：《企业创新与公共关系实用技法》，科学出版社，1994 年版。

而产生的。

(3) 公共关系策划是建立在与组织目标相关的所有主、客观信息收集和分析、总结的基础之上的。

(4) 公共关系策划包括三个层次：其一是总体战略策划，如五年规划、进攻性公关、防守型公关等；其二是专门公关策划，即针对组织某个方面目标的策划；其三是具体公关操作策划，如典礼、联谊会、赞助等。

(5) 公共关系策划的目的最终要求资源优化配置，实现最初设定的组织目标和任务，并帮助组织塑造良好的形象和声誉。

3. 公共关系策划的性质

(1) 公共关系策划的综合性。如果将公共关系学视为管理科学，那么公共关系学就是管理科学的二级学科，公共关系策划学就是三级学科。但这个二级和三级学科又与传播学、行为学、创造学、决策学、谋略学、运筹学广泛交叉。做好一项公共策划活动，策划者必须要具备广泛的综合知识，如政治学、经济学、法律、哲学、人文历史学、心理学、营销学、计算机、物理、化学等。因此，我们说公关策划是一门综合性学科，需要运用心理学、决策学、思维学、控制学、系统科学、运筹学等多方面的知识才能完成一项出色的策划活动。

(2) 公关策划是一门“软科学”，不仅靠先进的技术手段，而且靠人的智慧。针对不断变化的新情况，要求公关策划者具有适应变化、预测变化、驾驭变化的素质和才能。当前，突发性事件和公共危机时有发生，任何一个团体随时都可能处于难以预料的危机之中，存在着许多难以预料的因素，因此需要策划者按照客观规律要求，从实际出发，实事求是，进行创造性的思维活动，以应对不断的变化和危机。

(3) 公共关系策划的应用性。公共关系策划是一门实用性很强的应用科学，是一个系统工程，需要具有科学、系统的逻辑思维能力和把握现实、预测未来的能力；同时要对公关实务及其活动案例进行科学的总结和概括，揭示公关实务的本质联系和发展趋势，成为公关策划方案设计和实施的理论基础。公共关系策划学回答和解决公关策划方案设计中的科学方法问题及公关策划方案的实施问题。

4. 公共关系策划的价值

(1) 公共关系策划属于公关活动中的最高层次。公关活动可分为三个层次：第一，初级公关活动，如布置、召集一般会议及日常工作；第二，中级公关活动，如赞助、广告、问卷、信息收集、刊物编审、员工培训；第三，高级公关活动，是创造意识、创新思维、施展才华的广阔天地，如，有影响的公关招数、推出整体组织形象战略、造成轰动效应，对策划要求最高，价值最大。

(2) 公共关系策划是公共关系价值的集中显现，公关活动是连续不断的过程，在重要的情况下，不搞公共关系策划是绝对不行的。

(3) 公共关系策划是公关运作中的飞跃。大量的调研工作、基础工作，是通过策划加以提炼升华的。设计出新的形象，再将形象传播到公众心目中。要经过一系列从无到有、从旧到新、从分散到系统的形象塑造过程，不经过飞跃，公关目标就无法实现。从日常活动到专题活动、从量变到质变、从序曲到高潮，都离不开策划。

(4) 公共关系策划是公共关系竞争的法宝。公关竞争就是形象的竞争、实力的竞争。竞争的日益加剧，对组织来说已不再是“人无我有”的问题，而是要做到“人有我优”、“人优我变”，不断出新。因此，公关策划是一个法宝。

5. 公共关系策划的特征

从公共关系策划的含义和公共关系策划活动本身进行总结归纳，公共关系策划一般具有如下特征：

(1) 公共关系策划的目的性。公共关系的总体目标是要树立社会组织良好的形象，但社会组织在不同的发展时期，其公共关系的具体目标是不同的，社会组织如何选择公共关系活动，从而实现目标，这是公共关系策划必须解决的问题。公共关系策划应首先确定目标，然后考虑重点解决的问题及先后次序，因此，公共关系策划具有很强的目的性，目标越明确、越清晰，公共关系工作就越容易开展，目标就越容易实现。

(2) 公共关系策划的思想性。美国哈佛企业管理丛书曾写道：策划"在本质上是一种运用脑力的理性行为"。公共关系策划是一个思考的过程，或称之为脑际行为。策划过程是一个运用知识、信息和经验的过程，策划者用自己的思维能力将自己的知识和经验结合起来，并根据现有信息进行公关策划。人类的知识、智慧、谋略等在策划中得到充分运用和体现。

(3) 公共关系策划的创造性。公关策划是一门学科，也是一门艺术，它贵在创新。策划之所以不同于一般的计划或规划，是因为策划是一个创造性的计划过程。一个平常的计划若加以创造性的周密安排，就可以成为策划。创造是策划的生命，创造是策划的灵魂，公共关系策划离不开创造性思维。

(4) 公共关系策划的先导性。公共关系策划一般是根据对现有客观条件和社会环境的理解与把握，筹划未来实施的活动项目。这些活动项目一旦实施，经过各类传播媒介，尤其是大众传播媒介的报道，便会引起社会舆论和社会公众的反映。因此，公共关系策划是筹划未来实施的计划方案，先有公共关系策划计划方案，然后经过组织实施才能见到效果。总之，从策划的组织实施以及策划的内容和最终效果来看，公共关系策划具有先导作用。

第二节　公共关系策划的要素与原则

一、公共关系策划的基本要素

公共关系策划活动要有效开展，必然涉及许多因素。其中，最主要的有五个方面，即策划者、策划目标、策划对象、策划内容与手段及策划结果。

(1) 策划者：公关策划人员。公关策划者的能力、水平、责任心和奉献精神对公关策划的成败，起着决定性的作用。面对同样的策划对象，处在相同的策划环境中，由于策划者的不同，效果可能大相径庭。公关策划者是一个集团，应当由各具特点、各有专长的公关从业人员、公关专家组成，这些各具特点、各有专长的公关专家和从业人员不仅要有个人的能力、水平和心理素质，而且还要分工得当，配合默契，使之发挥 1+1>2 的公关人才聚集效果。

(2) 策划目标。是公关策划人员通过策划活动最终解决的问题和达到的目的。处理社会组织与公众的关系问题是公共关系策划的总目标，在这个总目标下，还有许多具体的目标，比如如何与公众沟通、如何化解公共关系危机，这些都是公共关系策划的目标。

(3) 策划对象。这里所指的策划对象可以分为两类，第一类策划对象是指在策划中被采集和利用的东西以及与策划目标相关的知识、信息、客观条件等;第二类策划对象是指目标公众,即公关策划方案实施所指向的大众。

(4) 策划内容与手段。策划者进行策划时所采用的方式方法和各种技术条件、组织措施等被称作策划手段。相关的思维方法、各种创意手段、设计程序、策划所采取的组织形式等均属策划手段范畴。策划活动进行、策划方案的出台则属于策划内容。可以将其分为三个层次:其一是高层次,即总体宏观的战略规划的设计构思;其二是亚层次,即公关实务专题活动策划;其三是表层次,即具体的操作性的公关活动。

(5) 策划结果:公关策划方案。是策划者在充分调查、了解策划对象的现状和需求的基础上,为了实现策划目标而精心设计、制订的公关实施细则和设计方案。策划结果往往体现为策划报告书或策划方案等形式。

二、公共关系策划的原则

(1) 实事求是与创新发展相统一的原则。实事求是是公关策划的一条基本原则,就是一切从实际出发,按客观规律办事。公共关系策划必须建立在对事实的真实把握的基础上,以诚恳的态度向公众如实传递信息,并根据事实的变化来不断调整策划的策略和时机,而离开客观实际的一切公共关系策划活动都是毫无意义的。创新是公共关系策划的灵魂,创新原则指公共关系策划必须打破传统、刻意求新、别出心裁,使公关活动生动有趣,从而给公众留下深刻而美好的印象。但是,有些具有新意的策划方案,因受多种因素的制约,并不一定可行。在进行公共关系策划时,组织的需要和现实的可能两者必须统一,即对公共关系策划者来说,既要考虑社会组织所要求达到的公关目的,也要考虑外部环境和内部条件,进行创造性的思维活动。在策划过程中,要结合本国政策、民俗、历史、公众心理、主办单位人力和财力等因素,根据实际状况来确定策划方案。因此,策划方案要做到创造性与可行性相一致,实事求是与创新发展相统一。

(2) 计划性与灵活性相统一原则。"凡事预则立,不预则废。"公共关系策划是未来的行动方案,依据组织发展战略,针对将来可能出现的问题或障碍制定应对策略,因此具有很强的计划性。经策划所形成的行动方案,将列入组织整体运行计划的一部分,因此,行动方案一经确立是不能轻易更改的,这样才能充分保证行动方案的实施和组织目标的实现。同时,世界处于变化之中,客观条件和主观思维通常会发生变化,所以公关策划所制订的计划方案也不是一成不变的,它需要有一定的弹性和灵活性,能够随时应对可能出现的危机或困难。要想使公共关系工作适应形势变化的需要,在进行策划时,应该使行动方案有充分的回旋余地,针对可能发生的变化,考虑灵活的补救措施,使公关策划方案具有一定的灵活性。只有将计划性与灵活性紧密结合,才能保证公关策划达到更好的效果。

(3) 社会利益与组织利益相统一的原则。任何公共关系策划都是为谋求组织发展而展开的,都以组织利益的最优化为终极目标,同时,组织的发展又离不开社会公众的支持,因此需要统筹兼顾社会利益、公众利益和组织利益,赢得组织发展的最优环境。社会效益是组织与公众沟通并获取公众信任和认可、支持的基础,对于企业来说,如果企业一味地追求自身的经济利益,损人利已、损公肥私,全然不顾公众利益和社会利益,终将为社会所不容。因此,成功的公关策划是社会利益与组织利益紧密结合、互为基础、共同促进的。

(4) 科学性与现实性相统一的原则。公共关系策划的科学性即是要求以科学理论为指导，公共关系策划具有很强的实践性和艺术性，从它的基本概念、特征、作用、职能和专业手段来看，它是一项专业化程度要求很高的技术性工作，因此需要科学的理论来指导。公共关系策划是一门综合性应用学科，它的形成和发展涉及哲学、社会心理学、社会学、逻辑学、传播学、广告学、营销学、行为学等十几门学科，可以说公共关系策划只有在专业的知识和理论的指导下才能取得良好的效果。然而，公共关系策划最终是需要落实到组织的现实行动上的，因此要有充分的可行性，要考虑社会现实、社会可接受程度、组织自身客观情况等各种因素，即公共关系策划要具有充分的现实性。

(5) 系统原则。是指在公共关系策划中，应将公关活动作为一项系统工程来认识，按照系统的观点和方法予以谋划统筹。

第三节　公共关系策划的技巧

公关活动策划与实施，是企业策划部、公关公司、策划公司、广告公司在工作中常用的技术手段。成功的公关活动能持续提高品牌的知名度、认知度、美誉度、忠诚度、顾客满意度，提升组织的品牌形象，改变公众对组织的看法，累积无形资产，并能从不同程度上促进销售。很多组织都运作过公关活动，但没有目标、没有重点、虎头蛇尾、不够严谨的公关活动屡见不鲜。有的公关活动由于策划欠周全或危机处理不力，导致活动失败、损失较大，甚至酿成事故，造成人员伤亡，受到法律制裁。

公关活动策划有常规的方法可遵循，但也有不少技巧，俗话说，三分策划，七分实施。

一、目标一定要量化

公关活动，特别是大型公关活动往往要耗费很多人力、物力和财力。一个新产品在中心城市的上市传播费用，一般都在百万元以上。为什么要进行这样大的公关投入？是为了企业的传播需要，为了建立品牌的知名度、认知度、美誉度，为了更多的目标消费者去购买其产品，这就是新产品上市公关活动的目标。没有目标而耗费巨资做活动是不可取的，目标不明确也是不可取的。笔者曾遇到过一些保健品企业，看到同行做节日公关活动，它也要做，而且要求活动规模更大、规格更高、发稿更多，但说不清楚为什么要做，也不明确要传播什么样的卖点、概念，即没有设立目标。有的企业做公关活动，倒是设定了不少目标，比如提高知名度、美誉度及促进销售等，但是没有量化(如提高知名度、美誉度的百分比，促进销售的货币额度)，方向模糊，错把目的当目标。目标一定要量化，它不是希冀式的观测，而是指日可待。只有量化目标，公关活动策划与实施才能够明确方向，才会少走弯路。

二、集中传播一个卖点

公关活动是展示企业品牌形象的平台，它不是一般的促销活动，要确定活动卖点(主题)，并以卖点作为策划的依据和主线。只有提炼一个鲜明的卖点，创造公关活动的“眼”并积极传播，才能把有关资源整合起来，从而完成活动目标。这里的卖点是公关活动环节设计中最精彩、最传神的地方，是活动事隔多年、情节大多被人淡忘但仍能让人记起的一个情节。公关活动策划需要创造这样一个非常精彩的高潮，要把这个高潮环节设计得具有唯一性、相关性和易于传播性。当然，集中传播一个卖点，并不是只传播一条信息，而是把活动目标和目标公众两项因素结合起来，重点突出一个卖点，提高活动的有效性。

三、公关活动本身就是一个媒体

随着公关新工具、新技术的不断涌现，同新闻媒体、广告媒体一样，公关媒体也在发生着革命，网络等新兴媒体被应用于公关活动。殊不知，公关活动本身就是一个传播媒体，它具备大众媒体的很多特点，其作用和大众传媒相比，只是公关活动实施前不发生传播作用，一旦活动开展起来，它就能产生良好的传播效应。公关活动因其组织利益与公众利益并重的特点，具有广泛的社会传播性，本身就能吸引公众与媒体的参与，以活动为平台，通过公众和大众传媒传播。在策划与实施公关活动时，配备相应的会刊、通讯录、内刊、宣传资料等，实现传播资源整合，能提升公关活动的价值与效果。

四、没有调查就没有发言权

国内不少公关公司做公关活动，因缺乏公众研究意识或公众研究水平有限、代理费少、时间紧等原因，而省略公众调查这一重要工作环节已是司空见惯的事情。想一个好的点子，找一个适当的日子就可以搞公关活动，这是某些所谓“大师”的通病。但“没有调查就没有发言权”，“知己知彼，百战不殆”，只有摸清自己的优劣势，洞悉公众心理与需求，掌握竞争对手的市场动态，进行综合分析与预测，才能扬长避短，调整自身公关策略，赢得公关活动的成功。公关实践表明，对公关活动的可行性、经费预算、公众分布、场地交通情况、相关政策法规等都应进行详细调查，然后进行比较，形成分析报告，最后作出客观决策。

五、策划要周全，操作要严密

公关活动策划有哪些技巧呢？最重要的一点就是周全。这是因为公关活动成功与否，给策划者的机会只有一次。公关活动不是拍电影、电视，不能重来，每一次都是现场直播，一旦出现失误就无法弥补，因此绝不能掉以轻心。

六、化危机为机遇

大型公关活动有一定的不可确定性，为了杜绝意外事件发生，公关人员在策划与实施的过程中要抱有强烈的危机意识，充分预测到有可能发生的各种风险，并制订出相应的对策。只有排除了所有风险，制订出的策划方案才有实现的保障。发生紧急事件时，要随机应变，不要手忙脚乱，不要抱怨，应保持头脑清醒，要迅速查明原因并确认事实的真相。已造成负面影响的，一种方法是及时向公众谢罪，防止再发生类似事件，不同媒体建立对立关系，避免负面报道，策略性处理媒介与公众的关系；另一方法是化危机为机遇，借助突发事件扩大传播范围，借助舆论传播诚意，争取公众的支持，反被动为主动。

七、全方位评估

在对公关活动进行评估时，往往只评估实施效果，评估不够全面。如能在评估时，除实施效果外再评估活动目标是否正确、卖点是否鲜明、经费投入是否合理、投入与产出是否成正比、公众资料收集是否全面、媒体组合是否科学、公众与媒体关系是否更加巩固、社会资源是否增加、各方满意度是否量化等，则公关活动的整体效果才能体现出来。这种全方位评估有利于活动绩效考核、责任到人，更能增加经验，为下一次公关活动的策划与实施打好基础。

八、用公关手段解决公关问题

社会上对公关活动的认识，不同时期存在不同的误区，加之部分媒体的错误引导，更加深了这种错误认知的蔓延。近年来，对公关的认识又有了新的误区，把公关活动等同于促销活动，实际上两者的目的、重心、手段不同。公关活动的目标是提高美誉度，提升亲和力，促销活动的目标是提高销售额和市场占有率；公关活动的重心是公众、媒体、政府，促销活动的重心是消费者。企业同时需要促销、公关两种职能，两种职能不能通用。公关是社会行为，促销是经济行为；公关活动关注公众，促销活动关注消费者，公关与市场区别较大，促销的手段不适用于解决公关问题。公关活动的公众非常多，消费者只是公众的一种。不同的公众，使用的公关手段也不一样。所以，要走出"公关活动就是促销"的误区，用公关手段解决公关问题。

公关活动策划与实施需要经验的积累，公关活动要重策划，更要重实施。公关活动策划与实施，还有很多技巧可以利用，只要不断总结经验并应用于实践当中，一定能策划与实施出更多、更有影响力、更成功的公关活动。

第四节　公共关系策划的程序

公共关系策划的程序，就是公关人员通过调查研究和综合分析，确定公关目标，制订公关活动计划方案的过程。它是公共关系策划能力充分展示与形成决策的阶段，也是实际操作和检验成效的阶段。

一、收集公共关系信息

《孙子兵法》载："兵者，国之大事，死生之地，存亡之道，不可不察也。"又曰："知彼知己者，百战不殆；不知彼而知己，一胜一负；不知彼，不知己，每战必殆。"所以信息、情报无论是对于古代、现代的军事战争和商战都具有重要意义。同时，公共关系策划也是从收集信息、情报开始的。没有信息，策划就成为无源之水、无本之木，所以说收集信息是公关策划的基础和前提。

1. 采集信息的内容

从总体上来说,信息的内容分为外部信息和内部信息。外部信息包括五个方面:

(1) 世界范围内的有关信息。无论是危机应对、突发事件处理还是组织未来发展目标实现,都需要充分了解该行业世界范围内的发展现状、前景、困境等各方面的情况,这样才能适应全世界的大环境。

(2) 国家法律法规、政策信息。公共关系策划的方案和行动必须符合国家相关法律法规信息,包括法律、法规、条例、许可、政府政策信息等。收集立法信息、研究各种法规,是公共关系策划方案能够得以顺利实施和达到目标的保证。

(3) 行业或市场方面的信息。无论是政府机关还是企事业单位,在执行公共关系策划方案时所面对的都是除自己以外的所有其他相关组织,可以是同行业,可以是不同行业,只要与该策划方案相关联的组织都会有所反应,因此组织在制订公共关系策划方案时必须了解同行业和市场、社会与策划主题相关的信息。

(4) 社会大众对该主题的反应方面的信息。公共关系策划面对的对象之一即是社会大众,因此必须了解社会大众的反应,充分认识到社会舆论的力量。当今社会,随着网络技术和信息的飞速发展,舆论已经开始起到越来越重要的作用,甚至直接影响到公共关系策划方案执行的成败。

(5) 竞争对手信息。只有做到知彼知己才能百战不殆,要在社会竞争中取胜,必须要充分了解自己所处行业或局势中所有对手的情况,这样才能立于不败之地。

内部信息包括如下三个方面:

(1) 组织的基本情况。公共关系策划必须要以组织的实际情况为基础,从自身的实际出发是关键。在制订公共关系策划方案之前必须充分了解组织的历史情况、组织目标和长远战略、组织政策与现实等各个方面的情况。

(2) 组织的人力、物力、财力情况。公共关系策划方案的实施离不开组织的人力、物力、财力状况,脱离组织的实际情况,最终是不可能对组织产生正向作用的。因此在制订公共关系策划方案时要量力而行,充分了解组织现有的人力、物力、财力情况,从而制订出适合组织发展的公关策划方案。

(3) 组织文化。从广义上来说,组织文化是组织在实践发展过程中所创造的物质财富与精神财富的总和;从狭义上说,组织文化是组织的意识形态以及与之相适应的组织机构和制度,是组织在发展实践中逐步形成的,为全体员工所认同并遵守,带有本组织特点的使命、愿景、宗旨、精神、价值观和经营理念,以及这些理念在发展实践、管理制度、员工行为方式与对外形象方面的体现的总和。在制订公共关系策划方案时要使其适应组织文化,如果与组织文化相悖,最终只能起到事倍功半的效果。

2. 收集信息的程序

公关策划人员收集信息的程序一般可以分为三个步骤:

(1) 收集获取信息阶段。依据信息来源的八个方面,公关策划人员需要充分收集组织内部、外部八个方面的信息。

(2) 处理信息阶段。在获取组织内外各方面信息后,需要对所有的信息进行筛选,确认有效的信息,并对信息进行分类、加工、提炼和组织。

(3) 信息利用存储阶段。将分好类的有效信息加以利用,并制作成方便使用的文档、图片、录音等形式,做到及时存档整理,以备有效使用。

二、制定公共关系策划目标

公共关系策划目标必须以组织实际情况为基础，以组织目标为出发点，最终以解决实际问题和实现组织未来目标、塑造组织形象为目的。公共关系策划目标从时间上可分为长期战略目标、中期目标和短期战术目标；从性质和范围上可分为综合性目标和专题活动目标；从规模上可分为宏观目标、中观目标和微观目标。

公共关系策划目标是组织目标的一部分，是针对组织未来可能出现的情况而制订的实施策略和方案，因此具有很强的计划性和预测性。确立公共关系策划目标不仅要依据组织的实际情况，还要依据公共关系科学理论。制定公共关系策划目标有以下原则：

第一，公共关系策划目标须与组织总体目标相一致。组织的总体目标是公共关系策划目标的出发点和依据，公共关系策划目标是整体目标的一个子系统，是其中的一部分，所以公共关系策划目标必须与组织的总体目标保持一致。公关策划人员在确定公共关系策划目标时必须要处理好全部和局部、整体和部门的关系。只有这样，编制出来的计划才能与组织整体运营计划、组织各部门的具体工作计划相一致，才能真正发挥公共关系策划目标应有的作用。

第二，公共关系策划目标须具有可行性。公关策划方案最终是要付诸行动、产生实际效果的，因此必须具有可行性，要易于操作，要有具体而明确的操作步骤，便于公关人员实施和执行；同时，公共关系策划目标必须是现实的，要从组织的人力、物力、财力出发。公共关系策划目标还要切实可行，在可预见程度里能够实现目标，在时间、物力、财力的安排上需要有一定弹性，使公共关系策划目标最终能够顺利达到。

第三，公共关系策划目标须明确具体。公共关系策划目标的明确性是指公关人员所制定的目标必须明确、清楚，有明确可操作的内容、有详细的安排和结果要求，不应该含糊不清、模棱两可，使人无法理解或有多种不同的理解。公共关系策划目标还应该是可测量的，无论是定性的还是定量的、长远的还是短期的，都必须指定在何时、何地、以何种形式最终实现，目标必须体现为明确的结果。

第四，公共关系策划目标须层次分明，突出重点，兼顾其他。公共关系策划目标应有明确的主题和要求，要能够分清主要问题和次要问题，分清主要矛盾和次要矛盾，突出重点任务，同时也能兼顾其他。

公共关系目标策划是一个复杂的问题，对公关活动具有提纲挈领的作用，指引着公关活动，关系到公关活动最终的成败。

公共关系方案是实现公共关系目标的行动计划和人力、物力、财力等的优化设计与统筹安排。公共关系行动方案围绕公共关系目标体系展开，主要涉及四个基本问题：做些什么？怎么做？谁来做？什么时候做？第一个问题提出了明确公关活动项目的要求；第二个问题提出了明确活动策略的要求；第三个问题提出了明确活动主体的要求；第四个问题提出了明确活动时机的要求。

三、选择与确定公众范围

公共关系目标确定之后，公关人员就应根据设定的目标，选择与目标有关的公众，开展公关工作。确定与组织有关的公众是公共关系策划的基本任务，只有确定了公众，才能选定相应的公关策划人员来实施相应的公共关系方案。确定公众对象一般分为两个步骤：

(1) 正确识别公众对象的利益要求。公共关系在本质上是一种互动的利益关系，一方面，公共关系的对象是社会大众或其他组织；另一方面，实施公共关系的组织是最终利益的受益者，同时，受益群体相应从中获益。因此在明确公众对象的前提下，明确公众对象的要求至关重要。

(2) 对公众对象利益要求进行分析。对公众对象利益要求进行分析，需要先找出公众利益要求中的共同点和共性，要充分考察不同类型公众的意图、利益要求等，在此基础上分析特殊公众的特殊要求，最终分析出重要对象和次要对象、特殊照顾对象和一般照顾对象。

四、确定公共关系活动的主题

任何活动的开展都需要有一以贯之的主旨，以便统率全局，使整个活动成为一个有机整体。确立正确的主题应该做到以下两点：

(1) 活动主题必须与公关目标相统一。这个主题要贯穿于活动的始终，在活动的每个部分都充分体现主题，进而体现组织公关目标。

(2) 主题要有特色、有创意。公共关系的主题要独特新颖，能吸引社会大众和舆论媒体的关注，要充满强烈的感染力和号召力，突出组织的特色和诚意，给大众留下深刻的、正面的印象。

第五节　公共关系活动模式

公共关系活动模式即公共关系活动将采取何种方式来实现公关目标，具体由公关目标、公关任务和一定的方式、方法组成。它主要包括两类基本的模式：一类是战略型公共关系活动模式，另一类是战术型公共关系活动模式。其中，战略型公共关系活动模式包括建设型、维系型、进攻型、防御型和矫正型等模式；战术型公共关系活动模式包括宣传型、交际型、服务型、社会型和征询型等公共关系活动模式。

一、战略型公共关系活动模式

1. 建设型

建设型公共关系活动模式是指在组织初创时期或新产品、新服务首次推出时为打开局面而采取的一种公关工作模式，是打基础的模式。其主要功能是在组织初创时完善自我、精彩亮相、提高知名度，形成良好的“第一社会印象”，就是通常所说的“创牌子”。下面主要介绍一些企业走向社会的方法。

(1) 组织与产品的名称。设计名称时要考虑几个问题：第一，以创名牌产品带动创名牌组织；第二，确定名称的要求；第三，为组织和产品命名的方法。(2) 组织的 CIS 与组织文化建设。(3) 建设型公共关系活动模式应注意的问题。要注意掌握分寸，不要有过多的宣传痕迹，更不能大肆吹捧，宣传的前提是与组织形象、产品质量相符，不能脱离实际。

2. 维系型

维系型公共关系活动模式是针对公众心理特征精心设计的。它具体分为硬维系、软维系和强化维系三种。

(1) 硬维系。硬维系是指那些维系目的明确、主客双方都能理解意图的维系活动。这种模式适用于已经建立了购买或业务关系往来的组织和个人,特点是靠优惠措施和感情联络来维系与公众的关系。

(2) 软维系。软维系是指那些活动目的虽然明确,但表现形式却比较超脱的公共关系活动,它的目的是让公众不致淡忘了组织。

(3) 强化维系。强化维系是指在组织已有了一定的或相当好的公关形象时,为进一步巩固和发展既有形象、消除潜在危机而开展的公关活动。

3. 进攻型

进攻型公共关系活动模式是主动进取、争取公众、创造良好环境时采用的一种公关模式。这种模式要求组织利用一切可以利用的手段,抓住一切有利的时机和条件,以积极、主动的姿态调整自身行为,改变环境,摆脱被动局面,创造有利于组织发展的新局面。方法主要有以下几种:

(1) 创新。要开拓新的领域,改变组织对旧有环境的依赖。

(2) 合作。要主动交朋友、加入同业协会或组织协作性的交流会议,减少与竞争者的冲突和摩擦。

(3) 转移。要尽量避免受到环境中的消极因素的过多影响,对这些影响可以采取迂回转移策略。

(4) 出击。利用机会主动出击。

4. 防御型

防御型公共关系活动模式是组织为防止自身的公共关系失调而采取的一种公关活动模式。为了在危机刚出现苗头时就把它消灭掉,要做好两个方面的工作:

(1) 要有强烈的"防火"意识。现代组织面对着千头万绪的社会关系,这些关系在改革进程中还在不断发展、变化,情况往往变得异常复杂,所以,组织应有强烈的"防火"意识,要时刻警惕问题的出现。具体包括:第一,要居安思危,具有危机意识;第二,要有自律意识;第三,要有公众意识;第四,要有尊重舆论的意识;第五,要有法律意识。

(2) 要有科学的报警系统,包括外部预警和内部自查。制定组织自查制度,定期进行自律性检查,看有无危害公众利益之处,产品质量、售后服务如何,经营有无问题,对环境有无损害。还要关注产品品牌社会知名度的升降,如果不能及时监察,等到被挤出市场时再去纠正就为时已晚了。

5. 矫正型

矫正型公共关系活动模式是组织遇到风险、组织的公共关系严重失调,从而使组织形象发生严重损害时所采取的一种公共关系模式,其特点是"及时":及时发现问题,及时纠正错误,及时改善不良形象。

组织形象受损一般有两种情况:一是由于外在的原因,如某些误解、谣言,甚至人为的破坏,致使组织的形象受到损害,这时公关人员应及时、准确地查明原因,迅速制定对策,采取行动,纠正或消除损害组织形象的行为和因素。二是由于组织的内在原因,如产品质量、服务态度、环境保护、管理政策、经营方针等方面发生了问题而导致公共关系的严重失调。

二、战术型公共关系活动模式

1. 宣传型

宣传型公共关系活动模式是指运用大众传播媒介和内部沟通方式开展宣传工作,树立良好组织形象的公关活动模式。

2. 交际型

交际型公共关系活动模式是在人际交往中开展公关工作的一种模式,目的是通过人与人的直接接触,进行感情上的联络,为组织广结良缘,建立广泛的社会关系网络,形成有利于组织发展的人际环境。采取此种模式时应注意以下几点:

(1) 良好的人际沟通是公共关系传播的重要途径。个人之间的沟通是面对面进行的,是具体而生动的,它针对性强,有直接、迅速的反馈,在一定程度上比大众传播媒介效果好。

(2) 富于魅力的个人形象有利于塑造组织良好的公共关系整体形象。在利用个人形象上,一是在起用公共关系工作人员时,要选择那些具有个人魅力的人;二是可以聘请各界明星来担任组织的形象大使。

(3) 人际交往中,礼仪礼节是搞好关系的基础。

3. 服务型

服务型公共关系活动模式是一种以提供优质服务为主要手段的公关活动模式,目的是以实际行动来获取社会公众的了解和好评,树立自己良好的形象。

4. 社会型

社会型公共关系活动模式是组织利用举办各种社会性、公益性、赞助性活动开展公共关系工作的模式。

5. 征询型

征询型公共关系活动模式是以提供信息服务为主的公关活动模式,目的是通过采集信息、舆论调查、民意测验等工作,了解社会舆论,为组织机构的经营管理决策提供参考,使组织行为尽可能地与国家的总体利益、市场的发展趋势以及民情、民意一致起来。

第六节　公共关系策划的创意与文案

一、公共关系策划的创意

在公关策划中,创意是指公关人员为实现特定目标,在一定条件下进行的创造性思维活动。创意是公关策划的灵魂,有了好的创意,策划才能成功。成功的公关创意离不开科学的思维方法。正如法国科学家贝尔纳所说的,"良好的方法能使策划者更好地发挥运用天赋的才能,而拙劣的方法则可能阻碍才能的发挥。"

1. 公共关系策划创意的多维性

成功的创意离不开广阔的视野。拓宽视野不仅可以更好地掌握公关创意的特点和要求,还可以更好地把握公众心理变化、掌握大量的信息,更好地利用各种传播方式和公关活动模式,为公关策划创意奠定基础。

公关策划创意应从下列角度开展:

(1) 科学角度。包括:第一,运用科学的思维方法进行创意;第二,运用科学的理论和知识进行创意;第三,使用科学的技术手段进行创意。

(2) 文化角度。第一,认识中国文化的有关特点。创意、策划乃至公共关系的全部工作,都与文化有着不可分割的联系。第二,公共关系工作要从现实出发,探索自身发展的新途径。第三,公关创意应充分考虑文化因素,追求较高的文化品位。

(3) 艺术角度。第一,用艺术的标准要求企业;第二,以艺术的形式表现企业;第三,用美的原则约束企业。

2. 公共关系策划创意的思维方式

思维是人类认识和改造客观世界的主观能力。在长期实践的过程中,人类逐渐形成了多种多样的思维方式。没有正确的思维方式,人们就难以正常、有效地工作和生活。人的现代化,在很大程度上首先表现为思维方式的科学化。公关人员只有学习和掌握科学的思维方式,才能不断提高自身的公关策划水平。

(1) 辩证思维方式。辩证思维方式,是人们以辩证法为中心形成的思维方法。它正确地反映了客观世界,是人们观察和认识世界的基本方法,同样也是公关创意中最基本的思维方法。

(2) 创造性思维方式。创造性思维具有新颖、独创的特性和很强的灵活性、艺术性,也是公关创意必不可少的内在要求。由于公众、环境是变化的,企业面临的公关问题和目标公众也是经常变换的,因此公关工作必须打破常规,跳出以往的框框,以开拓性的思路,运用新颖的活动方式和独特的工作方法,有效地解决新的问题。

(3) 发散性思维方式。发散性思维是在实践中沿着不同方向、不同角度,以不同的方法思考问题,寻找解决问题的途径的思维方式。掌握了这种思维方式,可以使策划者具有较强的开拓性、创造性、应变能力和适应能力;反之,则常常表现为僵化、保守、缺乏弹性。

(4) 头脑风暴法。头脑风暴法也称智慧风暴法,这是一种效果显著的创造性思维技巧。该法是将 10 名左右各有所长的人组成一个小组,让大家在毫无约束的环境里围绕相同的问题自由发表意见,进行争论,通过各自观点和思想的相互撞击,摆脱原来思维方法造成的局限,产生新的观念和思想。头脑风暴法于 1914 年由美国广告专家奥斯本首先提出,很快得到了广泛的重视和应用。运用头脑风暴法应注意三个基本规则:一是让组内所有成员的所有想法都能得到充分表达;二是鼓励各种思想的碰击;三是在讨论过程中,注意保护那些刚刚萌芽,但尚不完善的新想法。

除上述四种思维方式外,公关人员还应尽可能地全面掌握现代科学思维中的系统方法、信息方法和控制方法,且随时注意吸收其他新的思维方式,并尽可能在公关创意中加以实践应用。

二、公共关系策划的案例[①]

下面介绍一个经典案例——雅客 V9,5 天打开全国市场。

① 引自《财经时报》(2003 年 10 月 25 日)。

究竟多长时间才能打开全国市场？雅客 V9 告诉策划者，只需要 5 天时间就够了。糖果产品本来是一种应季、应节销售的小食品，而在河南金丝猴，福建梅林，上海冠生园、不凡帝、喔喔，山东鲁洲、悦家，北京吉百利、义利、京源马大姐，天津奥奇特、金冠，安徽绿波浪，广东徐福记等各路诸侯牢牢独霸各自一方的市场中，要迅速成为一个遍及全国市场的品牌似乎更加困难了。然而，就是在这样的市场格局中，雅客 V9 脱颖而出，迅速打开全国市场，创造了又一个品牌神话。

雅客本来是糖果行业的弱势品牌，而正是因为投放了央视广告，使得雅客一夜之间成为强势品牌，并在糖果行业迅速塑造了品牌壁垒。

1. 产生与命名：从滋宝到 V9

近十年来，全国糖果行业一直处在发展的调整期，而民营糖果企业在这个阶段得到了很好的发展，逐步取代国有企业。新的糖果品牌和产品不断诞生，加上外资企业携带资源优势的加入，使得整个糖果市场的竞争日趋激烈。福建雅客就是在这个调整期诞生的企业。消费者对糖果产品的认识也由过去的追求质量、口味向追求功能过渡。新品的快速诞生加速了糖果产品在功能上的不断延伸，同时也要求糖果企业要越来越迅速地打开市场，否则就会被更新的品种取而代之，在没有形成市场规模时就惨遭淘汰。

2003 年春天，肆虐的"非典"使得人们越来越注重营养物质，尤其注重以维生素的补充来提高自身的免疫能力，功能性饮料、保健品、药品都得到了极大的市场扩张。根据一项调查表明，消费者希望从糖果中摄取维生素的愿望仅次于水果和蔬菜，远远高于希望采用保健品的方式。这表明，维生素糖果正在形成一个庞大的品类市场。在这样的背景下，福建雅客食品公司凭着敏锐的市场嗅觉开发出了每天两粒就可以补足人体所需的 9 种维生素的新品。在消费者越来越普遍重视补充维生素的情况下，雅客维生素糖果的市场潜力不言而喻。

在严谨缜密的市场调研之后，策划公司提出了雅客滋宝的市场目标：做维生素糖果市场的领袖品牌。这一想法得到了雅客老总陈天奖先生的赞赏，大家一拍即合。雅客滋宝的老包装以不同深浅的橙色层次交错，描绘着天然健康的食欲诱惑。就一款单纯的包装而言，它已经是优秀的了。但雅客滋宝的命名显然存在着一些问题：以副品牌为出发点的命名，却给人以独立品牌的感觉。

更重要的是，雅客的目标是要成为维生素糖果市场的领袖品牌，这就要求它从名称上开始占位。营销 22 条法则中有一条类别法则，就是要求产品尽量明确品类的代表身份。而感知法则是要求产品与消费者头脑中的印象或经验相符合。所以命名必须能跟维生素产生最贴近的联想，最好是维生素的公认代表符号，这样既区别了维生素糖果品类，又符合了消费者的固有认知。策划公司仔细斟酌，含 9 种维生素的雅客糖果，含 9 种维生素的雅客糖果……可不就是"雅客 V9"吗？市场调研告诉策划者，在消费者的印象中，V 与维生素的联想关系是非常近的。无论作为产品类别的 V，还是作为产品利益点的 V，雅客 V9 都一网打尽了。且"雅客"与"V9"的主副品牌关系一目了然。还有比"雅客 V9"更好的命名选择吗？

2. 定位：雅客 V9＝创新＋运动＋健康

策划者希望从一开始就让雅客 V9 具有一种与众不同的形象与气质，因此首先要找出雅客 V9 的品牌定位与品牌格调。雅客 V9 的命名构成是主品牌(雅客)＋副品牌(V9)，它仍是属于雅客食品家族的一员。所以品牌内核的挖掘是从雅客食品开始的。

雅客食品是怎样一个品牌呢？下面这些"第一"可以帮助找出雅客的品牌核心价值：投巨资建立了国内第一家甜品实验室；开发出中国第一颗夹心太妃糖；唯一获得中国消费者协

会“3·15标志产品”认证的糖果企业；第一个与D&F技术合作，并制造出含9种维生素糖果的企业；中国糖果界的第一个中国奥委会赞助商；希冀在第一时间与国际糖果巧克力生产新科技同步的企业。

雅客V9的品牌定位与品牌格调也已然显现：雅客V9是一种具创新精神、充满运动活力、为身体补充维生素的健康糖果。雅客V9的品牌传播亦将围绕“创新、运动、健康维生素”展开。

为雅客V9寻找一个合适的形象代言人一直是雅客和策划者探讨的课题。在明星代言成风的今天，走明星路线实在是让人又爱又恨：操作得当，借明星之力一夜成名；操作不当，借不到力不说，可能还会产生一些副作用。

策划者认为，雅客V9本身就是一颗明星，其形象代言人必须跟雅客V9有某些共通之处：健康、活力、具有明星特质。而且策划者希望把雅客V9做成有一点运动感觉，因为中国正在进入一个体育时代，策划者希望从现在开始就把体育精神融到品牌当中去，赋予它一种运动感、活力感。经过几轮数据调查显示，古怪精灵、活力十足的周迅最贴近雅客V9的感觉。

2003年8月26日，具有极大冲击力和感染力的电视广告《跑步篇》开始在中央电视台的黄金时段播出。广告片创意非常单纯：温暖而灿烂的阳光下，周迅奔跑在都市的大街小巷，吸引众多追随者，形成奔跑的奇观，而原因则由雅客V9引发。这部广告片的目的是强力传播维生素糖果的概念，并引领扩大整个维生素糖果市场。

3. 品牌传播：稳、准、狠的营销组合拳

作为一种新的产品，首先要迅速建立起广泛的品牌知名度，而对于雅客V9来说，还要同时让维生素糖果的概念迅速普及，最终拉动市场需求。

雅客十年来曾陆续做过不少广告，但效果并不明显，几乎没有什么知名度，用雅客老板的话来形容，就是“散弹打鸟”。经过反复研究，策划者为雅客V9的电视媒体传播制订了两条原则：

(1) 门当户对原则。雅客V9要想成为维生素糖果的未来领袖，就要选择最有领袖气质的媒体。谁是最有领袖气质的媒体？当然是中央电视台。不温不火了十年的糖果市场，急需一个领袖品牌来带动。

(2) 集中原则。集中时段，集中媒体。因为资源有限，“散弹打鸟”没有什么太大的作用，集中在央视的几个时段投放广告，准确性和有效性就可以得到保证。

4. 要做就做全国性品牌

糖果行业由于历史原因，形成了固有的市场格局，地方性品牌在区域市场上占有绝对的主导地位，而缺少全国性的强势品牌，各企业更多的是在细分市场上占有一定的优势。值得注意的是，多种糖果品牌凭借产品的细分定位及特色在目前市场上已占据了一席之地。如北京绿得无糖糖果、上海冠生园及喔喔、江苏梁丰生产的润喉和止咳功能系列糖、广州华纳的荷氏薄荷糖、上海信福生产的含有多种微量元素的巧克力、安徽绿波浪的卷糖、福建黎祥的工艺糖、哈尔滨思奇乐的跳跳糖等一大批新产品都得到了市场的认可。无论是营养型糖果、巧克力制品，还是各种新奇特糖果，体现出来的都是糖果企业对市场的把握和产品开发能力的提高。

而雅客维生素的特点与上述产品具有极大的区别，其面对的市场空间也是不可预料的。福建雅客成立十年来，一直以区域市场为主，并没有在全国范围内做强，新品的诞生无疑使福建雅客具有了一个打开全国市场的基础。市场给了雅客有望成为维生素糖果的第一品牌的机会。雅客老总陈天奖决心做就做到全国去，于是聘请了知名策划专家叶茂中为雅客新品进行品牌推广。经过反复研究和市场调研，这种维生素糖果有了一个响亮的名字——雅客V9。据雅客老总陈天奖透露，本来雅客V9已经有了一个名字——雅客滋宝，但他还是果断地放弃了已经注册并设计成形的包装，采用了这个一目了然、浅显易懂的命名，并聘请当红明星周迅担任品牌代言人。

5. 推广中的弯路

有了产品，也有了一个独特的命名，接下来的工作就是市场推广。雅客为此组织了大型的推广招商会，以解决产品的销售渠道问题。同时，作为一种新的产品，首先要迅速建立广泛的知名度，而对于雅客V9来说还要让维生素糖果的概念迅速普及。在推广中，雅客首先进行了大量的终端推广活动，并结合软文介绍雅客V9的功能特点，收到了一定的效果。这样的推广无疑对区域市场起到了较好的推动作用。为了扩大战果，雅客V9还选择了地方卫视进行投放电视广告的尝试，希望通过"高空轰炸"和"地面进攻"结合的方式收到更大的成效。然而，某地方卫视的广告已经连续轰炸式播放了60余天，却没有得到很好的市场反馈。雅客老总陈天奖甚至有点失望，并开始怀疑电视广告的效果。糖果产品虽然是一种快速消费品，但产品本身的利润空间不大，巨资投放电视广告换来这样的市场反应是否值得？作为一种新的糖果品类，前期就应该从概念的深化入手，结合大量的"高空"广告迅速建立品牌知名度，拉动市场需求，这样的策略看来似乎没有问题的。但事实却表明，电视广告没有得到应有的效果。问题究竟出在哪里？

6. 大胆的决策，意想不到的收获

经过反复研究，陈天奖和叶茂中一致认为，电视广告的力度不够。地方卫视不足以在短期内推动全国市场，而且在区域市场的影响也没有预料中那样有效。陈天奖再次大胆决策：投放中央电视台，而且投放央视的黄金时段！这样，具有极大的冲击力和感染力的电视广告《跑步篇》在中央电视台的黄金时段播出。周迅巧妙而自然地解释了雅客V9的最大卖点，并使其迅速得到了广泛的传播。

5天，仅仅5天的时间，雅客V9的销售量就急剧攀升，甚至让人措手不及。经销商反应更加强烈，由过去一次只订五六十箱产品变为一次订货五六百箱，有的甚至一次就订两千箱。于是出现了雅客因断货而被大型超市罚款的事件。雅客客户服务部的咨询电话每天达一百多个，网站的点击率也比平时提高了4倍以上。雅客公司的副总经理怀揣雅客V9经销权来到内蒙古某市，下飞机后的一幕让他顿时傻眼：竟然有8家公司的8部车子等着接机。其实，反应最为强烈的还是消费者，中秋节晚上，雅客的高层都收到一份特殊的"中秋礼物"，那是一条写着如下内容的手机短消息：福建邵武张先生来电，雅客V9随身装在邵武一中校外店上架后22分钟内销售了240盒，110克自用装销售了56包，断货收场！有趣的是，雅客公司某区域经理在火车上，竟然碰上一次"艳遇"，一个漂亮的女孩缠着他要电话号码！女孩说，自从她看到雅客V9的电视广告后，就找遍该市的大街小巷，可惜该市雅客V9尚未上市，今天看到有人随身带着印有雅客V9的手提袋，就追问在哪里买到的。当她知道这个人是雅客公司的区域经理时，就留了自己的电话号码，要他上市后通知她。临下火车时，女孩反悔了：你这么忙，肯定没空给我打电话，你把你的电话号码给我，我会隔两天就打电话提醒你！有此认可，辛苦也值！

近段时间，雅客公司营销部门的所有人最怕的是电话铃声，客户的电话都是催货电话，但由于当时没有预估到上市后会有这么大的效应，24 小时满班生产，还是没能满足市场需求的三分之一，公司正积极扩大产能，满足市场需求。

7. 突破就在央视黄金时段

“没有想到的结果，绝对没有想到的结果。”当初抱着试试看的想法投放央视黄金时段广告的陈天奖说，“雅客本来是糖果行业的弱势品牌，而正是因为投放了央视广告，使得雅客一夜之间成为强势品牌，并在糖果行业迅速建立了声音门槛，塑造了品牌壁垒。”

对此，叶茂中认为，多年以来，糖果行业没有突出的强势品牌，这就为雅客 V9 打开全国市场带来一个绝好的机遇，在没有竞争对手的品类市场上率先走进中央电视台黄金时段，已经使消费者认为雅客就是糖果第一品牌。中央电视台黄金时段的权威性、高覆盖率迅速解决了雅客 V9 的品牌知名度问题，使雅客 V9“每天两粒就能补充每天需要的 9 种维生素”的品牌概念得到最快速的传播。如果把这些费用分散到各个区域市场，肯定不会产生这样的效果，或者这样的效果要通过更长的时间、更多的花费才能够实现。而当初确定“高空轰炸、终端促销”的初衷也正基于此。

业内人士指出，中央电视台黄金时段一直以来就是打造快速消费品强势品牌的“梦工厂”，由于快速消费品市场庞大，消费群体广泛，中央电视台的高覆盖率、高收视率使得广告受众群体实现最大化，甚至可以用“一网打尽”来形容，能够很快解决品牌知名度的问题。同时，与家电、汽车等耐用品行业不同，快速消费品行业进入门槛较低，因此行业内竞争对手的数量较多，这也使得相互之间的竞争更加激烈。在推广手段上普遍同质化，广告载体选择的差异性不强。而中央电视台黄金时段一直以来都是稀缺资源，只能使有限的几家企业得到投放机会，而与其他竞争对手产生差异。中央电视台的权威性、可信度显然又使得这几家有限的企业很容易地解决了品牌美誉度的问题。雅客是第一个上黄金时段的糖果品牌，收到这样的成效也就顺理成章了。

据悉，为了继续深化雅客 V9 的健康概念，使其品牌得到更大提升，雅客食品已决定继续加大在央视黄金时段的广告投放力度。雅客的动作无疑将加快糖果行业在这个调整期重新洗牌的速度，金丝猴等品牌也纷纷走上央视黄金时段，而中央电视台黄金时段的资源争夺无疑会成为糖果行业第一品牌位置之争的最重要的砝码之一，谁占领了媒体的高端，谁就抢得了先机。雅客 V9，还要加油。

8. 雅客 V9 的成功及对雅客品牌的贡献

雅客全国的经销商由原来的 300 家迅速增加到 2003 年 10 月糖酒行业协会统计的 626 家，大中型网点 36 000 多个，解决了雅客整体市场的销售板块失衡问题。到 2003 年 10 月 5 日，终端的库存量只有发货总量的 8%，低于正常理货的安全库存量，全国市场频繁断货告急，始终处于供不应求的局面。

同时，雅客 V9 的火爆也带动了雅客其他品种的销售，与 2002 年同期相比，上海销量增长了 500%，宁波增长了 450%，杭州增长了 400%，辽宁增长了 530%，四川增长了 340%等。

为什么一个原本知名度很低、销量又不大的产品能做到这种地步？就是因为它发现了维生素糖果独立的品类市场机会，并首先抢占这个位置，如入无人之境；而且又将广告、产品(卖点)、媒体三集中原则真正执行到位，以迅雷不及掩耳之势创造了这个奇迹。

客观地说，雅客 V9 在品牌上的创意与传播为雅客品牌带来了巨大的无形资产！而 V9 作为一个阶段性产品品牌，其历史任务就是完成产品知名度的打造、实现企业阶段性经营目标，因此，随着雅客 V9 历史使命的终结，作为产品品牌，其未来未必十分美好。但是，由于雅客 V9 品牌运动的传播,雅客公司还是收获了一些意想不到的效果,雅客 V9 毕竟创造了一种潮流。雅客 V9 的成功使得雅客公司在导入新的产品品牌时非常容易获得成功,紧接着推出的其他产品无论在消费者教育还是产品功能形成上都创造了一个短时间完成市场建设的奇迹。如果没有雅客 V9 的铺垫,这简直是不可想象的。从这个意义上说,雅客 V9 还是比较成功的策略选择!

思考题

1. 简要说明公共关系策划的含义及特征。
2. 公共关系策划包括哪些基本要素?
3. 公共关系策划应遵循哪些原则?
4. 公共关系策划有哪些技巧?
5. 公共关系策划的程序是什么?
6. 简要说明公共关系活动有哪些模式。
7. 如何使公共关系策划有创意?

第七章 公共关系传播

本章知识点

1. 公共关系传播的含义
2. 公共关系传播的要素
3. 公共关系传播的一般模式
4. 公共关系传播的形式
5. 公共关系传播的技巧

人类的思想和行为不仅受直接环境的作用和影响,而且还受别人间接经验的影响。这种影响就是由传播造成的,它影响着我们对事物的判断和体验。宇宙万物——大至社团、群体,小至个人,都处在一定的传播关系中,彼此传递和分享着信息,整个社会因此而构成一个相互联结、息息相关的网状系统。从这个意义上来说,没有传播就没有人类社会。现代科学技术的发展和社会需要的发展,使得人们淹没在传播所提供的各种信息之中。可以说,传播已成为影响人类社会的一项重要活动。公共关系工作主要是通过信息的交流和沟通,为协调组织与公众之间的利益,建立良好关系所做的努力。因此,向公众进行传播,是公共关系工作的一个很重要的组成要素。为了能够优质高效地完成传播任务,从事公共关系的工作人员就需要掌握关于公关传播的基本理论、模式和传播手段,掌握进行有效传播的方法和技巧,具备较强的传播意识和沟通能力。

第一节 传播与公关传播概述

一、传播的含义

什么是传播?对于这个问题,学者们众说纷纭。1970 年,一位美国的传播学家曾列举了 98 种关于传播的不同定义,众多关于传播的定义显示出其形式的多样性和过程的复杂性。下面列举了若干对于传播的定义。

《大英百科全书》:传播是"若干人或者一群人互相交换信息的行为"。

《英国牛津大辞典》:传播是"借着语言、文学形象来传送或交换观念和知识"。

美国《哥伦比亚百科全书》:传播是"思想及信息的传递,有别于货物和旅客的运输,传播最基本的形式是透过形象和声音”。

美国著名传播学者布农认为：传播是“将观念或思想由一个人传送到另一个人的程序，或者是个人自身内的传递，其宗旨是使受传播的人获得思想上的了解”。

英国著名的传播学者丹尼斯·麦奎尔和瑞典传播学者斯文·温德尔在所著《大众传播模式论》中转引了三种有关传播概念的看法：“传播是个人或团体主要通过符号向其他个人或团体传递信息、观念、态度和情操”，“从最普遍的意义上说，传播是一个系统(信源)，通过操纵可选择的符号去影响另一个系统(信宿)，这些符号能够通过连接它们的信道得到传播”，“传播可定义为‘通过信息进行的社会相互作用’”。

从这些定义中，可以找到关于传播含义的一些共通之处，总结为以下几个方面：

(1) 传播要借助各种符号。这里的符号包括上述的信息、语言、文学形象等。特别是文字的存在，使人类社会发展的经验可以得到积累，同时这些关于过去、当下和未来的经验可以通过文字的形式进行分享和交流。这种分享和交流的过程就是传播，文字以及语言、图像等符号的稳定化，使人类的传播行为轨迹化。到了现代社会，随着电子媒体和网络的发展，又大大提高了符号在传播中的作用，提高了传播的效率。

(2) 传播由一些特定的要素构成。传播涉及的主体和环节很多，如传播的情境、发送者与接收者、信息与渠道、制码与译码、噪声、反馈、经验范围、传播效果等。对这些要素本身的界定也有很大的难度，比如从传者与受者的角度来看，布农认为就是人与人之间或者个体自身的关系，但显然他忽视了组织对个人、组织对组织的传播，故而麦奎尔和温德尔就引述了团体的概念，或者直接用系统的说法来代替。

(3) 传播是一个动态的过程。传播的各个组成因素之间相互关联，关系异常复杂，任何因素的变化都有可能导致其他因素的变化，进而影响传播的效果。举例来说，在两个人的交流中，说话的声音高低、语调的起伏，乃至一举一动、一颦一笑，都会对他们之间的交流产生影响。因此，传播处在始终变化的状态之中。

(4) 传播的作用是多方面的。人类文明的开拓、文化的交流、感情的凝聚和共同行为的产生都离不开传播。正如我们所知，像蚂蚁和蜜蜂都会使用一些特定的方式来相互交流，但是这种交流仅仅是一种本能的反应，处于很低级的阶段。而人类自古以来就使用声音、文字、肢体、表情等符号来进行交流，来“交换观念和知识”或“获得思想上的了解”。在人类社会的发展过程中，人类不断发明和利用传播工具，延伸自己的器官，传播的作用愈来愈广泛。日本传播学者竹内郁郎认为，传播的作用有三个方面：从个人层面上讲，传播可提高人们对环境采取行动的有效性，传播的结果使人们摄取了新知识或新见解，使人们的行动更加可靠和有效，同时满足了人们的好奇心，从而增强了人们日常行为的活力；从组织的层面来讲，传播能够为组织提供必要的信息，不仅有利于组织决策，还有利于促进组织成员完成各自的任务；从社会的层面来讲，传播可以使得社会成员获得超越自身直接经验的有关周围环境的共同印象，使社会遗产代代相传，发挥了令社会作为一个系统而长期存续的功能。

综上所述，本文将传播理解为，系统(包括组织和个人)之间或系统内部运用符号，并借助一定的渠道来交流信息以达到一定效果的过程。公共关系传播相比较一般的传播而言，更具组织性、计划性和大规模的特点，主要涉及的是社会组织与社会公众之间的关系。因此，可以将公关传播定义为，组织内部或组织与外部之间运用符号，通过特定的手段进行信息的交流和沟通，已达成组织特定目的的行为和过程。

二、公关传播的基本组成要素

从传播学的角度来看，传播的过程可能涉及很多要素，但不同形式的传播可能涉及的要素却是不同的。然而，任何传播行为——当然也包括公关传播，都会包括几种比较基本的要素。20世纪初期，美国著名的政治学家哈罗德·拉斯维尔在对第一次世界大战的宣传进行研究时，提出了传播过程五因素公式，即“谁?”“说什么?”“通过什么渠道?”“对谁说?”“产生了什么效果?”五因素公式又可以拆解为：发送者、传播内容、媒介、接收者和传播效果。

1. 发送者

发送者又称信源，是在传播活动中，借助特定媒介发布信息的人或组织，是传播活动的引发者。其任务主要包括信息的搜索、筛选、加工和接受反馈等。对于公关传播来说，在不同的组织中，由不同的机构和人员来扮演发送者的角色，如在政治组织中，一般由政府的新闻发布机构或新闻发布人来担任；在经济组织中，该角色则是由组织内部的宣传部门、公关部门或宣传人员、公关工作人员来担任。

有关发送者的理论，主要有“把关人”理论、可信性研究、休眠者效应和自己人效应。

(1)“把关人”理论。该理论是由美国社会心理学家、传播学的奠基人之一库尔特·卢因在《群体生活的渠道》一文中提出的。该理论认为，在信息传播过程中，信息总是沿着某些渠道来传播，这些渠道中包含有“门”。在这些渠道中，根据公正的规则或者是“把关人”的标准，决定信息是否可以进入渠道或继续在渠道里流动。在发送者和接收者之间，“把关人”起着决定继续或中止信息传递的作用。“把关人”准予某些新闻的流动，或者也可以禁止一些新闻流通或将其暂时搁置。

(2)可信性研究。霍夫兰对发送者的可信性与说服效果之间关系的实证考察表明，发送者的可信性越高，其说服效果越大；可信性越低，说服效果越小。由于人们一般是根据发送者的可信性来判断信息价值的，所以发送者的可信性对传播效果具有重要的影响。发送者的可信性一般包括两个条件：一是信誉条件，即是否诚实、客观和公正；二是资格条件，即是否了解详情，是否具备合理、合法的发言权等。发送者可信性的降低会影响组织达到公关传播的目的，如在企业公关活动中，一旦因过滤掉对企业有害的信息而丧失了信誉，就会对企业今后的公关传播造成不利的影响。

(3)休眠者效应(Sleep Affect)。霍夫兰等人进一步研究发现，在传播经过一段时间之后，消息来源与观点有分离的倾向。接收者对传播来源印象逐渐模糊，而只记忆内容本身。这说明发送者的可信度与传播效果之间的一种变动关系，低可信度发送者发出的信息，由于发送者可信度的负面影响，其内容本身的说服力不能得以马上发挥，处于一种“休眠”状态，经过一段时间后，可信度的负面影响趋于减弱或消失，其说服效果才能充分表现出来。因此，发送者的可信性对信息的短期效果具有重要影响，但从长期效果来看，最终起决定作用的仍是内容本身的说服力。

(4)自己人效应。传播过程是一个相互影响的过程，传播的一方可以通过对另一方有意识地施加影响，来达到传播的目的。“自己人效应”就是施加影响的一种典型手段，指接收者把发送者与其归于同一类型的人，并对“自己人”所说的话更信赖、更容易接受。例如，为矫正中学生早恋倾向，一位教师有这样的开场白：“记得自己年轻时，对班上的一名女生很有好感，老是会想到她，在上课时也会禁不住看她一眼。”然后，这位教师指出这是青春期性萌动的正常反应,再接着谈自己对早恋的看法。这样的教育中学生们会觉得亲切可信,从而对这位教师的建议也愿意听取、采纳。

2. 传播内容

公共关系传播内容是指组织的传播者发出的关于组织的所有信息。信息是由符号组成的,符号是信息的载体。符号不仅仅指语言符号,还包括音调、音色、音速、字体、动作、姿势、表情、服装、饮食、美术和建筑等各种非语言符号。公关传播的信息与组织有着密切的关系,可以使接收者理解组织的意图,达到传播的目的。

要达到传播的目的,就要明确其客体——信息,所具有的一些特点和功能。信息普遍存在于自然界和人类社会,诺伯特·维纳有一个对于信息的著名定义:"信息就是信息,不是物质也不是能量。不承认这一点的唯物论,在今天就不能存在下去。"这句话深刻揭示了信息的重要地位,信息与物质、能量是客观世界的三大构成要素。信息在人类社会的发展过程中起到了很重要的作用,是生产力的基本要素,是科学决策的依据,是人类文明延续和发展的宝贵财富。一般情况下,根据社会功能不同,可将信息分为五大类,即知识性信息、消息性信息、情感性信息、指令性信息和程序性信息。同时,作为信息应该具有以下几个特征:

(1) 信息的普遍性。只要有事物的地方,就必然存在信息。信息无时不在、无处不有,原始信息和加工的信息都是人类取之不尽、用之不竭的财富。

(2) 信息的客观性。信息是客观存在的反映,不随人的主观意志改变。但是我们在日常生活中会经常碰到"假信息",像这样人为地窜改信息,信息就会失去它的价值,甚至不能称之为"信息"了。

(3) 信息的动态性。自然界和社会中的事物都处在不断的变动之中,相应的,信息也必然随着这些变动而变动,其内容、形式、容量都会随时间而改变。

(4) 信息的时效性。由于信息的动态性,所以信息不是一成不变的,它与周围环境的变迁会相互作用,因此一个固定信息的使用价值必然会随着时间的流逝而衰减。

(5) 信息的可识别性。由于信息所具有的物质属性,人类就可以通过感觉器官和科学仪器等方式来获取、整理、认知信息,人类就是通过信息来观察世界、认识世界的。

(6) 信息的可传递性。信息是事物联系的一种形式,在该联系中,物质的组织特性经由反映特性而发生转移。信息蕴涵于物质载体而存在,随着物质载体的运动而运动,信息在这个过程中被传递和交流。人们通过信息去了解遥远的事物,通过信息的交流来控制和协调群体的活动。

(7) 信息的可共享性。信息与物质、能量的显著不同之处在于,信息在传递过程中并不是"此消彼长",同一信息可以在同一时间被多个主体共有,而且还能够被无限地复制、传递。交换信息的双方不会因此失去原有的信息,只会增加新的信息。

3. 媒介

媒介是人们传播信息的工具,是在发送者和接收者之间进行传播的中介性信息载体。媒介以声、形或声形并茂的形式对信息进行处理和传递。麦克卢汉关于媒介有三个著名的论断,即"媒介即信息"、"媒介延伸论"、"媒介冷热论"。

(1) 媒介即信息。该论断有两层含义:其一,一般的观点认为媒介的内容是信息,媒介只不过是一个工具或者说是载体,具有影响的是媒介的内容而不是媒介本身。而媒介即信息的观点表明,媒介本身也是一种内容,内容和载体是不可分离的。因为媒介产生的直接后果是在实践中会诱导出新的标准和行为方式,而这种标准和方式不是媒介的内容所能决定的。其二，一种媒介是另一种媒介的内容，这主要是从媒介(或者说是技术)之间的相互依存的横向角度来说的。任何媒介的内容必然包含着文字、音频、图像等符号或其他可以传输的东西，而这些东西又是另一种媒介，如"文字的内容是语言，文字是印刷的内容，印刷又是电报的内容"等等。

(2) 媒介延伸论。在《理解媒介》一书中麦克卢汉提出了媒介是人类器官的延伸，换个表达方式就是人类器官的延伸就是媒介。举例说明，麦克卢汉认为游戏作为媒介是"人的延伸"，"游戏是社会人和政体的延伸，正如技术是动物有机体的延伸一样。游戏和技术都是抗刺激的媒介，或者是适应专门化行动压力的方式，任何社会群体中都必然出现专门化行动压力的方式，任何社会群体中都必然出现专门化的行动。游戏是对日常压力的大众反应的延伸，因而成为一种文化准确可靠的模式。"因此，每一种媒介都是每一种人体的延伸，改变着人们感知世界的方式和生存方式。例如，印刷文字是眼睛的延伸，电视是耳朵和眼睛的同时延伸，电话是嘴和耳朵的延伸，计算机不仅是眼睛的延伸，而且是人类整个中枢神经系统的延伸。

(3) 媒介冷热论。所有的媒介可以分属两类：热媒介和冷媒介。所谓热媒介，是指传播的信息明确清楚，或者说清晰度高，因而接收者的参与度相对降低的媒介。冷媒介则恰恰相反，是指传播的信息模糊含混，或者说清晰度低，因而接收者的参与程度随之提高的媒介。比如，书籍、报刊、广播、无声电影、照片等是热媒介，因为它们都作用于一种感官而且不需要更多的联想。但是麦克卢汉的这种冷热媒介的分类并没有一贯的标准，而且在逻辑上存在矛盾，致使人们对这对概念难免产生不一样的理解。比如有人认为，所谓热媒介就是信息量非常丰富，使得接收者很容易建立交流的媒介，比如电视就是热媒介，电子出版物也是热媒介。所以有人说，"冷热媒介"的分类本身并没有多少科学和实用价值，重要的是它给我们的启示：不同媒介作用于人的方式不同，引起的心理和行为反应也各具特点，研究媒介也应该把这些因素考虑在内。

4. 接收者

接收者是信息的传播对象，是信息到达的目的地，又称受众或信宿。接收者是传播信息的使用者，是传播过程中的译码者，是传播之后的反馈者。在公共关系传播的过程中，传播的对象均是与负责传播的组织的利益相关者，他们决定着公共传播的效果，并最终影响到组织的生存状况。下面介绍三种关于接收者的传播学理论，有助于提高传播技巧和效果。

(1) 选择性定律。该定律主要是就受众对信息的接受、理解和贮存而言的，它包括选择性接触、选择性理解和选择性记忆三层含义。选择性接触又叫选择性注意，是指人们尽量接触与自己观点相吻合的信息，同时竭力避开相抵触的信息的一种本能倾向。选择性理解，是指受众总要根据自己的价值观念及思维方式而对接触到的信息作出独特的个人解释，使之同受众固有的认识相互协调而不是相互冲突。选择性记忆，就是指人们根据各自的需求，在已被接受和理解的信息中挑选出对自己有用、有利、有价值的信息，然后储存在大脑中。如果说选择性接触和选择性理解都是有意识的行为的话，那么选择性记忆往往属于无意识的行为。一般来说，人们并非由于某类信息合乎自己的口味而将它存入记忆中，而是人们记住某类信息正表明它能投其所好。

接收者在接收信息的过程中都势必要根据个人的需要和意愿而有所选择、有所侧重，甚至有所曲解，以便使所接收的信息同自己固有的价值体系和既定的思维方式尽量地协调一致。正是这些选择性因素，使得对同一信息的译解常常因人而异。这就好比运来一车货，什么东西都有，人们根据自己的情况各取所需，从中选出自己喜欢的东西并把它卸下车来。

(2)“沉默的螺旋”。该理论来源于这样一个事实：1965年德国阿兰斯拔(Allensbach)研究所对即将到来的德国大选进行了研究。在研究过程中，两个政党在竞选中总是并驾齐驱，第一次估计的结果出来，两党均有获胜的机会。然而6个月后，即在大选前的2个月，基督教民主党与另一个党获胜的可能性是4∶1，这对基督教民主党在政治上的胜利期望升高有很大的帮助。在大选前的最后两周，基督教民主党赢得了4%的选票，社会民主党失去了5%的选票。结果在1965年的大选中，基督教民主党以领先9%的优势赢得了大选。

“沉默的螺旋”描述了这样的现象：人们在表达自己想法和观点的时候，如果看到自己赞同的观点受到广泛的欢迎，就会积极参与进来，这类观点就会越发大胆地发表和扩散；而发觉某一观点无人或很少有人理会(有时会有群起而攻之的遭遇)，即使自己赞同它，也会保持沉默。意见一方的沉默造成另一方意见的增势，如此循环往复，便形成一方的声音越来越强大、另一方越来越沉默下去的螺旋发展过程。

(3) 德福洛的个人差异与社会范畴、关系学说。个人差异说类似于选择性定律，德福洛认为个人差异主要表现为以下几点：人的心理构成是千差万别的；人们的先天条件和后天的学习形成了个人之间的差异；一个人的心理构成是由其在认识客观环境时获得的立场、价值观念和信仰所决定的；个性的千差万别来源于人们在认识客观事物时所处的不同环境；人们在认识、理解客观事物时是带有成见的。由于这些差异的存在，发送者传播的信息才会被接收者有选择性地采纳。

社会范畴说是个人差异说的延伸，它强调社会中地位相似的团体“个性”的不同；认为在社会结构中，性质、特征相类似的一群人，由于具有相同的“个性”，对于媒介的信息会有大致相同的反应。人们处在一定的社会团体之中，受着团体成员的影响，这种复杂的社会关系能够加强或者削弱媒介的力量，这也就是德福洛的社会关系学说。其学说进一步认为，人们通常倾向于意见相同的团体，团体内部的认同意见会强化固有的信念。如果媒介传播的信息与人们固有的观念相抵牾，便会遭到团体的限制。

5. 传播效果

关于传播效果，一般理解为接收者接收信息后，在感情、思想、态度和行为等方面所发生的变化，但随着传播学的发展，对传播效果的界定已有了很大的扩展，即把信息共享、兴趣养成、知识承接、情绪反应、审美愉悦、认同一致、态度转变和行为改变等都纳入传播效果之列。从广义的角度来讲，传播效果是指传播行为所引起的客观结果，包括对他人和周围社会实际发生作用的一切影响和后果；从狭义的角度来讲，是传播者的某种行为实现其意图或目标的程度。

一般传播效果有两层含义：其一，是指带有说服动机的传播行为在接收者身上引起的心理、态度和行为的变化；其二，是指传播活动尤其是报刊、广播、电视等大众传播媒介的活动对接收者和社会所产生的影响与结果的总体，不管这些影响是有意的还是无意的、直接的还是间接的、显在的还是潜在的，对于公关传播而言，传播的效果最终表现为组织的目的能否达到。在传播学中，关于传播效果的理论主要有两种：二级传播理论和议程设置理论。

(1) 二级传播理论。该理论是指意见从媒介到舆论，领袖到受众，再从受众到媒介的过程。在1940年于美国俄亥俄州伊里县开展的关于选民如何在总统大选时作决定的研究中，拉扎斯菲尔德等人将研究结果集结成书——《人民的选择》，并在该书中提出了二级传播理论。该理论使用了“意见领袖”的概念，来说明人们并不会根据媒体上的意见直接做出反应或者对生活做出调整,反过来,更多地会接纳那些自己生活中“意见领袖”的意见;“意见领袖”就是指那些接触媒体较多,而且思维活跃,对他人较有影响力的人——他们在生活中比比皆是并且时刻发挥作用。因此,媒体更多的时候是通过影响意见领袖来影响大众,达到改变受众态度和行为的效果。二级传播理论最大的贡献是否定了当时影响很大的“枪弹论”①,为人们研究大众传播效果提供了理论武器;但该理论在测量方法、统计分析、抽样技术和实验方法等方面都存在明显的缺陷,而且片面而过分地夸大了人际关系在大众传播过程中的作用。

(2) 议程设置理论。1968 年,麦克姆斯和肖对总统大选进行了调查,看媒介议程对公众议程有多大的影响。1972 年他们提出了议程设置理论,该理论认为大众传播往往不能决定人们对某一事件或意见的具体看法,但可以通过提供信息和安排相关议题的手段,来有效地左右人们关注哪些事实和意见,以及他们谈论这些问题的先后顺序。大众传播可能无法影响人们怎么想,却可以影响人们去想什么。因为新闻媒介提供给公众的是他们的议程,大众传媒对事物和意见的强调程度与受众的重视程度成正比,所以,该理论强调:受众会因媒介提供议题而改变对事物重要性的认识,对媒介认为重要的事件首先采取行动;媒介议程与公众议程对问题重要性的认识不是简单的吻合,这与其接触传媒的多少有关,常接触大众传媒的人的个人议程和大众媒介的议程具有更多的一致性;他们不仅关注媒介强调哪些议题,而且关注这些议题是如何表达的。对受众的影响因素除了媒介所强调的议题外,还有其他因素,这些影响包括对态度的影响和对行为的影响两种。

第二节 传播的一般模式

采用模式分析的手段对传播现象进行解释,是传播学研究方法论的一个重要方面。模式分析的手段基本上是利用文字和图表来构筑的,具有构造、解释、启发以及预测的功能;当然,模式分析也有一定的不足,存在着不完整、偏于简单以及含有某些未经阐明的假设等缺陷。

传播模式一般包括:传播过程中的各要素及相互关系,过程本身与社会环境的互动,过程的运动特点及规律。20 世纪 20 年代以来,西方传播学研究中出现了反映不同观点和不同研究方法的多种模式,但至今没有一个被普遍接受的模式。早期的传播模式多为单向线性模式,50 年代以后普遍强调传播是双向循环过程。本节要介绍的是六种应用较为普遍的传播模式:拉斯韦尔模式、香农和韦弗的数学模式、奥斯古德—施拉姆的循环型模式、格伯纳模式、马莱茨克的大众传播场模式以及韦斯特—麦克莱恩的大众传播概念模式。

一、拉斯韦尔模式

美国政治学家拉斯韦尔在其 1948 年发表的《传播在社会中的结构与功能》一文中,最早

① 枪弹论,也叫“皮下注射”论或“刺激-反应”论。该理论认为,软弱的受众像射击场的靶子,无法抗拒子弹的射击。受众消极被动地等待和接受媒介所灌输的各种思想、感情、知识或动机。大众传媒有着不可抗拒的巨大力量,受众对大众传媒的信息产生大致相同的反应。

以建立模式的方法对人类社会的传播活动进行了分析，这便是著名的“5W”模式。“5W”模式界定了传播学的研究范围和基本内容，影响极为深远。其称谓来自模式中五个要素同样的首字母“W”。这五个要素又构成了后来传播学研究的五个基本内容，即控制分析、内容分析、媒介分析、受众分析和效果分析（如图 7－1 所示）。

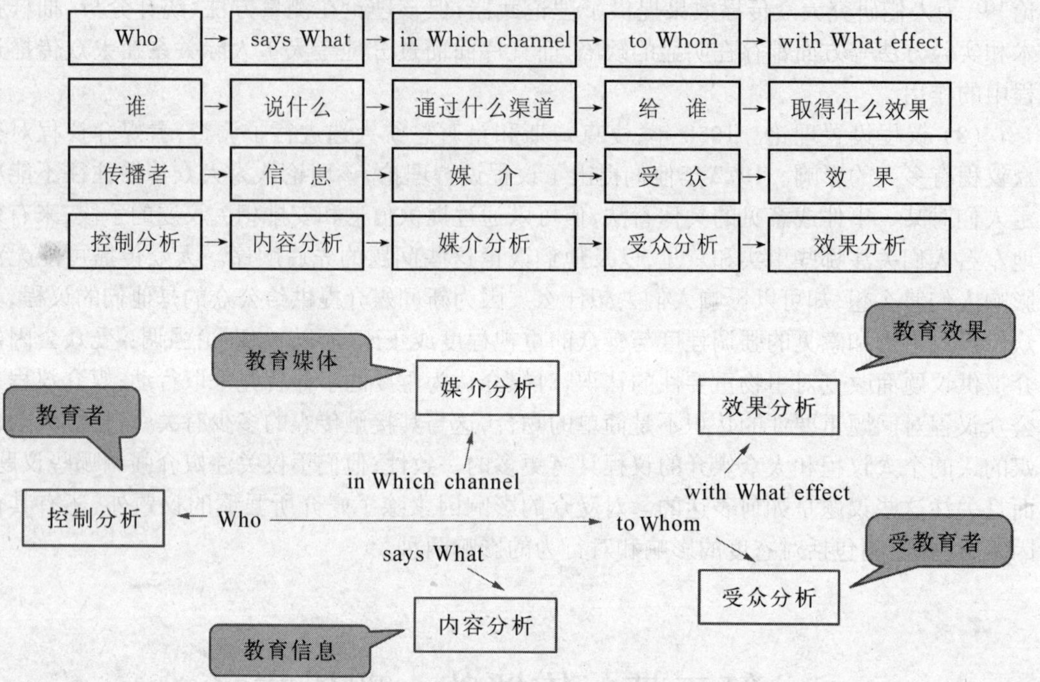

图 7－1 拉斯韦尔模式

“谁”就是发送者，在传播过程中担负着信息的收集、加工和传递的任务。发送者既可以是单个的人，也可以是集体或专门的机构。

“说什么”是指传播的内容，它是由一组有意义的符号组成的信息组合。符号包括语言符号和非语言符号。

“渠道”是信息传递所必须经过的中介或借助的物质载体。它可以是诸如信件、电话等人际之间的媒介，也可以是报纸、广播、电视等大众传播媒介。

“对谁”就是接收者或受众，是传播的最终对象和目的地。

“效果”是信息到达受众后在其认知、情感、行为各层面所引起的反应。它是检验传播活动是否成功的重要尺度。

拉斯韦尔的“5W”模式是线性模式，即信息的流动是直线的、单向的。该模式把人类传播活动明确概括为由五个环节和要素构成的过程，是传播研究史上的一大创举，为后来研究大众传播过程的结构和特性提供了具体的出发点。但它没能注意到反馈这个要素，忽视了传播的双向性。

二、香农和韦弗的数学模式

1949 年，信息论的创始人、数学家香农与韦弗在《传播的数学原理》一书中，一起提出了传播的数学模式——一种单向直线运动过程，为后来的许多传播过程模式打下了基础，并且引起人们对从技术角度进行传播研究的重视。该模式来自香农等人在贝尔实验室工作中所得到的启示,原本是用来探讨纯技术性问题的,与社会信息系统的传播并无多大关系,但是后来却一直为社会信息传播过程研究所青睐。

数学模式把传播描述成一种直线的单向过程,整个过程由五个环节和一个不速之客——噪声构成(如图 7-2 所示)。作为传播过程的第一环节,信源负责发出将要传播的信息。此后信息会经发射器编码而采用与所经渠道相适应的信号形式到达接收器。接收器的功能与发射器相反,它将接收到的信号还原为信息并发送到传播的目的地即信宿。"噪声"概念的引入,是这一模式的一大优点。它指的是一切传播者意图以外的,对正常信息传递的干扰。构成噪声的原因既可能是机器本身的故障,也可能是来自外界的干扰。克服噪声的办法是重复某些重要的信息,这样,传播的信息中就不仅仅包括"有效信息",还包括重复的那部分信息,即"冗余"。传播过程中出现噪声时,要力争处理好有效信息和冗余信息之间的平衡。冗余信息的出现会使一定时间内所能传递的有效信息有所减少。

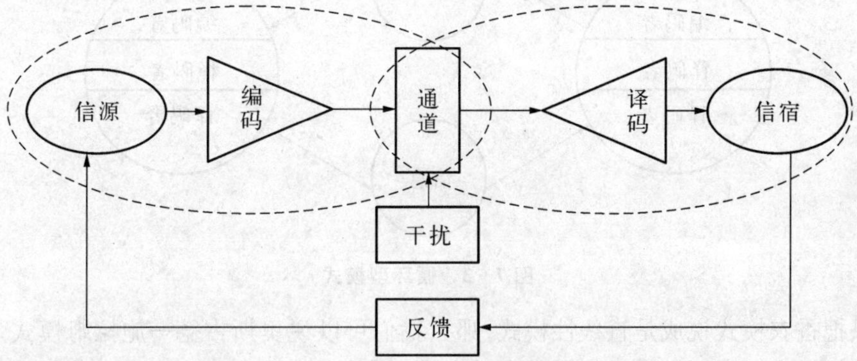

图 7-2 香农—韦弗数学模式

数学模式虽然为传播学研究带来了一种全新的视角,但它并不完全适用于人类社会的传播过程。它将传播者和接收者的角色固定化,而忽视了人类社会传播过程中两者之间的转化;它未能注意到反馈这一人类传播活动中极为常见的因素,因而也就忽视了人类传播的互动性质。这些缺点同时也是直线传播模式所共有的。

德弗勒弥补了数学模式的一个重要不足——反馈环节的缺失。他认为,有效的传播取决于信息源发出的信息含义与信宿接收到的信息含义之间的一致性,但是这两种含义之间极难达到完全的一致。而反馈可能使信源的传播方式更有效地适应信宿,从而增加上述两种含义之间达到一致的可能性。尽管反馈概念的加入改进了数学模式,但它仍受到一些传播学者的批评。他们认为,数学模式的一个不可弥补的缺陷是忽略了传播过程中的制约因素,如社会环境和主观思维等方面的能动作用。另外,人类传播系统是功能性系统——人能够通过学习改变原有状况,而数学模式的理论则是根据电信工程技术领域这一结构性系统提出的。

三、奥斯古德—施拉姆的循环型模式

该模式由心理学家奥斯古德首创,并由传播学者施拉姆于 1954 年提出。威尔伯·施拉姆是传播学科的集大成者和创始人,人们称他为"传播学鼻祖"、"传播学之父"。他建立了第一个大学的传播学研究机构，编撰了第一本传播学教科书，授予了第一个传播学博士学位，也是世界上第一个具有传播学教授头衔的人。循环型模式是他在《传播如何得以有效运行》一书中提出来的，又可称作双向循环传播模式。

在这个模式中(如图 7－3 所示)，一方将信息进行编码，然后发出信息，另一方收到信息后进行译码，再经过解释理解，接收了信息，同时又将自己的信息经过编码发给对方，对方同样经过译码、释码而接收信息。这样，传播双方不再被机械地划分为发送者和接收者。双方都是发送者，同时又都是接收者，他们的传播行为是主动的和对等的，行使着同样的功能，都在从事编码、译码和释码。编码功能类似于发射，译码功能类似于接收。信息在两个传播主体之间循环流动、传播，尤其是在人际传播中，得到维持和发展。同时，该模式的重点不是像以往的模式那样关注传播的环节，而是在于解析传播双方的功能角色。

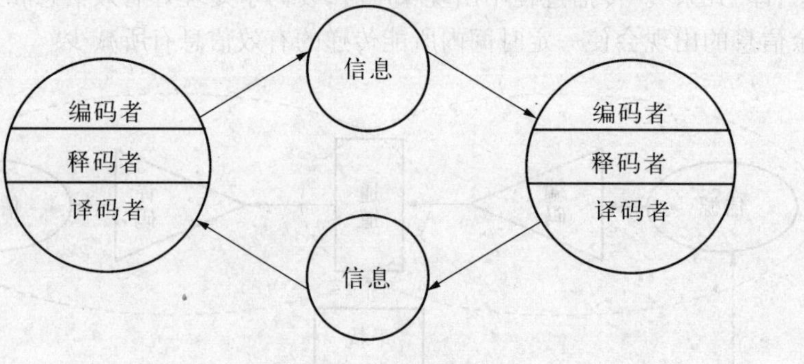

图 7－3　循环型模式

如果把香农模式说成是直线性模式，那么我们可以说奥斯古德—施拉姆模式是一种高度循环型的模式。这两者之间的另一个区别是：香农的兴趣主要在于发送者和接收者之间的传递渠道，而施拉姆和奥斯古德则主要讨论传播过程中各主要行动者的行为。循环型模式当然也存在着一定的缺陷：其一，该模式的传播双方处在一个完全平等的关系之中，这与社会实际中的传播情况不相符合；其二，循环模式体现了人际传播，特别是面对面传播的特点，但不能适合大众传播的过程。

四、格伯纳模式

美国著名传播学者乔治·格伯纳长期从事传播内容分析和传播影响研究。1956 年，格伯纳在《对传播总模式的研究》一书中，在继承了拉斯韦尔等人模式的基础上，提出了一个文字模式，指出了传播研究的十个基本领域。该模式能够依具体情况的不同而以不同的形式对千变万化的传播现象进行描述。文字模式包括十个基本的要素：① 某人；② 对某事有所感知；③ 然后作出相应的反应；④ 在某种状况下；⑤ 通过一定的途径或借助某种工具；⑥ 获取某些可资利用的材料；⑦ 采取某种形式；⑧ 在一定的环境和背景中；⑨ 传达某些内容；⑩ 得到某种效果。

格伯纳模式的特点在于把传播过程描述为起始于一种感觉行为。格伯纳认为，感知者的选择方式以及对感知背景的了解等，都会影响其感知行为。而感知者制作的信息在到达信宿后，信宿也要经历一番感知过程。格伯纳以“下雨”为例，发送者感知大气中凝聚水汽为“雨”，导致其对这一事件的叙述——“下雨了”，这一叙述又转而给接收者以同样的感知或理解。可见,这是一条由感知到生产再到感知的信息传递链。

该模式的优点是适用广泛。它既可以描述人的传播过程,也可以描述机器如电脑的传播过程或人与机器的混合传播。依照这一模式,整个传播过程中所有的信息都始终与外界保持着密切的联系,可见人类传播是具有开放性的系统,而传播也是对纷繁复杂的事件、信息加以选择和传送的具有选择性的、多变的过程。同时,对于这种模式持批评态度的人认为,该模式中缺乏对传播研究严密的分类;该模式也只是对单向线性模式的改进,仍然缺乏对传播活动中反馈和双向性的描述。

五、马莱茨克的大众传播场模式

大众传播场模式由德国学者马莱茨克于 1963 年提出,该模式应用了"场论"的研究思想。"场"本是现代物理学的一个概念,它是指从环境与物体的关系上去把握物体的特征及环境的特性。场论是勒温在研究群体动力学时提出的,现在已经发展成为社会科学的一种研究方法,强调环境内复杂的因素和变量相互之间的影响。大众传播场就是大众传播过程中诸种社会关系的群集的总和,马莱茨克认为,无论是发送者还是接收者的行为,都是在一定的"社会磁场"中进行的,而在与社会的互动中显示其传播的性质和作用。根据马莱茨克的描述,麦奎尔制图如下(图 7-4):

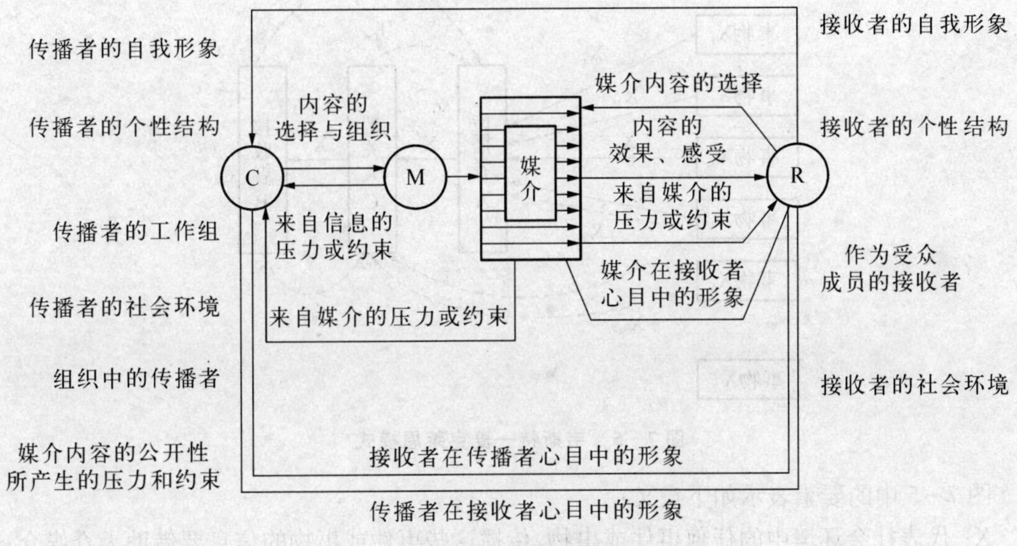

图 7-4 麦奎尔制图

图 7-4 中,C 为发送者,M 为信息,R 为接收者。

如图 7-4 所示,影响传播者行为的有关因素包括以下几点:

(1) 来自社会环境的约束。社会道德规范、社会文化规范及法律起着控制和制约发送者的作用。

(2) 来自接收者的约束。群众的舆论反映出对发送者的态度。

(3) 来自媒介组织的约束。各种大众媒介组织的宗旨、所有制形式和政策不同,这些对发送者来说都是重要的环境因素。

(4) 来自工作群体的约束。大众传播者总是在一个群体内工作,他们的自由在某种程度上受到工作群体的规范和价值观的限制。

(5) 来自发送者的个性结构和自我形象的约束。发送者都有自己的人格意识和个性结构,要考虑自己的行为准则在公众中的形象。这些都是制约发送者如何进行选择和制作信息的社会因素。

同时,马莱茨克认为,接收者心目中的媒介形象导致接收者对媒介内容的期望,因而可以认为这种形象将影响到接收者对内容的选择、感受和反应的方式。媒介的知名度和可信度是这一形象的重要组成部分。最后,这一模式强调了来自接收者的自发反馈。在大众传播过程中,来自接收者的自发反馈很少,这是传播者对受众缺乏完整形象的重要原因。大众传播场模式,是从社会心理学角度研究大众传播过程的相关因素的一份清单,它所包含的大众传播过程中的一系列重要因素和关系至今仍值得研究。

六、韦斯特—麦克莱恩的大众传播概念模式

1957 年,美国传播学者韦斯特和麦克莱恩整理当时已有的研究成果,提出了一个适合于大众传播研究的有系统的模式,如图 7-5 所示。

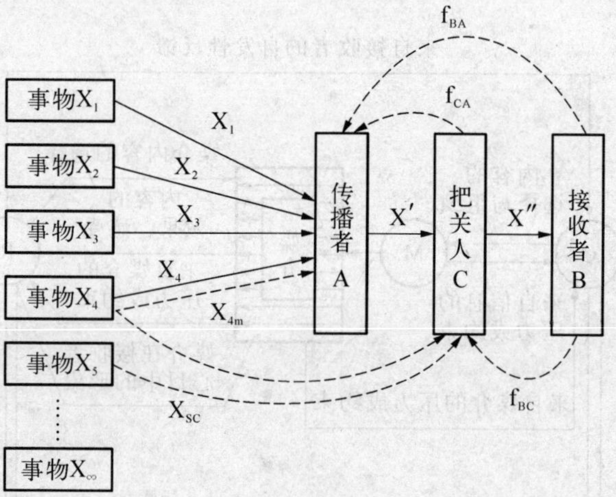

图 7-5　韦斯特—麦克莱恩模式

图 7-5 中的要素表示如下意义:

X: 代表社会环境中的任何事件或事物,传播这些事件或事物的信息要借助大众媒介;

A: 有意图的传播者,如政治家、广告客户、新闻来源等,是"鼓吹者"角色;

C: 指媒介组织或其中的个人,或称"把关人",它们从 A 或 X 处选择信息,传播给 B(受众);

B: 指受众或"行为"角色,可以是个人,也可以是群体,还可以是一个社会系统;

X': 指传播者为进入信息渠道而作出的选择;

X'': 指媒介组织向受众传递的加工过的信息;

f_{BA}: 指受众(B)向原始信源(A)的反馈;

f_{BC}: 指受众通过直接接触或受众的研究向传播组织的反馈;

f_{CA}：指发送者(C)流向传播者(A)的反馈。

这一模式分析了A、B、C三者之间的内在联系，并指出了传播过程的交互性，强调了反馈的重要性。该模式主要有以下特点：

(1) 信息选择具有多样性。传播来源可以在各种事件中进行选择，大众传播媒介既可以在各种信息来源中选择，也可以在各种事件中直接进行选择。

(2) 传播系统具有自动调节性。社会上数量众多的大众媒介间存在着激烈的竞争，在这种竞争的过程中，它们也互相取长补短、自动调节，以适应社会优胜劣汰的发展机制。

(3) 信息反馈具有重要性。只有反馈才能真正保证传播过程中所有要素间关系的系统性。

以上我们介绍了一些在传播学中有重要影响的传播模式。由于传播现象极为复杂，学者们从各个角度进行观察研究，于是出现了众多的传播模式。任何传播模式都有其局限性，要想找到一个适应各种传播现象的模式是很难的，所以我们应明确各种传播模式并存的情况，并根据实际的需要，采用不同的模式进行解释。

第三节　公共关系传播的形式

按照不同的划分标准，传播可以划分为不同的基本类型：以传播内容涉及的社会生活作标准，可以划分为政治传播、经济传播、科技传播、文化传播、教育传播、军事传播、宗教传播；以传播所使用的媒介及人体器官作标准，可以划分为口头传播、动作传播、实物传播、手抄传播、印刷传播、电子传播等；以传播所涉及的主客体关系及规模大小作标准，可以划分为内向传播、人际传播、小群体传播、组织传播、大众传播。

本节主要是从传播媒介的角度对公关传播加以分类，分析不同传播媒介对公关传播效果的影响，主要分为口头传播、书面传播、电子传播、网络传播四种形式。

一、口头传播

所谓口头传播，即指利用口头语言进行的传播。而公共关系的口头传播，则专指在公共关系活动中以口头语言为主要媒介或主要手段的传播。口头传播是人类传播活动中的第一个阶段，也是保留至今的比较古老的传播形式。这一阶段大致从人类摆脱“与狼共舞”的野蛮状态、形成原始社会开始，一直到文字的出现。

随着社会的发展，口头语言传播的具体方式不断丰富，日趋多样。有个人之间的交谈、三五成群的议论，也有口口相传的民谣、行吟诗人的说唱等等。公元前490年9月，波斯帝国派遣重兵大举侵犯希腊城邦，在雅典东北部的马拉松平原登陆。希腊人奋起抗击，以弱对强，赶走了敌人，取得了辉煌胜利。士兵菲迪皮茨奉命从马拉松战场以最快的速度跑回40多公里外的雅典报信。他向聚集在中央广场的人群激动地喊道：“我们胜利了，雅典得救了！”喊完就倒地牺牲了。这可说是古代最著名的一次口头新闻传播。

口头传播的特点有：第一，它是直接面对接收者的传播形式，能够在发送者和接收者之间建立起比较畅通的交流渠道，方便反馈；第二，由于面对面的传播形式，使得发送者可以使用生动的表情、多变的语调和丰富的肢体动作来增强沟通的效果，可以使接收者更有效地接收信息；第三，相对于其他的传播形式而言，口头传播具有低成本的特色，简便易行；第四，口头传播的发送者和接收者往往属于同一社会阶层，有更多共同的生活经验，所以信息的编码和解码相当吻合。

当然，口头传播也有其局限性，比如其传播的空间和时间的限制较大，只能在较短的时间和较小的空间范围内传播，其延续期不如书面传播长久，受众的范围也不如电子传播和网络传播广泛。

二、书面传播

书面传播主要是指一种运用书面语言、以纸媒为主的传播手段。首先，书面传播的形式可以使传播的内容长期保存，便于接收者随时反复地感知、理解，较之口头传播具有更大的灵活性，不受时间和空间的限制。其次，书面传播弥补了口头传播即时性的不足，避免了口头传播中常常可能出现的"口误"或疏漏。再次，与口头传播相比，接收者可以根据自己的习惯来接收传播的内容，有更大的自主权。但是，书面传播是一个单向间接的信息沟通方式，虽然具有如上的一些优点，但是接收者对传播内容的选择权利会影响传播的效果，也不能及时地得到反馈。美国心理学家戴尔研究表明，在传播效果上口头传播要好于书面传播，但是由于书面传播的便捷性、受环境的制约少，因而在现实的公关传播中得到了广泛的应用。报纸和杂志是书面传播的两种主要形式，在利用这两种媒介进行公共关系传播时，一般则采取广告和新闻的形式。

报纸是以刊载新闻和时事评论为主的定期向公众发行的印刷出版物，是大众传播的重要载体，具有反映和引导社会舆论的功能。报纸的分类方法比较复杂，例如，按照出版周期的不同，可以分为日报、周报、双周报或更长时间的报纸；按照出版时间来分，可分为日报、早报和晚报。报纸作为一种书面传播的基本媒介，可以随时阅读，不受时间的限制；可以被互相传阅，读者人数可以是印刷数的几倍；即使阅读或理解能力较低的人，也可以相应地多花费些时间，吸收报纸的信息。但报纸作为传播媒介也不可避免地会有一些不足，如受截稿及出版因素影响，不能提供最新资讯以及即时更正信息；纸张过多带来携带及传阅的不便等。

杂志，又称期刊，是一种定期出版物，有固定名称，并用刊号连续不断的形式，间隔地、不断地出版。杂志种类繁多(有专业性期刊和综合性期刊、新闻性期刊与非新闻性期刊之分，同时按照出版周期也可分为多种)、发行量大、读者范围广、专业性强。一般情况下，读者是利用闲暇时间阅读杂志的，而闲暇时间是人们精神最安定的时刻，这种精神上的松弛有利于增强读者对信息内容的记忆与理解。杂志的特点与报纸大致相同，只是在报道内容的深度上有所加强，具有独特的参考价值，能够给读者留下深刻、完整的印象。同时，杂志的印刷一般比较精美，色彩艳丽，图文并茂，有较强的感染力。但是杂志的出版周期比较长，内容上虽然比报纸的宣传生动活泼，但与电视、新闻等相比，仍有欠缺。

三、电子传播

电子传播，是指通过无线电波或电缆导线将信息和意见传递给公众的手段，同印刷传媒构成了当代最为主要的两类大众传播媒介。电子传播是利用现代化的科学技术手段来进行信息传播的，相比较于口头传播和书面传播，电子传播拥有两大特点：第一，传播迅速，对象普及。电子传播可以将捕捉到的信息以极快的速度传播出去，还有像现场直播这样的形式，不仅能通过声音，还可以通过直观画面，形象地将现场的实况再现在各地的公众面前。同时，电子传播的受众范围很广，一方面，在现代社会，随着电子媒介进入千家万户，大大拓展了传播的范围；另一方面，电子传播能适合社会各阶层的公众需求，各类知识层次的人都能接受。第二，传播效果好。电子传播具有很强的渗透力，通过反复的信息传递，可以产生一些潜移默化的作用，特别是在商业用途上，电子传播的这一特性被充分地运用。从形式上说，电子传播主要分为两种——广播和电视。

广播是覆盖面最广的一种电子传播形式，同时它还具有以下优点：传播及时、迅速、时效性强；传播方式亲切生动，声情并茂；雅俗共赏，具有较好的共享性，受众的覆盖层次比较广；相对于电视而言，其制作成本相对较低。但是，广播传播的内容保留性较差，因为广播有固定的时间，不像书面传播，其内容稍纵即逝，难以被受众捕捉；另外，广播的选择性较差，主要表现在自由选择节目的范围有限，不能任意改变收听的时间、顺序，不能随意加快或放慢收音的速度。

相对于广播而言，电视的出现发扬了广播传播的优势，同时弥补了广播传播存在的不足，特别是随着电视的普及，作为一种传播的媒介，电视在现代社会的应用很广泛。其优势在于：视听兼备，具有较强的感染力；综合性强，它兼有电影、戏剧、报纸和广播的特点，同时富有现场感；电视传播的商用效果非常明显，通过影音的结合，容易给人留下深刻的印象，在商业公关中，特别是在广告宣传中，电视的应用相当普及。然而，电视较之于其他传播形式存在制作成本较高、携带不方便、受众不能自主选择节目顺序的不足。随着数字电视的发展，电视本身的性能得到加强，同时与网络等媒介相结合，又展现出一片新的发展前景。

四、网络传播

2001 年在“9 · 11”事件发生后 8 分钟，新浪网就以即时新闻的方式发布了这一消息，而这一时间仅比美国总统布什晚了 3 分钟。网络技术的兴起和发展，为传播提供了更高效的平台。网络传播的技术基础是互联网的发展，其与传统的传播媒介相比有着众多无可比拟的优势。

中国现代媒体文化发展委员会常务副主任诗兰认为，网络传播有三个基本的特点：全球性、交互性、超文本链接方式。因此，其给网络传播下的定义是：以全球海量信息为背景、以海量参与者为对象，参与者既是信息接收者又是信息发布者，并随时可以对信息作出反馈，它的文本形成与阅读是在各种文本之间随意链接、并以文化程度不同而形成各种意义的超文本中完成的。相对于传统的传播媒介而言，网络传播的优势主要表现在以下几个方面：

首先，网络传播的出现和发展，拓宽了传播的广度和深度，打破了以往多种信息传播形式相互的界限，它既可以实现面对面传播，又可以实现点对点传播。当信息面对多个上网用户传播时，网络传播可谓大众传播工具，而个别独立的上网用户之间的交流可谓点对点的人际传播。

其次，网络传播融合了大众传播（单向）和人际传播（双向）的信息传播特征，在总体上形成一种散布型网状传播结构，在这种传播结构中，任何一个网结都能够生产、发布信息，所有网结生产、发布的信息都能够以非线性方式流入网络之中。网络传播将人际传播和大众传播融为一体。网络传播兼有人际传播与大众传播的优势,又突破了人际传播与大众传播的局限。

最后,网络传播具有人际传播的交互性,受众可以直接、迅速地反馈信息,发表意见。在网络传播中,受众接收信息时有很大的自由选择度,可以主动选取自己感兴趣的内容。同时,网络传播突破了人际传播一对一或一对多的局限,在总体上,是一种多对多的网状传播模式。

五、传播形式的选择

在面对众多可选择的传播媒介时,采取何种形式的传播,对于公共关系的顺利开展,并最终达到目的,有着重要的意义。在选择公关传播形式时,应主要考虑以下几个方面的问题:

(1) 公关活动的传播对象。公关传播要针对需要影响的对象群体,有的放矢地运用与之相适应的传播手段,例如,企业的主要实施对象是产品的消费者。为了达到传播的效果,不同的受众要与不同的传播媒介相适应。要根据受众的年龄段、受教育程度、经济状况有条件地进行区分,并根据公关的目的针对特定的受众群进行定向的传播。例如,对于文化程度不高的公众,宜采用广播、电视等形式;对于受教育程度比较高的受众,宜采用报纸、杂志等形式;对于青年学生群体,比较适合采取通过网络的形式进行传播。

(2) 公关活动的传播内容。适当的传播形式对于受众对传播内容的接收程度有很大的影响,像比较复杂的传播内容,需要反复的思索才能明白,应该采用书面传播的形式,而不宜采用电子传播的模式;而如果要使得传播内容生动形象,给受众留下深刻的印象,则宜采用电视、网络等传播的模式。

(3) 公关活动的经济条件限制。公关活动要从自身的需要出发,当然还要考虑组织的经济实力。因为利用传播媒介总要支付一定的费用,所以,在选择传播媒介的时候,要争取用尽可能少的支出来达成最大的传播效果。不同传播媒介的应用所需要的支出差别很大,比如口头传播和广播传播的成本比较低,而电视传播的成本相对较高,因此成本—收益的核算对在公关活动中选择媒介有很大的影响。

第四节　公共关系传播技巧

一、公关交谈

与日常生活中的交谈不同,公关交谈更具目的性和成效取向,即特定的公关交谈是为了达成某种目的而发生的。如推销交谈就是一种比较典型和最为常见的公关交谈,指对商品等的推销行为,主要担负着宣传的作用。

交谈虽然司空见惯,似乎没有一定的法则,但是要达到公关的目的,交谈的过程就要遵从一定的规则和技巧。下面就介绍一些公关交谈中比较关键的环节。

1. 礼貌语言的运用

在任何社交场合，诚实和热情都是交谈的基础，只有开诚布公的谈话才能使人感到亲切自然，气氛才会融洽。交谈双方是处在一个对等的关系上进行交流，以礼待人，才能显示出自身的人格尊严，又可以满足对方的自尊需要。

2. 声音与姿态

在正式的社交场合，即使是熟人，谈话的声音也不宜过高，以免妨碍他人，引人反感。与人交谈时，表情要自然，语言和气亲切，表达得体。可适当做些手势，但动作不宜过大，特别是不要对人指指点点，同时要与对方保持适当的距离。另外，无论是坐还是站，身体都不要太拘谨，但也不能太放松，以免显得懒散，对人不尊重。聆听他人谈话时，眼睛应该有礼貌地注视对方，并适当地点点头，以示专心。

3. 克服不良习惯

公关交谈中的一些不良习惯会产生反作用，引起对方的反感。例如在交谈中刻意使用华丽的辞藻或者穿插一些英语和方言，假如谈话者趣味相投，可能不会有什么问题，而一旦对方听着不舒服，则会产生一种华而不实的感觉，给人以卖弄做作之感。

二、演讲

演讲的形式简单，无需繁多的道具，也无需一定规模的场地。同时，随着电子媒体的发展，演讲人可以走进广播电台、电视台，将两种形式结合在一起，使得演讲的形式变得更加简单、更加普及。

就公关演讲而言，它由三种基本要素组成：代表社会组织的演讲者、所传播的信息和作为信息接收者的公众。公关演讲是口头传播中覆盖面最广的一种形式，因此，也要求演讲之前要进行精心的策划和详细的准备，并在演讲过程中始终注意信息传播的有效性和吸引力，追求“一次性”效应，因为其他形式的口头传播，如果第一次效果不理想，还可以有第二次、第三次，但演讲就很难做到这一点。关于演讲过程中应该注意的一些技巧，可以总结为以下几点。

1. 演讲时的动作

演讲时的动作包括肢体动作和脸部表情。演讲者演讲时的姿态会给听众带来某种印象，例如堂堂正正的印象或者畏畏缩缩的印象。总的来说，在演讲中要保持一种“轻松的姿态”，因为过度的紧张不但会表现出笨拙僵硬的姿势，而且对于舌头的动作也会造成不良的影响。不仅仅是站立的姿态，演讲中一般还要搭配一些肢体的动作，来解释和强化传播的内容，适当地运用肢体语言可以拉近与听众之间的距离，掀起演讲的高潮，使得整个演讲富有吸引力。

同时，演讲者还要注意脸部的表情，演讲过程中传播者的一颦一笑都会进入接收者的视野，并可能对传播的效果产生影响。紧张、疲劳、喜悦、焦虑等情绪无不清楚地表露在脸上，演讲的内容即使再精彩，如果总是一副缺乏自信的表情，演讲就很容易变得欠缺说服力。视线也是脸部表情的一个组成部分，在大众面前演讲，就必须要忍受众目睽睽的注视。在这一过程中，并非每一个观众都会对演讲者投以善意的目光，即便在这种情况下，演讲者亦要注意不能漠视观众的目光，避开观众的视线来说话。有一种技巧是，可以把自己的视线投向强烈“点头”以示首肯的人，这对于巩固自信心有显著的效果。

2. 演讲中的语音和语调

首先，演讲的语言从口语表述角度看，必须做到发音准确、清晰、优美，词句流利、准确、易懂，语调贴切、自然、动情。演讲是主要以声音为媒介的传播手段，对于语音的要求很高。在演讲过程中，常容易出现的毛病包括：声音痉挛颤抖，飘忽不定；大声喊叫，音量过高；音节含糊，夹杂明显的气息声；声音忽高忽低；朗诵腔调，生硬呆板等。所有这些都会影响听众对演讲内容的理解。因此，在语音方面，要注意说话吐字清晰、清亮圆润、富于变化，这样才能使得演讲富有传染力。

其次，要使演讲中的词句流利、准确、易懂。为了使听众能够迅速、准确地把握演讲者传播信息的内容，演讲中一般采用短句式，并搭配一些口头语言和流行语言，使语言富有活力和亲和力；同时不宜做过多的精确性列举，特别是过大的数字，一般可用约数；可以较多地使用那些表明个人倾向的词语，诸如“显而易见”、“依我看来”等等，并且多使用一些“但是”、“除了”等连接词，使演讲显得活泼、生动、有气势。

第三，绝不能像平常讲话那样任意增减音节，拖泥带水，这样便损害了口语的健康美，破坏了语言的完整性。为了营造沉着的气氛，演讲时要注意说话的语速不能太快，同时还要注意如果从头至尾都用同样的语速来进行，听众会很容易厌倦。

三、谈判

谈判是有关方面就共同关心的问题互相磋商，交换意见，寻求解决的途径和达成协议的过程。谈判一般包括几个要素：谈判至少有两方参加；谈判各方都有自身的利益和目标，而且双方就这些利益和目标有一定的直接利害关系，从而导致争议；谈判的手段主要是协调，相互间必须一定程度地考虑对方利益，通过调整各自的目标，最终使各方利益得到相对满足。一般正规的谈判过程包括六个阶段：导入阶段，主要是让谈判参与者通过介绍相互认识，彼此熟悉，以创造一个有利于谈判的良好气氛；概说阶段，谈判各方简要亮出自己的基本想法、意图和目的，以求为对方所了解；明示阶段，根据前一阶段谈判各方表述的意见，尤其是相互存异或有疑问处，谈判各方会进一步明确各自的利益、立场和观点；交锋阶段，谈判各方的目的都是为了获得自己所需的利益，自然就会有矛盾，而矛盾的激化就会导致对立状态的出现，这时候，谈判各方互相交锋、彼此争论、紧张交涉、讨价还价，逐渐确定妥协的范围；妥协阶段，交锋的结束，便是寻求妥协途径的时刻，妥协阶段就是各方相互让步，寻求一致，达成妥协；协议阶段，谈判各方经过交锋和妥协，求同存异或求同去异，基本或一定程度上达到自己的目的，于是便拍板同意，各自在协议书上签字，握手言欢，谈判宣告结束。

与其他形式的口头传播相比，谈判持续的期限比较长，而且在谈判过程中需要谈判各方不断地交锋和妥协，因此谈判需要掌握的技巧也比较复杂，可以总结为以下几个方面。

1. 宽松的环境

在一个宽松的谈判环境中，可以营造一种轻松和谐的氛围，而人在这种氛围之下更容易听取不同的意见。高明的谈判者往往都是从中心议题之外开始，然后逐步引入正题。无论是天文地理，还是轶闻趣事，主要的目的是让双方把紧绷的神经放松下来，拉近双方的距离。这样在切入正题之后，就容易找到共同的语言，化解双方的分歧或矛盾。在套近乎的同时，高明的谈判者会随着话题的不断深入，采取挤牙膏的方法，顺顺当当地使对方作出一个又一个的承诺，直到满足自己的需求为止。

2. 化解谈判中的冲突

虽然谈判双方都在追求一个双赢的结果，但不是任何问题都能够达到双赢。通常情况下，如果谈判陷入僵局都是因为谈判者采取立场式的谈判方法。这时的情况只有一种：必须有一方作出一定的让步来达成协议。而往往在这个时候，谈判就会开始陷入一场持久的僵局中，不利于双方进一步合作。化解冲突的技巧要求在这个时候要淡化立场，追求利益的共同点，因为我们许多人在感情用事下，往往忽略了在双方对立的立场背后，既存在冲突的利益，还可能存在共同的或可以彼此兼容的利益。虽然让步的谈判并不等于失败的谈判，但是，要注意不能随意作出让步。精明的谈判者会用自己不重要的条件去交换对方无所谓但自己却很在意的一些条件。这样的谈判才能是一个双赢的谈判。

3. 隐藏谈判者的情感

在商务交往中，人的情绪高低可以影响谈判的气氛，如何对待谈判者的情感表露，特别是处理好谈判者的低落的情绪，甚至是愤怒的情绪，对今后双方的进一步合作有着深远的影响。当然，我们期待谈判对手的感情泄露能有助于谈判的顺利进行。但个人的情绪有一定的传染性，有时处理不当，矛盾激化，会使谈判陷入不能自拔的境地，双方为了顾及“脸面”而彼此绝不作出任何让步，结果双方很难再合作下去。

4. 提出最佳的选择

要想最快地达到谈判的目的，就需要做好多方面的准备。比较好的方法是根据实际情况，提出多种选择方案，从中确定一个最佳方案，作为达成协议的标准。有了多种应对方案，就会使你有很大的余地。同时，你的最佳选择越可行，越切合实际，你改变谈判结果的可能性就越大。因为你充分了解和掌握了达成协议与不达成协议的各种利弊关系，进而就比较好地掌握了谈判的主动权，掌握了维护自己利益的方法，就会迫使对方在你所希望的基础上谈判。

四、广告

广告是为了某种特定的需要，通过一定形式的媒体，公开而广泛地向公众传递信息的宣传手段，其本质是一种传播。广告又有广义和狭义之分。广义广告包括非经济广告和经济广告。非经济广告指不以盈利为目的的广告，如政府行政部门、社会事业单位乃至个人的各种公告、启事、声明等；狭义广告仅指经济广告，又称商业广告，是指以盈利为目的的广告，通常是商品生产者、经营者和消费者之间沟通信息的重要手段，或企业占领市场、推销产品、提供劳务的重要形式。

广告作为一种大众传播的手段，主要有以下特点：广告进行的传播活动是带有说服性的；广告是有目的、有计划、连续的；广告不仅对广告主有利，而且对目标对象也有好处，它可以使用户和消费者得到有用的信息。对于公共关系而言，广告不仅能扩大其社会影响，引起公众的注意，而且能提高组织的声誉，赢得公众的赞许和好感；还能给投资者以好印象，争取更多的投资。

广告的传播手段主要分为两种：创意阶段和发布阶段。创意的过程在其中起到核心的作用，又可以分为五个阶段：① 准备期。研究所收集的资料，根据旧经验，启发新创意。资料分为一般资料和特殊资料,所谓特殊资料,是指专为某一广告活动而收集的有关资料。② 孵化期。把所收集的资料加以咀嚼消化,使意识自由发展,并使其结合。因为一切创意的产生,都是在偶然中突然发现的。③ 启示期。大多数心理学家认为,印象是产生启示的源泉,所以本阶段是在意识发展与结合中产生各种创意。④ 验证期。把所产生的创意予以检验修正,使其更臻完美。⑤ 形成期。以文字或图形将创意具体化。

具体到公关传播中的广告制作,首先要注意遵守国家的有关法律和广告管理条例,还要注意行业道德和行为规范,不做虚假广告,做到对受众负责。其次,应尊重并符合公众的心理要求。公关广告传播要达到预定的效果,就一定要了解公众的兴趣热点和理解水平,只有这样,才能使广告具有强烈的吸引力和感染力,才能使公众对广告的印象深刻。再次,要注意广告传播的连续性。通过广告树立组织的形象和传播产品或理念,都不是一朝一夕的事情,必须要持续不断地进行宣传,使组织的名称、形象、信念融为一体,给受众以稳定、一致的形象。第四,广告文字应简练易记,广告的内容也要不断地进行创新。为了给公众以深刻持久的印象,必须使文字尽量言简意赅,朗朗上口,从而使受众过目不忘,并能广为传颂;还要不断地将创意翻新,避免给人以呆板的印象。最后,广告的宣传中必须要有一定的反馈,主动了解广告宣传的效果,并不断地对宣传策略、设计进行调整,主要的方法有个别访问法、电话调查法、回函回应法、意见反映法、记忆法、节目分析法等等。

五、新闻

新闻的概念有狭义和广义两种。狭义新闻专指“消息”,是对国内外新近发生的具有一定社会价值的人和事实所作的简要而迅速的报道。新闻种类较多,有动态消息、评论消息、社会新闻、文教新闻、国际新闻等。广义的新闻指及时报道新近发生的重要事件或生活现象的各种文章,包括消息、通讯和兼有新闻、文学双重特征的报告文学。

在我国新闻学术界,最权威的新闻定义是 1943 年陆定一提出的:“新闻的定义,就是新近发生事实的报道。”范长江也对新闻下了一个定义:“新闻就是广大群众欲知应知而未知的重要事实。”王中教授引入传播学概念,把新闻定义为“新近变动的事实的传布”。另外,甘惜分教授把新闻定义为“报道或评述最新的重要事实以影响舆论的特殊手段”。

在传播中,新闻的功能在于形成舆论、引导舆论。它报道的是国内外最新发生的重大事件或新气象、新成就,从而引起社会广泛的关注和思考,对社会存在的问题、最新消息的流通和人们眼界的拓展产生深远的影响。之于公共关系传播而言,公关部门则需要充分利用新闻的传播方式,达到传播促成组织目的的作用。具体而言,公关新闻传播中应该注意几个方面的问题。

首先,要注意新闻传播中的一些基本要求:① 时效性。要求新闻必须是对新近发生的事实和未传播过的事件的传播。② 真实性。新闻传播的内容要实事求是,不能捏造,如果是虚假的谣言就不是新闻了,这也是对受众负责的要求。③ 公示性。传播的新闻要具有一定的普遍性和社会意义,是社会公众需要了解的事情,因此应使报道的信息具有社会性和公告性。

其次,为了更好地达到传播的效果,应该协助新闻界做好工作,形成互利关系。新闻界也是公共关系的工作对象,应该加强联系。同时,公关工作人员应经常或定期地向新闻媒介寄发各类资料、新闻稿件,以供编辑在需要时使用。要提供高质量的公关新闻稿件,需注意稿件的新闻价值,具有严谨的逻辑,让受众容易记住新闻的内容。

最后,开好记者招待会,安排好记者活动。公共关系中组织的记者活动有四种:记者招待会、记者茶话会、参观组织设施和产品发布会。这四种活动既有信息发布作用,又有与新闻界密切相关的意义。因此,在组织这些活动时,公关工作人员要作详细的规划和部署,使记者感到宾至如归。

六、网络

进入21世纪,随着网络技术的普及,越来越多的人习惯通过网站来获取信息,网络也注定成为众多公关工作人员青睐的对象。因此,如何通过网络来进行公关传播,是公关工作人员应该关心的一个新问题。网络公关(PR on line)又叫"线上公关"或"e公关",它利用互联网的高科技表达手段营造企业形象,为现代公共关系提供了新的思维方式、策划思路和传播媒介。

在网络公关传播中,从发布的主体而言,可以分为主动传播和被动传播。主动传播是指组织通过网络发布信息,向受众传播产品或观念,达到组织既定的目的;被动传播也可以称作网络口碑,是指网民通过论坛(BBS)、博客和视频分享等网络渠道,与其他网民共同分享的关于公司、产品或服务的文字及各类多媒体信息。

就被动传播而言,网络公关组织要与口碑网站建立友好的关系,通过网络口碑平台传播对企业有利的信息。要引导网络社区的讨论,引导网络社区参与者的意见,并通过与网络社区意见领袖的接洽,提供对组织有利的传播内容。

就主动传播而言,网络公关要注意以下几个方面的问题:

(1) 搜索和鉴别信息,这主要是出于信息真实性的考虑。由于网络上的信息鱼目混杂,对这些信息的整理需要有一定的耐心,积极地进行鉴别工作。否则,公关人员一旦以组织的名义传递了不真实甚至是错误的信息,会对公众形成误导,最终损害公众的利益和组织形象。

(2) 网络公关一般是通过网站这一平台展开的,因此,组织好网站是公关工作者做好网络传播的一个重要使命。做好一个网站,首先需要提供可靠的技术保障,防止被外人干扰,确保网站能够正常地运行;其次要精心设计好网页和栏目,能够达到吸引人的目的,使传播的内容给受众留下深刻的印象;最后要做好信息的编辑和及时更新工作,这对于维持一个网站的生命力有着重要的意义。在这个过程中要对信息做好去伪存真的工作,对信息进行有机的组合以及适度的艺术加工。

(3) 通过网络积极与目标公众建立联系,扩大组织影响。网络传播加强了受众选择信息的主动性,因此,网络传播的公关工作人员要注意积极与受众进行沟通,密切与公众的联系,为网站留住受众群体。

(4) 注意信息反馈的重要性。在经济全球化的条件下,网络使得一个企业的市场调查变得更加广泛、深入而快捷,而且成本低廉。运用网络公关进行社会调查和信息传播往往是企业成功策划与竞争制胜的法宝。所谓"网络公关调查",就是在各地建立办事处、信息站、分公司、连锁店,通过电脑联网或先进的通讯设备,随时反馈信息、获取资料的方法。这已经不是临时运用的方法,而是长期运用的日常性的信息管理方法。

(5) 网络公关中的危机处理。网络也是把双刃剑,由于网络的介入,使得危机带来的负面影响极易扩散，甚至造成严重后果。因此，之前有一个预警系统是必不可少的。在这个系统中，我们可以设想一下企业可能会遇到什么样的危机，并做好预防工作。有了这个系统，企业在面对突如其来的公关危机时，就能有条不紊地拿出应对策略，使组织迅速摆脱危机。

思考题

1. 公关传播的含义是什么？
2. 公关传播由哪些基本要素组成？
3. 简要说明公关传播的几种模式。
4. 公关传播有哪些形式？
5. 利用广告方式进行公关传播应注意哪些问题？
6. 如何充分利用网络做好公关传播？

第八章 公共关系与危机管理

本章知识点

1. 公共关系危机的含义、特征
2. 公共关系危机的成因及发展阶段
3. 公共关系危机预防
4. 公共关系危机处理
5. 公关活动与组织形象修复

第一节 公共关系危机分析

在组织经营过程中，由于决策失误、产品设计与质量问题、公共关系活动违反法律规定、经营人员的态度与水平问题、新闻媒体和竞争对手的误导等，总是会出现一些危机事件。危机是市场经营活动的影子，也是公共关系过程中的伴随物。一项调查指出，世界500强企业的董事长和总经理，约80%的人认为现代组织面对的危机就像人的死亡一样，是不可避免的事情。既然危机不可避免，那么正确地处理各种危机事件，就成为公共关系工作中的正常性业务。树立科学的危机价值观，掌握公共关系危机的处理艺术与技巧，是有效清除危机影响、开发危机处理资源、塑造组织形象、强化公共关系效用的方法论基础。

一、公共关系危机的含义

在《现代汉语词典》中，“危机”一词有两种含义：一是指潜伏的祸根，如“危机四伏”；二是指严重困难的紧要关头，如“经济危机”，它既是一个不稳定的时期，又是一个新局面的开始，可以说是一个转折点。人们通常所说的危机，一般是指由非正常因素所引起的某种非常事态，如金融危机、能源危机、军事危机等。公共关系危机即通常所说的公关危机，是各种危机中的一种特殊类型，它是由组织内外的某种非常因素所引发的公共关系非常事态和失常事态。一般来说，所谓公关危机是指组织由于突发事件或重大事故的出现，导致其面临强大的公众舆论压力和危机四伏的社会关系环境，使组织形象严重受损，组织的公共关系处于发展危机之下的一种状态。这种状态如果不迅速改变，就会影响到组织的生存。

在日常生活中，公关危机事件并不少见：某品牌奶粉含过量“三聚氰胺”、奥斯卡编剧罢工事件、某品牌笔记本电脑大量回收问题、我国消费者抵制法国产品等等。凡此种种而引发的危机事件都是不同领域、不同类型的公关危机事件。可以说,公关危机已经成为组织发展过程中一个不可避免的现象。

[案例分析] 平安高管"年薪门"

2008年3月17日,中国平安保险公司年报显示,平安有3名董事及高管2007年的税前薪酬超过了4 000万元。1 055位车主联名向保监会递交了一份请求书,质疑交强险过多地分摊了保险公司的经营成本,并请求保监会进行调查。

随后,平安集团针对此事作出回应,相关财务报告均经过国际会计师事务所审计确认,并且严格按照保监会的相关规定核算。从业务构成来看,交强险在平安产险业务中只占很小的比重。平安集团还表示,2007年高管的基本工资同比并没有增长,其薪酬的增长主要来自奖金,而奖金主要有两个来源:一是与H股股价挂钩的长期奖励计划(虚拟期权)的兑现;二是与2007年业绩挂钩的绩效奖金。

虽然从表面上看来,平安公司的解释足以解答车主的质疑,但是中国股市上证指数跌至3 000点,而中国平安的1 600亿巨额融资自然会被大众抨击。由此平安高管4 000~6 000万元的薪酬成为股民和公众热议的话题,并成为进一步质疑中国平安的事件。

由此可见,公关危机可导致组织与公众关系迅速恶化,组织的正常业务受到影响,生存和发展受到威胁,组织的形象遭到损害,处于高知名度、低美誉度的地位。

二、公共关系危机的特征

从总体上看,公关危机事件主要有四个方面的特征。

1. 公关危机事件是一种突发性事件

危机的发生往往是不可预见,或者是不可完全预见的。几乎所有的公关危机事件都是在人们毫无思想准备的情况下突然发生的,因此,会令人们陷于混乱与惊恐之中,以致措手不及。即使有些危机在发生之前,可以估计到其发生的可能性,但对其发生的具体时间、地点和规模,却难以准确地进行预测。例如,一家从事危险性行业的企业可以想象得到,它有发生工伤、火灾、爆炸的可能,却无法事先知道会在何时、何地发生。

2. 公关危机事件是具有严重危害性的事件

公关危机事件的发生,往往会给组织带来巨大的危害,使组织的社会地位和名誉度下降,破坏组织的正常运转或生产经营秩序,带来严重的形象危机和巨大的经济损失;而且会引起社会的局部的恐慌和动荡,在社会公众的心理上留下沉重的阴影,危害到人们的身心健康,造成不可逆转的破坏。公关危机事件若处理不当,往往会危及组织的生存。

3. 公关危机事件是一种普遍性事件

有调查显示,美国89%的企业领导人认为"企业发生危机如同死亡和税收一样,是不可避免的"。危机是在你不注意时积累的灾难。例如,美国一架波音飞机已飞行了20年之久,产生了金属疲劳,但是人们并没有注意到这一积累的灾难,造成飞机起飞不久就发生剧烈的爆炸。所以,组织一定要记住一句话:"一切可能出错的,都会出错。"(墨菲定律)[1]

① [美]劳伦斯·彼得等著,艾柯编译.金科玉律(改变人生生活的18条法则).北京:机械工业出版社,2004年版,第101—102页。

4. 公关危机事件是具有较高公众关注度的事件

突发的公关危机事件往往能强烈刺激人们的好奇心理,成为公众和舆论界高度关注的焦点。而且危机事件往往与公众有直接关系,特别是当危机涉及人身安全时,更能引起公众的关注,一经媒体报道,瞬间就会在大街小巷广泛传播。例如,"三鹿奶粉"事件就是各大媒体报道的头版头条,也是社会公众密切关注的事件,许多公众追踪了整个事件的发展变化过程。正如国外危机管理专家所指出的:"每一起意外事件不尽相同,相应机构应变的态度也颇为不同。但无疑的是:当悲剧发生的时候,群众和媒体的注意力一定集中在出事的组织。"

三、公共关系危机的类型及发展阶段

1. 公共关系危机的类型

公关危机林林总总,具有多样性或独特性的特点。公关危机根据不同的维度可以分为不同的类型,本书主要依据公关危机产生的原因将其分为由企业活动、社会变动、经济波动等社会性因素造成的公关危机和由自然灾害等不可抗力因素造成的公关危机。其分类如表8-1所示。

表8-1　公关危机的分类

危机产生的原因	危机分类	危机举例
社会性因素	企业危机	三鹿奶粉事件、冠生园"陈馅月饼"事件、强生婴儿用品事件
	经济危机	1997年亚洲金融风暴、2008年全球金融危机
	社会危机	"法轮功"事件、达赖喇嘛事件
自然的不可抗拒力量因素	自然灾害	2008年初南方雪灾、2008年汶川地震
	突发性流行疫情	2003年"非典"、2009年甲型H1N1流感
	重大事故	胶东铁路事故、衡阳火灾

2. 公共关系危机的发展阶段

斯蒂文·芬克提出了公关危机的四段论模式。

第一个阶段:危机潜伏期。该阶段为危机处理的易控期,但是由于具有不易察觉的特点,使得人们往往稍不注意就丧失了避免危机爆发的机会。所以,决策者应树立危机意识。

第二个阶段:危机突发期。该时期内事件发展形势逐渐严峻,民众心理受到最为严重的冲击。危机管理者在此阶段面临的最大威胁,就是雪崩式的危机发展速度和巨大的压力。危机突发期主要有四个特征:① 事态严重程度逐渐升级;② 事态发展吸引越来越多媒体的介入;③ 社会组织相关的正常活动难以开展;④ 事态发展对社会组织的形象和声誉造成不利影响。

第三个阶段:危机蔓延期。此阶段是危机之后的恢复期,也是四个阶段中时间较长的一个阶段,但如果管理得力,会大大缩短这一时间。此阶段主要是采取措施,减少危机突发期造成的损害。

第四个阶段：危机解决期。此时，民众已从危机影响中完全解脱出来，但政府当局与相关部门仍需保持高度警惕，因为危机有可能会去而复返。

本书认为，危机从其自身发展过程来说，一般经历四个阶段：酝酿期、爆发期、处理期、善后期。

(1) 危机酝酿期。酝酿的过程或长或短，但几乎每次危机的爆发都要经历这个过程。在这个过程中，各种对组织不利的信息源正在形成，有时会出现一些预兆和端倪，如果这些信息源能被及时发现，危机就有可能被提前消除。如果没有被及时发现，便会引发危机。实际上，突发事件只是导火索，造成危机的原因已经长期存在。

(2) 危机爆发期。这是指危机对组织、社会造成的影响突然迅速增强，犹如炸弹突然爆发的一个时期。这个阶段的特征是：危机发生后，通过媒介、人员、组织的传播，不断扩散，受众知晓率爆炸式上升，组织的形象因此受到严重的损害。

(3) 危机处理期。这是危机得以解决的时期，也是公共关系人员采取行动挽救组织于危难之际的关键阶段。这个阶段的特征是：通过事态的发展、事件的处理、原因的调查，事情有了结果，公众、媒介的关注逐渐减弱甚至消失。

(4) 危机善后期。这是一个落实整改、依靠公共关系手段消除影响、矫正形象的阶段。主要的工作包括：及时提供赔偿损失、安稳人心、撰写危机发生的调查报告、提出防止危机重演的计划与措施。

四、公共关系危机的成因

诱发危机的原因可能是多方面的，例如，组织自身问题造成的危机、意外事故造成的危机、不利报道引起的危机等等。概括起来主要是由组织内部因素与组织外部因素引起的。

1. 组织内部因素

许多危机产生的根源在组织内部，具体有以下两方面：

(1) 组织人员缺乏危机管理意识。组织人员包括管理人员和员工两类。现今，许多管理人员危机意识淡薄，在危机面前往往推卸责任，对外缺乏组织形象意识与公众权益意识，对公众的正当权益要求置若罔闻。而员工是对外宣传的窗口，尤其是某些服务型组织的一线员工，他们直接与公众对话，他们的素质反映了企业组织的形象。例如，2007 年 4 月 1 日在古城丽江发生了一起因外地导游情绪失控挥刀砍伤 20 人的恶性事件，这起事件一发生便陷入了民众谴责、舆论曝光的困境。

(2) 组织缺乏应对危机的机制。目前很多组织缺乏忧患意识，缺乏应对危机的一整套管理体系和方法。在组织平安无事时，一般不会有未雨绸缪的防范意识和战略考虑；而当危机出现时，便造成“病急乱投医”，使问题演变成一场危机。在组织设置中没有建立正常、有序的传播沟通渠道。许多组织在危机发生后会无限制扩大组织机密范围，追求事事保密、层层设卡，唯恐公众知晓组织的决策内容。

2. 组织外部因素

组织的外部因素对危机的发生起着加速作用，主要的因素包括：

(1) 媒体报道及舆论压力。随着传播工具越来越发达，媒体的报道及社会舆论对公关危机的产生起着愈来愈重要的作用。有时甚至影响到公众的认知及对问题的看法，尤其是那些负面的报道，有些甚至能危及组织的生存。

(2) 组织外成员的影响。竞争者或同行的恶意打击，或者是受到同类产品的冲击，也会使组织陷入危机之中。如三鹿奶粉事件就影响了许多奶制品企业的发展。

(3) 自然因素的影响。天灾人祸、不良的地理环境、恶劣的气候、不便利的交通条件等都会阻碍组织的发展。

第二节 公共关系危机预防

公共关系危机预防是指对公关危机的隐患进行监测、预控的危机管理活动。危机管理的关键是危机的预防。

一、公共关系危机预防的必要性

在古代就有许多关于预防危机的著名言论，如“生于忧患，死于安乐”、“居安思危”、“防微杜渐”，等等。在现代复杂多变的环境中，学会预防危机，避免危机的发生，能使组织的声誉不受影响或少受影响。因此，当代组织需要危机预防。有调查显示，在世界500强企业中，被危机困扰的时间平均为8周半，没有应变计划的公司，要比有应变计划的公司被困扰的时间长2.5倍；世界500强企业危机后遗症的波及时间平均为8周，没有应变计划的公司也比有应变计划的公司长2.5倍。由此可见，任何组织都应该重视公关危机的预防工作，一旦发生危机，组织应立即采取有力措施，尽快渡过危机状态。

[案例分析] **戴尔断货诚信风波**

自2007年4月以来，戴尔因液晶显示器等配件缺货，造成中国越来越多的消费者无法在其直销承诺的时间内获得订购的计算机产品，甚至一个“万人集体诉讼戴尔拖延出货时间，维护消费者权益”的活动也在网上悄然展开。与诸多企业的危机事件不同，这次戴尔的意外“显示器缺货事件”的根源是全球电脑液晶面板市场的缺货造成的，而非戴尔公司内部的原因。可惜的是，作为一家零库存的直销企业，戴尔并没有及时采取有效的应对措施，才最终导致了这起意外风波的发生。

不同于诸多企业的意外危机事件，戴尔的这起断货诚信风波的导火索是上游厂商危机的转嫁与扩散。对于戴尔来说，主要问题出在没有对始发于供应链的断货可能进行风险防范，由此足以看出，日常危机管理与危机预警的必要性。

二、公共关系危机预防的主要内容

(一) 树立危机预防的意识

危机意识是危机预警的起点。虽然危机事件的发生有其客观的、人力无法完全控制的一面，但是，就多数的危机来说，又都是可以预见的，在一定程度上是可以避免的。例如，有生产就有次品，有汽车就有事故，但是每个次品、每起事故又都可以找出原因，这些原因便是组织在日常预防中要关注的对象。

所谓“冰冻三尺非一日之寒”,危机的发生都有预兆性的信号。日常预防要求组织始终保持警惕,培养敏锐的洞察力,注意收集各方面的信息,并以此对可能面临的危机进行预测,及时做好预警工作,采取有效的防范措施。要通过多种形式,增强组织成员的危机意识和忧患意识,提高广大成员参与预警管理的自觉性。首先,要强化高层领导的危机意识,把危机管理放在决策层次上来考虑,制定相关的政策、规章和措施,并通过组织正式管理渠道加以贯彻,使之成为企业、组织管理制度的一部分;其次,要对员工开展经常性的预警教育和培训,逐渐培养员工具有较强的危机承受能力和应变能力。

(二) 制订危机防范计划

危机防范计划是在分析可能发生的危机、危机发生的潜在原因和分析组织可以采取的措施的基础上,制订危机防范方案,确定危机防范的具体责任人和项目团队。防范计划应考虑以下几个方面的情况:检查组织所有可能与社会产生摩擦的问题或趋势;确立需要考虑的具体问题;估计这些问题对组织的生存与发展的潜在威胁;确立组织对各种问题的应对态度;决定对需要解决的问题采取的行动方针;实施具体的解决方案和行动计划;不断监控行动结果,获取反馈资讯,根据需要修正具体方案,防范危机。

危机防范计划就结构而言,可包含以下三个部分:

(1) 概述部分。包括:导言、领导签署的函件、本计划的发放层次与发放范围、关于本计划制订与实施的相关制度等。

(2) 正文部分。包括:计划制订的目标与任务、原则与定位,危机管理小组成员的设置,危机应变的其他成员及顾问资料,对外联络的名单及资料,关于信息所有权的提示,危机风险及潜在损害的评估,行动步骤,危机后的修正与检讨等。

(3) 附录部分。包括:危机预防的流程图,各部门的具体职责清单,危机管理小组成员及各部门主要负责人联络簿等。

(三) 经常开展模拟演练

消防队员为了在火灾来临时能够迅速做出反应,必须通过平时的刻苦训练来提高自己的反应能力。虽然危机并不经常发生,但为了提高应对危机的水平,组织也需要举行经常性的模拟训练。即当危机来临之时,如何制订和执行预警管理计划、采取什么样的防范措施,都要有一套完整的应急方案,且要符合组织实际。首先,经常性的模拟演练可以提高组织处理危机的应变能力和工作水平。因为有效的演练既可以检验危机预防方案是否科学合理,又可以提升组织内外部的协调作战能力,还可以通过学习,不断修正预防方案的不足之处。其次,可以提高员工对危机的熟悉度和处理危机的反应能力。具体来说就是增强他们对潜在危机的警惕性;有效激励员工,培养团队精神;帮助组织改进安全防范工作。

(四) 开展预防能力检查活动

开展预防能力检查活动,对及时发现危机、规避危机、减少危机损失具有重要的现实意义。

1. 检查的主要内容

检查的主要内容包括:对危机防范计划的检查、对危机管理团队管理者与成员的检查、对情报信息系统的检查、对可能引发危机的内部问题的检查、对与组织相关的可能引发危机问题的检查、对危机中组织成员权责的检查。

2. 检查的方法

检查工作采取自查和抽查相结合，以自查为主的方法。

(1) 自查工作。各部门要组织监测人员进一步学习危机预防制度方案与办法，在此基础上，按照检查内容，搞好本单位各项工作和各个岗位的自查工作，认真填写自查表。

(2) 抽查工作。进行定期或不定期的抽查，内容包括预警电话设立、在岗情况检查，并重点检查台账设立和数据质量情况。

3. 检查工作安排及要求

(1) 各部门要高度重视，加强领导，精心组织，认真安排，如期完成自查和抽查工作；

(2) 在检查过程中，各部门应认真配合检查工作，严格遵守各项规则，如实汇报各种情况；

(3) 自查和抽查工作结束后，各部门应撰写书面总结，并连同自评、自查报告，在规定期限内报检查机构。

（五）设立危机管理机构

组织危机管理机构的设立，一方面能够集各专业的长处和技巧，恰当地处理问题，协调和解决各部门之间的关系；另一方面可使预防措施得到贯彻执行。

1. 危机管理机构的组成

(1) 决策机构。由组织中最高管理者、相关部门经理以及企业组织的公共关系顾问和法律顾问组成。组织的最高领导扮演的是最终决策者的角色，相关部门经理扮演的是参与制订策略的角色。

(2) 常务执行机构。由一定的专职人员组成，作为常设机构平时可由公关部或办公室承担。

(3) 基层操作机构。一般称为“危机管理小组”，可由一些兼职人员组成。

2. 危机管理人员的配备

英国危机公关专家杰斯特提出，危机管理人员的配备最佳方案应该是：

(1)“出主意的人”，点子多，创意多，是点子型人才；

(2)“善于收集情况的人”，信息最重要，是沟通型人才；

(3)“提反面意见的人”，多角度、多方位考虑，万无一失，是“魔鬼辩护人”；

(4)“管理档案的人”，是“记录型”人才，材料是最好的见证；

(5)“重视人道主义的人”，是处理危机时各方注意的焦点。

危机管理人员必须具备危机公关处理的能力，特别是要具备以下几个方面的素质：

(1) 反应敏捷，具有灵敏的嗅觉，能于细微处感觉危机的萌芽。

(2) 灵活机智，讲究方式方法，“兵来将挡，水来土掩”，一切模式都不可能在现场生搬硬套。

(3) 头脑冷静，具有水一样的思维或称“液态思维”，即以“柔性”的方法来处理严峻的危机现场。

(4) 换位思考，用“假若我是他(她)……”的方式，设身处地地为公众着想。

3. “发言人制度”的建立

危机事件的发生往往伴随着各种传言杂音，为了保证宣传的高度一致性，主动引导舆论，危机管理机构必须设立“发言人制度”，以“一个声音”统一“对外发言”。

“发言人”不是随便什么人都能担任的，理想的“发言人”应该具有极强的沟通能力和应变能力。第一，发言人必须负责任地对外发布真实信息；第二，发言人必须具有从容面对新闻媒介、面对公众甚至面对意想不到的不利环境的素质和能力；第三，发言人必须能有理、有利、有节地驾驭场面，以良好的人格魅力影响公众。组织“发言人”的综合素质本身也体现了一种组织形象，会对危机处理产生直接影响。

第三节　公共关系危机处理

对于一个组织来说，采取有效的紧急措施妥善地处理公共关系危机具有十分重要的意义。具体说来，它既可以修复组织在公众心目中的良好形象，又有助于降低或挽回组织的经济损失，还可以协调组织与公众的关系。因此，公共关系危机处理是一项重要而专业的工作。

一、公共关系危机处理的原则

公共关系危机处理虽然没有固定的模式，但是，当我们面对已经发生的公共关系危机的时候，还是可以遵循根据以往经验所得出的基本原则。

1. 迅速反应原则

危机一旦爆发，往往会给社会组织造成措手不及的被动局面并引起公众和新闻媒体的关注。因此，第一时间做出迅速、恰当的反应是防止危机事件继续恶化的“第一法宝”。危机一旦发生，应在第一时间主动采取切实可行的应急措施，化被动为主动，将危机带来的负面影响降到最低限度。如果组织反应迟钝，行动迟缓，不能迅速查明真相，或未能在最短时间内及时发布信息，就会造成危机传播中的信息真空，让各种误会和猜测产生，这会对组织的形象造成严重的影响。加拿大企业危机管理专家唐纳德·斯蒂芬森的一句名言很好地印证了这个事实：“危机发生的第一个 24 小时至关重要。如果你未能很快地行动起来并已准备好把事态真相告知公众，你就可能被认为有罪，直到你能证明自己是清白的为止。”

2. 公众至上原则

公众至上原则是危机处理的核心原则，没有这条原则，小危机也会转化为大危机，小冲突也会转化为大冲突，小事件也会转化为大灾难。因此，在处理危机过程中，应把公众的利益放在首位，将公众的利益作为处理危机的前提和出发点。只有这样，社会组织才能圆满、有效地解决危机。

公众至上原则还体现在必须执行人道主义原则。在某些情况下，危机会造成生命财产的损失。因此，危机处理中首先要把受害公众放在第一位，只有这样才能安抚受众，尽快地化解危机。在 2008 年的汶川大地震中，我国政府把抢救和安置灾民放在第一位，就是人道主义原则的高度体现。

3. 真诚坦率原则

通常情况下，公共关系危机一旦爆发，往往会引起社会大众和相关媒体的关注与报道，此时作为事件的当事人，要坦诚公开真相，而不应该也没有必要遮遮掩掩或者避重就轻。

“人非圣贤，孰能无过”，组织同样如此。把事实真相告知公众和新闻媒体，告知主管政府部门，以诚恳的态度配合新闻媒体和上级主管部门的调查，及时向社会与组织的对象公众通报相关信息。一味隐瞒和掩盖只会引起更多的误解和不良猜测，更会激怒公众。须知，真诚坦率地面对公众，是化解危机、赢得公众谅解和理解的最佳方式。

4. 勇于担当原则

事实虽重要，态度更是关键，负荆请罪往往能够博得同情和理解。在现代社会，人们对组织的社会责任提出了更高的期望。所以，当危机发生时，组织决不能推诿责任，否则会产生极其恶劣的影响。组织应当给公众留下一个勇于担当的负责人形象，以冷静、沉稳的态度镇静地处理危机。具体做法为：第一，在物质层面上，组织应主动承担损失和责任，并切实采取措施补偿损失；第二，在精神层面上，组织应向受害公众道歉，并站在受害者的立场表示同情和安慰，必要时还应通过媒体向社会公众发表谢罪公告，以赢得公众的谅解和信任。

5. 维护声誉原则

杰斯特说，公共关系在危机管理中的作用是保护组织的声誉，这是危机处理的出发点和归宿。一切应急措施和活动，必须围绕维护组织声誉展开。当组织在危机中要对外发言时，应统一口径，避免因多种声音、多个口径对外造成公众的困惑，加重公众的不信任感，影响组织声誉。在危机处理全过程中，公关人员都要努力减少对企业信誉带来的损失，争取公众的谅解和信任。例如“泰诺”中毒事件，尽管事件本身只涉及一个地区，但约翰逊联营公司为了维护公司的信誉，不惜承担重大损失，下决心在全国范围内收回该批次药品，赢得舆论和公众的一致赞扬，为今后重新占领市场创造了极为有利的条件。

二、公共关系危机处理的基本程序

组织在面对危机时，有一套反应迅速、正确有效的危机处理程序，可以避免情急之中的盲目性和随意性，防止公关危机中的重复和空位现象。公共关系危机处理的基本程序主要包括以下几个方面。

1. 成立危机处理小组

处理危机事件要临危不乱，就需要有一个统一指挥的组织。因此，危机出现后，组织应迅速成立“危机处理小组”，该小组成员一般由企业首脑、责任部门、相关部门组成，如果涉及相关法律、经济、政策等问题，还要有相关专家参与。

2. 深入现场，收集信息

危机处理小组成员在危机发生后，应在最短时间内深入现场进行事故原因的调查，亲临危机现场进行指挥抢救工作。处理小组应该迅速与目击者或者当事人取得联系，确实弄清危机事件发生的时间、地点、原因、人员伤亡、财产损失、市场的现状、媒体的反应等情况。

3. 分析情况，确定对策

在对信息进行整理分析的基础上，深入研究和确定应采取的对策、措施，制订危机处理方案。处理危机的根本策略是要澄清事实，消除误解，改善形象，迎合社会伦理道德，引导有利于组织的正确舆论，重建社会公众对组织的信赖与好感。这些对策大体包括以下几个方面：对组织内部的对策、对受害者的对策、对新闻界的对策、对上级主管部门的对策、对业务往来单位的对策及对其他公众的对策。

4. 联络媒介,引导舆论

危机事件发生后,各种传闻、猜测都会发生,媒介也会纷纷报道。这时组织应主动与新闻媒介联络,让他们知道事情的真相,正如弗雷泽·P·西泰尔所说,“处理危机最重要的沟通原则是不要在灾难发生时保持沉默”,“那些在风暴来临时能向媒体提供及时、坦白和全面信息的人,是最优秀的危机沟通专家”。掌握舆论主导权的一个重要方法是:尽力以组织发布的消息为唯一的权威性来源。在危机发生而真相尚未查明前,可向媒介提供背景材料、发生危机的初步情况、组织采取的措施以及与事件相关的资料来占领舆论评论。

5. 组织力量,有效行动

这是危机处理的中心环节之一。有的大型危机往往涉及面较广,需要组织的生产、市场、后勤管理等部门都必须全力以赴,按照组织的部署分头行动。组织所采取的行动积极有效,往往能使危机得到有效化解。因此,组织的有效行动主要包括以下几个内容:第一,组织力量亲临一线,安抚受害公众,解决公众的当务之急;第二,争取其他公众、社团、权威机构的合作,协助解决危机;第三,寻找、创造机遇,重塑组织形象。

6. 评估总结,吸取教训

危机过后,一方面要注意从社会效应、经济效应、心理效应和形象等诸方面,评估消除危机有关措施的合理性和有效性,并实事求是地撰写出详尽的事故处理报告,为以后处理类似的危机事件提供参照性文献依据;另一方面,组织应当对自己在危机中的行为进行评价和整顿,写出总结报告,吸取教训,通过总结检查,改进企业或组织在危机管理方面存在的具体薄弱环节,以防类似的危机再次发生。

三、公关危机处理的艺术技巧

1. 从容不迫

当危机来临时,首先应当头脑冷静,及时采取行动。防范和消除焦躁情绪的第一策略,就是要认清危机事件的庐山真面目,从而避免盲目性,采取有针对性的行动。其次,要制订详细计划。如果面对危机有计可施,有切实可行的解决办法,就可以做到从容镇静,而不会出现焦躁情绪。再次,要增强危机意识。在纷繁复杂的现代社会,公关危机是在所难免的,只有具有较强的危机意识,才能在危机爆发时临危不惧,镇静自若。

2. 坦诚公开

危机事件突如其来,任何愤懑、掩盖都于事无补。最明智的办法是:坦白地向公众说明真相,增加透明度,及时向公众开放必要的信息传播渠道。多数情况下,诚恳容易得到人们的同情和谅解。1999 年,克林顿在遭弹劾的过程中,他的诚恳和坦率有力地帮助了他自己,这就是一个很好的例子。

3. 决策果断

组织在面对复杂的危机现象和不明的危机原因时的犹豫,往往会导致危机的蔓延扩散。因此,要处理好危机,就必须以清醒的头脑、镇定自若的态度,对危机事件进行全面细致的调查分析,针对公众的心理需求,果断地采取有效措施。

4. 抓住关键

危机一旦爆发,往往涉及方方面面,需要处理的问题是千头万绪的。因此,抓住关键问题,牵一发而动全身显得尤为重要。一般说来,应该注意以下两点:

(1) 解决主要问题。危机一旦爆发,需要解决的问题很多,关键是要分清主次,集中精力解决主要问题。只要抓住主要问题,次要问题便可迎刃而解。

(2) 重视沟通协调。抓住关键、解决主要矛盾不等于忽略其他,还应该重视全方位地沟通协调。危机事件的处理是被迫开展的组织活动。在开展活动时,不能仅仅依靠单一的处理方案,而应该考虑综合应用多种渠道,从多个侧面、多个角度,全方位地开展活动。

第四节 公关活动与组织形象修复

危机对任何组织来说都是一场严峻的考验。对大多数经历危机的组织来说,不管是否有能力解决危机,其组织形象都会不同程度地受到损害。但是,很多组织已经意识到,危机的背后是转机。如同美国危机管理专家诺曼·奥古斯丁所说:"一次危机既包含了导致失败的根源,又蕴藏着成功的种子。发现、培育进而收获潜在的成功机会,就是危机处理的精髓;而错误地估计形势,并令事态进一步恶化,则是不良危机处理的典型特征。"因此,如何尽力挖掘危机事件中可利用的因素,利用有效的公关活动重塑和修复形象,是组织面临的主要问题。

一、巧妙地进行危机沟通

(一) 开诚布公原则

处理危机最重要的沟通原则是不要在灾难发生时保持沉默。那些在风暴来临时能向媒体提供及时、坦白和全面信息的人,是最优秀的危机沟通专家。美国前总统卡特的新闻秘书乔迪·鲍威尔曾经说过:"坏消息在很大程度上就像鱼一样,并不是放得越久越好吃。"即使组织什么也不说,也可能被视为是组织所表达的一种态度。事实上,一项由 PN 公关公司(Porten Novelli)开展的调查显示,大多数(超过 60%)公众听到"无可奉告"这句话时,会将其视为默认有罪。沉默往往会激怒媒体,使问题更严重。

大多数公关专家认为,危机发生后,危机沟通的基本原则是:"开诚布公,将掌握的所有信息完整、迅速地对外发布。"从原则上来说,组织在第一时间对外发布了详细的信息后,谣言就会终止,公众紧张的情绪也会得到缓解。这对组织有以下几个好处:第一,迅速控制危机的扩散;第二,缩小危机破坏的范围;第三,重树组织的良好信誉。

(二) 杰斯特的"3T"原则

危机沟通的"3T"原则是由英国危机公关专家杰斯特提出的,即主动沟通原则(Tell your own tale)、全部沟通原则(Tell it all)、尽快沟通原则(Tell it fast)。

(1) 主动沟通原则。所谓主动沟通原则,是指企业主动将危机的有关信息对外披露。这意味着企业将是信息的主要来源,避免了造成信息失真,阻止了谣言的传播。否则,会使企业丧失危机沟通的主动权,为以后的工作埋下了隐患。

(2) 全部沟通原则。全部沟通原则,是指企业将自己知道的危机事实全部告诉公众,这意味着企业将说真话,不隐瞒危机的相关信息。虽然披露相关信息可能会增加很大的成本,但企业信誉资产的价值远大于此。

(3) 尽快沟通原则。在实施危机沟通时,企业不仅要积极主动讲真话,还要在第一时间进行沟通。否则,各种传言就会应运而生,此时企业再想改变公众的认识就难得多了。出现危机状况后企业应摆正自己的位置,不要试图去控制传播,不要试图去改变事实,要做的只是坦陈一切,这就已经成功了一大半。

二、重塑组织形象

(一) 重塑组织形象的目标

组织在恢复形象的过程中,可以根据调查的结果来策划重建组织形象的方法。如果是组织的美誉度受到损害,则组织可以采取提高产品和服务质量的方式进行形象的重建;如果是因为组织与媒体的关系导致的危机,可以采取不断与媒介进行沟通的方式进行形象的重建。

重建组织形象的目标,具体说来分为四个方面:第一,使组织公关危机事件的受害者或其家属得到最大的安慰;第二,使利益受损者重新获得作为支持者的信心;第三,使观望怀疑者重新成为真诚的合作伙伴;第四,更多地获得事业上的关心者和支持者。

(二) 采取建立良好形象的有效措施

组织在确立了重建形象的目标之后,关键是如何采取有效措施。

1. 威廉·班尼特的形象改变理论

威廉·班尼特认为,就像其他有价值的资产一样,声誉或公众形象应该从战略高度去维护。威廉·班尼特认为有四种大的战略方法可以改变组织形象,其中很多又可细分为不同的战术差异。

第一种战略是否认。否认又分为简单否认和转移视线两种。转移视线的好处在于它可以把个人和组织描绘成不公正环境的牺牲品,以引起人们对替罪羔羊的直接责问。

第二种战略是逃避责任。这是最复杂的策略。他提出六种战术方法,以使组织减少其责任,保护其声誉和形象。这六种战术为:援助、最小化、区分、超脱、反击、补偿。援助是指为了补偿受害者的损失而采取的救助措施;最小化包括减少或者轻描淡写错误行为以使负面影响降到最低;区分是指把人为错误与社会大环境的深层次矛盾区别开来;超脱是指向人们描绘一种美好前景或新的发展机会,而不是局限于危机事件;反击就是进行申辩和分散公众注意力;补偿包括直接向受害者提供帮助,以减轻其痛苦。总而言之,就是从各个方面减少错误行为传播的范围和程度。

第三种战略是亡羊补牢。即通过制定相关法律、规定来减少以后类似事件的发生。这种亡羊补牢式的做法,与上面提到的补偿的区别,在于它是针对未来的,而补偿则是针对当前的损失。

第四种战略是自责。这项战略包括道歉、忏悔和寻求公众的宽恕。班尼特认为,其他战略必须相互依赖,而这项战略可以单独发挥作用。

班尼特的形象改变理论的主旨在于指出:社会组织在危急中,应勇敢面对公众,努力维护自身利益,减小负面影响,将可能的损失降到最低。

2. CI 理论

CI 是企业形象策划的构建战略,译成中文即企业视觉形象识别系统,它由 MI、BI、VI

三个要素构成。

在CI系统中，企业的经营理念(MI)是企业在长期发展中逐渐形成的基本精神和具有独特个性的价值体系，即企业的经营思想、企业精神、企业价值观等，它是企业宝贵的精神财富和不断发展的原动力。行为识别(BI)是在企业经营理念的指导下形成的企业全体员工自觉的行动方式和工作方式，包括企业对内的管理和对外的公关、经营等活动。最后，通过组织化、系统化、统一性的视觉识别(VI)，将MI和BI的信息表征化为一个简单的视觉符号，如商标、厂牌、图案文字或者一种统一的色彩、音乐或歌曲等，以突出企业的个性，塑造出独特的企业形象，并通过各种传播媒介辐射到公众，引起公众对企业的特别印象和感受，产生对企业的信赖和偏爱。

虽然CI是企业形象策划的构建战略，但它的适用范围可以延伸到任何其他组织的形象策划，并且也适用于危机过后的组织形象修复。在MI中，要强化组织的危机意识，培养组织成员在处理危机过程中有修复组织形象的意识，将大无畏的精神植入组织每一名员工的心中，即使在面对危机时也信心满满，使员工有曙光就在前头的感受。在BI中，要以诚实和坦率的态度来安排各种交流活动，以形成组织与员工之间的上情下达、下情上达的双向交流，保证信息畅通无阻；进一步完善组织管理的各项制度和措施，有效地规范组织行为；要同平时与组织息息相关的公众保持联络，及时告诉他们危机后的新局面和新进展；争取拿出一些过硬的服务项目和产品在社会上公开亮相，从根本上改变组织的不良形象。在VI中，组织可以通过各种美术作品或相关音乐作品来表明自己在面对危机时的决心，彰显自己对组织未来发展的信心。

思考题

1. 什么是公共关系危机？
2. 如何预防公共关系危机？
3. 公共关系危机处理时应遵循哪些原则？
4. 简要说明公共关系危机处理的基本程序。
5. 公共关系危机处理的艺术技巧有哪些？
6. 如何进行组织形象修复？

第九章 公共关系与 CIS 战略

本章知识点

1. CIS 的基本含义
2. 企业理念识别系统的内涵
3. 企业理念识别系统的发展阶段和构成要素
4. 行为识别(BI)的内容
5. 视觉识别(VI)的内容
6. 其他识别系统
7. CIS 战略与 CS 战略

第一节 CIS 的基本含义

准确地把握 CIS 的基本内涵,是正确认识与运用 CIS、真正发挥 CIS 在企业中的导向功能并指导企业发展的重要前提。在我国引入 CI、发展 CI 和 CIS 的过程中,人们对它的解释呈现出了多样化的态势:有的进行放大解释,有的进行缩小解释,导致企业在导入 CIS 的过程中无所适从。本书中,我们首先从理论上准确地把握,而后确立其实践上的意义。

一、CI 与 CIS

CI 有两种解释。一种解释源于英文的"Corporate Image",译为"组织机构(企业)的形象"。其内容主要指组织机构的外在表象和表现以及社会公众对组织机构这种外在表现的印象和评价等。另一种解释源于英文的"Corporate Identity",可译为"团体的一致性",也可译为"组织机构(企业)的识别"。这里,Corporate 的意思是社团、机构、组织、企业等;Identity 在英文中有两种含义,一种是"同一性、一致性",另一种是"特性、身份、识别"。因此,Corporate Identity 一般译为"企业或组织识别"更为准确。后者的主要内容是指企业通过自己特性的创造、发展、传播,使社会公众认识并认同。

关于 CI 的两种解释,前者表现为社会公众对社会组织的客观识别;后者表现为社会组织去创造特性让人识别,是一种主观能动性的反映。

在 CI 的发展中,一方面为了使其内涵更清晰可辨,不至于造成误解或多种解释,另一方面也是在发展中使其内涵得以不断丰富,使 CI 从人们对它最初的认识逐渐转变为人们对它的系统性识别,故而提出了 CIS 理论和 CIS 战略。

二、CIS 的内涵

CIS 是英文“Corporate Identity System”的缩写,可以译为“企业或组织的识别系统”。其主要思想是将企业的经营理念、行为规范和视觉识别三位一体进行系统性分类,从战略的角度来研究企业内涵,丰富企业文化,塑造企业形象,使企业走上规范化、系统化、完善化的轨道。

CIS 的基本结构涵盖了企业内部各成员、各环节、各方面的综合要素,也涵盖了企业与外界进行联络与沟通的各个方面。CIS 的机能结构如图 9-1 所示。从其基本内涵的角度分析,可将 CIS 的定义表述为:将企业、机构的经营理念、精神宗旨等文化系统和哲学思想,通过全员的行为表现和整体的识别系统传达给社会公众,促使社会公众对企业、机构产生一致的理解、认同和接纳,从而为企业、机构树立良好的形象,并支撑企业、机构更好地发展。

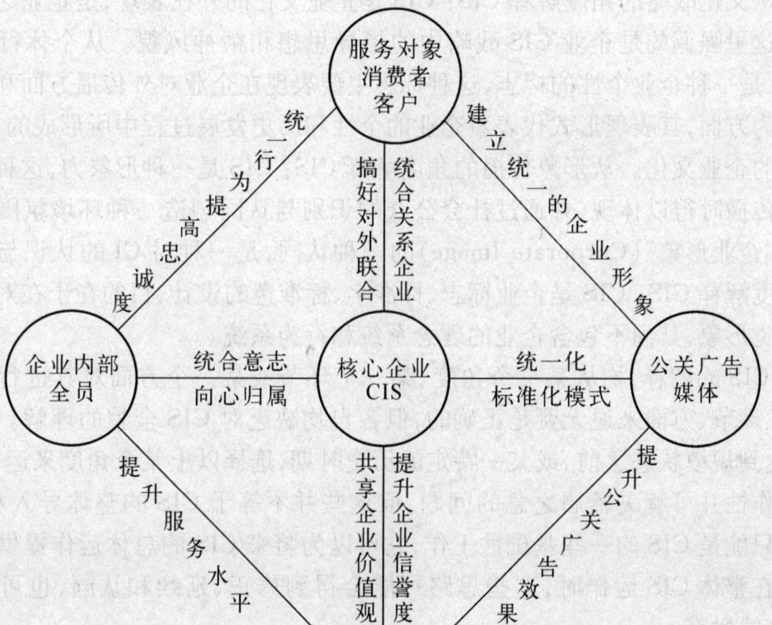

图 9-1　CIS 的机能结构图

CIS 战略的关键是以企业的经营理念为核心。对内,统一企业所有员工的价值观,建立统一的行为标准,形成员工对企业的认同感和归属感,在企业内部形成向心力、凝聚力,以统一的行为表现和视觉识别对外进行传播与沟通;对外,以公共关系、广告、媒介传播以及其他各类视觉性传播手段开展各项协调、沟通、传播性工作,形成企业对外的统一标志、统一造型、统一色调,力求企业在以上所有的对外传播中均以统一的形象在社会公众面前展示自身,从而赋予企业形象一种统一且具有个性化的信息特征,以提高企业信息的传递能力和形象诉求。

一个优秀的CIS设计及其系统性实施,会使社会公众一接触到企业信息,就立即识别该信息中所代表的企业及企业的一切内涵,并在心理上产生良好的反应,甚至产生美好的联想。CIS运作的一个重要目的就是“塑造良好的企业形象”,使社会公众对企业产生认同感与信任感,进而推动企业的进步与发展。

三、对CIS的不同理解

迄今为止,理论界对CIS的解释甚多,有从文化战略的角度解释的,有从个体行为的角度解释的,有从形象传播的角度解释的,更有从视觉识别的角度解释的。对于以上解释,大体可以从微观、中观和宏观的角度将其进行分类。

1. 微观层面的CIS

微观层面的CIS(Micro-CIS),是指从一个角度或一个方面乃至更小的环节对CIS进行解释。如从文化战略的角度解释CIS:CIS是企业文化的外在表现,是企业之间差别性的根本所在。这里强调的是企业CIS战略中的指导思想和精神风貌。从个体行为的角度解释CIS:CIS是一种企业个性的标志,这种标志主要表现在企业对外传播方面和企业所有员工自身的行为方面,其表现形式代表着企业的个性和历史发展过程中所形成的企业风格,反映着深层次的企业文化。从形象传播的角度解释CIS:CIS是一种形象力,这种形象力在企业对外进行传播时得以体现,并通过社会公众的识别与认同创造一种环境氛围。这种解释实质上是对“企业形象”(Corporate Image)的一种认同,是一种对CI的认识与解释。从视觉识别的角度解释CIS:CIS是企业标志、标准字、标准色的设计,目的在于在对外传播中统一企业的视觉形象,其间不包含企业的理念系统和行为系统。

以上对CIS的解释,均从某一个角度、某一个环节或某一个方面对其进行认识。就其认识的角度、环节、方面来说无疑是正确的,但各自均缺乏对CIS全貌的理解。企业发展初期,在没有达到规模状态之前,或某一特定的历史时期,选择以上某个角度来运作企业,应该说具有可操作性并可解决燃眉之急的问题,但这些并不等于CIS的整体导入和战略实施,我们认为这只能是CIS的一些基础性工作,它可以为将来CIS的总体运作提供一些可资借鉴的思路。在整体CIS运作时,这些思路可能会得到修正、延续和认同,也可能会得到改变、部分改变或抛弃。

2. 中观层面的CIS

中观层面的CIS(Middle-CIS)是指从准确的角度来把握CIS,既不从某个角度、某个方面对CIS进行解释,也不扩大CIS的基本功效。准确地把握CIS,应从三个方面来认同CIS的基本内涵:理念识别系统、行为识别系统和视觉识别系统。

与微观层面相比较,中观层面远远超越了微观层面所涉及的范围与层次,它认同对企业的改良、革命和创新。无论是何种企业,选择适当的时机导入和运作CIS,设定CIS战略,其目的不外乎完善现有企业的文化、行为与形象;改变企业的现状,使之达到有序运作,实现理想目标;对现有企业状况实行彻底转变,以新的、完整的形象展示自身;创造新的利润和市场增长点,寻求企业的更大发展和更高目标的实现。

在国外,建立CIS系统使企业起死回生的有之,使企业走向更大发展空间的亦有之。意大利最大的国营电力公司Edison与代表化学、人造纤维的权威公司Montenctini合并为

Montedi Son 之后，聚集了近百家各类企业，实力和规模足可以称为世界级企业集团。然而，由于目标、行为诸方面的不一致带来的混乱，又使它陷入了严重的危机。经过聘请专家实施 CIS 系统数年之后，情况有了明显的好转。日本著名跨国企业 KENWOOD 的前身，曾是一家濒临倒闭的企业，也同样因为得益于 CIS 系统的运作，才免除了灭顶之灾。而在世界上享有盛誉的麦当劳、可口可乐、柯达、富士等企业也都曾得益于 CIS 系统的实施。

3. 宏观层面的 CIS

宏观层面的 CIS(Macro－CIS)是指从放大的角度来把握 CIS，它认定，CIS 所涵盖的内容包括了企业运作过程中的一切，即不仅仅含有企业理念、文化、行为、视觉等，还应将管理、营销、公关、广告、投资、经营战略等多方面内容纳入 CIS 的运作范畴之中。

中国台湾著名设计师林磐耸认为，企业以自身过去、现在及未来所实践的职责和将要达成的职责为基础，对于经济、产业、社会全体、地域社会中被期待或将被期待的事物，能尽量明确化，然后以此方针创造企业独特的个性为首要；在这种情况下，广义的 CI 问题正式登场。从这样一个角度来认识 CIS，CIS 对企业是一种全方位的革命和创新，是对企业的换血强身。我们称这种 CIS 运作为大 CIS 观，如图 9－2 所示。

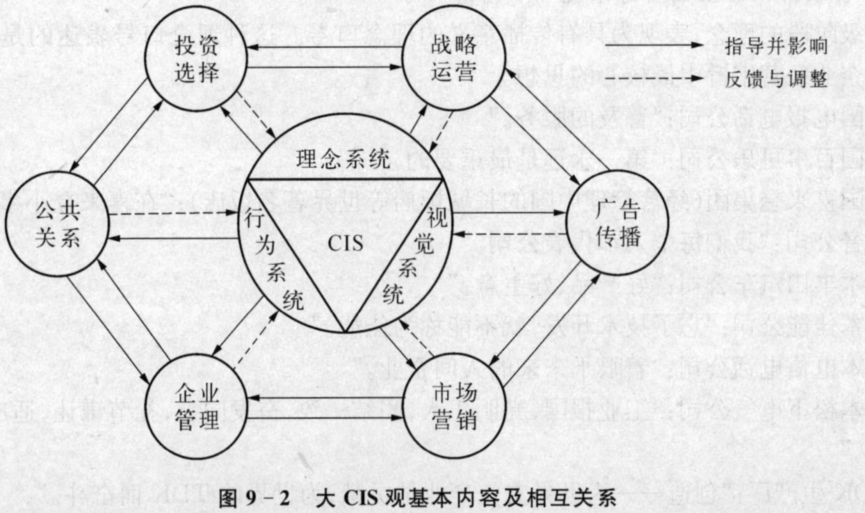

图 9－2　大 CIS 观基本内容及相互关系

大 CIS 观对于在诸多方面均无可保留价值的企业无疑是一种从根本上改变经营方针、建立全新的企业理念、全面调整员工行为、推出全新的 CIS 系统的好办法；对于步履维艰、濒临倒闭，在产业方向、市场前景、投资能力等方面一筹莫展的企业来说也不失为一种选择策略。这是企业放弃原来所拥有的一切软件，在一个新的起点上开创全新企业战略的始点，表现为企业中的骨骼、框架等，通过 CIS 给予全面的调整与加强，以给企业换血、充气。

第二节　企业理念识别系统

在 CIS 理论的发展和企业 CIS 的运作中，关于 CIS 的三大基本要素理论已广为认同和传播，它们是：理念识别系统(MIS)、行为识别系统(BIS)和视觉识别系统(VIS)，即 CIS＝MIS＋BIS＋VIS，这三部分合起来构成了 CIS 的战略系统。

一、企业理念识别系统的内涵

企业理念识别系统，英文表达为 Mind Identity System，简称为 MIS 或 MI。理念是一种思想意识，企业理念是指导企业行为的具有哲学内涵的思想意识；企业理念识别系统是企业通过阐述这些思想意识而达到的、以指导员工行为为目的的、让人们可感可识的完备系统。

企业理念识别系统是企业文化在意识形态领域中的再现，是 CIS 战略运作的原动力和实施基础，属于企业的最高决策层次，被称为企业之“心”、CIS 中的灵魂。完整的企业识别系统(CIS)的建立，有赖于企业经营理念的确立。

二、理念系统的发展阶段

理念在 CIS 的发展中经历了不同的阶段，从而也包含了不同的内涵。

1. 初级阶段的企业理念系统——理念口号

初级阶段的理念，表现为具有传播意义的理念口号。这种理念口号表达的是企业的价值观或企业经营宗旨中最核心的思想。

美国电报电话公司：“普及的服务。”

美国百事可乐公司：“第一永远是最重要的。”

美国喜来登集团(经营管理中国的长城饭店等世界著名饭店)：“在喜来登小事不小。”

波音公司：“我们每个人都代表公司。”

日本丰田汽车公司：“好产品、好主意。”

日本佳能公司：“忘了技术开发，就不能称为佳能。”

日本电信电话公司：“着眼于未来的人间企业。”

日本松下电气公司：“工业报国，光明正大，团结一致，奋发向上，礼节谦让，适应形势，感谢报恩。”

TDK 生产厂：“创造——为世界文化产业做贡献，为世界的 TDK 而奋斗。”

本田科研：“用眼、用心去创造。”

创建于 1926 年的四川民生实业公司：“对外，服务社会，便利人群，富强国家；对内，个人为事业服务，事业为社会服务，个人的工作是超报酬的，事业的任务是超经济的。”

创办于 1932 年的天津东亚公司：“你愿人怎么待你，你就先怎么待人。”

大庆油田的铁人精神：“一不怕苦，二不怕死。”

北京全聚德：“全聚的时候，当然是在全聚德。”

联想集团：“世界失去联想，人类将会怎样？”

广东万宝电器：“质量是企业的生命。”

2. 中级阶段的理念识别系统——理念菜单

在企业的发展中，由于企业的内涵不断丰富，涉及的问题不断增多，仅用理念口号来表达企业意愿与企业精神，是很难将其全部心愿表达出来的。于是，策划、创意者们便从多个方面、多个角度将其思想表达出来，从而形成理念菜单。例如，深圳市彩虹投资发展有限公司的理念菜单为：

事业领域：以气雾剂为起点，以提高人类生存质量为核心，进而向多元化发展。

企业宗旨：彩虹——就是为人类生活增添色彩。

价值观：人与环境的和谐高于一切。

企业精神：追求卓越，从小事做起。

行为准则：一切比国家规定做得更好，一切比公司规定做得更好，制度面前人人平等，机遇面前人人平等。

再如宁夏蓝旗广告策划公司的理念菜单是：

价值观：在蓝旗，利润永远位于第二。

蓝旗精神：精益求精，缝制世界品质。

蓝旗人的品格：蓝旗人是要有一点精神的，只要有了这点精神，就可以成为：一个勤奋好学的人，一个精益求精的人，一个忠诚守信的人，一个有益于人民的人。

又如河北新华物资总公司的理念菜单为：

理念口号：成功，起始于合作。

企业使命：创造需求，销售服务。

经营哲学：让我们所能获得的每一份资源，都流动到最佳位置。

行为规范：以十分清醒的头脑认识自己，以百川汇聚的态势精诚合作，以千倍努力的热情拼搏创新，以万众执著的追求激活物流。

企业的座右铭：生命的价值，在于事业的成功。

3. 高级阶段的理念识别系统——理念手册

理念是一种指导行为的思想，仅仅停留在口号和菜单的形态下，人们很难去挖掘其中的深层内涵。而在理念系统中，恰恰是这种深层次的思想内涵，才能唤起人们对理念的理解与认同，真正把握住其间的哲学思想对人们的指导作用。在这种情况下，只有在理念工程中所形成的理念手册，才能承担得起解释理念系统的重任。理念手册是对理念系统的深层解释和理论剖析，并从理念系统的各板块中提炼出指导企业行为的准则与思想。理念手册更能准确地告诉企业员工考虑问题的角度与方法、行为的依据与方式。

三、理念系统的构成要素

企业理念系统属于企业文化系统的范畴。企业文化系统是由企业精神文化、制度文化、行为文化和物质文化所组成的，其中，精神文化是这个系统中的一种核心文化。企业理念系统隶属于企业的精神文化，其主要内容应包括企业的事业领域、价值观、企业精神、企业使命、经营宗旨（信条）、企业风格（品格）、行为准则、座右铭等。

1. 事业领域

事业领域（Field of Utilities）规定企业的经营范围，它是在企业所选择产业领域范围的基础上进行的具体确定。

2. 价值观

价值观（Concept of Value）一向被认为是企业文化中的核心。由于企业对自身所进入的领域、所追求的事业中各方面内涵的认识具有不同等性，例如，所生产的产品、所追求的科研水平、所提供的服务、所要占领的市场、所期望获得的效益等，因此企业可对所有的方面进行排序，其中企业最看重的，就是最有价值的事务，它是企业在追求事业成功的过程中，个人推崇的基本信念及奉行的行为目标，亦即企业为获得成功而对企业行为所做出的价值取向。其中，基本信念实际上是一种本位价值，是一种被企业员工所公认的最根本、最重要的价值。在一定的价值信念指导下，企业员工所奉行的行为目标是一致的。

3. 企业精神

企业精神(Enterprise Spirit)是现代意识与企业个性相结合的一种群体意识。“现代意识”是市场意识、质量意识、服务意识、竞争意识、信息意识、效益意识、文明意识和道德意识等汇聚而成的一种综合性意识。

企业个性是由企业长期积累并发展而来的，经过确认的企业风格、价值观念、发展目标、服务方针和经营特性等各方面表现出来的企业基本性质。企业精神一般均以简洁而富有哲理的语言加以概括，但其间的内涵与意义颇为丰富。

美国国际商用机器公司(IBM)的创始人沃特森在他所著的《企业与精神》一书中指出，IBM之所以不断发展，就在于提倡和发扬了“最佳服务”的企业精神，这其中体现了顾客第一的基本原则。为了做到这一点，IBM要求每名员工都要不断思考，以便制造出来的产品能够百分之百地考虑到顾客的需求。设计人员经常了解市场的变化，推销人员时刻了解客户提出的改进意见，并及时反映给开发部门。这一切都是为了让顾客满意并据此为顾客提供最佳服务。

闻名遐迩的松下电器公司早在创业之初，就提出了松下的七种精神：

(1) 产业报国精神。作为员工，认识到这一精神，方能使自已更具使命感和责任感。

(2) 光明正大精神。此为松下人处事之本，在松下，不论学识才能如何，如无此精神，即不足为训。

(3) 友好一致精神。这是松下公司的信条，因为公司人才济济，各有所长，如不能友好一致地相处，就会成为一群乌合之众，从而无力量可言。

(4) 奋斗向上精神。为了完成企业交给的历史使命，必须走彻底奋斗之路，和平繁荣要靠精神争取。

(5) 礼节谦让精神。为人若无谦让，就无正常的社会秩序。礼节谦让的美德，能塑造情操高尚的人士。

(6) 适应同化精神。如不适应社会大势，成功就无法获得。

(7) 感激精神。对为我们带来无限喜悦与活力者应持感激报恩之观念，并铭记心中，便可成为克服重重困难、招来种种幸福的源泉。

4. 企业使命

企业使命(Enterprise Mission)是在一定的历史发展阶段，企业最高决策层对企业所有工作者所规定的一项任务。这是一种责任要求，是由企业发展目标和历史任务所决定的责任。这种责任一旦确定下来，便有一个稳定的时期。

企业使命有其社会属性。企业的任务必须符合社会发展的趋势与方向，必须有利于社会，有利于环境，满足社会对企业的要求。同时，它也体现了企业对社会所能和所愿意承担的责任与义务。如海尔的企业使命是为社会提供高标准、精细化、零缺陷的最好家电产品，提供24小时上门维修、24小时热线电话的特色星级服务体系。

企业使命有其历史特征。不同的历史发展阶段企业有不同的使命；不同的规模与内涵。企业规模不大的初创时期与企业规模扩大的发展时期，显然其使命会发生很大的变化，后者要承担的社会责任一定要重于前者。

企业使命有其区域范围的要求。不同的企业,由于行业限制、目标市场的选择、市场竞争激烈程度等约束条件,其使命的确定必然会有一定的区域、范围。如机械制造业,其服务对象一定是需求机械的企业,而不是最终消费者,从而决定了其使命必须是为其他企业提供产品与服务。

有些企业所选择的目标市场具有区域性,因而,企业使命就必须确定为为区域市场提供服务。有些企业尽管其历史使命不受行业、目标市场范围的限制,但由于市场竞争激烈程度的加剧,在目标市场结构分布上出现了一种自然的偏差,因而,企业使命又受到来自市场竞争方面的影响。

5. 经营宗旨

宗旨指的是主要的目的和意图。企业的经营宗旨(Management Aim)是指企业经营活动的主要目的和意图。从长期发展看,企业的经营宗旨表现为企业目标;从短期的阶段性看,企业的经营宗旨表现为一定时期企业所欲达到的目的。它表明企业依据何种思想观念来确定企业的行为、开展企业的各项生产经营活动。企业的经营宗旨,本质上应反映企业的价值观念和思想水平,并表现为企业的经营方针和经营指导思想。

在一定的历史发展阶段,企业可能在总体目标指导下有许多方面的目的和意图,如企业要为社会做贡献、要得到自身的发展、要获得经济效益等等。这些都是在市场经济条件下企业经营宗旨的共性。因为没有经济效益,企业就不能获得发展,亦不能为社会的进步做出应有的贡献。在这种大的、具有普遍意义的前提下,一个企业具体的经营宗旨该怎样确定,则具有其特定的意义。

企业经营宗旨按其所形成的范围分析,可分为宏观、中观和微观的经营宗旨。

(1) 宏观范围的经营宗旨是指企业站在整个社会宏观层面上希望自身所能承担的社会任务,并由此所能达到的社会目标。如长虹电器的理念中有这样一句话:"长虹以民族工业为己任。"意喻长虹所追求的目标是"民族工业的振兴",长虹应扛起这面大旗,开创中国民族工业的新纪元。这是一种长期目标,它在企业的发展中具有不断延伸的内涵,没有终极时点。

(2) 中观范围的经营宗旨是指企业在自身所处的领域中希望承担的历史任务,并为所处行业的发展做出应有的贡献。经营宗旨具有行业特征,企业所选择的事业领域不变,其经营宗旨亦不会发生变化。如果企业要进行跨行业经营,其经营宗旨则要随之发生变化。因此,中观层面的经营宗旨同事业领域紧密相连。

(3) 微观范围的经营宗旨是指企业为自己事业的发展规定的具体目标。如海尔集团为自己的企业规定的宗旨是:

第一,质量宗旨:高标准、精细化、零缺陷。要求设计环节各项指标均高于国家标准,按国际一流质量组织生产。主要产品指标实测值均优于发达国家平均水平,要求产品质量让所有消费者放心。严格控制进货量,把物流中心作为企业正常生产所储备的零部件的部门。零配件绝不接受二等品。生产进程精细化、零缺陷,建立完善的检测体制,引进国际最先进的检验设备,完善自检、专检、抽检,并将检测线延伸到用户家。

第二,科研开发宗旨:立足创新、用户为师、永远改进、追求完美。技术创新目标国际化,要求技术创新目标在课题领域中达到国际水平。用户为师,市场导向,将用户的难题转化为开发的课题,不断创新市场,引导消费,满足用户的潜在需求,不断创造第一和唯一。

第三，服务宗旨：用户永远是对的。为达到目的，推出特色星级服务体系，24 小时上门维修、24 小时热线电话。认定用户是衣食父母，承诺对用户真诚到永远。做到售前服务要真实地介绍产品的特性和功能，通过耐心的讲解和演示，为用户答疑解惑，尽量使用户心中有数，帮助用户在购买中进行比较与选择，同时为用户提供个性化设计服务。售中服务是在有条件的地方实行无搬动服务，送货上门，安装到位，现场调试，示范指导，月内回访。海尔通过互联网与用户保持紧密联系，出现问题及时解决，以百分之百的热情弥补工作中可能出现的百分之一的失误。

微观范围的经营宗旨对于工作具有可指导性和可操作性，较宏观范围和中观范围的经营宗旨更具体、更具有可实现价值。

6. 企业风格

企业风格(Enterprise Style)是企业在历史发展过程中形成的，具有特定企业内涵，并表现为企业性格和其思想特点的一种外在形态，它通过企业品格或工作作风得以表现和实现。如海尔的工作作风是：迅速反应，马上行动，表现出对用户的真诚，目的在于赢得用户的信赖与满意。

企业风格具有两方面的主要特征：

(1) 具有个性化特征。任何一家企业都有其自身的特点，这种特点的形成可能是源于企业经理人员的风格，如果企业经理人员对自己的要求与对属下的要求具有一致性，属下就要按照企业经理人员的工作作风要求自己；如果企业经理人员能够以身作则，影响和带动属下，属下就要模仿企业经理人员，按照企业经理人员的意志去规范自身的行为。由于每一位企业经理人员和每一位自然人一样，都有自己的个性特征和行为特征，因此，对属下的要求和影响自然也带有一种经理人自身所特有的个性特征和行为特征，这种特征影响着一个企业的风格。

(2) 具有历史性特征。企业风格的形成主要依赖于企业自身的特点，但还可能受企业发展过程中发生过的事件的影响，并使企业能够在教训中崛起，扭转自己的工作作风。如万宝集团在历史上曾发生过万宝风波，对万宝公司的产品在市场上的发展形成了阻力，这对万宝的震动很大，由此万宝提出了“质量是企业的生命”的口号，并将事件发生日定为“万宝质量日”，从而形成了公司上下一致的质量意识。

7. 行为准则

行为准则(Behavious Value)是一种对企业及全体员工提出的最高行为规范，是一种在特定精神指导下形成的对行为的约束。这种约束具有高度的概括性，并可具体落实到每人、每日在做每件事情时的行为上。

河北新华物资总公司的行为准则是：以十分清醒的头脑认识自己，以百川汇聚的态势精诚合作，以千倍努力的热情拼搏创新，以万众执著的追求激活物流。

新华物资总公司之所以这样确定其行为准则，是因为其身处流通领域，没有自己的产品和品牌。而销售其他企业的产品，必须要保证高质量的货源。因此，认识自己、精诚合作至关重要。又由于新华物资总公司经营的产品是生产资料，用以满足生产者的需求，在当今市场竞争十分激烈，而企业又不具备抓住市场的独特优越条件的情况下，不拼搏、不创新，企业就不能发展。企业要想在市场上站得稳、站得牢，必须要执著追求，不断进取。因此，这一行为准则具有行业的规定性。

8. 座右铭

座右铭(Motto)是企业激励员工奋发向上的格言。在企业理念系统中，座右铭的重要程度远不及价值观、经营宗旨等内容，但座右铭可以引导企业员工的行为，在精神上激励员工的斗志，所以座右铭有它存在的价值。

第三节 行为识别系统与视觉识别系统

一、行为识别

行为识别(BI)也称企业活动识别系统，是CIS的动态识别系统，可称为CIS的“做法”，就是通过制定一整套全面、具体、系统的集体行为活动准则，把全体员工的生产、销售、管理等与企业活动协调、统一起来，它的主要任务是规范企业内部的各种管理及一切对外的经营活动，是企业理念统帅下的企业组织及全体员工的言行和各项活动所表现出的与其他企业的区别。如美国麦当劳在生产、服务和清洁卫生等方面的所作所为，就是BI精神的具体体现。企业的行为识别系统基本上由两大部分构成：一是企业内部识别系统，二是企业外部识别系统。

1. 企业内部识别系统

企业内部识别系统就是对全体员工进行的组织管理、教育培训，以及创造良好的工作环境，使员工认同企业理念，达成共识，增强企业凝聚力，从根本上改善企业的经营机制，保证向客户提供优质的服务。企业内部识别系统包括企业工作环境的营造、员工的组织管理和教育培训、员工行为规范化和编唱企业之歌。

(1) 企业工作环境的营造。工作环境的构成因素很多，主要包括两部分内容：一是物理环境，主要包括视觉环境、温湿环境、嗅觉环境、营销装饰环境等；二是人文环境，主要包括领导作用、精神风貌、合作氛围、竞争环境等。创造一个良好的企业内部环境不仅能保证员工身心健康，而且是树立良好企业形象的重要方面。企业要尽心营造一个干净、整洁、独特、积极向上、团结互助的内部环境，这是企业展示给社会大众的第一印象。

(2) 员工的组织管理和教育培训。实施CIS战略，需要企业全体员工的协作，员工是将企业形象传递给外界的重要媒介，如果员工的素质不高，将损害企业形象。所以CIS战略的推行，必须对企业员工加强组织管理和教育培训，提高每位员工的素质。只有通过长期的培训和严格的管理，才能使企业在提供优质服务和优质产品上形成一种风气、一种习惯，并且得到广大消费者的认可。

员工教育培训的目的是使行为规范化，符合企业行为识别系统的整体性要求。员工教育分为干部教育和一般员工教育。干部教育主要是政策理论、法律制度、决策水平及领导作风教育；一般员工教育主要是与日常工作相关的一些内容，如经营宗旨、企业精神、服务态度、服务水准、员工规范等。

企业培训教育的方式有：制订CIS战略实施方案，包括企业导入CIS战略背景、发展目标定位、MI和BI手册；编印说明企业标志、企业理念及员工行为规范的手册，让员工可以随身携带；举办培训班，促进自我启发；制作员工教育培训使用的电教说明。

(3) 员工行为规范化。行为规范是企业员工共同遵守的行为准则。行为规范化，既表示员工行为从不规范向规范的过程,又表示员工行为最终要达到规范的结果。它包括的内容有:职业道德、仪容仪表、见面礼节、电话礼貌、迎送礼仪、宴请礼仪、舞会礼仪、说话态度、说话礼节和体态语言等。

(4) 编唱企业之歌(厂歌、行歌)。在 CIS 战略中,为增强企业凝聚力,可以借助厂歌来达到目的。因为经过厂歌的编唱,既可以宣传企业的理念,又可以振奋员工的精神,缓解员工工作紧张的压力。这种形式易于被员工接受,因此,有愈来愈多的企业将企业理念谱写成自己的企业之歌,取得了良好的效果。

此外,行为识别的内部系统还包括福利制度、公害对策、作业合理化、发展策略等内容。

2. 企业外部识别系统

企业外部识别系统是通过开展各种活动向社会公众不断地输入强烈的企业形象信息,从而提高企业的知名度、信誉度,从整体上塑造企业的形象。它包括市场调查、产品规则、服务水平、广告活动、公共关系、促销活动、文化性活动等。

(1) 市场调查。企业要推出适销对路的产品,就必须进行市场调查,特别是要通过市场调查搞好市场定位,为产品创造一定的特色,赋予一定的形象,以适应顾客的需求和爱好,确定本企业的产品和服务在目标市场上的竞争地位。

(2) 服务水平。优质服务最能博得客户的好感。就服务内容而言,包括服务态度、服务质量、服务效率;就服务过程而言,包括三个阶段,即售前服务、售中服务和售后服务。服务来不得半点虚伪,它必须是言必行、行必果,带给消费者实实在在的利益。

(3) 广告活动。广告可分为产品广告和企业形象广告。对 CIS 系统,应更加重视形象广告的创造。企业形象广告的主要目的是树立商品信誉,扩大企业知名度,增强企业凝聚力。它不同于产品广告,不是产品本身简单化的再现,而是创造一种符合顾客追求和向往的形象,通过商标、标志本身的表现及其代表产品的形象介绍,以唤起社会公众对企业的注意、好感、依赖与合作。

(4) 公关活动。在市场调查的基础上进行必要的公关活动,这是企业行为识别的重要内容。通过公关活动可以提升企业的信誉度、荣誉度,能消除公众的误解,获得社会的理解和支持。公关活动的内容很多,有专题活动、公益活动、文化性活动、展示活动、新闻发布会等。

3. BI 的应用实例

日本日立制作所的员工很多,每到上班时间,通往公司的路上轿车如蚁,汽车排放的大量废气加重了当地的空气污染。在实施 BI 时,公司认真研究了这一情况,做出规定:居住地距公司三公里以内的人,经批准才可以开车上下班。公司的规定得到了广大员工的支持,不久,居住在三公里以内的员工不再开车上下班,连四公里远的员工也自觉地骑自行车上下班。日立公司全体员工的环保诚意深深地感动了周围的住户,不仅得到普遍理解,而且使公司的形象在群众中获得了提升。加上口碑的传播,日立公司得到广泛的免费宣传,给公司带来了较好的社会效益和经济效益。BI 使企业以实际行动来向顾客表达尊重、体贴、关怀之情。

二、视觉识别

视觉识别(VI)是企业的静态识别形式,就是企业视觉信息传递的各种形式的统一,是一个企业区别于其他企业的独特的名称、标志、标准字、标准色等视觉要素。VI 的表达必须借助某种物质载体,如办公事物用品、公司大楼、办公环境、办公前台、广告牌等。人们获取信息的最主要的途径是视觉,视觉接受的信息占全部信息的 83%,因此,VI 是整个企业形象识别系统中最形象直观、最具有冲击力的部分。如麦当劳公司选"McDonald's"的"M"为企业标志,设计为金黄色双拱门,象征着欢乐和美味,仿佛麦当劳像磁石一样把顾客吸进这座欢乐友好之门,使人们无论走到哪里,见此标志就知附近有麦当劳分店。正是这种独特的、规范化了的色、形、字的统一,构成了麦当劳的视觉识别系统。

企业视觉识别分为基本要素和应用要素两大类。

1. 基本要素

视觉识别的基本要素包括企业名称、品牌标志(商标),企业标准字(中、外文),企业标准色,企业象征图案,企业专用印刷书本,企业宣传标语、口号等。

为使在信息传播中达到对内、对外视觉上的一致,从而塑造明确而统一的企业整体形象,对基本要素中标志、标准字、标准色的应用有着极其严格的使用规定。比如,标准字的设计选用了某种字体标准字与企业标志采用了某种组合方式后,在应用要素中的使用就不能随意改变。

2. 应用要素

视觉识别的应用要素包括:

(1) 事务用品。企业经营过程中的业务用品使用企业专有的事务用品,如信封、信笺、名片、邀请函、贺卡、有价赠券、票券、会员卡、贵宾卡、文具用品、公文封、公文纸、笔记本、资料夹、各类财务单据、企业公章、员工徽章、茶具、烟缸等。它们具有方便信息传递、增进企业信誉之功效。

(2) 办公设备。如办公桌椅、计算机、传真机、电话、空调、自动电梯等,以显示企业实力及办公设备的现代化、高效率。

(3) 室内装潢。反映企业品位,给予企业优良的"包装",诸如灯光、音响、环境绿化、室内装修、办公室整体布置、装饰物等。

(4) 建筑外观。建筑形状、外部装修(材料、色彩)、风景设置、橱窗设计等,可以展示企业整体形象。

(5) 标牌旗帜。如指示牌、线路标志、标志牌、部门牌等,以有利于识别。

(6) 产品。包括产品造型、商标、包装纸、包装盒、包装袋等,以有利于品牌形象的树立。

(7) 广告媒体。包括报纸、杂志、电视、交通车辆、户外招牌招贴画等,它们是强化视觉效果的有效手段。

(8) 服装服饰。包括员工服饰、公文包、领带、胸卡、厂徽等,它们是反映企业的精神风范和展示员工风采的不可缺少的组成部分。

(9) 交通工具。如大客车、大货车、小巴士、小卧车、飞机、火车、自行车、手推车等,它们将起到广告宣传的作用。

(10) 其他。不属于上述各项的对外标志物。

由上述视觉识别的基本要素和应用要素形成了一套企业视觉识别传播系统。其中,企业标志、标准字、标准色是核心要素,也是发动所有视觉要素的主导力量。

3. VI 的应用实例

世界名牌商标 1994 年排行榜显示,可口可乐名列第一品牌,价值 359.5 亿美元。可口可乐缘何具有风靡世界的魅力？为什么能在同类产品中独占鳌头？原因是它那特有的包装设计——方形红色中有一条白色波浪，可口可乐绝妙的识别系统扮演了重要角色。如果说有一天，由于某种原因可口可乐公司的全部设备被毁，那么第二天世界各大报纸杂志都将在首版头条刊登各大财团争先向可口可乐公司贷款、帮助其恢复生产、重振声威的消息。美国可口可乐公司在可口可乐饮料首次调试成功的亚特兰大商业区建了一幢面积达 42 000 平方米的“可口可乐博物馆”，展出了自 1886 年以来收集的有关可口可乐的 1 000 多件纪念品。其中有“可口可乐”饮料创始人彭伯顿的处方集。该博物馆自 1990 年开放以来，每年参观者达 200 万人以上，游客边品尝可口可乐，边体味可口可乐源远流长的文化。

世界十大驰名品牌的 CI 特征，基本采用文字商标特征，使品牌名字在商标中处于最醒目的位置，并将名字突出在企业的整体“包装”上(包括制服、办公用品、建筑、促销礼品)。品牌的色彩定位与企业的形象和产品的竞争力密切相关，不同的色彩能使人产生不同的联想。以蓝色为例，在心理上，它往往使人联想到晴空、清洁与理智，而在生理方面的感觉则是冷的东西。国外著名企业早已开展色彩竞争战略，如可口可乐的包装用红色为其代表色，给人以一种蓬勃向上、充满活力的感觉；而百事可乐则用红蓝相间的水波流线作为产品标志，以此代表企业经营思想：在运动变化中不断求新、向上、发展。

三、其他识别系统

1. 听觉识别系统

听觉识别系统(AIS)亦称听觉形象统一化，它主要作用于公众的听觉器官。听觉识别系统的内容主要有：

(1) 歌曲。其一，企业歌曲、公司歌曲、军歌、球队队歌、校歌等。它既是教育员工、增强凝聚力、陶冶情操的宣教工具，又是企业文化的重要组成部分，而且还具有识别功能，歌曲一响就可以判断是哪个组织的。其二，活动歌曲。如奥运会会歌、亚运会会歌、世界杯足球赛主题歌曲、店庆歌曲等，一般都是与会徽、会旗等标志配套使用。

(2) 广告音乐。广告音乐包括有歌词、有乐谱的歌曲，如“爱是 LOVE”(正大集团)、“我们是害虫”(来福灵杀虫剂)；还包括有曲无词的主旋律或乐曲。

(3) 企业注册的特殊声音。如本田公司将自已生产的摩托车发动机的特殊音响加以注册保护。

(4) 特殊的发言人的声音。这些声音往往与固定的形象代表统一起来，如小鸭圣吉奥的“唐老鸭”的声音。

2. 环境识别系统

环境识别系统(EIS)又称企业环境识别。EIS 是要对人所能感受到的组织的环境系统实行规范化的管理。环境识别的内容包括：

(1) 内部：门面标明单位名称、标志展示；通道美观、实用，有宣传设施；楼道、室内的指示系统管理；配套家具、设施的风格、质量、价格；智能化通讯设施；空气清新度；安全设施。

(2) 外部：环境艺术设计；生态植物、绿地；雕塑、吉祥物；建筑外饰，如广告、路牌、灯箱；组织环境风格与社区风格的融合程度。

第四节 CIS战略与CS战略

一、CS的含义

CS(Customer Satisfaction,译为"顾客满意")即为使顾客满意的战略,这是全球工商界在20世纪90年代流行的一种新型的组织观念。CS是指组织为了使顾客能够完全满意自己的产品或服务,综合而客观地测定顾客的满意程度,并根据调查分析结果,整个组织共同改善产品、服务及组织文化的一种经营战略。它要建立的是顾客至上,使顾客感到百分之百满意从而效益倍增的系统。

CS战略中的"顾客"一词涉及内容十分广泛,一是指组织的内部顾客,即组织的内部成员,包括组织的员工和股东;二是指组织的外部顾客,即凡是购买和可能购买本组织的产品或服务的个人和团体。因此,实施CS战略的组织所面临的顾客关系,不仅包括组织与员工的关系,而且包括组织中的供、产、销及其他职能部门之间以及上、下工序之间的关系,同时还包括组织与消费者和用户的关系。所以,CS战略是一种以广义的顾客为中心的全方位顾客满意经营战略。

二、CS的基本观念

1."顾客第一"的观念

根据美国学者的调查,每有1名通过口头或书面形式直接向公司提出投诉的顾客,就有约26名保持沉默的感到不满意的顾客。这26名顾客中每个人都有可能对另外10名亲朋好友造成消极影响。而10名亲朋好友中约有33%的人再传给另外的20人。这样只要有1名顾客对企业不满,就会影响到326人(26×10+10×33%×20=326)对企业不满,后果是十分严重的。

2."顾客总是对的"意识

在哲学上,任何人都不可能总是对的,顾客也不例外。但是在处理与服务对象的关系上,这是一种追求成功的策略。因此,我们将"对"让给顾客,企业得理也要让人。

另外,由于企业与顾客立场不同,树立"总是对的"意识有利于教育员工学会站在顾客的角度考虑问题,有利于提高服务质量。

3."员工是上帝"的思想

如同公关理论中"员工是第一公众"一样,顾客是上帝,员工也不能是"奴隶"。企业应该认清,只有让员工满意,员工才可能真心地让顾客满意。这些观念、意识与思想体现了辩证法。

三、CS的主要构成

CS是建立在CIS基础上的,突出了"满意"二字,其余与CIS相同,即使五要素都达到满意，如 MIS 满意，BIS 满意，VIS 满意，AIS 满意，EIS 满意等。

IBM 的 CS 理论中还加上了产品满意和服务满意。产品满意包括品质、时间、数量、设计、包装、品味、价格的满意；服务满意包括绩效、保证、完整性、方便性、情绪、环境等的满意。

四、CIS 与 CS 的关系

我们认为，CIS 与 CS 是紧密相关、相辅相成的。CIS 列出横向的项目；CS 提出纵向的满意标准，并使满意度尽可能地细化、量表化，这是对 CIS 的推进，CS 的导入是对公共关系、对 CIS 理论的促进。

我们不同意 CS 能够代替 CIS 的说法。现在有一种理论认为，CS 超越了 CIS，理由是 CS 是 1986 年在美国提出的，而 CIS 是 20 世纪 40 年代发展的，已衰落了、过时了；或认为 CIS 是以“企业为中心”的。我们认为不应将两者割裂开来。

首先，CIS 与 CS 本身是从两个角度来处理一个关系，即组织与公众的关系。CIS 是系统地完善自己，使公众识别我、选择我；CS 是为了达到你满意，我来努力完善自己。其实两者的根本目的一样，不能说 CIS 是以企业为中心，孤芳自赏；CS 是以顾客为中心，前途无量。其实我让你爱，与让你爱我，并不对立。

其次，CS 是在 CIS 基础上对应地达到满意的标准。CIS 如同田径中的五项运动比赛，而 CS 是定出要拿五项运动冠军的标准。冠军指标不能代替五项运动。没有五项运动，五项冠军就落空了；同样，没有 CIS，CS 的满意也就落空了。如同衣服的舒适超越不了衣服，花儿再鲜艳也代替不了花儿一样。

CS 与 CIS 也不是代替与超越的关系，而应是 1+1 的关系。愿我们在导入 CIS 时加上公众满意的标准，使 CIS 之花放出异彩。

思考题

1. 如何理解 CIS 的内涵？
2. 如何理解企业理念识别系统的内涵？
3. 试述企业理念识别系统的发展阶段。
4. 企业理念识别系统的构成要素有哪些？
5. 企业行为识别系统的基本特征有哪些？
6. 企业行为识别系统和企业视觉识别系统分别包括哪几类？
7. 在企业的 CIS 系统中，三大系统的关系应如何处理？
8. 简述 CS 战略和 CIS 战略的内涵。

公共关系实务篇

共　关　系　学　公　共　关　系　学　公　共　关　系　学　公　共　关　系　学

第十章 企业公共关系

本章知识点

1. 企业公共关系的内涵、特点与功能
2. 企业伦理与作用
3. 企业伦理的建设
4. 企业的社会责任内涵
5. 企业公共关系模式

第一节 企业公共关系概述

20 世纪 30 年代的经济大萧条沉重打击了美国经济，也教训了无视社会大众的美国工商业巨头。那些平时注重与社会公众维持良好关系的企业，在经济萧条时期，得到了社会公众的理解、支持和帮助，度过了大萧条。因此，当美国经济开始回升时，公共关系就进入了一般的企业中，企业纷纷成立公共关系部，从被动接受咨询走向主动运用公共关系工作，以改善其经营管理模式，增强竞争力。现在，公共关系同资金、设备和人才一道，被称为现代企业经营管理的四大支柱。

一、企业公共关系的定义

严格来讲，公共关系作为一种新兴的思想和职业，是从 19 世纪末或 20 世纪初开始兴起的。它经历了萌芽期、发展期、兴旺期三个阶段。

企业公共关系学，是一门研究企业与其有关的公众建立相互了解、支持和适应的关系，以维护和提高企业形象与声誉，促进企业目标实现的方式、方法及其规律的科学。具体来说，企业公共关系，是指企业在运营过程中，有意识、有计划地与社会公众进行信息双向交流及行为互动的过程，以增进社会公众的理解、信任和支持，达到企业与社会协调发展的目的。

在这里，社会公众并不是一个宽泛的概念，而是有其特定的含义，即对企业具有直接影响与作用的社会群体。具体可以分为企业外部公众和企业内部公众。为完整、深刻、具体地理解企业公共关系的含义，应从以下几方面加以把握：

(1) 它是有意识、有计划的活动。企业公共关系活动并不是盲目、随意的，而是主观上有明确的意识、正确的观念与具体的目标，并且要以严密、具体、可操作性的系统计划方式去加以完成，才能收到良好的效果。

(2) 它是信息双向交流的过程。企业要想使其经营活动与变动的经济及社会相协调，就须不断进行信息的双向交流活动。它具体包括四个层次的任务：第一，沟通情况，使企业与社会公众相互间达到充分的了解。这是企业公共关系活动的基础性工作。第二，沟通情感，通过建立企业与社会公众的友善关系，求得社会公众的理解与信任。这是确立企业与社会相协调关系的基本手段。第三，沟通观念，以此形成和确立企业适应自然与社会经济发展要求的经营观念，进而取得社会公众的认同与支持。这是企业公共关系活动的基本任务。第四，沟通导向，企业与社会公众乃至整个社会的和谐相处、共同发展，取决于双方在价值取向上的一致性。一方面，企业依据社会公众的愿望与要求，实现正确的经营；另一方面，企业又启发和引导社会公众，起到提升生活质量、指导消费和改变生活方式的作用，这是企业公共关系活动的基本目标。由此可见，信息双向交流在企业公共关系中的重要性。

(3) 它是一个行为输出的过程。社会公众对企业的理解、信任与支持，并不是依靠甜言蜜语或一些虚假的"承诺"来实现的。换言之，信息的沟通与交流仅仅是企业公共关系活动的一个方面。更重要的是企业必须拿出切实的行动，来解决自身在经营与管理中引起社会公众不满的种种问题；只有不断改进、完善与提高自身的经营和管理水平，才能够取得社会公众的信任与支持。这是有效的公共关系的基本要求。

(4) 它将公众利益置于首位。企业要想与社会、经济环境相协调，实现共同发展，必须将社会公众利益置于首位，不断用实际行动增进公众利益。在此基础上，企业才能获得一个良好的生存与发展环境，才能使社会公众不仅理解和信任企业，而且会大力支持企业的发展。这是实现企业利益与社会利益有机结合的基本前提，也是企业公共关系活动能否达到预期目的的核心问题。

(5) 它是一种管理职能。公共关系在某种意义上讲，是企业运营不可或缺的社会资源，因而必须将其纳入企业的管理过程中，使之成为企业经营者进行资源优化配置决策中的一个重要组成部分。换言之，如果不能对企业的公共关系实施有效的管理，企业的人、财、物就无法有效和充分地发挥作用，企业的经营与管理目标就无法实现。

二、企业公共关系的构成要素

公共关系的三大构成要素是企业组织、传播和社会公众。

(1) 企业组织。简而言之，社会组织是由社会中个人的特定组合所构成的，企业是社会组织中一个特定的类型。所谓企业，是指以提供商品、劳务为手段，以实现盈利为目的的基本经济单位。从这个意义上看，企业公共关系的目标，便是企业总体目标中的子目标、分目标。换言之，企业作为公共关系活动的主体，其公关活动必须依据企业的总目标来制定自身的特定目标。

(2) 传播。企业公共关系也是通过传播来传递信息，形成互动，达到企业与公众和谐相处的目的。因此，传播在企业公共关系活动中处于媒介地位。

(3) 社会公众。公共关系活动的客体是公众。不同的社会组织有不同的公众与之对应。在社会发展过程中，公众对社会组织的影响和制约作用日益重要。因此，企业公共关系是协调其社会关系的重要途径。

三、企业公共关系的特征

(1) 以公众为对象。企业是公共关系的主体,公众是客体。企业通过公关活动求得公众的信任与支持,这就意味着企业必须将公众利益置于首位,并通过信息交流和行为互动,来达到相互协调、共同发展的目的。

(2) 以美誉为目标。追求美誉、塑造良好的企业形象,是企业公共关系活动的基本目的,这样才能使企业获得良好的生存和发展环境。

(3) 以长远为方针。企业追求永续发展,公众对企业的认识与评价也是在长期中逐渐形成的。因此,企业公共关系活动必须着眼于长远效果,急功近利只会适得其反。

(4) 以真诚为本。公众对企业的理解、信任都是建立在企业以诚为本这一基础之上的。因此,如果企业无法与公众进行有效的沟通,就谈不上取得公众的信任与支持。

(5) 以沟通为手段。沟通是形成和发展企业与公众关系的桥梁。企业要想更加富有实效地开展与公众的种种联系,必须重视对多元化沟通手段的研究与利用。

(6) 以互惠为原则。企业公共关系的形成是以一定的利益关系为基础的。换言之,在市场经济中,互惠互利是企业与社会共同发展的基本保证。这意味着,实现和增进公众与企业利益,形成"双赢"的相互依存、相互促进的局面,才能推动经济社会的长久发展。

四、企业公共关系的职能

公共关系作为企业管理的一项重要职能,是通过以下方面的具体职能体现出来的。

1. 信息收集职能

信息收集、整理、分析与评估的作用,在于监测企业外部环境的变化,以便企业与外部环境的变化保持动态的平衡。企业的外部环境是由公众以及影响企业生存、发展的社会政治、经济、文化等因素构成的。企业只有对外部环境的变化保持高度敏感性,特别是对其中潜在的问题和危机及时发出预报,并能够随机应变,采取科学的对策,企业才能顺利运营。

从企业公共关系角度处理信息资源,基本包括以下三个方面的内容:

(1) 企业公众形象信息。企业公共关系收集的信息是企业的公众形象信息,即了解公众对企业产品、行为、政策、人员等各方面的印象、看法、意见和态度以及企业在公众中的形象。它具体分为产品与服务形象要素和企业其他形象要素两个方面。第一,产品与服务形象信息。产品与服务是企业的产出。在市场上了解公众对产品与服务的形象评价,可以反映企业市场形象的好坏。产品与服务形象价值与其品牌、商品的知名度和美誉度直接相关。因此,收集、了解产品与服务在公众中的知名度与美誉度,是了解产品与服务形象的两个具体途径。第二,企业其他形象信息。企业在公众中的形象反映的是公众对企业经营方针、服务水平、经营与管理效率、员工素质等多种因素的综合印象与评价,它同样可以通过调查企业的知名度和美誉度的方法得到确认与评估。

(2) 企业公众环境信息。企业公共关系收集信息的目的是监测环境的变化,以便提高企业的应变能力。因此,公众环境信息是企业公共关系收集信息的一个极其重要的方面。它具体包括:企业内部公众的信息和企业外部社会公众的信息两个方面。企业内部公众信息是关于企业内部管理人员、员工、股东对企业经营管理方针政策和具体的经营管理行为等方面的信息;企业外部社会公众信息包括广大消费者、竞争对手和新闻媒介等对企业经营管理方针和具体的经营管理行为等方面的信息,也包括潜在消费者、潜在竞争对手等各种变化动向的信息。由于企业所处的公众环境是开放的,因此企业目标公众的数量、构成乃至分布的范围也是不断变化的。只有充分了解这一变化,并相应调整企业公关活动的目标、方针、政策和手段,以适应这种变化,企业公关活动的效果才能稳定并不断提高。

(3) 其他社会信息。其他社会信息包括广大消费者、竞争对手和新闻界对企业经营管理方针政策和具体的经营管理行为等方面的信息,也包括关于潜在消费者、潜在竞争对手各种变化动向的信息。

企业必须随时监测环境的变化,重视上述信息的收集,以保证企业的经营管理方针政策与其所处的社会环境保持动态平衡,为实现持续发展创造必要的条件。企业身处社会大环境之中,社会政治、经济与文化诸方面的任何变化,对企业而言都有直接或间接的有利影响或不利作用。充分了解这些方面的变化,企业既可以抓住机会,又可以及时规避风险。

2. 决策咨询职能

公共关系在企业的运营过程中,起到咨询、建议和参谋等作用,这是由企业公共关系活动所处的特定地位决定的。企业公共关系对企业决策的影响与作用,立足于从社会公众、企业形象和传播沟通的角度,为企业决策者提供咨询服务,因而不同于企业内其他部门,这些部门主要是从技术、经济、业务、人力资源等方面,对企业决策提供可行性意见。

企业公共关系的咨询范围主要包括:

(1) 确定目标公众。

(2) 设计企业的公众形象。

(3) 制订企业的传播方案与策略。具体包括:制定目标——回答“对谁说”的问题;设计内容——回答“说什么”的问题;选择媒介——回答“用什么方式说”的问题;实施的时间与地点——回答“何时何地说”的问题;预算费用——回答“资金合理投入”的问题。

(4) 制订公共关系应变对策,对此企业主要关注问题处理和危机处理。所谓问题处理,是指企业公关部门对有关宏观环境并对企业有潜在影响、即将进入立法程序的问题,进行分析、评估与预测,并制订相应的应对方案;所谓危机处理,是指企业公关部门面临突发事件和不利影响时,采取灵活有效的对策,化解危机。总之,要使企业在变动的环境中始终保持主动性和应变力。

企业公共关系咨询的方式主要有:

(1) 为确立决策目标提供建议。企业经营管理决策的第一步,是确立经营管理的目标。需要公共关系策划者站在企业全局利益和社会利益的高度,综合评价各职能部门目标的效果,敦促最高决策机构依据企业全局利益和社会利益,来确立决策目标,并及时修正可能导致不良后果的决策目标,使企业的决策目标既反映企业经营管理的需要,又符合社会公众的需要。

(2) 为决策提供各种所需信息。信息是经营管理决策的依据,而公共关系部门利用其所处的地位开展双向沟通,可以为企业的经营管理决策提供全面的、准确的信息。

(3) 协助拟定和选择决策方案。公共关系策划者作为决策参谋,不仅应在决策方案中落实企业实现公共关系目标的措施,以保证社会公众的需要得到满足,而且还要充分利用各种渠道,广泛征询各类社会公众的意见,使经营管理决策具有较强的社会适应能力。

(4) 从公众角度评估决策效果。经营管理决策方案实施后,公共关系人员还应开展双向沟通，充分了解社会公众对决策实施的反应，并及时把掌握的信息反馈给决策机构，以便后者对原决策目标、决策方案作出必要的调整。

由此可见，在决策的全过程中，企业公共关系部门均发挥了咨询和参谋作用。

3. 传播推广职能

公众对企业的了解、信任与支持，同企业公共关系部门传播推广的作用大小密切相关。企业公关部门通过运用各种传播媒介，将企业的经营宗旨、目标、方针、战略等信息及时传递给公众，求得社会各界的理解和认同，进而争取公众的关心与支持。为此，要完成以下几方面的任务：

(1) 创造舆论，告知公众。任何组织与集体最终都是要面对公众的，因此，企业文化和企业形象作为软实力对企业至关重要，公关策划人员需要创造正确、积极、向上并有利于企业的舆论，并通过有效渠道向公众传播，这会对企业产生诸多积极影响。

(2) 强化宣传，扩大影响。实践证明，企业采取强有力的公共关系措施，进行企业文化和企业形象的正面宣传，促进了企业明确而统一的价值观的培育和形成，增强了企业的凝聚力和向心力，激发了员工的工作积极性和创造性，能极大地推动企业的发展。

(3) 引导控制，塑造形象。公共关系活动的开展可以有力地促进企业的文化建设，形成企业统一的经营理念，从而突出企业的理念识别，为塑造良好的企业形象奠定了坚实的基础。

4. 协调沟通职能

企业的运营面对着错综复杂的社会、经济与人际关系。各个组织、团体和个人之间难免产生各种各样的矛盾，而要解决矛盾、协调各方的关系、减少摩擦，就需要公共关系人员运用各种手段，实现与社会公众的交往沟通，协调各种关系，以塑造企业良好的形象。因此，建立一种有效的协调沟通机制，是企业公关的一项最基本的职能。它能起到减少矛盾、调解冲突、疏通渠道、发展关系的诸多作用。协调沟通的目的是实现内求团结、外求和谐的良好生存状态。公共关系沟通和协调的具体作用分为内部和外部两个方面：

(1) 内部的交往沟通和协调。一个企业只有首先处理好其内部的各种关系，才有可能以一个良好的企业形象出现在社会公众面前，才有可能得到社会公众的支持。企业的公关人员可以协助管理部门运用各种交往沟通和传播手段，协调企业与员工之间的关系、企业内部不同部门之间的关系，创造全体人员之间的理解与合作，增强员工对企业的向心力和凝聚力。

(2) 外部的交往沟通和协调。公共关系人员同样承担着企业对外交往沟通的任务，即通过与社会公众的相互交往和了解，建立友好关系，为企业塑造良好形象，从而为企业创造良好的外部环境，以减少企业正常运行和健康发展的障碍。

第二节 企业伦理

一、企业伦理概述

企业伦理是企业经营本身的伦理。不仅企业，凡是与经营有关的组织都包含有伦理问题。只要由人组成的集合体在进行经营活动时，在本质上始终都存在着伦理问题。一个有道德的企业应当重视人性，不与社会发生冲突与摩擦，积极采取对社会有益的行为。

企业伦理观念是 20 世纪 70 年代在美国提出的，最近几年日本也开始对企业伦理问题进行研究。而我国对企业伦理的认识与研究尚处于起步阶段，对企业伦理的内涵尚缺乏了解。有人认为，企业是将赚钱作为主要目标的，伦理则是追求的道德规范，企业的经营目标与企业社会责任没有必然联系，甚至是水火不相容的，因此认为企业的经营目标和经营伦理是相矛盾的。其实这不过是表面现象，追求利润为唯一目标的思维方式是落后于新时代的。在当今时代，如果企业只追求利润而不考虑企业伦理，则企业的经营活动已越来越为社会所不容，必定会被时代所淘汰。也就是说，如果在企业经营活动中没有必要的伦理观指导，经营本身也就不能成功。树立企业伦理的观念，体现了重视企业经营活动中人与社会要素的理念。

根据罗纳德·科斯的观点，经营是与市场机制相联系的企业活动，管理是组织内部的活动。他认为："经营意味着预测与通过签订新契约，利用价格机制进行操作。管理则恰恰意味着仅仅对价格变化作出反应，并在其控制之下重新安排生产要素。"由此，涉及市场领域的伦理问题可称为经营伦理，而组织内部活动引起的伦理问题可称为管理道德。所以，本研究包括企业经营伦理和管理道德两部分。通过对企业性质、企业与社会关系的问题的探讨，引出对企业经营伦理问题和管理道德问题的分析，在此基础上，提出企业伦理建设的途径以及如何化伦理优势为竞争优势。

所谓企业伦理(又称"企业道德")，是企业经营本身的伦理。企业伦理是企业在处理企业内部员工之间，企业与社会、企业与顾客之间关系的行为规范的总和；也可以理解为任何商业团体或机构以合法手段经营时应遵循的伦理规则。"伦"是指人的关系，即人伦，"理"是指道德律令和原则，所以伦理是指人与人相处时应遵守的道德和行为准则。在日常用法中，道德更多用于人，更含主观、主体、个人的意味，而伦理则更具有客观、客体、社会、团体的意味。企业伦理的基本层次是处理各种利益关系，其基本准则主要有公平、公正、诚信、负责，不损害他人利益是西方企业伦理的基本原则。

"企业社会责任"这个概念最早由西方发达国家提出，近些年来这一思想广为流传，连《财富》和《福布斯》这样的商业杂志在企业排名评比时都加上了"社会责任"标准，可见西方社会对企业社会责任的重视。联合国也是推动企业发挥社会责任的重要机构。所谓企业社会责任，是指"企业自愿将社会和环境利害关系结合到企业经营活动中以及与其利益相关方的相互作用。对社会负责任意味着不仅要履行法律义务，而且还要超越法律义务，在人力资本、环境以及与利益相关方的关系中做出更多的投入"。它包括四个方面：一是好的公司治理和道德标准；二是对人的责任，主要是对员工的责任；三是对环境的责任；四是对整个社会发展的广泛贡献。

二、企业伦理的重要性与作用

1. 企业伦理的重要性

在竞争激烈、瞬息万变的市场经济社会，利润关系到每一个企业的命运，因此有的经营者为了追求利润，不把经营事业的目光放在"永续经营"上，而着眼于"短线操作"，为了实现利润的最大化，不惜采取各种非法途径去达到目的：假冒仿制、欺诈行骗、商业贿赂、行业垄断等不正当竞争行为，犹如商海里的一股逆流，扰乱了市场秩序，也使企业掉入火坑，万劫不复。

2001 年 11 月,安然向美国证券交易委员会递交文件,承认做了假账,并于 12 月正式向法院申请破产保护,破产清单所列资产高达 498 亿美元,成为美国历史上最大的破产企业;2002 年,安达信倒闭、世通公司财务丑闻等一系列恶劣事件震惊了美国与全球业界。曾屡次创造利润神话,一度号称"中国第一蓝筹股"的 ST 银广厦,因伪造经营业绩、虚报财务报表而受到中国证监会的处罚。由此可以看出,企业伦理已成为全球企业共同面临的问题。

无视伦理准则、违反法律法规、不讲公众意识的不正当竞争不仅损害了诚实经营者和广大消费者的权益,使企业本身也失去了公众的信任。从这个意义上讲,不正当的市场竞争永远没有赢家。20 世纪 70 年代起,美国、西欧、日本的一些先进的企业就已经在组织内部建立起严格的伦理制度和监管制度,企业不再认为竞争是赤裸裸的斗争,不再认为打垮对手就是赢了。这些认识,促使企业改变旧有的经营观念,把企业定位在追求利润与推动良性的社会变迁上,使企业能够长久地生存下去。

遗憾的是,近年来伦理问题并没有引起我国大多数企业的重视,伦理道德的约束、调控仍然在不少企业的决策管理以及生产经营活动的范围之外。不少企业经营者把伦理道德看作是游离于经济建设之外的可有可无的东西,甚至理解为这是外部强加给企业的一种精神文明建设的需要,这导致了对企业伦理的漠视。其实,企业伦理道德是企业一种极为宝贵的无形资产,会对人的经济行为产生作用,从而促进企业经济目标的实现。因此,在现代企业制度建设中,必须加强伦理建设。

2. 企业伦理是现代企业制度和管理不可缺少的软件

企业伦理之所以成为现代企业存在和发展的重要条件,就是因为企业伦理是现代企业制度和管理中不可缺少的软件。

首先,企业伦理是企业正确认识和处理它在社会上、市场上的角色、功能、责任、义务所不可缺少的,可以为企业正确处理它和社会、生态环境之间的关系提供正确的指导原则。企业作为一个生产经营单位,它的经济功能是为社会、为市场提供有益的商品和服务,但是企业在提供商品和服务的过程中,会对社会和生态环境产生各种影响,而有些影响是消极的、负面的,社会为了克服或忍受这种消极的、负面的影响,常常要支付一定的社会成本,这就要求企业对社会、对环境承担一定的义务和责任,要求企业分清有益和有害、正当和不正当、合理和不合理的伦理道德界限,要求企业提供有益的而不是有害的供应,采取正当的而非不正当的手段,获取合理的而不是不合理的利润和效益,要求企业正确处理经济效益、社会效益、环境效益三者之间的关系。

其次,企业伦理是正确处理企业内部的各种关系、化解企业内部的各种矛盾、增强企业内部的凝聚力所不可缺少的。现代企业在管理过程中首先会碰到投资者、经营者、劳动者三者之间的责权利关系问题,这牵涉到如何认识和评价资本、劳动、管理在企业生存和发展中的地位及作用,也牵涉到如何在分配过程中恰当地处理三者之间的利益关系。若处理不当就会侵犯某一方的正当利益,影响某一方的积极性,而任何一方的正当利益受到侵犯、积极性受到影响,都不利于企业的生存和发展。

然而,解决这类问题的复杂性还在于,这三者在生产经营过程中的贡献及相应的利益关系,并不是完全能够依据技术原则、经济原则精确地定量确定的,目前已经采用的各种定量计算的方法实际上都存在着不确定、不准确的方面,因此在处理这三者关系的时候,还不同程度地要依赖伦理道德原则,即在进行分配的时候,既要从技术原则、经济原则出发,根据三者的贡献去分配三者之所得,又要使三者所得的差距符合伦理道德上的公正合理的原则。

有必要指出,现在不少企业家对伦理道德在企业内部管理和建立现代企业制度中的重要性,还没有充分足够的认识。前面提到的中国零点市场调查与分析公司所作的调查表明,在被调查的300位企业家中,有50%的人认为商业道德的作用主要表现在企业和客户的交往中,有19.7%的人认为主要表现在企业的形象上,而只有4.7%的人认为应该表现在企业和员工的关系中,有2%的人认为应表现在企业和主管部门的交往中,有3.3%的人认为应表现在企业领导人的自我修养上,有5.3%的人认为应表现在企业员工素质的提高上。这说明我们仍然需要通过各种形式向企业家们宣传企业伦理在企业内部管理中的重要性。

总之,现代企业制度不过是处理企业内外各种关系的原则、方式、方法的经常化、持久化、稳定化、制度化的体现。它的建立和完善既要有经济上、技术上的根据,又要有伦理道德、社会文化上的根据。现代企业制度必须在经济上是有效率的,在技术上是科学的,在社会文化上是文明进步的,在伦理道德上是公正合理的。因此,企业伦理建设是建立和完善现代企业制度所不可缺少的基础建设、软件建设,企业伦理中的根本原则应成为现代企业制度理论基础中的重要构件,企业伦理中的各种具体规范、规则应成为现代企业制度的一部分,从事企业伦理建设的组织机构应成为现代企业组织管理机构的组成部分。可以这样说,经济伦理、企业伦理将具有日益显著的地位、发挥日益重要的作用,这是当代市场经济和企业发展的一种明显的、不可阻挡的历史趋势。

3. 企业伦理在企业经营管理中的作用

伦理道德以其特有的社会功能对企业发展施加影响。在企业内部,伦理道德规范作为一种校正人们行为及人际关系的软约束,能使企业人员明确善良与邪恶、正义与非正义等一系列相互对立的道德范畴和道德界限,从而具有明确的是非观、善恶观,提高工作效率和道德水准。伦理道德以其规范力量,帮助企业确立整体价值观和发扬企业精神,帮助群体行为合理化,提高群体绩效。没有伦理道德素质的普遍加强,最终将妨碍企业发展的力度和速度,甚至将企业的发展引上歧路。在企业经营管理中,伦理道德发挥着以下作用:

(1) 崇高的企业目标为企业发展指明了正确的方向。以发展生产力、提高经济效益、企业的发展与国家和民族乃至人类社会的发展相联系的崇高目标作为企业追求的目标,赋予了企业一种庄严的使命感,为企业的发展指明了方向。

(2) 提高员工的道德素质有利于企业人力资源和物质资源的配置。

(3) 管理者运用伦理手段可以调动员工的积极性和创造性,有利于企业在竞争激烈的市场中立于不败之地。

(4) 管理者的人格魅力可以增加企业的内聚力。管理者的人格魅力主要由管理者的道德素质决定,它能产生威信,使管理者赢得员工的信任,有助于两者之间的沟通;它能产生感染力和号召力,使员工产生一种归属感、安全感、责任感,并进一步转化为对企业的忠诚,产生强大的内聚力。

(5) 产品伦理道德内涵是企业立足社会的保证。产品质量、企业信誉和服务是一个企业立足社会的三大要素,产品伦理道德内涵意味着企业在生产经营过程中坚持一流的产品意识,坚持信誉高于一切,坚持一流的服务意识和行动。

(6) 注重社会效益是企业长期发展的动力。企业在追求经济效益的同时,还应注重社会效益,不仅为社会提供优质产品和服务,而且积极参与社会的公益活动,履行社会的义务和完成社会的使命,树立良好的企业形象。

(7) 高尚的道德觉悟是企业间竞争与合作的基础。

三、加强企业管理伦理建设

管理与伦理结合,已成为现代企业管理的趋势,我国一些优秀企业也开始意识到这一点。1997 年,合肥荣事达集团在北京公布了《荣事达企业竞争自律宣言》,保证在接受法律、法规制约的同时,严格进行企业自律。其核心是提倡“和商”理念,即倡导相互遵循、平等竞争、诚信至上、文明经营、以义生利、以德兴企等,并用这些自律准则调整企业对内对外关系。但是,还有相当多的企业没有认识到这一点,这可以从我国企业经营管理者的伦理观念中得以反映。据调查,1996 年,我国企业经营管理者中,66%的人没有听说过“管理伦理”,72.6%的人将其等同于职业道德,对于管理伦理的作用领域,认为“体现在与客户交往中”的占 50%,认为“体现在企业公共形象上”的占 19.7%,其他方面均低,表明大多数企业经营管理者将其作用更多地看作“体现在企业对外交往和外部行为中”,对企业伦理在企业内部员工道德素质方面的影响缺乏清醒的认识;对一些非道德行为,相当多的人采取容忍态度,其中对行贿受贿的容忍度高达 79%,对不道德行为多数人归因于社会环境。反映到企业管理实践中,一些企业经营者为追求微观主体或个人利益最大化,不惜弄虚作假、欺骗顾客、损害社会公共利益。因此,加强我国企业管理伦理建设迫在眉睫。

加强企业管理伦理建设,除了需要继续完善市场体系、健全市场规则、强化社会舆论监督、提高法律意识和执法力度、加强社会主义精神文明建设、为企业管理伦理建设创造良好的社会环境以外,对企业自身来讲,主要应做好以下几方面工作。

1. 制定并执行企业伦理准则

这是企业管理伦理建设的基础。伦理准则不仅是指导企业计划、决策和业绩评价的伦理罗盘,它还能够从组织伦理的角度指出企业预期的投资者、成员和业务伙伴。实践中,企业可以从三方面来思考、制订伦理准则:

(1) 目标。组织的最终使命是什么?在逐步完成使命的过程中,它的目标有哪些?这些问题将有助于探索组织存在的理由及其创造价值的方式。

(2) 原则。组织义务有哪些?其合理权利的范围是什么?其赞成的理念是什么?这些问题旨在识别组织的义务、权利和价值观念。

(3) 人。组织的主要支持者有哪些?他们的权利、要求是什么?这些问题旨在定义组织所迎合的社会利益。

对上述问题可以确定企业价值体系的定义要素,形象地勾画出负责任行动的领域,从而制定出指导企业行为的伦理准则。

伦理准则所规范的主要内容是企业与其利益相关者、员工、顾客、股东、政府、社区、社会大众等的责任关系,它同时包含公司的经营理念与道德理想,如同一个人的座右铭,多少可以反映公司的文化与行为、生存的基本意义和行为的基本方向。企业信奉的伦理准则应贯彻到经营决策的制定以及重要的企业行为中。在制定伦理准则的同时,通过一系列的奖励、审核以及控制系统加以强化,并对破坏伦理规范的行为予以惩罚,公司必须让大家都明白,组织里决不容许违反伦理的行为。管理人员对违规者的默许,将会严重破坏组织走向更具伦理气候的环境。

2. 设定伦理目标

企业伦理目标强调企业行为不仅具有经济价值,还必须具有伦理价值。企业在追求经济目标的时候,往往不由自主地将获利作为衡量行为价值的唯一尺度,于是为了实现利润最大化不惜损害他人利益的行为在现实生活中时有发生,这说明企业的经济目标需要伦理目标的调节和制约。企业目标制约下的行为不仅不能违背以法规形式体现出来的经济活动的游戏规则,而且要进一步以伦理准则来约束自己,主动实现道德自律。经营者必须不断地问自己:企业生存的根本意义是什么?企业的生存其实并不是一个目的,而是一种手段,是通过企业的生存,求得顾客的满意。所以,当一个企业非要用不道德的手段才能生存的话,它就不再有存在的意义和价值了。

企业要想获得持久的发展,其追求的经济目标中应该包含有伦理道德的要求,应该是经济目标与伦理目标的统一。实践证明,企业经济目标和伦理目标相辅相成,只有同时并举,企业才能真正兴旺发达。强生公司在发现其生产的泰诺胶囊被污染以后,当时的CEO詹姆斯·布克当即决定在全国范围内回收所有的泰诺胶囊,这反映了强生公司经济目标与伦理目标相统一的企业文化。如果没有一系列在企业内部根深蒂固的、被人们所共同享有的价值观和指导原则,很难相信强生公司的反应能够如此迅速、一致,而且符合伦理道德。

3. 加强组织建设

伦理准则旨在阐明超越组织实际行为的一种渴望,它常常与驱动组织的体制和过程之间存在不一致性,同时,与传统的较大公司的层级制度相联系的信息传播和责任分离也可能导致重大的义务缺口,因此,对组织结构和组织体制的设计给予充分的重视是加强企业管理伦理建设的必要措施。企业需要对下列体制给予特别注意:领导与监督、雇用与提升、绩效评价与工资报酬、雇用开发与教育、计划与目标设定、预算与资源分配、稽查与控制。近年来,西方一些公司设立了公司伦理官员的职位或者成立伦理委员会,定期举行会议讨论伦理问题,向企业全体成员传播、沟通伦理准则,对可能出现的违反准则的行为进行检查,奖励遵守准则者,处罚违反准则者,不断审议和更新准则,有力地支持了企业管理伦理的建设。

4. 加强员工企业伦理教育

这是促使企业完善伦理行为、坚持伦理准则的一项重要工作。美国马丁马莱塔公司总裁兼伦理指导委员会主席汤姆·扬说:"在那里,你可以遇到想做正确的事情的人们,但他们可能并不知道那是什么。同时,这也是对因人们不知道什么可以接受而形成的规避风险的过渡行为进行斗争的方法之一。"另外,法律和标准的变更以及雇员的流动和晋升也决定了企业必须对伦理教育给予持续的关注。目前,企业可以采用课堂讲授、案例分析、角色扮演、典型示范、环境熏陶等多种方法对员工进行伦理教育,加深他们对伦理意识和履行伦理规范的能力,从而改善自身行为,努力实现企业的伦理目标。

因此,企业应加强对员工的企业伦理教育,注重培养能够反映企业价值观的态度观念、思考方式等,让员工深刻了解到企业更高一层的使命。比奇·鲁特营养公司在发现公司的一家供应商提供的用于制作比奇·鲁特百分之百纯正果汁的苹果浓缩液不过是化学添加剂和水的混合物以后,为了实现成本控制的目标,竟然几乎没有人考虑公司对于消费者承担的义务,也没有人想过一旦问题曝光后的严重后果。最后,公司因为罚款、诉讼以及损失的销售量而付出了2 500万美元的代价。

5. 由上层开始推动伦理建设

由组织领导率先示范,可能是建立和维持组织伦理最重要的因素。显然,企业员工会首先观察传达组织伦理标准的直接上级所做的示范。通常,拥有大量权力的组织领导对公司的伦理建设关系重大,因为他们的行为能够传递的信息比写在公司伦理声明中的信息要明确得多。领导即使不是故意地与普遍认同的标准不一致,也不可避免地会导致对标准的侵蚀和嘲弄。例如,经理人员无意识地使用非法软件,很可能会迅速地对一场遵守纪律的富有意义的谈话产生破坏性影响;经理人员对有关产品品质问题的熟视无睹,很可能会导致上千元的品质培训费用丝毫没有效果。另外,能够清晰有力地示范已获得普遍认同的价值观念的领导则可以增强义务感和尊重意识。在那些不为顾客所知的一般日常事务中,靠示范进行领导尤为重要。

事实上,作为成功的企业,应该是一个合乎高标准伦理的公司,在劳资关系、尊重知识产权、遵守法令等企业文化上,都有相当的进步;而成功企业中卓有成就、德高望重的领袖人物,恰恰是最有资格提升社会伦理道德的人物。因此,高层领导的重要职责之一是赋予企业的指导价值观以生命,创建一个支持各种道德行为的环境,并在员工中灌输一种共同承担的责任感,让员工体会到遵守伦理是企业积极生活的一方面,而不是将权威强加于员工头上的限制条件。领导要敢于承诺,敢于为自己所倡导的价值观念采取行动,同时当道德与义务存在冲突时,要敢于以身作则。如果绝大部分的企业领袖能充分认识并致力于提高企业伦理水平,那么社会的人文精神、生活品质自然也就提高了。那时候,我们的经营环境会大大改善,产品的国际形象也会随之"水涨船高",企业也将得到他们应享有的"回报"。

目前,中国企业处于公平开放的国际化竞争中,这更要求企业以诚信为本,在创造经济利益的同时,将企业伦理作为体制改革的一个重要部分,在组织内建立一套行之有效的伦理监督机制,肩负起应尽的社会责任,共创人间净土,实现企业的可持续发展。

四、企业伦理建设中的误区

一个企业要在市场上生存和发展,其产品必须在市场上有销路,其生产经营活动必须带来经济利润,其资本必须不断增值并具有不断扩大再生产的能力,因此人们很容易认识到资本、劳动、技术、管理、利润对于企业生存和发展的重要性。但是企业伦理对企业生存和发展的作用,却并不那么容易为人们所认识,而且往往存在着忽视或否认其重要性的各种认识上的误区。

1. 企业伦理建设中的误区一

误区之一认为,企业是营利组织而非公益性慈善组织,其任务是生产分配交换物质财富和经济价值,因此它和伦理道德无关,也无需讲究企业伦理。这一认识的前提是正确的,但结论却是错误的。和伦理道德不发生任何关系、超越社会伦理道德关系而采取所谓"伦理道德中立"的企业历来不存在。企业这种社会经济形式,从其在历史上产生的那一天起就不可避免地置身于人、群体、社会所形成的各种社会关系之中,不可避免地在各种伦理关系中充当某种伦理道德的主体;作为企业人格化代表的企业家,既是经济关系中的角色,也是伦理道德关系中的角色。经济人和经济单位只存在于经济学家的抽象理论之中;现实生活中根本不存在无伦理的企业和企业家,只存在具有不同伦理道德观念和态度的企业和企业家。因为企业和企业家的活动,无论从其目的还是从其手段来说,都存在着对人和社会发展的影响或价值关系问题;人们总是可以从人和社会发展的角度,对企业的活动作出是善还是恶、是有利的还是不利的评价。由于人和社会的发展是历史地实现的,这种评价也是历史地变化的;由于在人类发展的特定历史阶段,社会成员分裂为利益彼此对立的阶级、集团,人和社会的发展是矛盾地进行的,这种评价也是矛盾的、复杂的。由于在这样的历史阶段,人类和社会整体上的发展、社会少数人的发展，常常是在牺牲社会大多数成员发展的基础上实现的，是在人的异化状态中实现的，于是出现了经济价值和伦理价值的矛盾问题（对社会大多数成员的发展来说）；一个企业在实现经济价值和物质财富增加的时候，很可能采取了不利于人的发展的手段和形式，很可能在伦理道德上成为争议的对象。上述情况的存在，说明企业不可能不具有伦理性质，不可能和伦理不发生关系。

2. 企业伦理建设中的误区二

误区之二认为，伦理上有问题的目的和手段，也可以达到企业利润的最大化，因而无须讲伦理。应该承认，由于市场经济体制的完善常常需要一定的历史过程，由于社会上不正当需求的存在，确有一些不义之商通过从事反伦理反社会的盈利活动而大发横财，即使在工业发达国家市场经济法制建设十分完备的情况下，由于市场经济体制本身固有的缺陷，上述情况也仍然存在。但是，非法的盈利活动由于腐蚀、破坏着人和社会的进步与发展，历来为社会的伦理道德所不容，也日益为经济法律所不准，这类盈利活动所赚的钱被人们贬称为"黑钱"。因此，非法的盈利活动虽有可能得逞于一时，但有朝一日终究会暴露而归于失败。即使从事合法的经营活动，如果不讲伦理道德，也会使企业日益陷入困境。市场体制中商品交换的特点是消费者的选择自由，购买活动是消费者选择和决策的结果。这种选择和决策不仅取决于消费者自身的需求，而且还取决于消费者对所需商品的了解、偏好、信任的程度。在卖方市场的情况下，由于商品供不应求，消费者的选择空间狭小，消费者只能降低对供方的要求，供方伦理道德上的种种缺陷和不足有可能不受到注意，即使商品和服务不尽如人意甚至十分令人不满，消费者也只能作出购买的选择。但是，随着商品经济的发展，随着卖方市场转变为买方市场，随着消费者选择空间的扩大，消费者对供应者的要求越来越高，供方提供商品和服务过程中的伦理道德态度就会越来越被消费者重视。讲究伦理道德的营销活动会在消费者心目中产生积极影响，提高企业在消费者心目中的信誉，使消费者为下次购买活动准备好心理前提；反之，不讲究伦理道德的营销活动，则会在消费者心目中产生消极影响，降低企业的信誉，增加消费者下次购买活动的心理障碍。这就是为什么市场经济越发展、市场越是成为买方市场，供方的企业就越是要讲究形象和信誉、越是要注意企业形象的塑造和包装的原因。因此，认为不讲伦理道德对企业利润最大化不会有妨碍的想法，实在是对现代市场和现代企业的不了解。

3. 企业伦理建设中的误区三

误区之三认为，讲伦理道德会使企业增加投入、减少收入，对企业来说是得不偿失的事情。讲伦理道德，当然意味着一个企业要从事伦理道德建设，制定伦理道德原则和规范，对全体员工进行伦理道德教育，对生产经营活动进行伦理道德监督，还要设置从事伦理道德建设的组织机构，在实际的生产经营活动中要讲究社会效益、生态效益，讲究商品和服务的质量，这毫无疑问要加大投入；同时，讲伦理道德当然也意味着不能去经营那些有巨额利润却有害于人和社会发展的供给和需求，也不能采取有损于伦理道德的经营手段，这毫无疑问会减少收入。但是，应该看到，上述投入的增加归根到底是有利于企业的长远发展的，这种投入的增加既是应该的，又会从长远上给企业带来经济效益；上述所谓减少了的收入本来就是不应该去获得的那种不正当收入，企业不染指这种不义之财，在长远上也是有利于企业的生存和发展的。

应该看到，现代市场经济正越来越成为一种规范经济、信誉经济、文明经济、法制经济，现代市场上的企业家已不是市场初生阶段那种很难同强盗、骗子区分清楚的形象，而是讲法制、讲规矩、讲道德、讲文明的现代企业家形象。前者在那时曾经是人们崇拜的英雄形象,但在今天却成为人们鞭挞和谴责的对象,今天人们推崇的企业家典范则是后一种形象了。因此,在现代社会和市场中,一个企业越是具有伦理道德水平,就越有可能在市场上和社会上赢得消费者和同行的信任和声誉。在一个讲道德、讲伦理、讲文明的社会和市场中,企业的信用、声誉是一种无形的资本、潜在的市场。这种无形的资本、潜在的市场是企业发展中长期起作用的因素。从这个角度看,企业伦理建设虽然直接提高的是企业的伦理素质、伦理水平、伦理价值、伦理形象,但这种伦理素质、伦理水平、伦理价值、伦理形象的提高却可以转化为企业的经济效益,转化为企业在经济上的利润和收入。

五、企业伦理道德建设的途径

在企业的经营管理中存在各种各样的伦理道德问题,这些问题的解决,需要通过加强企业的伦理道德建设来完成,而伦理道德建设要从企业的内部与外部同时入手才能做到更全面、更彻底。企业管理者在思想上要澄清一些模糊和错误的认识,充分认识到企业伦理道德建设与盈利的辩证关系,认真处理好关系到企业生存和发展的利益与道德的关系,同时加强对员工的道德教育,提高员工的道德境界。

企业作为社会的成员,其行为也处于社会的监督之下。对企业的监督应是一个全方位的监督,可以从法律监督、环境监督和自我监督三个方面来考虑。

法律手段作为国家的一种强制性手段,具有至高无上的权威。以法律监督为手段促进道德建设,首先,可以提高道德的权威性。道德只是对人们行为(包括企业行为)的一种软约束,而将一些道德观念上升至法律层面,依靠国家强制力来执行,可以使其获得社会的普遍认同,提高权威性,成为全体社会成员公认的原则。其次,可以增强道德的规范性。道德具有明显的社会效力,不能只是抽象的原则,必须使其变为具体明确的行为准则,而法律条文的制定,将一些道德要求条文化、制度化,做到有章可循。通过法律形式对企业行为加以具体的限制,也可使其行为规范化。再次,可以强化道德的监督性。道德固然以扬善为基本特征,但惩恶也是不可缺少的一个方面。法律监督以强制为特征,是更严厉的治恶性手段,以此来监督企业的行为,对各种非道德行为必定会起到震慑作用。法律监督手段可以强制性地为企业行为确定价值取向,有助于迅速扭转企业行为失范的状态。

环境监督是检验企业是否履行道德义务的一种必不可少的手段。如果道德环境过于宽松,没有约束力,会有损道德行为的施行,严格的环境监督则能够防患于未然,时时监督企业弃恶从善,加速道德风气的改善。环境监督包括三种方式:

(1) 传播监督,即大众传播媒介对企业善行的褒扬和恶行的谴责。这种监督无疑会产生巨大的社会舆论效力,使善行者受到社会的尊重,恶行者受到鄙视,从而提醒企业时时检查自己的行为。

(2) 人际监督。在道德环境空间增大、变动增加的情况下,企业的人际关系流动性与陌生性也相应增加,此时更须加强人际监督。现在,企业的竞争者、合作者、服务对象的范围越来越广,企业行为更加社会化,通过彼此的监督,才可以使各企业的行为进一步符合道德规范,这样有利于企业间扩大交往,维护社会生活的正常秩序。

(3) 组织监督。通过建立一定的组织(如官方的、行业的、民间的)对企业行为进行全方位的监督,使企业的非道德行为无处藏身,从而能有效促进企业日常行为的改善。

道德行为最终要靠具体的行为个体来完成,如果个体的道德行为是在监督和强迫之下完成的,就算不上真正的道德行为。道德的基础是人类精神的自律,每个道德主体都要将社会的道德要求化为内在的道德义务,用健全的道德性来指导其社会行为,从而达到随心所欲却又不超越常规的境界,其中,道德认识的提高、道德情感的培养、道德意志的磨炼、道德修养的积累都是非常重要的,而自我监督是贯穿于其中的必不可少的环节。企业只有在不断的自我对照、反省、提示、监督下,道德境界才可能不断提高,成为一个有高度道德觉悟的个体。

1994年,美国、日本和欧洲的企业界领袖在瑞士通过的《CAUX圆桌会议企业商务原则》为企业经营提供了商业伦理的基本准则。CAUX圆桌会议认为,企业的经营活动应基于以"共生"和"人的尊严"两者为基点的伦理观念中,这种基本的伦理观念应该得到所有企业的普遍尊重和严格遵守。"共生"是指为全人类的利益和幸福而共同生活、共同劳作,使相互合作、共存共荣与正当、公平的竞争两者并存;"人的尊严"则是指把个人的神圣不可侵犯性和真正价值作为终极目标,而不是简单地作为达到他人目的或获得过半票数的手段,即实现真正的"人性化"。

六、企业伦理与企业文化

对于什么是企业文化,目前企业界和学术界尚未取得一致的认识。广义上讲企业文化是指在企业建设和发展过程中所形成的物质文明与精神文明的总和,包括企业管理中的硬件与软件、外显文化和内隐文化,即企业文化不仅包括物质文化也包括非物质文化。狭义上的企业文化是指企业全体职工在长期的生产经营活动中培育形成并共同遵循的最高目标、价值标准、基本信念及行为规范。企业文化是一种管理文化、经济文化和微观组织文化。

在对文化的定义中,我们认为企业文化是企业处理企业内部与外部各种矛盾的一种哲学,这种哲学的存在使越来越多的公司将其核心价值观定义为对社会的一种责任,而不是利润,特别是在日本的企业文化类型中更突出了这种倾向性。在卓越的企业文化中,企业哲学能够将这些貌似不可能融合的矛盾巧妙地协调成一种公司向上的动力,而不是一般公司认为的那样,它们是相互独立、相互排斥的价值观。企业伦理在企业文化中属于社会文化层面,它是通过道德规范来调节企业和员工行为的。

以下这个著名的实验从另一个角度说明了伦理和道德的问题。

国外一所大学的社会研究系学生进行了一系列有趣的动物实验,成功类比了人类社会某些公众行为和意识的起源和发展,绝对有人类社会的影子,值得我们深思。

1. 实验1:道德的起源

把5只猴子关在一个笼子里,上头挂一串香蕉,实验人员设计了一个自动装置,一旦探测到有猴子去碰香蕉,马上就会向笼子中的所有猴子喷水。

开始,一只猴子发现了香蕉想去拿,当然,结果是每只猴子都被突如其来的凉水浇透。其他猴子也纷纷尝试但莫不如此,几次以后,猴子们达成一个共识:谁也不能去拿香蕉,以避免被水喷到。

然后,实验人员把其中的一只猴子释放,换进去一只新的猴子A。A看到香蕉,马上就去拿,结果是弄得大家一身湿。在A第二次去拿的时候,其他4只猴子便一起开始制止,并对A大打出手。以后,A又尝试了几次,但每次都被打得屁滚尿流,此后不再敢打香蕉的主意。当然,这5只猴子就没有再被惩罚。

后来,实验人员又换了一只猴子B,同样,B开始也迫不及待地去拿香蕉,于是一如刚才发生的一样,B试了几次,每次都被打得很惨,只好作罢。这样,一只接一只,所有的旧猴子都换成了新猴子,可谁也不敢去碰香蕉。但这些新猴子都不晓得不能碰香蕉的真正原因,只知道去拿香蕉就会被其他猴子痛打。

这就是道德的起源。

2. 实验 2：阶级的产生

实验人员继续他们的实验，不过这次改变了喷水装置，如果侦测到猴子要去拿香蕉，马上就会有水喷到拿香蕉的猴子身上，而不是全体。

然后，人们释放了一只猴子，换了只新猴子 C。不同以往的是，C 比其他猴子要强壮有力一些。当然，开始 C 也马上去拿香蕉，其他猴子由于体弱，无法去制止，因此 C 拿到了香蕉，但同时也被水浇了个透心凉。

于是，C 可以独自享受香蕉的美味。可每次都是美中不足，要受到凉水的惩罚。其他 4 只猴子虽然没有吃到香蕉，但毕竟体力不如 C 且不会被淋到，所以也个个自得其乐。不久，C 终于发现只有拿到香蕉的猴子才会被水喷到，于是 C 开始用暴力胁迫其余 4 只猴中最弱小的一个 D，强迫它去拿香蕉，如果 D 不服从就拼命撕咬它，然后再从它手中抢夺香蕉。此时，猴子们出现了三个阶级，C 可以不受淋水之苦而吃到美味，D 为了不挨打而忍受喷水之苦，其余 3 只比上不足但比下有余而越发快乐。

这就是阶级的产生。

3. 实验 3：道德的沦丧

这个实验是在实验 1 的基础上偶然发现的，由于天气变热，室温上升，笼子里的猴子开始饱受酷热的煎熬，但由于谁也不敢去接近香蕉，因此无法冲水乘凉。很偶然地，猴子里出现了一只"反潮流"的英雄 E。开始 E 只是在无意中接近了香蕉并进入侦测范围，于是理所当然地招来一顿痛打，但同时猴子们享受到了冲凉的乐趣。后来，倒霉的 E 又一次接近了香蕉。于是，猴子们享受到了第二次冲凉，E 也遭受了第二次痛殴。

在此之后，猴子们虽然不知道喷水的真正原因，但认为 E 可以给它们带来这种享受，因此只要猴子们有冲凉的要求，它们就会联合起来对 E 进行"合理冲撞"，打得 E 上蹿下跳，直到喷水。而大家对 E 的态度也发生了明显的转变，平时对待 E 异常温和，以弥补在冲凉时为维护规则而不得不对它进行的暴力举动。

一天，饱受折磨的 E 出于本能，在大家享受冲凉的时候把香蕉给吃了。而且此后实验人员不再用新的香蕉来填补空缺。猴子们陷入另一个尴尬的境地：没有冲凉的水，只有 E。

于是，另一个规则产生了。猴子们在热得烦躁不安的时候会痛打 E 出气，当笼子里的原有猴子被新的换掉后，新来的猴子会在最短的时间内学会殴打 E。

终于有一天，老天有眼，倒霉的 E 被换出了笼子，猴子们失去了发泄对象，因此只能任意选取一个目标进行攻击。从此以后，笼子里的猴子整天唯一的举动就是打架。

这就是道德的沦丧。

4. 实验 4：道德的重建

实验人员对笼子里猴子的争斗不休感到不安，为重建秩序，决定继续供应香蕉和凉水。一天，正在混战的猴子们发现头顶出现了一根香蕉，其中的一只猴子 A 受不了诱惑忍着伤痛去摘香蕉，于是久违的凉水出现了，猴子们先是茫然失措，继而争先恐后地加入冲凉的行列，香蕉反而被遗忘了。

当猴子们发现 A 在享受冲凉的同时还在吃着美味的香蕉时，嫉妒心使它们暂时团结起来，共同攻击 A，抢夺其吃剩的香蕉。此刻的香蕉成了至宝，得到它的猴子固然可以享受美味，但也要付出巨大的代价。

实验人员不断放进新的香蕉，却发现争斗越来越激烈，于是他们用木头做了一个假香蕉放了进去。此时猴子们学聪明了,它们都知道如果触摸香蕉可以享受淋浴,而试图独占香蕉则会被群殴。一个新的现象由此产生了:当猴子们有冲凉的需要时,会有一个志愿者去接近香蕉,而为了防止被攻击,它又会马上放下香蕉逃到一边。这样,猴子们都能冲凉,但又不至于再像以前那样两败俱伤。只是,没有猴子发现那根香蕉是假的。

这就是道德的重建。

第三节 企业的社会责任

一、企业社会责任理论概述

1. 国外企业社会责任内涵的演变

企业社会责任被提出来讨论已有数个世纪之久,其思想起点是亚当·斯密的"看不见的手"。传统的经济理论认为,一个社会通过市场能够最好地确定其需要。如果企业尽可能高效率地使用资源以提供社会需要的产品和服务,并以消费者愿意支付的价格销售它们,企业就尽到了自己的社会责任。到了18世纪末期,西方企业的社会责任观开始发生了一些微妙的变化,表现为一些小企业的业主们经常捐助学校、教堂和穷人们。进入19世纪以后,一些企业的社会责任行为在一定程度上影响了当地的经济、政治和文化生活,但这些行为都是企业家的个人行为,而非企业行为。受"社会达尔文主义"思潮的影响,事实上,整个19世纪人们对企业的社会责任感是持消极态度的,许多企业不是主动承担社会责任,而是对与企业有密切关系的供应商和员工等极尽盘剥,以求尽快变成社会竞争的强者。以至于1895年美国著名学者阿尔比恩·斯莫尔在美国社会学创刊号上呼吁"不仅仅是公共办事处,私人企业也应该为公众所信任",标志着作为公司社会责任的更宽泛的概念——企业社会责任观念的萌芽。

进入20世纪以后,工业的大力发展产生了许多负面的影响。批评家们开始指责"社会达尔文主义"的残酷和冷漠,并意识到企业必须承担应有的社会责任。1924年,歇尔顿首次提出企业社会责任的说法。他把企业社会责任与企业经营者满足产业内外各种人类需要的责任联系起来,并认为企业社会责任含有道德因素在内。这种崭新的思想认为,企业经营战略对社区提供的服务有利于增进社区利益,社区利益作为一项衡量尺度,远远高于企业的盈利。特别是在20世纪20年代,美国出现了三种相互联系的观念对传统企业社会责任理念提出挑战:受托人观念、利益平衡观念和服务观念,这三种观念开始扩大企业的社会责任。首先,管理者是受托人,也就是说,公司赋予他们相应的权力和地位,他们不仅要满足股东的权益,而且要满足顾客、雇员和社会的需要。其次,管理者认为他们有权平衡这些集团的利益。他们是各种各样的利益团体之间相互冲突的利益协调人。第三,许多管理者都有同意服务原则,这个服务原则有两种解释:一种是为利润而运行的企业,通过创造大量的一般福利就可以回报社会,由此整个企业体系就会减少社会不公、贫穷以及其他弊病;另一种解释是,作为个体的企业和管理者有义务承担社会责任去造福公众。20世纪30—50年代,企业的社会责任增大了,包括雇员福利(抚恤金和保险计划)、安全、医疗保健和退休方案得到进一步完善。麦凯认为,这些新举措的出台,既与政府施压有关,也受拓展的企业责任概念的推动。1953 年,学者 Howard. R. Brown 出版的《Social Responsibility of the Businessman》一书,使企业社会责任正式走进人们的视野。他认为,"企业的社会责任是指商人按照社会的目标和价值,向有关政府靠拢、做出相应的决策、采取理想的具体行动的义务"。学者戴维斯与布洛姆斯特斯给企业社会责任的定义则是:"企业社会责任是企业的决策者们采取行动的责任或义务,他们采取行动以保护和改善那些与他们自己的利益相一致的整个社会的福利。"

虽然美国对企业社会责任的定义仁智互见,但通常认为:企业社会责任是指企业高层作为企业相关者的信托受托人,积极实施利他主义的行为,以履行企业在社会中的应有角色。该定义包括两项基本原则:利他主义原则与信托原则。所谓利他主义原则,是指企业在履行其社会服务角色时,为社会公众解决了某些社会问题,但自己并不直接从中获取经济上的好处。如果说利他主义原则体现了企业在社会大系统中的应有角色,那么信托原则体现了企业高层对企业利益相关者的社会责任感的觉醒。一句话,信托原则指企业高层所扮演的角色是公司股东、债权人、职工、消费者和广大社会公众的受托人。当然,企业利益相关者的利益也是分层次的。其中,股东、债权人对企业的请求权主要具有财产等经济内容,也容易被量化;而职工、消费者和广大社会公众对企业的请求权内容丰富,很难用经济利益去衡量。

斯通认为,企业社会责任的含义固然模糊不清,但恰恰由于该词模糊不清而获得了社会各界的广泛支持。佛陶盛赞企业社会责任是个"绝妙的词汇"。这个词含义丰富,但因人而异。许多人把它与慈善捐款等同起来;有人认为它意味着企业要有社会良知;很多人认为它是正当性的同义语;少数人主张企业社会责任作为一种信托义务,要求商人比普通老百姓要遵守更高的道德标准。

但是,这个定义也受到许多人的指责。鲁瑟福特·施密斯认为,企业社会责任的含义模糊不清,它"只不过是一种宣传工具而已。这个概念从来没能准确规定公司的行为标准,只不过是公司、政府和消费者团体互相斗争的工具"。冈尼斯指出:有人批评企业社会责任反映了企业对解决困扰社会的诸多问题负有直接责任、也有能力单独担当此任的信念。其实,这种信念是一种不切实际的空想。

有学者甚至公开反对企业社会责任所下的任何定义。美国法学家佛里德曼就不无恐惧地说,"没有什么趋势能像企业的经营者接受社会责任、而非尽最大可能为股东们赚钱那样,能够从根本上破坏我们自由社会所赖以存在的基础";并用他的一句名言道出了心里话:"企业社会责任就是为股东们赚钱。"按照这一观点,企业仅具有经济功能,企业的经济价值取向至高无上。尽管这一观点反映了美国传统公司法的思维定式,但仍然受到当代企业经营者中有识之士的批评。比如,澳大利亚福斯特酿酒集团公司主席拉尔夫先生在 1996 年 6 月 26 日发表的精彩演讲《什么是企业社会责任》中就指出,"该观点宣扬的目标单一而不当,不可能在当代商人中间找到知音。我认为,主要原因在于,该观点不合乎任何价值体系,也没有注意到股东投资回报最大化与公司必须考虑的其他方面之间的相互关系"。

1972 年,美国法学家曼恩教授说,"时下非常时髦的公司社会责任的概念,仍未获得一个清楚的界说。直到最近,尚无人做出努力把这一提法融入公司行为的系统理论之中。但坚实的逻辑基础的缺乏并未阻碍学者们断言,资本主义的生存大计完全取决于公司对于社会负责态度的接受"。但是,"公司社会责任的理论被许多人用于许多目的。政治家们把它视为确立对公司公共控制的有力工具，而商人们则可为那些本不受欢迎的慈善和利他主义行为寻求合理的根据”。时至今日，各国学者对企业社会责任仍然缺乏一个能广为接受、经得住推敲的定义。难怪有学者说，要对企业社会责任下个准确定义简直是不可能的，只能对企业社会责任进行非定义性的描述。

回顾美国关于企业社会责任的理论和实践的流变，可以发现“企业社会责任”在不同的时期有着不同的含义。例如，它开始仅指向童子军、社区和当地医院等所为的公司慈善捐款。在第二次世界大战期间，美国和西方国家的企业都宣称自己的主要目标是赢得这场战争。第二次世界大战结束后的初期，凡是企业所为的支持美术的发展、追求优美的工业建筑艺术、为寒门子弟提供助学金、援助私立大学、修建艺术博物馆、组建交响乐团、捐助社区团体和与教堂有关的社会福利组织、帮助陷于支付不能的调频广播电台摆脱困境等，都被统称为公司社会责任。企业社会责任有时还指公司在各类雇员福利计划、就业培训及招聘残疾人或缺乏劳动技能的少数者等方面发挥主导作用。后来，人们认为，企业还有社会责任保持较低的物价、增加出口、减少进口、根据财力控制工资的高低。除了这些较为传统的公司社会责任的形式，安全及生态问题也引起了人们的高度重视，以至于贯彻企业社会责任的约束从自愿型的规劝发展到强制型的立法，如关于劳动安全、招聘少数者、控制污染的立法即其实例。这些新兴的事项都构成了现代意义上的企业社会责任的重要内容。

环保主义思想在20世纪60年代蓬勃兴起以后，企业承担社会责任的重心由赞助行为、提高产品安全度等类似事宜，转向改善空气和水的质量。其他有关的社会活动包括企业在社会变迁中遇到的旧城改造问题、犯罪问题以及约翰逊总统关于“大社会”的观点的回应。

20世纪70年代中叶，消费者权益运动一浪高过一浪。人们开始探讨对公司开展社会监督、以辨别公司戴的是“白帽子”还是“黑帽子”的问题。对这一问题的探讨，一直持续到今天。在此期间，美国经济发展委员会发表了具有历史创新意义的文章《Social Responsibilities of Business Corporations》。该文为此后的企业社会责任大讨论奠定了基调。文章指出，主动地承担社会责任，可以使公司经营者更加灵活地、建设性地、高效率地开展经营活动，还可以避免在企业对社会责任麻木不仁而导致商业道德危机时，政府或社会对企业进行的不必要的制裁措施。调动公司的利己心，具有“胡萝卜与大棒”的双重效果。一方面，在一个健康、繁荣、运作良好的社会里，企业壮大与赚钱的机会要大得多；另一方面，企业如果不愿为建设这样的理想社会而出力，就会受到一些不利的强制措施的制裁。可以说从20世纪50—70年代的这一时期，企业社会责任概念得到广泛认同，其内涵也扩大了。1979年，卡罗尔的《公司业绩的三维概念模型》一文认为，企业社会责任可分为四大部分，即企业必须负有生产、盈利及满足消费者需求的经济责任；企业必须在法律范围内履行其经济责任的法律责任；企业必须符合社会准则、规范和价值观的伦理责任；企业必须具有坚定意志和慈爱心怀的自愿责任。在卡罗尔看来，这四大部分并非等量齐观，相反，它们的权数各不相同，其权数按经济责任、法律责任、伦理责任和自愿责任依次为4—3—2—1。这一权数关系后来被称为“卡罗尔结构”。在卡罗尔结构里，企业社会责任具有了明确的内容，并突出了经济因素在企业社会责任中的重要地位。

管理学者斯蒂芬·P·罗宾斯与玛丽·坎特则认为，“企业社会责任是指超过法律和经济要求的企业为谋求对社会有利的长远目标所承担的责任”。而管理学者哈罗德·孔茨和海因茨·韦里克认为，“公司的社会责任就是认真地考虑公司一举一动对社会的影响”。到了20世纪90年代以后，一些品行优良的企业一时间成了社会学习的楷模，衡量一个企业经营活动优劣的指标也从早期单纯的经济指标发展为综合性的“企业社会绩效指标”。即判断一个企业的经营效果不仅要看它的经济绩效,也不仅看它是否接受社会责任这一观念,而且要看它在主动寻求社会需求、实施具体项目以帮助实现这些需求过程中的表现。韦翰尼(Werhane)认为:“企业的社会责任是指企业具有的那种超出对其业主或股东狭隘责任观念之外的替其整个社会所应承担的责任。”

胡高福(2005)分析企业社会责任的发展变迁后认为,企业社会责任的内涵在理论上有经典经济学的传统认知、企业管理学的发展认知和商业伦理学的道德认知。经典经济学认为,企业的社会责任就是力求使各种生产要素(土地、劳动、资本、技术、企业家才能)达到最佳的组合配置,增加效用,降低成本,创造经济利润,以此来促进社会利益的实现。诺贝尔经济学奖得主、著名的美国经济学家米尔顿·弗里德曼说过:“企业有一个,且仅有一个社会责任,在社会制定的竞争规则内,利用其资源从事创造利润的活动。”企业管理学认为,企业与社会之间实际上存在的是一种共生关系,企业运行与发展受社会条件的制约,也会影响它所处的社会环境。要实现企业的可持续发展,必须兼顾经济、环境、社会三者的利益,在相互影响中达到动态的平衡发展。如果企业只顾一味追求自身的经济利益,不承担相应的社会责任,就很可能造成在实现企业经济利益的同时,损害了社会利益,为社会创造了负财富,这显然与企业为社会创造财富的终极目标是相悖的,自然,这样的企业对社会来说就没有存在的价值了。所以,此时摆在企业面前的不是应不应该承担社会责任的问题,而是应该承担怎样的社会责任以及该如何来有效承担社会责任的问题。著名企业管理大师彼得·德鲁克说过:“工商企业并不是为着自身的目的,而是为着实现某种特别的社会目的,并满足社会、社区或个人的某种特别需要而存在的。”商业伦理学认为,企业的社会责任集中体现在与各利益相关者的关系及行为在伦理道德规范上的承诺与恪守。综上可知,对企业社会责任的认识,在不同的领域或不同的视角来看是存在一定的差异的,经济学从生产要素的最适当投入与资源的优化配置角度强调的是企业利润的最大化;管理学侧重于企业发展环境及社会成本责任;商业伦理学强调的是企业应更多地考虑利益相关者的责任以及由此所要求的行为与道德规范的一致性。但从根本上说,它们都是从不同的角度界定企业对社会应承担的义务。

2. 国际上相关机构对企业社会责任的解释

The United Nations Conference on Trade And Development(UNCTAD)认为,企业社会责任涉及商业企业如何联系及影响社会需求和目标。人们期望随着时间的流逝,所有的社会组织都能随社会发展而改变自己的任务和职责。人们期望商业组织,尤其是跨国公司会随着自己在全球化社会中地位的不断提高,可以做出相应的快速转变。因此,关于跨国企业社会责任标注和执行的讨论就包括要努力发展一个稳定、繁荣和公正的全球化社会。

The World Business Councilon Sustainable Development(WBCSD)的定义是:“企业对可持续发展经济、员工及其家庭、当地社区和社会做出贡献,从而提高他们的生活质量。”以世界商业可持续发展委员的观点来看,企业社会责任是与经济发展和生态平衡相并列的第三产业支柱。

Business for Social Responsibility(BSR)认为,对于企业社会责任这个概念,没有一个能得到普遍接受的定义。它主要是指公司考虑道德价值,遵守法律规定,尊重人民、社区和环境而做出决策。而BSR把它更具体地定义为:公司进行运作要满足或超越社会对其在道德、法律、商业和公众等方面的期望。一些处于领导地位的大规模的公司认为,企业社会责任并不是零散行为、偶然姿态或由于市场、公共关系或其他商业利益而产生的行动。它被看作是融合了一整套政策、实践和决定过程，这是由商业运作和高层管理人员支持的决定过程。

The Conference Board of Canada 认为，企业社会责任就是企业同其所有利益相关者之间的关系，这些关系人包括客户、员工、团体、所有者(投资者)、政府、供应商和竞争者。社会责任要素包括团体投资、员工关系、创造力、维持力、环境工作和财务业绩。

The United States Council for International Business 声明：公司责任涉及公司对其社会角色要负责并使其持续发展——作为生产者、雇主、市场商人、客户和公民的角色。这些责任包括一些自愿性原则：超越那些相关法律的要求，确保公司在运作期间对社会有积极影响。关于商品和服务的生产和市场、商业道德、环境保护、员工待遇、人权和社会改善行动等问题的策略是与企业责任协调一致的。

The International Organization of Employers 的定义：在公司运作及与其利益相关者之间相互作用时，公司自愿融合社会和环境问题。国际商会(The International Chamber of Commerce)从商业角度把企业社会责任定义为：公司负责地管理其活动而主动承担社会责任。还有，越来越多的公司以一套综合的价值和原则来承担企业责任，而这些价值和原则是融合了一些管理政策、实践和决定过程。中国台湾世界企业永续发展协会定义企业社会责任为：企业对社会的合约行为，特别是指企业在经营上须对所有的利益相关人负责，而且对股东负责。企业承诺持续遵守道德规范，为经济发展做出贡献，改善员工及其家庭、当地整体社区、社会的生活品质。

可见，许多重要组织和学术机构等对企业社会责任予以高度关注，且给出了定义。尽管对企业社会责任有多种表述，但是其基本内涵和外延一致。企业社会责任是指企业在追求盈利的同时，要承担社会责任，发展要合乎道德规范，要维护企业利益相关者、特别是劳动者的权益和环境，以最终实现可持续发展。

3. 我国学者对企业社会责任的解释

我国学者刘俊海在其所著的《公司的社会责任》一书中，从公司法学的角度定义了公司的社会责任："所谓公司的社会责任，是指公司不以最大限度地为股东们盈利或赚钱作为自己唯一存在的目的，最大限度地增进股东利益之外的其他所有社会利益。这种利益包括员(职)工利益、消费者利益、债权人利益、中小竞争者利益、社区利益、环境利益、社会弱者利益及整个社会公共利益等。"

《市场经济百科全书》对"企业的社会责任"所作的解释为："企业的社会责任是企业为所处的社会福利而必须关心的道义责任。"该书认为，企业应具体承担的社会责任包括两部分：对利益集团承担的责任和对解决社会问题应负的责任。

此外有："企业的社会责任主要指企业为社会的福利、稳定、发展等方面必须关心的责任，包括环境保护、生产更多更安全的产品等。""企业的社会责任，可以表述为企业为所处的社会的全面和长远利益而必须关心、全力履行的责任和义务，表现为企业对社会的适应和发展的参与。"企业的社会责任是指"企业在争取自身的生存和发展的同时，面对社会需要和各种社会问题，为维护国家、社会和人类的根本利益，对社会履行的职责、应做的奉献和应尽的义务"。

我国有学者认为："企业的社会责任是指企业通过企业制度和企业行为所体现的对员工、商务伙伴、客户(消费者)、社区、国家履行的各种积极义务和责任，是企业对市场和相关利益群体的一种良性反应，也是企业经营目标的综合指标。它既有法律、行政等方面的强制义务，也有道德方面的自愿行为，具体包括：第一，企业的经济责任。这是企业传统的、基本的责任。第二,企业的法律责任。具体包括,企业按照有关法律法规的规定,照章纳税和承担政府规定的其他责任义务,并接受政府的干预和监督,不得逃税、偷税、漏税和非法避税;企业对本企业职工的福利、安全、教育等方面承担义务;企业对消费者在产品质量或服务质量方面的承诺等。第三,企业的生态责任。企业的生态责任要求企业一方面按照有关法律的规定合理利用资源、减少对环境的污染程度,另一方面要承担治理由企业所造成的资源浪费和环境污染的相关费用。第四,企业的伦理责任。企业的伦理责任是企业对社会慈善事业和其他公益事业的社会责任。第五,企业的文化责任。"可以看出,我国学者定义的企业社会责任的内涵与西方的社会责任内涵虽然有所不同,但却更符合中国现阶段企业的实际情况。企业社会责任内涵的这种理解在企业社会责任财务评价研究中得到认可,即企业社会责任是指企业通过其制度和行为所体现的对员工、顾客、社区、国家和环境履行的各种积极义务和责任,是企业对市场和相关利益者的一种良性反应,也是企业目标的综合指标。它既有法律、行政等方面的强制义务,也有道德方面的自愿行为,具体包括经济责任、法律责任、生态责任和伦理责任等四大层面。

二、企业的双重责任

首先,企业应该承担并履行好经济责任,为极大丰富人民的物质生活,为国民经济的快速、稳定发展发挥自己应有的作用。最直接地说就是盈利,尽可能扩大销售,降低成本,正确决策,保证利益相关者的合法权益。

其次,企业在遵纪守法方面应作出表率,遵守所有的法律、法规,包括环境保护法、消费者权益保护法和劳动保护法。完成所有的合同义务,带头诚信经营,合法经营,承兑保修允诺,并带动企业的雇员、企业所在的社区等共同遵纪守法,共建法治社会。

第三,伦理责任是社会对企业的期望,企业应努力使社会不遭受自己的运营活动、产品及服务的消极影响。加速产业技术升级和产业结构的优化,大力发展绿色产业,增大企业吸纳就业的能力,为环境保护和社会安定尽职尽责。

最后,是企业的慈善责任。现阶段构建和谐社会的一个重要任务是要大力发展社会事业,教育、医疗卫生、社会保障等事业的发展直接关系人民的最直接利益,也直接决定着社会安定与否、和谐与否。很多地方在发展社会事业上投资不足或无力投资,这就需要调动一切可以调动的资本,企业应充分发挥资本优势,为发展社会事业,为成为一个好的企业公民而对外捐助。支援社区教育,支持健康、人文关怀、文化与艺术、城市建设等项目的发展,帮助社区改善公共环境,自愿为社区工作。

第四节　企业公共关系活动的模式及基本程序

一、企业公共关系活动的模式

企业公共关系活动是由既定的目标、任务和手段构成的完整系统。从企业公关活动的一般性或普遍性要求出发，有与之基本相适应的企业公关活动模式。以下从两个最主要的方面加以说明。

1. 企业公共关系活动的战略型模式

企业公共关系活动的战略型模式是基于企业在不同时期的发展要求与战略目标的实现而采取的公共关系活动模式。它包括以下几种类型：

(1) 建设型公共关系。它适用于企业初创时期、新产品与新服务首次推出时期、企业实施重大变革与创新时期、企业新形象树立时期等条件。其目的在于提高企业的知名度和美誉度，在社会公众中形成良好的第一印象。建设型公共关系是以高起点、高姿态行为作为公关活动的手段，具体形式包括开业庆典、新产品与新服务推介、开业折价酬宾等。

(2) 维系型公共关系。即指企业在稳定发展时期，以保持和巩固良好公共关系的做法。它适用于企业在公众中已有一定的知名度和美誉度，发展较为平稳的条件。其目的在于维持知名度、巩固美誉度，并以中低姿态行为为手段，主要形式有联谊会、公关广告、新闻宣传等。维系型公共关系通过信息沟通与情感联系，追求潜移默化的长期效果。维系型公共关系具体包括三种做法：第一，硬维系。它是指企业与公众都能明确理解维系目的的公关活动，如向客户馈赠礼品、加强售后服务等都属于硬维系的常用方法。其特点是用优惠和良好的服务来强化情感联系，巩固公众对企业的良好印象。第二，软维系。它是指表现形式较为超脱，但目标明确的公共关系活动。做法是保持低姿态宣传和一定的其他公共活动，目的是让公众保持对企业的良好印象。第三，强化维系。它是指企业已有一定的社会知名度、美誉度后，为进一步巩固效果而开展的公共关系活动。

(3) 进攻型公共关系。它是指以开创、推进有利于企业发展、进取为目标的公共关系活动。其特点是以积极主动的姿态，力求在短时间内造成较大的影响。这就需要企业抓住一切有利时机，利用一切可利用的公关手段，只有这样才能达到完满的效果。

(4) 防御型公共关系。它是指企业为预防自身的公共关系可能失调而采取的公共关系活动。其目的是防患于未然，将潜在危机和问题在事先加以消除。这就需要强化对环境的监测，以便及时发现问题与隐患，继而运用有效的手段解决问题。

(5) 矫正型公共关系。它是指企业公共关系出现不利局面或面临严重的公共关系危机时而采取的旨在克服不利局面、消除危机的公共关系活动。企业发生公共关系危机，使企业形象受损的原因主要有两个：一是由企业自身原因造成的，如服务问题、经营观念问题等。对于这类问题，企业应坦诚相见，承认错误，说明真相，以求得公众的谅解与合作，目的是协调关系，化解危机。二是由企业外部原因造成的，具体包括两种情况：一种是由公众对企业的误解造成的，对此企业要向公众澄清事实，消除误解，以恢复企业的良好形象；另一种是其他社会组织或竞争对手有意无意对企业进行歪曲甚至陷害所致，对此企业应及时采取措施，查明真相，公之于众，以正视听，并在必要时追究其责任，以挽回企业的信誉。总之，矫正型公共关系在运用中只有做到诚恳、忍耐、实事求是、及时纠正错误，才能迅速挽回不良影响，重塑企业良好形象。

2. 企业公共关系活动的战术型模式

企业公共关系的战略型模式是依从其自身发展的不同阶段来确定的，而企业公共关系的战术型模式主要是针对企业公共关系的对象与功能来确定的。常用的战术型公共关系模式有：

(1) 宣传型公共关系。是指通过各种传播媒介和内部沟通方法，充分开展宣传活动，以获得公众的好感和认同,树立良好的企业形象。根据对象之不同,此模式又分为对内宣传和对外宣传两种形式。对内宣传,其主要目的是让员工等内部公众了解企业发展中的各种情况,以鼓舞士气,取得员工的谅解与支持。常用的媒介有企业报纸、宣传窗、讨论会等。对外宣传,其主要目的是让有关外部公众及时、充分地了解对企业有利的有关信息,形成良好的社会印象和认同。其形式有:不借助媒体的宣传,如举办展览会、技术交流会等;借助媒体的宣传,一是花钱做广告,二是不付费的宣传,如新闻报道、记者专访、专题通讯等。

(2) 交际型公共关系。是指以直接的人际交往行为进行的公共关系活动。其目的是加强企业与社会的广泛联系,沟通信息,增进感情,以形成有利于企业发展的人际环境。其特点是:直接、灵活、富有人情味。其方式有团体交际和个人交际两种,具体形式有联谊会、座谈会、招待会、舞会等。

(3) 服务型公共关系。是指以提供优质服务、实惠服务为主要手段的公共关系活动。目的是用实际行动来获得公众的好评。服务型公共关系活动包括商品信息咨询、商品展销、多种售后和附加服务等。

(4) 社会型公共关系。是指企业为举办或资助各种社会性、公益性活动而开展的公共关系活动。目的是扩大企业影响,提升企业良好社会声誉。具体形式有赞助教育与福利事业、参与社区公益活动、支持文体活动等。

(5) 征询型公共关系。是指以收集社会信息为主要内容的公共关系活动。通过信息采集、舆论调查、民意测验等工作,为企业经营管理决策提供咨询,使企业适应市场变化与公众的期望。

二、企业公共关系活动的基本程序

从其过程看,企业公共关系活动的基本程序可分为以下四个步骤。

1. 公共关系调查

公共关系调查主要是收集和分析信息,以了解企业公共关系现状,明确企业公共关系的问题和目标。毛主席说过“没有调查就没有发言权”,充分说明了调查研究的重要性和必要性。公共关系人员没有经过调查研究,就不能了解企业所面临的客观形势和所遇到的公共关系问题,就不能对客观形势和公共关系问题进行阐述和分析。

调查研究的主要目的就是要发现、确定企业所面临的公共关系问题,为今后制订公共关系计划打下基础,并为寻找解决公共关系问题的方法提供必要的信息材料。调查研究包括环境分析和公共关系状态分析两方面,其中环境分析又可分为内部环境分析和外部环境分析。内部环境分析的因素包括:企业的性质和特点、企业的经营管理方针政策、企业的发展战略和目标、企业管理人员与员工的素质、企业文化和传统、企业的历史发展状况等方面。企业的外部环境分析是关于企业所面临的公共关系问题涉及或影响什么样的社会公众的详细研究。外部环境包括四个方面的资料:其一是背景资料,是指外部社会公众的一般背景情况;其二是知晓度资料,是指外部社会公众对企业的某一问题、某一事件、活动和计划的了解程度;其三是态度资料,是指外部社会公众对企业及其有关事件、活动的情感和态度;其四是行为资料,是指外部社会公众就某个与企业有关的问题已经或准备采取的行动。

2. 制订公共关系计划

公共关系计划是在前期调研基础上形成的,是指为达到既定公共关系目标的行动规划。

公共关系目标的确定应符合三个要求,即目标的确定性、目标的具体性和目标的可操作性。

企业的公共关系目标可分为三个层次：第一层次是最低目标,即消除公众对企业的不良评价和印象;第二层次为中间目标,即扩大企业在公众中的知名度;第三层次是最高目标,即提高企业的美誉度。

在设定公共目标后,要形成可操作性的具体计划,以此为实现目标的有利手段和保障。

3. 实施公共关系计划

实施公共关系计划的主要任务是协调各方面关系形成合力,以确保计划按时间安排、内容要求圆满完成。要提高计划实施的成功率,就应有效排除实施中的各种障碍。在计划实施过程中,通常遇到的障碍有：

(1) 企业自身障碍。是企业内部对计划实施的整体协调性差所导致的,其原因是多种多样的。

(2) 公共关系计划自身的障碍。主要是因为计划不切实际,致使计划难以达到预期效果。

(3) 沟通障碍。传播沟通方式多样,影响因素复杂,往往使沟通效果大打折扣,从而使预期目标难以实现。

在实施过程中,可以针对不同情况,选择战术型公共关系模式和战略型公共关系模式作为实现计划目标的有效手段。

4. 公共关系评估

公共关系评估是整个公共关系策划过程的最后一个步骤,又是新一轮公共关系工作的起点。评估过程包括以下三个环节：

(1) 明确评估标准。它是对公关计划实施过程与结果的客观衡量尺度。评估标准不明确或含糊不清,就无法对公共计划的最终结果做出切合实际的判断。因此,明确评估标准是进行科学评估的基础性条件。

(2) 衡量公共关系工作绩效。依据评估标准对公关过程是否按计划与目标要求进行,以及其带来的社会效益与经济效益进行判断、估价。

(3) 纠正工作偏差,确定下一个工作过程。企业公共关系活动是一个持续不断的过程,评估的目的是在总结经验、发现问题的基础上,为新的公关活动奠定良好的基础。

第五节　企业内部与外部公共关系

企业公共关系作为一个静态概念,表示企业与社会公众之间相互关系的状态;作为一种具体的实践活动,表示企业为建立和维护与社会公众之间的良好关系而做出的有计划、持续不断的努力和开展的活动;更为重要的是作为一种理念,强调社会利益在企业经营管理活动中得到体现和维护,要求企业的发展建立在社会利益不断增进的基础之上,为赢得社会公众的理解和支持,建立并维护良好的关系,以及塑造良好的企业形象奠定坚实的基础。

企业的经营管理活动是在一定的社会经济环境中运作的,企业不可能离开其依存的外部社会环境而存在。企业的生存发展,直接依赖于其存在的外部社会环境。为使企业的生存发展获得坚实的基础和良好的外部社会环境,企业需要与社会公众建立并维护良好的关系、塑造良好的形象。而要建立并维护与社会公众之间的良好关系,需要解决在经营管理过程中遇到的一系列问题。

要解决企业经营管理过程中的问题,企业所面临的环境有内部和外部之分,因此企业公共关系也就包括企业内部公共关系和企业外部公共关系。企业内部公共关系的目的,在于增强企业内部员工的凝聚力和向心力,形成健康和谐的企业氛围,建设企业文化,提高企业素质和竞争力,为开展企业外部公共关系打下良好的基础。企业外部公共关系的目的,在于争取外部社会公众对企业的了解,建立企业的信誉,塑造良好的形象。以下对企业内部和外部公共关系进行分别阐述。

一、企业内部公共关系

企业内部公共关系是指企业与员工、经营管理者、企业各部门以及股东之间的关系。内求团结与和谐是企业内部公共关系的基本目标。

1. 员工关系

员工关系是指企业内部的人际关系。由于现代企业组织庞大、人员众多,难免存在部门之间、人员之间的矛盾和冲突。而随着社会、政治、技术和经济环境的变化,企业更清楚地认识到:人,是企业最重要、最宝贵的财富;企业成功的诀窍在于对人的重视和有效的使用。员工关系是企业内部公共关系中最基本、最重要的关系。员工关系的重要作用体现在以下方面:

(1) 企业内部公共关系的开展,有利于协调企业内部各部门和员工之间的合作关系,使企业成为一个统一的整体,增强企业的凝聚力和向心力,促进企业各项目标的实现;

(2) 公共关系的开展有利于促使企业将经营管理的重点放在如何激发员工积极性和潜能上,使员工不仅在物质上得到满足,同时在精神上也得到满足;

(3) 它决定着企业的管理效能,公共关系的开展使企业内部信息能够有效交流和沟通,吸引员工参与管理,从而有助于企业最高管理层制定正确的经营决策,并提高决策执行的效率等。

创造和谐的员工关系,必须要做到:第一,满足员工物质和精神需求;第二,实行民主管理,调动员工积极性;第三,加强信息沟通,减少矛盾与摩擦;第四,培育企业文化,增强企业凝聚力。

2. 领导层内部的关系

领导层内部的关系是指企业经营管理者之间的人际关系。现代企业的领导者通常是由具有一定的层次结构组成的集体,又称之为领导层。其内部关系如何,对企业各方面的影响重大。

要形成良好的领导层内部的关系,应做到:第一,明确职责范围,分工又合作;第二,互相尊重、互相信任;第三,沟通情况,增进理解。

3. 部门关系

企业内部各部门既是联系企业与员工的中介,又是企业运营的关键环节。加强部门之间的关系协调,关键在于信息的沟通。可以采取职工大会、文件传达与情况通报、个别谈话、内部刊物、座谈会、茶话会、建议制度等诸多形式实现充分的信息交流,以达到相互理解、信任与合作的目的。

4. 股东关系

股东关系是股份制企业内部关系的一种形式。这种关系处理得当与否,对企业的发展有着直接的影响和制约作用。只有尊重股东权益,让股东充分了解企业的客观经营情况,才能增进股东的信任与支持;企业应开展良好的股东关系活动,通过各种形式保持企业和股东密切的信息沟通和情感联系,使股东关心和支持企业发展。

二、企业外部公共关系

企业外部公共关系是指企业与社会公众,主要是与消费者之间的关系。企业外部公共关系的开展,目的在于促进企业与社会公众之间的双向沟通,达到相互了解、相互协调彼此之间的利害关系、消除可能出现的矛盾和冲突、为企业的生存和发展创造一个良好的社会环境的目的。企业外部公共关系主要包括以下几个方面。

1. 顾客关系

顾客关系是企业外部公共关系中最重要的关系。这是由企业的经营性质所决定的。企业与顾客不仅仅是商品交换上的经济利益关系,同时还广泛存在信息交流、情感沟通等多方面的社会关系。换而言之,良好的顾客关系是建立和维系稳定的经济利益关系的基础。

与顾客保持良好关系的方法主要有:第一,提供优质商品与服务;第二,创新经营,指导消费;第三,妥善处理顾客投诉;第四,强化信息交流与情感沟通。

2. 社区关系

社区关系是指企业与所在地居民及其他社会组织的关系。社区对企业而言,既是企业的生存空间,又是企业的服务对象,因而具有公共关系上的重要性。

协调社区关系的主要方法有:第一,增进相互了解;第二,维护社区环境;第三,支持社区公益活动;第四,促进社区繁荣。

3. 新闻界关系

新闻界关系是指企业与新闻传播机构、新闻界人士的关系。与其他外部公众相比,从公关的角度看,新闻界关系的特征为:第一,非经济性。即除商业广告外,企业与新闻界的关系是非经济导向的。换而言之,企业不能用经济利益手段去处理与新闻媒介的关系。第二,舆论导向性。这使得企业极其重视新闻媒介在提高企业知名度、树立企业形象等方面的作用。

与新闻界协调关系的主要方法有:第一,主动提供新闻;第二,适时召开新闻发布会;第三,利用新闻媒介做广告;第四,保持长期联系。

4. 供应商关系

供应商关系是指企业与各类生产、流通企业之间的协作关系。处理这方面关系的原则是:互惠互利,加强协作。通过建立信息交流制度,实现信息共享;密切人际交往关系,增加信任与了解。

5. 政府部门关系

政府部门关系是指企业与政府主管部门及工商、税收、财政、物价、环保、卫生、审计等部门的关系。企业照章纳税,守法经营,并加强与政府各部门的信息沟通,争取政府各部门的支持,是企业处理好与政府关系的基本要求。

6. 竞争者关系

竞争者关系是指企业与同行企业的关系。企业必须树立公平竞争的观念,用公平竞争的方式参与竞争，决不采取不正当竞争手段去排斥对手。

7. 社会名流关系

社会名流关系是指企业与那些对公众舆论和社会生活有较大影响力的人物之间的关系。与社会名流建立良好的公共关系，有助于企业扩大社会交往范围，提高企业知名度；有助于利用其专长提高企业经营管理水平；有助于企业扩大市场影响力。

思考题

1. 简述企业公共关系的内涵、特点与功能。
2. 试论企业伦理对组织发展的影响。
3. 简述企业伦理的建设方法与误区。
4. 简述企业的社会责任内涵。
5. 简述企业公共关系不同模式的适用范围及其主要手段。
6. 简述企业内外部公共关系活动的内容。

第十一章 政府公共关系

本章知识点

1. 政府公共关系的内涵
2. 政府公共关系的作用
3. 政府公共关系的特点
4. 政府公共关系的职能
5. 我国政府公共关系的机构设置
6. 政府内部公共关系的处理
7. 政府外部公共关系的处理

第一节 政府公共关系的实质

在现代社会生活中，政府可能面临着来自各个方面的责难和批评。由于社会公众存在着不同的利益诉求，这本是难以避免的，但如果政府不积极地面对责难和批评，不及时疏导不满情绪，就会刺激矛盾的发展。因此，政府作为公共权力的执行主体，其行为涉及社会经济领域的众多方面，而如何使得政府能够与社会组织和民众进行有效的沟通，是政府行使其权力的一个核心环节。这其中就涉及政府形象的塑造、政令的推广、对舆论民情的引导等诸多方面。同时，社会的复杂性加大了政府管理的难度，这就要求政府机构只有形成一股合力，才能高效地完成其使命；无论是政府机构之间的关系，还是政府机构与工作人员之间的关系，都应该给予高度的重视。因此，公共关系逐渐被各级政府所重视，已成为政府完成其使命的一个重要手段。

一、政府公共关系的含义

所谓政府公共关系，是指政府为了更好地管理社会公共事务，自觉地运用公共关系塑造自身形象，加强其与内部工作人员及社会公众的交流沟通，建立互相了解、互相适应的持久的联系，争取公众及其工作人员对政府工作的理解和支持的行政管理活动。简而言之，政府公共关系就是政府与其内部工作人员及社会公众之间的传播管理。对于这一定义，可以从以下三个方面加以解释：

(1) 从动态的角度来讲，政府公共关系即政府机构与其工作人员及社会公众之间的双向传播沟通活动。现代传播理论强调传播的双向性，特别是受众对于组织的回馈过程，这一点在政府公共关系中表现得特别明显。比如政策的发布，不仅仅是政府向公众单向的传播过程，还需要政府随时关注公众对于政策的理解和意见，并在此基础上不断地进行调整；同时，政府还要不断加强对其工作人员需求的了解，润滑内部关系，提高其工作效率和积极性。

(2) 从静态的角度来讲，政府公共关系是发生在政府与其工作人员和公众之间的一种信息交流、沟通与传播的行为和状态。这就要求政府的公关活动保证其持续性和一贯性，由于公关活动对于政府形象乃至管理活动的重要性，建立一套常设的沟通交流机制是必然的选择。

(3) 从管理的角度来讲，政府公共关系是一种组织职能，政府公共关系管理即对政府组织与其工作人员和社会公众之间的传播行为与状态进行管理。在政府公关活动的过程中，由于种种不可测因素的干扰，其与公众的传播经常会碰到各种不同的问题，这就要求政府要充分发挥其管理的职能，通过规范公关活动的程序，来提高传播的效率和效用。

二、政府公共关系的作用

政府公共关系作为一种通过传播的形式来调节与公众之间关系的行政管理行为，其最终的目的是充分发挥政府运用公共权力的效用。具体而言，政府公共关系的作用可以总结为三个方面。

1. 树立良好的政府形象

政府在公众中的形象问题，是影响行政管理活动的一个最基本的问题。政府在公众中有一个良好的形象，群众就从心底里信任它、支持它，这个政府的政务活动就能得到群众的理解与合作，他们就会积极地配合政府各项活动的推行。政府公共关系的首要任务就是为政府形象的树立进行谋划和活动。政府形象包括国家象征物、公务员形象、组织风格、政府的声誉等方面。

现代政府的理想形象是民主、法治、廉洁、透明、高效。广大公众都希望自己的政府形象是理想的。但在实际生活中，广大公众期望的政府形象和政府实有的形象是有差距的。这种差距过大，就会在公众中造成政府的形象危机和信任度下降的问题。为了缩小政府的理想形象与现实形象之间的差距，政府就要通过社会宣传(电视、广播、网络、报纸等)、联络、交往、舆论引导和管理实绩等手段，来培养其美誉度。

2. 协调与内外部的沟通关系

政府公共关系有内外之分。内，是指政府机关内部横向、纵向上的公共关系；外，则是指政府机关作为一个整体与社会公众的公共关系。就前者而言，如果政府机构内部各部门之间、上下级之间、公务员之间关系不融洽，就会出现组织内部的内耗，部门之间互相推诿，上下级之间互不信任，公务员之间不负责任。这样，行政管理活动将无法有效地推进。因此，通过各种方式沟通信息、协调内部关系，就成为提高行政效能的重要措施。

与公众保持经常性的、良好的沟通，对于政府机构顺利开展其管理职能有着重要的意义，而在一种缺乏沟通的环境下，政府的任何行政管理行为都会遭到各方面的掣肘。营造与社会公众之间良好的沟通关系，主要应抓好与其他外部组织的情报交流、联谊活动，建立密切的平常交往和工作合作关系，以便建立起一种消除误解、化解冲突、协调利益的磋商机制。

在开展外部公共关系时，政府机关决不能因为自身有权就居高临下，那样肯定会恶化与外部组织之间的关系。

3. 营造良好的社会舆论

社会舆论是指在社会上流传的群众的言论。社会舆论从表现形式上看可分为两类：一类是见诸新闻媒介的言论，另一类是在社会上流传而未见诸新闻媒介的言论。社会舆论是一种强大的力量。古罗马帝国有一句很流行的话，叫做"民众的声音，就是上帝的声音"，可见公众的呼声和意志是多么强大的一种社会力量。至于新闻舆论，西方把它称作继立法、行政、司法之后的"第四种权力"。

对于有利于政府的社会舆论，政府的公关活动要顺水推舟，因势利导。政府公共关系部门应该利用各种传播手段，把这种支持、信任政府的舆论加以广泛宣传，不断地用其刺激社会公众，从而形成社会的主导舆论。对于不利于政府的社会舆论，又要作一定的区分。针对非对抗性的舆论，要采取包容的态度，运用可以利用的媒体资源，做出解释性的、融合性的公关传播。而对于对抗性的舆论，为了保持社会的稳定和谐，政府则要加以合理的控制，抑制其产生和进一步发展。

三、政府公共关系的特点

政府公共关系作为公共关系的一个特殊的领域，具备公共关系的一般特点；同时，由于政府组织的特殊性，它在公关活动中又具有一些独特之处。

1. 公共关系主体的权威性

政府组织区别于其他组织的最显著的特征就在于，政府组织是国家权力的执行者，其行为具有对全社会的权威性。政府为了管理社会公共事务，要制定政策、颁布法令，可以合法地使用暴力，这些行为属性是其他组织所不具备的。因此，在政府公共关系活动中，政府一直处于一个比较优势的地位。同时，政府的权威性还表现在其公关活动影响的深刻性和持久性上。由于政府的体系庞大——其规模是其他社会组织无法比拟的，以及政府活动涉及领域的复杂，使得政府公关活动与公众的日常生活息息相关，会影响公众的日常行为，甚至是观念上的改变。

2. 公共关系受众的广泛性

政府公关活动的对象是全社会的公众，而一般组织公关活动的对象往往是些特殊的群体。政府机构公关活动的受众包括社会各个阶层、各个民族、各个党派、各个团体和社会组织等各种社会力量。正因为如此，政府必须考虑到与其受众利益关系上的差别。这些利益群体既有公共利益的诉求，又有群体内部利益的诉求。对于政府推出的政策和法令，不同的利益群体会有不同的态度和意见，这种各方利益互相交错的广泛性，体现在政府的公关活动中，这是其他任何组织在开展公共关系时都不会遇到的。所以，全员公关的理念必须在政府工作人员的心中得到贯彻。

3. 公共关系传播过程的优越性

任何公关活动首先要根据自身的目的来确定传播的渠道和方式，其次要量力而为，选择可以动用的资源来进行传播。就后者而言，政府具有一种天然的优势。因为政府可以利用的资源众多，加之政府机构组织的严密性和广泛性，所以，相比较其他社会组织，政府在公关活动中占有很大的优势。这首先表现在政府掌握着大量的传媒工具，在我国，主要的新闻出版单位都是由政府来管理的，这使得政府可以利用这些渠道在公共关系活动中掌握主动权，通过多种新闻工具从各个角度大量地、反复地进行信息“轰炸”，来加深公众的印象，达到公关的效果；其次，政府机构的组织严密，虽然其面对的受众很广泛，但是在传播过程中，无论从横向的角度还是从纵向的角度，都是非常有利的，严密的官僚体系可以使信息准确、迅速地流动，提高公关的效率；第三，政府可以通过对媒体发布信息的预先审查，控制对自身形象不利信息的发布，这也是其他任何社会组织都无法办到的。

4. 公共关系目的的社会性

政府存在的一个重要功能是对社会公共事务进行治理，提供公共物品和公共服务。因此，其存在的目的不同于企业，政府开展公共关系追求的不是经济效益，而是社会效益。从对公关活动效果的评估上来看，企业组织往往按照能否提高自身的经济效益来加以判断，而政府则要从社会效益的角度出发，来判断公共关系的成效。

第二节　政府公共关系的内容

公共关系是舶来品，在我国政府领域中的应用还处在比较低级的阶段，因此也引发了一些问题，像在 2003 年的“非典”危机中，由于一些政府部门隐瞒疫情发展的情况，所以没能在源头上控制住“非典”的流行，这就是政府在处理危机事件上公共关系能力薄弱的一个典型表现。政府公共关系是政府行政管理工作的一个经常性职能，应得到政府部门足够的重视。本节主要从政府公共关系职能、机构设置以及政府内外部公共关系处理四个方面来介绍政府公关的主要内容。

一、政府公共关系的职能

1. 决策咨询职能

现代社会的发展充满了各种不可测的因素，加重了政府管理社会的难度。在政府就某问题做出决策之前，特别是一些重大的决策，面对复杂的环境变化，政府工作人员应该收集和提供关于决策的全面的信息，特别是有关公众意向的信息；在决策实施的过程中，应迅速地收集反馈回来的信息，以便及时地对决策进行调整。

同时，由于政府的决策会影响到公众的日常生活，往往在重大的决策背后都会有一些人的利益受到损失，因此政府还要照顾到这些人心理上、生活上的变化，避免可能发生的矛盾显性化。像 20 世纪 90 年代末对国有企业的改制，使很多的工人下岗，从心理的角度来说，从奉献了一辈子的工作岗位上撤下来，肯定会有很多不适应；从生活的角度来说，很多人下岗时已人到中年，由于缺乏其他方面的特长，再就业的难度非常大，失去经济来源使许多下岗职工的生活成为问题。在这个转变的过程中，就要求政府在公关的层面通过心理咨询等手段，疏解下岗职工的不满情绪。

2. 信息交流职能

政府公关人员为政府正确、有效的决策，收集、整理和发布各种信息，是政府公共关系的一个首要功能。如前所述，政府的决策需要依赖有效的信息采集，只有反映社会真实需求的信息才能为政府推出正确的决策打好基础。同时,政府组织管理水准是由综合要素组成的,包括行政的成本与效率、决策的科学性、资源的利用效率等方面,这些因素在内部和外部公众之间会产生一些不同的反应,这种反应有时会集中在对政府部门某种决策实施过程评价上。因此,政府公关也需要加强信息的交流。一方面,对于政府内部工作人员相关信息的掌握,可以加强组织对公务员的了解,可以关心其工作、生活的状态,使他们产生归属感,减少对组织的离心力;另一方面,要加强与社会公众的信息交流,在政策推行过程中获取公众的理解,降低政策推行可能遇到的阻力。由此看来,政府组织的特殊性,对政府公共关系交流职能提出了更高的要求,即要科学、全面、及时、高效地处理好信息。

3. 形象塑造职能

政府形象是指社会公众对于政府组织相关组成要素和行为的一种认知,对于政府有很重要的作用。好的政府形象有利于形成和维护政府的威望,使政府具有强烈的号召力和凝聚力,而如果缺乏威望,就意味着政府的各项工作无法得到人民自觉自愿的参与。想要树立一个好的政府形象,首先要有一个关于政府形象的理念,即希望政府在公众中是怎样的形象,并以此为目标而进行政府体系和制度上的相关建设。同时,政府形象的改进过程,还需要进行经常性的评估。政府形象的评估是对政府形象进行调查分析、检测评估政府的自我期望形象和社会实际想象,并找出两者之间的差距和原因,为选择和设计更佳的形象提供依据。

二、我国政府公共关系的机构设置

政府公共关系在政府日常工作中担负着很多重要的职能,因此,在机构设置中应该安排一些专业的公关部门。目前,我国政府机关内承担公关工作的部门主要包括以下几个。

1. 办公厅、办公室

一般情况下,办公厅、办公室是每个政府的必设单位,主要是协助部门领导处理日常工作,当然包括公共关系中的协调、沟通事项。作为一个综合性的职能部门,其与政府公共关系有关的职能包括:对部门内部出现的争议问题提出处理的意见;对部门领导布置的工作事项的落实情况进行跟踪调研,并向部门领导汇报;处理相关的群众来信和来访,并将其中的问题进行汇总、汇报等。从这些职能看来,办公厅、办公室是政府机关中的"跳板",因此在收集与传递信息、缓冲矛盾、协调关系方面都具有重要的作用。

2. 人民来信来访办公室

信访,是我国特有的一个政府与公众沟通的渠道,是指公民、法人或者其他组织采用书信、电子邮件、传真、电话、走访等形式,向各级人民政府工作部门反映情况,提出建议、意见或者投诉请求,依法由有关行政机关处理的活动。信访机构的主要职能包括:受理、交办、转送信访人提出的信访事项;承办上级和本级人民政府交由处理的信访事项;协调处理重要信访事项;督促检查信访事项的处理;研究、分析信访情况,开展调查研究,及时向本级人民政府提出完善政策和改进工作的建议;对本级人民政府其他工作部门和下级人民政府信访工作机构的信访工作进行指导。

3. 举报中心

举报中心的任务是受理公民对国家公职人员犯罪活动的控告和检举,并依法进行处理。举报中心在政府公共关系方面的重要作用主要体现在政府通过举报中心查处国家公职人员的违法犯罪活动，保持政府机构的清正廉洁，从而提高政府的威信。

三、政府内部公共关系的处理

政府公共关系按照其对象可以分为两大类：政府内部公共关系和政府外部公共关系。政府内部公共关系，是指政府组织与其内部工作人员之间的传播交流活动；政府外部公共关系，是指政府与社会各界公众之间的交流沟通活动。政府公共关系是一门塑造政府"内求团结，外求理解"形象的管理艺术，因此，区分其内外之分，在理论上和实践上都具有重要的意义。

政府内公关的目的在于提高行政绩效，使各项工作得以顺利展开，通过各种媒介和渠道来实现与本政府内部工作人员的广泛交流与沟通，以使政府的各种行为得到政府内所有成员的认可和支持，并致力于在整个政府系统内部塑造出一种行政文化来引导整个政府工作的开展，使大家主动、自觉地为塑造政府形象而不懈努力。

政府内部公共关系（以下简称"政府内公关"）又可以从横向和纵向两个角度来理解。

1. 政府内公关的横向活动

一般的官僚机构通常采用"金字塔"式的组织形式，同级政府由不同的部门所组成，同时上下级部门之间又具有隶属关系。政府内公关的横向活动，是发生在不相隶属的同级政府机构之间，主要涉及地方政府之间、同级政府部门与部门之间的两大类公关活动。

地方政府是关系到地方发展的核心行政主体，负责履行中央政府赋予的职责，并在权限范围内对地方社会公共事务进行管理。市场经济的发展，同时使得地方政府间的交流和联系日趋频繁。地方政府为了更有效地利用市场资源，发展本地经济，就必须争取更多的潜在合作者。在这个过程中，就可能引发地方政府之间产生合作竞争关系。而地方政府之间建立怎样的关系，对于一个良性市场的形成有着重要的影响，如果不妥善处理，就可能会对国家发展的大局产生影响。比如20世纪80年代，全国各地政府都依照同样的模式发展，导致疯狂争夺原材料、保护地方经济、产业同构程度高等情况的发生。这说明在发展地方经济的时候，要注意政府间互惠双赢的合作原则，不能以损害他人的利益来谋求自身的发展。在通往合作的道路上，要求地方政府首先要重视政府间的公关活动，建立经常性的互访机制，同时还可以采取建立友好城市等方式来完善这种公共关系，或是直接在对方城市设立办事处，随时促进相互之间关系的发展。

同级政府部门之间的公共关系，是政府内公关的另一项主要内容。在现代社会的管理中，科教文卫、社会保障、公共安全、基建设施等等都是政府的行政职责所在，这使得政府部门的设置也随之复杂化。在林立的政府部门之间，如果相互不能达成一种良性的互助关系，就会产生内耗。因此，政府部门公共关系的基本要求是实现政府所有部门活动的一体化与和谐化，使各部门之间相互协作、相互配合，形成一个有机体。只有协调、高效的政府才会在公众心目中树立一个良好的形象，才能真正做到为人民服务。要强化政府各部门之间的公共关系，第一，要发挥领导的作用，为各部门之间的沟通、交流牵线搭桥；第二，要做好政府工作目标的宣传工作，要求各部门从大局出发，从总体着眼，立足部门的实际情况共同完成工作。

2. 政府内公关的纵向活动

政府内公关的纵向活动，主要涉及上下级部门之间的关系，以及政府组织与其所属工作人员的关系。从组织管理的角度来讲，组织目标的实现很大程度上依赖于上下级之间的信息交流，如果这种交流受阻，无法正确传达，就会影响到实际工作中对于目标的实现。只有加强相互之间的关系，才能在一个团结高效的氛围内履行各自的职责，而良好的公共关系是实现这种交流的必要手段。这首先要求下级部门要充分理解上级部门的指示，尊重上级部门的决定，这是开展良好关系的前提；同时还要就工作中遇到的问题及时与上级部门沟通，做好经常性的反馈工作，以便于上级部门在此基础上对工作安排做出调整。其次，上级部门要经常性地联系下级部门，积极进行沟通，掌握工作进展的动态，并准确地下达下一步工作的指示；上级部门在安排工作时要考虑到下级部门的利益和可能遇到的困难，并在力所能及的范围内给予一定的帮助；上级部门还应该积极地与下级部门加强感情上的沟通，使下级部门理解其难处，关心下级部门在实际工作中的难处，达到鼓舞士气的作用。

政府内公关的纵向活动还包括政府组织与其工作人员的关系。公务人员是组成政府组织的核心要素，他们工作的情况，特别是工作中的态度和情绪，会影响到工作目标和组织利益能否成功实现。在同公务人员的公关关系中，要强调“以人为本”的策略，主动搭建公务人员之间的沟通桥梁，让他们自觉地把在工作中所掌握的信息和发现的问题反馈给上层，并根据实践的经验向领导者提供决策建议。这样能够使政府内所有人员主动积极地参与到政府的管理工作中，提高普通公务员的参与意识，从而使得政策的执行更为容易。同时，通过全体公务员的共同参与，整个政府组织也就形成了一个互动的管理体制，政府工作必然朝着科学化、合理化方向发展。当每个公务员都发现自己成为政府中的主导者，而非单纯的命令执行者时，他们的工作热情也将大大提高。

3. 完善政府内公关

正因为政府内公关对于政府的行政效率有着极其重要的影响，所以在实际工作中应给予足够的重视。下面就从思想灌输和组织建设两个角度，来讨论一下如何完善政府内部的公共关系。

(1) 普及关于政府公关的意识。要使政府的公共关系工作得以顺利开展，首先要让政府的各级工作人员在思想上引起重视。只有充分认识到公共关系对于政府形象的树立、决策的推广以及高效的行政有着重要的作用，才能发挥公关工作的作用。公共关系学科传入我国的时间比较晚，最早是在企业里被广泛应用，在政府领域则比较薄弱。我国目前正处在社会主义初级阶段的转型期，许多社会矛盾需要解决，像群体性事件的发生，如果政府的公关工作做得不到位，就会在群众中造成极其恶劣的影响，降低政府在公众心目中的地位。同时，政府体制在不断地转变过程中，也会对公务人员的思想、行为产生影响，如何在转轨期内既保证一种高效的行政，又能够为政府部门留住人才，并充分挖掘他们的潜能，这都是政府公共关系应该重视的问题。

(2) 建立专业化的公关人员队伍。公共关系是一门实践性很强的学科，作为一名公关人员，必须具备新闻写作、沟通、协调、信息整合、分析、策划、管理等多种公共关系的专业知识。从事公共关系职业所要求的专业能力也需要在扎实的公共关系理论基础上通过反复的实践来得到不断提高，而公共关系职业要求从业人员所必须具备的高层次公关素养更是在长时间的锻炼中才能渐渐形成。我国政府目前尚没有具备丰富公关知识和实践经验的人员储备，因此，需要加强对这方面人才的培养。

同时，有了相关的专业人员，还亟须建立对应的公关部门，专门处理与政府公关有关的事务。对于内部公关来说，工作的特殊性以及对整个政府影响的重大性都要求政府内部公关的工作由一个独立的部门来统筹。这样做一方面有利于提高整个政府部门对于政府公关的重视，另一方面，这样的一个位置减少了信息传递的中间环节，有利于公关人员直接从各部门收集到相关信息并直接对行政首长汇报与沟通，从而保证获取信息的真实、完整和有效性。

四、政府外部公共关系的处理

如前所述，政府外部公共关系(以下简称"政府外公关")的对象是社会组织和公众。一个好的政府外公关能够保证政府决策的高效推行，同时在公众心目中培育起一个良好的政府形象，使得政府的活动不会遭到抵触。

1. 政府与企业的公共关系

现代社会是建立在市场经济基础之上的，要求利用市场这只"看不见的手"来配置资源，在这个过程中，政府应该主动地退出市场，利用"掌舵"而不是"划桨"来规范市场运行。企业独立自主地位的获得，使得如何调整政府与企业之间的关系成为一个新的问题。从公共关系的角度来说，首先，政府不能用传统的"命令式"的作风来处理同企业之间的关系，企业资源在市场经济下是一种稀缺性质的资源，政府为了地方的发展需要引导企业资源的进入，这就要求政府要与潜在的合作伙伴加强沟通和交流，强化政府高效、廉洁的办事形象，解除企业的后顾之忧。其次，政府还要规范市场信息的供给以及基础设施的建设，为企业的进入和发展提供一个良好的投资环境。其中，市场信息包括像信息网站的建设、外界市场变化的情况等等，对于这些信息，政府要保证准确、及时地加以供给；基建设施包括就业培训和指导机构、道路交通建设、水利电力完善等等。再次，政府的决策也要估计企业发展的利益，在决策酝酿阶段就主动地去企业调研，掌握关于市场情况的第一手资料，与企业交换意见；在政策实施的过程中，也要引导企业对于政策的信息反馈，遇到问题及时地加以解决和调整，以避免更大的问题出现。

2. 政府与公众的公共关系

公众对于政府的理解和支持，是政府行为顺利开展的前提，甚至是政府存在合法性的基础。政府公共关系的目的就是为了在公众中树立良好的政府形象，争取公众对政府行为和活动的理解、信任与合作。如果没有群众的理解、信任与合作，纵然政府拥有庞大的国家机器也会收效甚微，甚至适得其反。在我国，人民是国家的主人，政府是人民实现自己利益的工具。政府为了实行有效的管理，必须争取广大公众的信任与合作。而争取广大公众的信任与合作，首先，要求政府在公众中间树立一个良好的形象，只有一个民主、法治、透明、廉洁、高效的形象，才能从心理上争取到公众的理解与信任。其次，要求政府与公众之间能进行快速有效的沟通。政府作为管理者，公众作为被管理者，双方天然地会存在一些矛盾，这是由双方的地位、出发点、利益要求决定的。有矛盾和分歧不可怕，只要双方能够有效地沟通，就能弭除这些矛盾。政府要想与群众沟通，就得知道群众在想些什么、要求些什么、反对些什么。

大众传媒是政府与公众交流的主要手段，通过报纸、杂志、广播、电视等媒体，政府可以将其社会治理的设想传达给公众，可以对某些出台的政策加以解释，可以消除公众对于一些问题的焦虑心理。但是，传统大众传媒的缺点在于政府总是掌握着传播的主动权，缺乏一种双向的互动。电子信息技术的发展，特别是网络技术的突飞猛进，为政府与公众进行双向交流提供了一个有利的平台。政府可以通过网络随时了解公众的想法，并及时地进行解答和处理，提高了政府公共关系的效率。同时，政府还应该经常性地与公众进行面对面的交流，特别是地方政府，面对面的交流更能深入地对公众面对的问题加以了解，从感情的角度来讲，面对面的交流也能提升政府的亲民形象，让公众感觉到政府的诚意。

第三节　政府组织公共关系案例

一、三鹿奶粉事件与政府公共关系

自 2003 年的"非典"危机以来，我国政府开始高度重视针对危机的处理手段，危机处理中的公共关系运作进入政府的行政领域。三鹿奶粉事件是近年来我国发生的较为重大的食品安全事故，本案例针对该事件发生以后，政府如何一方面惩治有关企业，另一方面通过公关手段恢复消费者对奶制品市场的信心，以及对政府在食品安全监管领域的能力和信心展开分析。

2008 年 9 月 11 日晚，来自卫生部的消息称，甘肃等地报告多例婴幼儿泌尿系统结石病例。调查发现，患儿多有食用三鹿牌婴幼儿配方奶粉的历史。经相关部门调查，高度怀疑石家庄三鹿集团股份有限公司生产的三鹿牌婴幼儿配方奶粉受到三聚氰胺污染。卫生部专家指出，三聚氰胺是一种化工原料，可导致人体泌尿系统产生结石。石家庄三鹿集团股份有限公司 11 日晚则发布产品召回声明，声明称，经公司自检发现 2008 年 8 月 6 日前出厂的部分批次三鹿牌婴幼儿奶粉受到三聚氰胺的污染，市场上大约有 700 吨。三鹿集团公司决定立即全部召回 2008 年 8 月 6 日以前生产的三鹿牌婴幼儿奶粉。此前，该公司有关负责人表示，公司正密切关注奶粉致病事件，已派人赴相关地区了解情况，并全力配合有关部门调查。

事实上，在 2008 年 3 月，南京儿童医院把 10 例婴幼儿泌尿结石样本送至该市鼓楼医院泌尿外科专家孙西钊处进行检验，三鹿奶粉事件已经开始浮出水面。7 月 16 日，甘肃省卫生厅接到甘肃兰州大学第二附属医院的电话报告，称该院收治的婴儿患肾结石病例明显增多，经了解均曾食用过三鹿牌配方奶粉；7 月 24 日，河北省出入境检验检疫局检验检疫技术中心对三鹿集团所产的 16 批次婴幼儿系列奶粉进行检测，结果有 15 个批次检出三聚氰胺；8 月 13 日，三鹿集团决定，库存产品三聚氰胺含量在每公斤 10 毫克以下的可以销售，10 毫克以上的暂时封存；调集三聚氰胺含量为每公斤 20 毫克左右的产品换回三聚氰胺含量更大的产品，并逐步将含三聚氰胺产品通过调换撤出市场。

卫生部对于三鹿奶粉与婴幼儿肾结石相关性的确认消息一经传播，顿时舆论哗然。公众对于中国奶制品企业的信任度急剧下降，特别是给孩子吃过三鹿奶粉的家庭更是人心惶惶。卫生部进一步告诫公众，立即停止食用该品牌奶粉，已食用该奶粉的婴幼儿如出现小便困难等异常症状，要及时就诊。同时，卫生部要求各医疗机构及时报告类似病例。

危机爆发之后，为了稳定人心，在处理当事人之前，有关部门先从治病和检查两个方面开展工作，并通过大众媒体随时公布工作的进展，让公众看到了政府处理此次事件的高效率和大力度。9 月 12 日，工商总局要求对整个奶制品市场进行全面的检查，尤其要重点检验三聚氰胺、阪崎氏肠杆菌等安全指标，对质量监测中发现的不符合法定质量要求和有毒有害的奶粉，要依法责令经营者停止销售、立即下架，并确保不合格奶粉及时、规范、有效退市。同日，卫生部要求各地上报食用三鹿奶粉婴幼儿患病情况，并发布喝奶粉导致肾结石的婴幼儿诊断方案。

9 月 13 日，国务院新闻办举行新闻发布会，请卫生部、质检总局和河北省负责人通报三鹿婴幼儿奶粉安全事故有关处置情况，并答记者问。河北省副省长杨崇勇在发布会上称："石家庄市的三鹿集团有限公司是一家股份制企业，它的 43% 的股份是新西兰恒天然公司的，剩下的 56% 是石家庄三鹿有限公司的，另外还有一些零散的股份。这个公司，政府在里面没有股份。"同时，卫生部党组书记高强称："三鹿集团早在 3 月份就陆续接到了一些患泌尿系统结石病的投诉，集团也开展了一些调查，包括患儿情况的调查，包括本集团产品质量的调查，包括原料奶站一些情况的调查。在集团确认奶粉的质量出现问题以后，他们也采取了召回部分市场的产品、封存还没有出库的产品等措施。但是三鹿集团在相当长的时间内没有向政府报告。在这个问题上，三鹿集团应该承担很大的责任。"同时指出，政府会以最快的速度来平息这一事件，不会因为奥运会的缘故而延迟处理，并称三鹿奶粉事件表现出来的问题不是一劳永逸的问题，而要政府时刻警惕自身在食品安全方面的监管责任。从政府公共关系的角度来讲，在事件通报的第三天，政府主动利用新闻发布会的形式与公众进行沟通，排除一些干扰性的因素，比如政府是否也参与了这一事件；同时，厘清了各方的责任，并确认政府应该承担起监管的责任，这对于扶正政府的形象有着重要的意义。

公关活动一定要与实际中的行政工作联系到一起，才能使得公众从政府的行为中确认政府想要传达的信息。在接下来的几天时间里，各个政府部门按照自身的职责开始展开工作。14 日，农业部开展对 50 个奶业重点县鲜奶质量的安全专项检测；15 日，公布在积极救治之下，已经有一批患儿恢复健康，另公布统计数字，至 15 日 8 时，全国共诊断出食用三鹿奶粉的患儿 1 253 名，其中 2 名死亡；16 日，三鹿集团党委书记、董事长兼总经理田文华被解职；17 日，国务院有关部门再次召开记者发布会，就三鹿奶粉问题答记者问，同时公布婴幼儿配方奶粉三聚氰胺专项检查阶段性检查结果(附名单)；18 日，国务院宣布废止食品质量免检制度与免检管理办法，新华社发表评论员文章——《人民生命高于一切》，各地已退市问题奶粉达 1 197.8 吨，同时，四大洋奶粉宣布不涨价，从市场的情况来看，也没有出现抢购的风潮。

在这短短的五天时间里，政府主要开展了惩办当事人、救治患儿、改革免检制度等工作，并在这一过程中又召开了记者发布会，随时保持与公众的信息交流；同时，新华社的评论员文章及时地传达了政府以人为本、以人的生命为本的理念，与政府的实际工作相结合，巩固了政府在处理这一事件过程中的正面形象。政府还对海外的奶制品企业开展了有力的公关工作，保证了在国产奶制品信誉滑坡的情况下奶制品市场的稳定，避免了竞相抬价和抢购奶粉的情况发生。

截至 2008 年 9 月 21 日上午 8 时，全国因食用含三聚氰胺的奶粉导致住院的婴幼儿有 1 万余人，官方确认 4 例患儿死亡。9 月 22 日，国家质量监督检验检疫总局局长李长江因"毒奶粉"事件引咎辞职。10 月 8 日，卫生部等五部门公布了乳及乳制品当中三聚氰胺临时限量标准。其中 1 000 克婴幼儿配方乳粉中允许存在 1 毫克三聚氰胺。10 月 9 日，温家宝签署国务院令，公布了《乳品质量安全监督管理条例》。至此，三鹿奶粉事件暂时告一段落，相关的法律救济和三鹿集团的合并工作仍在继续进行。

二、“瓮安事件”与政府公共关系

近年来，随着改革开放的不断深入、市场经济的转型和社会利益格局的调整，新问题、新矛盾不断增多，群体性事件呈上升趋势。群体性事件往往有很多主体交织其中，表现方式也很激烈，使政府处理的难度加大。仅 2008 年一年，爆发的群体性事件就有贵州瓮安事件、云南孟连事件、甘肃陇南事件、出租车罢运事件、陕西府谷县 7·5 警民抢尸事件、广东惠州 7·17骚乱事件、云南丽江 8·4 环保纠纷事件、川渝 9—10 月教师罢课事件、湖南吉首 9·3 非法集资事件、重庆巫溪 9·19 车祸事件、河北廊坊 10·19 铁路征地事件、江西铜鼓10·24 山林纠纷事件、深圳宝安区 1·17 对讲机砸人事件、湖北武汉 11·18 下岗职工上访事件、重庆开县 11·21 村民煤矿冲突事件、广东东莞 11·25 劳资纠纷事件……从政府公共关系的角度来说，应对群体性事件，要积极寻求沟通的渠道和手段，降低群体性事件爆发的可能性。下面就以贵州瓮安事件为案例，说明政府公关在避免群体性事件时的作用。

2008 年 6 月 22 日凌晨 0 时 27 分，瓮安县公安局 110 指挥中心接到报警称，在县西门河大堰桥处有人跳河。雍阳镇派出所接到 110 指挥中心指令后，迅速派值班民警赶赴现场，并通知 119 人员赶赴现场。民警赶到现场后立即展开营救工作，因天黑，施救条件有限，经持续紧张工作，于凌晨 3 时许将溺水女孩打捞上岸后，急救人员证实其已死亡。经向在场报警人刘某、陈某、王某询问得知，溺水女孩名叫李树芬，1991 年 7 月生，系瓮安县三中初二(六)班学生。

经查，2008 年 6 月 21 日晚 8 时许，李树芬与女友王某一起邀约出去玩，同李树芬的男朋友陈某及陈的朋友刘某等吃过晚饭后，步行到西门河边大堰桥处闲谈。李树芬在与刘某闲谈时，突然说：“跳河死了算了，如果死不成就好好活下去。”刘见状急忙拉住李树芬，制止其跳河行为。约 10 分钟后，陈某提出要先离开，当陈走后，刘见李树芬心情平静下来，便开始在桥上做俯卧撑。当刘做到第三个俯卧撑的时候，听到李树芬大声说“我走了”并看到她跳入河中。刘见状立即跳下河去救李树芬。王某急忙打电话给陈某，并大声呼叫救人。陈立即返回河边，跳下河帮忙施救，陈某见刘某已体力不支，便用力先将刘拉回岸上。王某、刘某随即报警，并打电话通知了李树芬的哥哥李树勇。

次日，尸检认定的结果是溺水死亡，这一过程在家属的监督之下完成，但是死者家属在感情上不能接受突然失去亲人的事实，并要求于 25 日进行第二次尸检。第二次尸检的主要目的是检查死者生前是否发生过性行为，由于尸体被冰冻的缘故，这一检查被推迟到 26 日等尸体解冻后再进行。26 日检查时，正赶上瓮安的赶集日，围观的人群有五六百人，并且不断有人喊出过激的言论，多是表达对政府的不满。最终的检查结果表明，网络上盛传的“奸杀”可能被排除。

6 月 26 日，经县工作组多次做工作，死者家属表示同意县工作组的协调意见，答应在 6 月 28 日签订协议了结此事。但 6 月 28 日 16 时，死者亲属邀约 300 余人打着横幅在瓮安县城游行。由于当日正是周六，街上行人较多，部分群众尾随队伍前行，致使游行人员越来越多。16 时 30 分许，游行人员聚集到县公安局办公楼前。公安民警拉起警戒线并开展劝说工作，但站在前排的人员情绪激动，在少数人的煽动下，一些不法分子用矿泉水瓶、泥块、砖头袭击民警，并冲破民警在公安局一楼大厅组成的人墙，打砸办公设备、烧毁车辆，并围攻前来处置的公安民警和消防人员，抢夺消防龙头，剪断消防水带，使消防人员被迫撤离。20 时许，不法分子对瓮安县委和县政府大楼进行打、砸、抢、烧，一度冲击临近的县看守所，整个过程持续近 7 小时。

“6·28”事件使县委大楼被烧毁、县政府办公大楼 104 间办公室被烧毁、县公安局办公大楼 47 间办公室和 4 间门面被烧毁、刑侦大楼 14 间办公室被砸坏、县公安局户政中心档案资料全部被毁、42 台交通工具被毁、被抢走办公电脑数十台；共造成 150 余人不同程度受伤，大部分均为轻微伤。整个事件处置中，没有任何人员死亡。

17 岁初中学生李树芬被发现死于河中，当地公安机关的调查结果是自己跳河，但其亲属等人对此表示质疑。之所以产生质疑，原因就在于各种传闻和猜疑无人澄清。这些传闻和猜疑主要有：其一，李树芬好端端的怎么会自杀？其二，李树芬是被强奸的。其三，警察多次硬抢尸体、破坏现场，企图掩盖事实。其四，李树芬死亡的元凶是县委书记的亲侄女，另两名男生和派出所所长有亲戚关系；还有传闻说，元凶是副县长的孩子。其五，死者的叔叔、爷爷、奶奶被打致使住院抢救，其婶婶被剪去头发关押到派出所，她的叔叔在与公安人员的争执中被公安人员打伤。其六，死者亲属向政府讨公道时，政府官员避而不见。

从 22 日到 27 日的大约六天时间里，这些质疑和谣言散布于整个瓮安，但是政府并没有积极地去应对，这反而给人以欲盖弥彰的印象，极大地损害了当地政府的形象，并进一步导致这一事件被不法分子利用，激发了 28 日群体性事件的爆发。谣言不仅在街谈巷议中游走，近年来的群体性事件的主要诱因还逐渐向网络靠拢。根据网上搜索，当地政府部门所属媒体毫无关于此事的相关报道。而与之相对的是，在百度贴吧和不少小论坛上，却有许多与该事件相关的描述和分析。这些论坛的信息尽管各有说辞，但基本大同小异，都不外乎是女孩可能是被强奸，而作恶者因为在县里有关系并没有受到应有的惩罚。尽管这些消息的来源并不是百分之百的可靠，但作为唯一的消息来源，对于群众而言，其所起到的诱导作用可想而知。面对这些来自网络的信息，政府一方面没有辟谣，另一方面也没有拿出可信的证据来告诉群众事实的真相，任由各种小道消息横行，使得群众只得宁信其有、不信其无了。

思考题

1. 如何理解政府公共关系的含义？
2. 政府公共关系的作用有哪些？
3. 政府公共关系的特点是什么？
4. 政府公共关系的职能有哪些？
5. 我国政府公共关系的机构是如何设置的？
6. 政府内部公共关系和政府外部公共关系要怎样处理？
7. 如何分析政府组织公共关系案例？

第十二章 公共关系实务

本章知识点

1. 庆典的概述
2. 展览会的特点与分类
3. 展览会的组织与实施
4. 新闻发布会的含义与特点
5. 新闻发布会的组织与安排
6. 赞助的作用与类型
7. 赞助的策划与实施以及注意事项

第一节 庆 典

庆典活动是指组织在其内部发生值得庆祝的重要事件时，或围绕重要节日而举行的庆祝活动。在现代社会，越来越多的组织通过庆典活动与目标公众联络感情，沟通关系。因此，庆典活动已成为组织进行公关策划的重要形式。

一、庆典活动的意义

组织之所以花费巨资、投入相当的人力与物力举行各种庆典活动，是因为庆典活动对组织具有十分重要的意义。

首先，庆典活动会引起社会各界对组织的关注，会使一个组织的社会影响有所扩大。

其次，庆典活动往往给公众留下"第一印象"，若庆典组织得气氛热烈、隆重大方，将给公众留下深刻的印象，如北大百年校庆。因为它向公众展示了组织的综合实力、整体实力、社交水平、文化素质，因而是一种塑造组织形象的极好方式。

再次，庆典活动的喜庆环境更有助于形成组织与公众之间无拘无束的直接沟通的氛围，极有利于与公众增进感情，顺理成章，水到渠成。

二、庆典活动的类型

庆典活动总的要求是有喜庆的气氛、隆重的场面、高昂的情绪、灵活的形式，当然还应该有较高的规范性和礼仪要求。下面介绍几种主要的庆典类型。

1. 开幕庆典

开幕(开工、开业)庆典又称开幕式,是社会组织向社会的第一次"亮相",就是指第一次与公众见面、展现组织新风貌的各种庆典活动。包括各种博览会、展览会、运动会和各种文化节日的开幕典礼,企业的开业典礼或企业推出的重要服务项目第一次向公众开放的庆祝活动,重要工程的开工典礼或奠基典礼,重要设备及工程首次运行或运营的庆祝活动如通邮、通车、通航等典礼活动,学校的开学典礼,部队的迎新典礼等等。

由于开幕庆典一类的活动司空见惯,因此很难引起人们的注意。如果没有较高的立意和较强的创新意识,这类活动很容易流于形式。这就要求公共关系人员在策划开幕庆典活动时,对所要举行的开幕庆典活动有一个恰当的定位,以新颖的创意、完整的程序、丰富的内涵来吸引公众的注意。要使开幕庆典办得既隆重热烈又富有情趣,把组织的生日变成社区公众共同参与的节日活动。

成功的开幕庆典活动既可以树立良好的组织形象,又能在公众心目中留下美好的印象。法国爱玛仕服饰进驻上海的开业仪式便是一个成功的案例。

这是一场至今仍为人津津乐道的开幕仪式。108 个大大小小的橙色箱子高高堆起,遮盖了爱玛仕恒隆专卖店的大门。来自法国的爱玛仕贵宾邀请来宾一起动手,把这些橙色箱子一一搬开,露出了刻有 Hermes 的大门。没有讲话,也没有剪彩,但来宾们都感受到了开业的神秘气氛和爱玛仕的与众不同。

店门打开后,媒体和来宾即被邀请参加新店的预览。精美的产品和精心的布置在店员准备充分的讲解下展示出格外的光彩。通过店员、产品和来宾的互动,很多消费者迅速加深了对爱玛仕的了解,并深深为其独特的魅力所吸引。

新店预览之后,在大家的期待中,来自法国的"空中飞人"徐徐出现。以巨大的爱玛仕丝巾为背景,空中飞人在恒隆宽阔的中厅上下翻飞,翩翩起舞。除了以优美的爱玛仕杂技形式展示的丝巾外,空中飞人也充分和来宾互动,或献上玫瑰花,或敬上一杯香槟酒,这种独特而优雅的表演形式令许多来宾欲罢不能,流连忘返,真正感受到了法式的优雅与浪漫。

2. 周年庆典

周年庆典是指组织在发展过程中的各种内容的周年纪念活动,包括组织"生日"纪念,如工厂的厂庆、商店的店庆、宾馆的馆庆、学校的校庆,以及大众媒介机构的刊庆或台庆等,还包括组织或企业之间友好关系周年纪念、某项技术发明或某种产品的问世周年纪念活动等。

组织的周年纪念活动是一个重要的沟通机会,组织可以利用这个机会向公众宣传自己的发展成就,密切与公众的关系,提高知名度。但并非每年都要搞纪念活动,逢五、逢十可着重搞,五十年、百年可以大庆。

许多组织在周年庆典活动中别出心裁,结合组织的性质和特点,举办一些富有特色或社会意义的活动,借以扩大社会影响。在举行周年纪念庆典活动的同时,组织还可以举办发展史展览或放映公共关系影片、录像片,通过新闻媒介和自办刊物广泛宣传。

3. 剪彩仪式

通常,在开业、展览或在具有较大意义的工程项目开工与竣工时,一般都会举行一个剪彩仪式。

剪彩仪式起源于商店开张。据说,美国人做生意保留着一种习俗,即一清早必须把店门打开。为了使人们知道这是一家新开张的店铺,还要特地在门前横系一条布带。因为这样做既可以防止在店铺未开张前闯进闲人，又可以起到引人注目、标新立异的作用，等店铺正式开张时才把布带取走。1912年，美国一个小镇上有一家大百货公司将要开张，老板威尔斯严格地按照当地的风俗办事，在早早开着的店门前横系着一条布带。万事俱备，只等开张，不曾想，威尔斯10岁的女儿牵着一只哈巴狗从店里匆匆忙忙跑出来，无意中碰断了这条布带，这时在门外等候的客人及行人以为百货公司正式开张营业了，便蜂拥而至，争先恐后地购买货物，一派生意兴隆的景象。不久，当威尔斯的另一家分公司又要开张时，他想起了第一次开张时的盛况，便如法炮制。这次他有意让小女儿把布带碰断，果然财运又不错。于是，人们认为让女孩碰断布带的做法是一个极好的兆头，因而争相效仿，广为推行。此后，凡是新开张的商店都要邀请年轻姑娘来碰断布带。接下来人们又用彩带取代色彩单调的布带，并用剪刀剪断彩带代替碰断彩带，更讲究的还使用金剪刀。这样一来，人们就给这种做法正式取名叫"剪彩"。为了提高剪彩仪式的档次，人们还请来一些德高望重的社会名流甚至是国家领导人参加剪彩。

在剪彩的过程中，剪彩者应该始终保持一种庄重的姿态：当走向剪彩的绸缎时，要不慌不忙，步履稳健，面带微笑；当礼仪小姐用托盘呈上剪彩用的剪刀时，要点头微笑表示谢意；剪彩之时，要全神贯注，张开剪刀，对准绸带，干净利索地将它剪断；剪彩完毕，放下剪刀，要面向公众鼓掌致意。

4. 节庆活动

节庆活动是指组织在社会公众的重要节日时举行或参与的共庆活动。这里的重要节日可以是传统的节日，如春节、国庆节、"五一"国际劳动节、"三八"国际妇女节、"六一"国际儿童节等，还可以是西方文化的节日，如圣诞节、情人节、母亲节等。搞好节庆活动，要注意以下几点：

(1) 要区分节庆的类别。国际性节日，如元旦、"三八"国际妇女节、"五一"国际劳动节等，一般由国家政府部门、社会团体主持举办庆祝活动，工商企业的公关部门往往协助举办，或乘此节日举办各种展销活动。重要的民间传统节日，如欧美国家的圣诞节、我国的春节等，应列为公关活动的重点。许多地方还根据各自的地理文化环境、习俗、民间传统、土特产、民族等特点举办具有浓郁地方特色的特殊节庆活动，如哈尔滨的"冰雪节"、山东潍坊的"风筝节"、浙江慈溪和余姚的"杨梅节"、云南西双版纳的"泼水节"等。在这类活动中，各单位的公关部门应积极参与，不露痕迹地开展公关活动。值得注意的是，这类活动应该控制规模，考虑效果，不应过多过滥，流于形式，生搬硬套其他地方的模式，以免缺乏鲜明的地方特色。

(2) 开展节庆活动，贵在富有传统特色。一些单位如宾馆等的公关部门，在我国传统的春节等节日，按照我国的传统方式，请宾客吃"年夜饭"，组织员工向他们"拜年"。对于其他国家的重要节日，如圣诞节等，对有关的宾客按照当地的特殊规定和要求，予以庆祝并给予特殊服务。对于一些为我国民间特别是年轻人所接受的西方民间传统节日，如情人节、母亲节等，工商企业界要抓住公关促销的良好时机，如准备情人节的鲜花及纪念品、母亲节送母亲的礼物等。

三、庆典活动的开展

1. 组织庆典活动的注意事项

组织的庆典活动代表着组织的形象，它体现着一个组织及其领导者的组织能力、社交水平和文化素质，往往会成为社会公众取舍、亲疏的标准。因而，组织在进行这类活动的过程中，一定要注意以下问题：

(1) 要有计划。庆典活动应纳入组织的整体规划，应使其符合组织整体效益提高之目的。组织者应对活动进行通盘考虑，切忌想起一事办一事，遇到一节庆一节。

(2) 要选择好时机。调查研究是组织开展公共关系活动的基础，庆典活动也应在调查的基础上抓住组织时机和市场时机，尽可能使活动与市场相吻合。

(3) 要注意科学性与艺术性的结合。公共关系活动是科学地推销产品和形象的过程，但要赋予其艺术性的化身，使其更具有魅力，这样会有更好的宣传效果，使企业形象更佳。

(4) 要制造新闻。公共关系活动应能够为公众的代表——新闻媒介所接受。新闻媒介的反应是衡量活动成功与否的标尺，也是组织形象能否树立的重要环节。所以，庆典活动应尽量邀请新闻记者参加，并努力使活动本身具有新闻价值。

(5) 要注意总结。组织的公共关系活动应讲求整体性和连续性，作为整体公共关系一部分的庆典活动，应与其他公共关系活动协调一致。为保持组织形象的一体化，保证今后开展活动的连续性，对每一次庆典活动的总结就显得十分必要。

2. 庆典活动的具体组织

虽然庆典活动司空见惯，但要把庆典活动办得圆满成功却不是那么容易的，尤其是大型的庆典活动，牵涉面广，工作具体而复杂，公关人员一定要精心策划，周密实施。具体地说，要办好一次庆典活动必须认真做好以下工作：

(1) 精心选择对象，发出邀请，确定来宾。庆典活动应邀请与组织有关的政府领导、行政上级、知名人士、社区公众代表、同行组织代表、组织内部员工和新闻记者等前来参加。

(2) 合理安排庆典活动的程序。庆典活动的程序一般由这样几方面内容组成：安排专门主持人宣布活动开始，介绍重要来宾，由组织的领导和重要来宾致辞或讲话；有些活动有剪彩和参观的安排，有些活动要安排交流的机会；有的还请重要来宾留言、题字。

(3) 安排接待工作。庆典活动开始前，应做好一切接待准备工作。要认真选择接待和服务人员，并进行严格培训。

第二节 展 览 会

展览会是一种综合运用实物、文字、图像、音像资料或操作演示等形式，在一定时间和地点集中向公众展示组织的成果、风貌、特征，树立组织形象的公关专题活动。

一、展览会的特点

1. 复合性

展览会是一种复合性的传播方式。所谓复合性传播方式，指的是同时使用多种媒介进行交叉混合传播。一次展览会通常会运用多种传播媒介，包括文字媒介，如文字注解、宣传手册、介绍材料等；声音媒介，如讲解、交谈、现场广播等；图像媒介，如照片、幻灯片、录像等。由于展览活动的这种复合性传播方式综合了多种传播媒介的优点，所以展览会的沟通效果通常令人满意。

2. 形象、直观、生动

展览会是一种非常直观、形象和生动的传播方式，一般以展出实物为主，并以专人讲演和示范产品的使用方法等方式进行现场的示范表演。如时装展览会，不仅陈列有各种款式新颖、色彩鲜艳、风格各异的时装，还有文字、图表介绍服装的性能特点；不仅有服装设计师和缝制师的当场介绍示范，还有时装模特的精彩表演，深受人们的欢迎。展览会这种直观形象、声情并茂的传播方式，能吸引大批公众前来参观，给人以观之有物、眼见为实之感，使参观者对展品留下深刻印象。

3. 双向沟通

展览会能给某一组织提供与公众进行直接双向沟通的机会。在展览会上，本组织的工作人员可以广泛接触社会各界人士，直接与观众就双方感兴趣的问题进行交谈与讨论，并可利用这一机会解答一些问题。这样，既让公众了解了组织，同时也让组织对公众有所了解，能及时收集反馈信息，根据公众的意见和需求，改进组织的工作。这种双向沟通针对性强，收效大。

4. 高效性

展览会是一种高度集中和高效率的沟通方式，往往集中了许多行业的不同展品，也可以集中全国甚至全世界各种品牌的同类产品，这为参观者提供了更多的方便和选择余地，节省了时间和费用，提高了选购效率。因此，参观者不会错过与自己业务有关的展览会，这时就给新企业或新产品提供了一个脱颖而出的好机会。

5. 宣传性

展览会是一种大型活动，往往能成为新闻媒介追踪的对象，是新闻报道的好题材，会对大众产生很大影响。也正因为如此，许多组织经常举办各种形式的展览会，进而制造新闻由头，引来新闻记者对其进行报道，从而提高组织的知名度和美誉度。

二、展览会的分类

展览会从不同的角度可以划分为不同的类型。

1. 按展览会的性质划分

(1) 贸易性展览会。举办这种展览会的目的是为了促进商品交易，展出的也是一些实物商品和新技术等。其最大的特点是将商品展览与订货融为一体。如我国每年春秋两季在广州举行的“中国出口商品交易会”等。

(2) 宣传性展览会。这种展览会通过展品向观众宣传某一思想或观点，或让观众了解某一史实，其特点是重在宣传，没有商业色彩。展品通常是照片、资料、图表及实物等。如“反邪教展览会”、“中华人民共和国成立六十周年纪念展”等。

2. 按展览会的内容划分

(1) 综合性展览会。综合性展览会旨在展示一个国家、一个地区、一个行业、一个组织的全面成就，既有整体概括，又有具体形象，观众参观后会有一个比较完整的印象。如“中国改革开放30年成就展”、“世界博览会中国馆”等。

(2) 专项展览会。专项展览会是围绕一个专业或专题举办的，虽不要求全面系统，但也要内容集中，主题鲜明，有一定深度。如汽车展览会、防火安全展等。

3. 按展览会的规模划分

(1) 大型展览会。通常由专门的单位举办,规模较大,参展项目较多,涉及面较广,展览技术要求也高,需要有较高的专业技术水平才能办好。如"世界博览会"、"广交会"等。

(2) 小型展览会。小型展览会规模较小,一般由组织自己举办,展出自己的商品。如"某某绘画作品展"、"某公司领带展"等。

(3) 微型展览会。这是一种最小规模的展览,如商店的橱窗展览和流动的展览车等。

4. 按展览会的地点划分

(1) 室内展览会。在室内举行,不受天气影响,不受时间限制,可展出较为精致、价值很高的展品。大多数的展览会都在室内举行,如"中国著名书法家作品展"、"中国著名丝绸服饰展"、"景德镇名瓷艺术家展"等。

(2) 露天展览会。在室外举行,规模可以很大,布展也比较简单,但会受到天气的影响,时间不宜过长。通常农产品、花卉等宜在露天展览,如"全国农副产品展"、"洛阳牡丹展"等。

5. 按展览会的时间划分

(1) 长期展览会。展览形式是长期固定的,如故宫博物院、上海博物馆等。

(2) 定期展览会。展出内容定期进行更换,如北京和上海的工业展览会。

(3) 短期展览会。这是一种展出时间较短,展览结束后即行拆除的展览会,如"台湾小吃展销会"、"春季服装展销会"等。

三、展览会的组织与实施

展览会为组织开展公共关系活动提供了一个良好的机会,组织应该充分利用这个机会展示自己的产品,传递必要的信息,加强与社会公众的直接沟通。举办展览会是一项比较复杂的工作,要使展览会成功举办,应做好以下工作。

1. 必要性和可行性分析

在举办展览会之前,首先要分析其必要性和可行性。展览会是大型综合性的公关专题活动,需投入较多的人力、物力、财力,如不进行科学的分析论证,就有可能造成两个不良后果:一是费用开支过大而得不偿失;二是盲目举办而起不到应有的作用。所以,应对展览会进行慎重的分析论证,认为有必要举办并且举办方案也切实可行的话,才能决定举办展览会。

2. 确定主题

由于展览会展品较多,只有确定了展览主题,才能围绕主题进行展览和宣传,使参展的实物、照片及文字说明能有机地融合在一起,收到预期的效果。如果主题不明确,就会造成展品、实物及文字资料的结构混乱,给人一种茫无头绪的感觉。

3. 指定展览主编

主编要负责撰写展览脚本,构思整个展览会的结构,拟定展览会提纲,设计会标,并向各分展区(或展板)文本的编辑说明总体布局以及各部分之间的衔接要求。

4. 确定参展单位和参展项目

根据主题组织参展单位和参展项目。主办方可以采用广告或发邀请信的形式来组织参展单位。广告和邀请信应写清楚展览会的宗旨、展出项目类型、估计参观者的人数和类型、展览会的要求及费用预算等,以给潜在的参展单位提供决策所需的资料。

5. 明确参观者的类型和数量

参观者的类型将影响到信息传播手段的复杂性和多样性。如果参观者对展出项目有较深的了解和研究,介绍的资料要较为专业化和详细深入;若是一般的参观者,则应采用通俗易懂的语言,进行直观普及性的宣传。同时还要对参观者数量进行估计,以便展览会可根据参观者数量确定相应的接待人员和组织工作。

6. 选择展览的时间、地点

在参展时间上首先要考虑避开重大社会活动时间,否则展览效果不甚明显;其次,有些展览还要顾及时间性、季节性,如农副产品展览、花卉展览等。展览会的地点要选在交通便利的地方,并要注意展览场所大小、设施的完备程度、周围的环境能否与展览会的主题相协调等。

7. 设计布展

要围绕展览主题,精心选择展品和制作展览图片、文字说明、实物模型,准备影视、音响资料等。然后根据展览大纲和脚本,统筹美术、摄影、灯光、音响、装饰等方面的工程人员进行展厅布置。

8. 培训展览会的工作人员

展览会工作人员的素质和展览技能,对整个展览效果具有关键作用。因此,必须对展览会的工作人员进行相关培训。理想的工作人员应具备三个条件:一要懂得展览项目的专业知识,能为观众提供专业咨询服务;二要善于交际,讲文明、懂礼貌,能得体地与各类观众交流;三要仪表端庄、大方。

9. 成立新闻发布机构

要成立专门对外发布新闻的机构,负责与新闻界进行联系的一切事宜。要制订新闻发布计划,如确定新闻发布的内容、时机、形式等,及时向社会传播有关展览会的各种信息,扩大参展单位及整个展览会的影响。

10. 准备辅助设施和相关服务

落实观众接待室与休息室,划定停车场地。在入口处设置签到处、咨询部、服务台,绘制展览平面图等。

11. 制订预算

举办展览会需要相当多的经费,如场地和设施租金、设计和布置费用、联络费、交际费、印刷费、保险费等。对这些费用要进行预算,要根据展览能达到的预期效果考虑花费的标准。

12. 评估展览效果

展览会结束后应做好评估工作,总结经验,吸取教训,以利于以后的展览办得更好。展览会效果的评估过程,实际上就是举办单位收集信息的过程。其主要方式有:在展厅内放置公众留言簿,主动征求意见;当场召开观众座谈会,收集观众的意见和想法;当场举办有关展览内容的知识竞赛,当场发题,当场解答,当场发奖;留心新闻媒介对展览会的报道和评价;会后发放调查问卷或专门访问,了解展览会的实际效果。

第三节 新闻发布会

同样的新闻,在不同的时机、不同的场合,用不同的形式发布,所得到的结果有时会差异很大。因此,能否掌握新闻发布的技巧对于组织是否能在社会上取得良好的宣传效果起着十分重要的作用。

一、新闻发布会的含义与特点

新闻发布会是指以某一社会组织的名义邀请新闻机构的有关记者参加,由专人集中向与会的新闻机构记者发布有关本组织重要新闻的特殊会议。社会组织召开新闻发布会可以达到两个目的：一是广泛传播有关本组织的重要信息;二是与新闻界保持一种密切的联系。很多时候,人们认为新闻发布会与记者招待会是同一种活动的不同名称,其实,两者并不完全相同。第一,如果组织要向新闻界发布本组织的重要信息,公布或解释某一重要决策时,常召开新闻发布会;如果组织要通过新闻界澄清某种误解,或急需解决某一问题而同新闻界沟通,则需召开记者招待会。第二,新闻发布会侧重发布新闻,不一定回答记者的问题,方式上可以是双向沟通,也可以是单向传播;记者招待会以“答记者问”为主要形式,具有双向沟通的特点。

新闻发布会主要有以下几个特点：

(1) 以新闻发布会的形式传播组织的各类信息,显得比较正规、隆重,且规格较高,有一定的深度和广度。

(2) 在新闻发布会上可以通过示范表演或展览实物的形式来提高信息的可信度。

(3) 新闻发布会往往要占用记者和组织者较多的时间,必要时还要组织记者实地采访,参观或安排一些沟通活动,如酒会、进餐等,因此成本较高。

(4) 新闻发布会对于组织的发言人和会议的主持人要求较高,他们要十分机敏、善于应付、反应迅速、幽默从容等。

二、新闻发布会的组织与安排

要想使新闻发布会组织成功,通过新闻发布会给记者们留下美好的印象,对组织产生好感甚至倾心,会议的组织和安排工作是非常重要的。

1. 会前准备工作

召开新闻发布会,准备工作非常重要,它直接关系到新闻发布会能否成功、能否达到预期效果、能否实现预定目标等大问题。一般来说,准备工作有以下内容。

(1) 确定主题。首先,组织应从新闻传媒和公众的角度出发,而不是从自身角度出发确定会议的主题和信息发布会的最佳时机;其次,要认真考虑该主题是否非常重要、是否具有新闻价值、是否会对公众产生重大影响、此时召开信息发布会是否适宜等问题。

一般来说,重要人物来访、新发明创造、新产品试制成功、新的重大发展规划、新厂建成投产、企业开张或合并转产、出现先进典型人物、重大庆典或纪念日、重大外事交往等,这些都有必要召开新闻发布会。

(2) 选择发布会的地点和举办时间。地点要求是：交通方便,安静,有舒适的座椅,且不受电话的干扰;具备必要的照明、视听、通信设备,为记者提供方便(电源、电话、传真、网线);切忌临时改变会议地点。时间要求是：应尽量避免节假日、重大社会活动或其他重大新闻发布的日子,以免记者无法前往;会议时间不宜过长;会议应有正式的结尾;会议议程安排要详细、紧凑,避免冷场和混乱局面的发生。

(3) 选定主持人和发言人。新闻发布会这种公关活动的目标公众是新闻记者,而记者的职业要求和思维习惯会使他们在新闻发布会上提出一些深刻、尖锐甚至很棘手的问题,这就对新闻发布会的主持人和发言人提出了较高的要求。为了开好新闻发布会,必须选出思维敏捷、反应快、有较高的文化修养和专业水平、口齿伶俐的人员担任主持人和发言人。而且,会议的主持人一般应由具备较高专业技巧的人员(如公关机构的负责人)担任,新闻发言人则应由掌握方针政策、熟悉本组织整体情况的人员(如本组织的高层领导)担任。

(4) 确定邀请对象。公共关系人员根据新闻发布会的主题,有选择地邀请有关的新闻记者来参加,比如经济类、文化教育类、体育类、社会生活类等。还应根据信息发布的范围来确定媒介的级别,比如地方性、区域性还是全国性媒体。邀请对象一经确定,应提前3～5天将请柬或邀请函送到记者手中,以便让其充分准备。

(5) 准备材料。在召开新闻发布会之前必须充分准备好有关的材料,包括主持人的讲话提纲,发言人的发言稿,答记者问的备忘提纲,会议报道提纲,新闻的背景材料,有关的图片、实物、影像材料等。这样既能保证主持人、发言人有的放矢,口径一致,又能给与会记者提供翔实的资料,方便记者的写稿和报道。

(6) 做好记者参观的准备。在发布会前后,可配合会议主题组织记者进行参观活动,给记者创造一些实地考察、采访、摄影、录像的机会,使他们对新闻发布会有一个感性认识。有关参观事宜应在会前就安排好,并派专人接待、介绍情况。

(7) 布置会场。布置会场是召开新闻发布会之前的重要准备工作之一。首先,会场气氛要体现组织精神,如有必要,可在会场主席台正上方悬挂本次新闻发布会的会标;其次,会场座次安排应主次分明,特别是有贵宾到场的情况下,会场内的桌椅设置要方便记者们的提问和记录;最后,会场应设有记者或来宾签到处,最好在入口处或入口通道处以及每位记者席上准备有关资料,使记者们能深入细致地了解所发消息的全部内容。

(8) 编制预算。举办新闻发布会要有财务计划,要视财力、物力、人力举办规模恰当的发布会,不要为追求规模和形式而不顾一切,否则将适得其反。费用预算包括印刷费、通讯费、场地费、交通费、租用器材费、摄影费、嘉宾签到簿及礼品费、会场布置费、嘉宾食宿费等。

2. 会中注意事项

社会组织举行新闻发布会就是开展一项十分重要的公关专题活动,在开展这样的公关活动的过程中,需要注意以下事项:

(1) 所发布的信息必须准确无误,若发现错误应及时给予更正。

(2) 会议主持人在宣布会议正式开始时,一般要对新闻发布会的人物、背景、目的、议程等作简要介绍。主持人还要善于控制场面,以庄重又不失幽默的言谈和感染力活跃整个会场气氛,引导记者踊跃提问。当记者提问偏离主题时,要善于巧妙地将话题引向主题。如果会议中出现紧张气氛,应该及时调节、缓和。不要随便延长预定会议时间。

(3) 发言人应注意答问的方式和程度,随机应变,不与记者争论,不要回避问题。对于不愿发表和透漏的内容,应婉转地向记者做出解释,不能简单地说“不清楚”、“不知道”、“我不能回答你”等。不要随便打断记者的提问,也不要以各种动作、语言或表情对记者表示不满,即使记者的提问带有强烈的偏见或挑衅,也不能激动或发怒,应以良好的涵养、平静的话语、确凿的事理给予纠正和反驳。

(4) 会议结束时主持人应该简短评述会议,对与会嘉宾表示感谢,传达日后继续合作的意图,加强与新闻界的友好往来。

(5) 对新闻发布会活动全过程应作详尽记录和录音,有条件的应将会议过程录像,作为资料保存。

3. 会后工作

要使新闻发布会这一公关专题活动取得预期的效果,在会议结束后,组织还应做好以下方面的工作:

(1) 尽快整理出新闻发布会的记录资料,同时对新闻发布会这一活动的筹备、组织与落实情况进行评估,总结经验,找出不足,并将评估材料归档备查。

(2) 对照新闻发布会签到簿,检查与会记者是否都发了稿件,并对记者所发稿件的内容及倾向作一个分析,检查是否达到了举办新闻发布会的预定目标。

(3) 对于不利于本组织的报道,应采取良好的应对策略。若是不正确或歪曲事实的报道,应主动采取行动,说明真相,并向报道机构提出更正要求;若是虽反映了事实但却是不利于本组织的负面报道,则应通过有关媒体向公众表示歉意,并制订改进措施,以挽回组织声誉。

(4) 收集与会记者及其他来宾对新闻发布会的反应,看看他们对本次会议有什么意见或建议,以便会后改进或调整工作。

下面是某企业关于即将要召开的新闻发布会的一个行动日程表。

(1) 决定日期;

(2) 确定新闻发布会计划纲要;

(3) 收集各招待所报价及提供餐单;

(4) 拟定邀请名单,检查核准各位来宾的姓名;

(5) 核对比较各酒店的报价及餐单;

(6) 视察可能选用的酒店场所;

(7) 选定及指定场所;

(8) 设计请柬,考虑措辞;

(9) 邀印刷厂报价,定印请柬及信封;

(10) 收到印刷厂报价,定印请柬及信封;

(11) 确定所需的照片;

(12) 收到、核校及交回请柬及信封;

(13) 草拟总经理演说辞;

(14) 订制姓名牌、新闻资料夹、签名本;

(15) 订制租用放映机、放映页、麦克风设备;

(16) 看照片印样,定印照片;

(17) 取得总经理批准演说辞;

(18) 向广播电视新闻节目制作者发出特别邀请;

(19) 撰写新闻稿;

(20) 印刷厂交来请柬及信封;

(21) 写请柬、信封;

(22) 发送请柬,订制会场布置用的美术用品、演说者桌前名卡、标志牌等;

(23) 登记参加者、不能参加者;

(24) 追核没有答复者和重要的不能与会者；

(25) 将出席人数、座位及场所布置平面图交给酒店；

(26) 印新闻稿、总经理演说辞；

(27) 装好新闻资料；

(28) 将所有用品设备送往会场；

(29) 布置场所；

(30) 预拍电影或录像。

第四节 赞 助

所谓赞助，是指社会组织以不计报酬的捐赠方式，出资或出力支持某一项社会活动或某一种社会事业，以获得一定的形象传播效益的社会活动。赞助活动既可以为社会公益事业的顺利进行提供保障，同时又可以为各类组织的不断发展创造和谐的社会环境。因此，越来越多的营利性组织纷纷以自己收益的一部分回馈社会公益事业，以表示它们乐于承担一定的社会责任和义务。现代社会开展赞助活动的主要是企业。因此，本书主要以企业的赞助活动为例。

一、赞助的作用

企业之所以对社会公益事业慷慨相助，是因为赞助对塑造企业的公关形象具有特别重要的作用。

1. 树立企业关心社会公益事业的良好形象

企业除盈利及其他目的之外，还要承担一定的社会责任与义务。通过赞助活动，能够表明企业作为社会成员愿意为社会的发展做出相应贡献的愿望。企业乐于在承担社会责任的同时追求企业的社会效益，从而在公众心目中树立关心社会公益事业和社会整体进步的良好形象。赞助活动的开展，有利于企业赢得政府、社区及相关公众的支持，为企业的生存和发展营造相对宽松的社会环境。法国巴黎有一家服装公司，每年为社会免费培养一批金融人才。在政府组织的一次民意测验中有这样一个问题："您认为有哪三家企业最为社会利益着想？"答案揭晓时该公司名列榜首，赢得了公众的广泛赞誉。

2. 扩大企业的社会影响

在对公益事业，尤其是对体育比赛、文娱活动的赞助过程中，企业名称和产品的商标会频繁出现在新闻媒介的广泛报道之中，进而形成一种广告攻势，使企业的知名度大大提高，社会影响也进一步扩大。通过赞助所获得的"冠名权"可以大大增强广告的效果，如电视台转播的"莱卡我型我秀"、"蒙牛超级女声"、"雪碧音乐风云榜"等，都使企业的名称和产品商标深入人心。"健力宝"饮料通过对国内国际几次大型体育赛事的赞助，使企业的知名度得以在世界范围内弘扬，之后其产品便畅销全国，走向世界。

3. 培养与社会公众的良好感情

开展与公众密切相关的赞助活动，能够有效地培养社会组织同公众的情感，增进彼此之间的友谊，加强双方的联系，使公众在内心深处认同社会组织。广州白云山制药厂在某地发生大火灾时，把大批药品运往灾区，免费赠给灾民，赢得普遍好评，人们盛赞该厂行为高尚。

4. 提高企业的社会效益

企业出资赞助社会公益事业，可以赢得社会公众的普遍好感，提高知名度与美誉度。这些行为虽然不能直接获得经济效益，但却为企业经济效益的提高创造了良好的社会大环境。20世纪70年代，日本轿车在印度尼西亚不受欢迎，常在雅加达街头遭到焚毁。后来，日本人在印度尼西亚策划实施了许多赞助活动，赞助该国的各类慈善事业，这样一来，日本在印度尼西亚的贸易环境很快得到改善。到80年代初，印尼的轿车大多数都是日本产的了。

5. 证明企业的经济实力

赞助是组织对社会的一种资金或物品的无偿付出，因此要求组织必须具备一定的经济实力。特别是有些企业赞助的是一些长期的纯公益性事业，就更需要企业具有相应的经济实力。因此，能开展赞助活动的企业，往往会给公众留下经济实力强大的印象。

二、赞助的类型

赞助活动的类型是多种多样的，常见的有以下几种。

1. 赞助体育运动

由于体育比赛活动是新闻媒介热衷报道的对象，而且拥有众多的观众，对公众的吸引力大，因此，企业常常赞助体育运动，以增加对公众施加影响的广度和深度。赞助体育运动常见的形式有：赞助体育训练经费或物品、赞助体育竞赛活动、设立体育竞赛奖励项目等。对体育运动的赞助，一般都出于增强广告效果的目的。例如，日本电气公司在1983年赞助世界戴维斯杯网球赛之前，其电子产品年销率仅为10%左右，赞助后的1985年就上升为30%。可见，赞助体育运动对于企业产品的广告效果是何等之大。

2. 赞助社会慈善和福利事业

为各种需要社会救助的人，如孤寡老人、残障人士、福利院儿童等提供物资、经费帮助，开展服务活动，以及济贫、捐助灾民，既是企业与政府和社区融洽关系的重要途径，也是企业向社会表明其承担义务和责任的手段。例如，海南九龙集团为中国儿童综合发展事业捐款的仪式在北京人民大会堂隆重举行，中央电视台对此进行了专题报道。通过这一赞助活动，公众对该企业产生了好感，极大地提高了海南九龙集团关心社会公益事业的良好印象。

3. 赞助科教事业

赞助科教事业是百年大计，它体现了企业对社会的责任，也为企业提供了长期发展的后备力量。企业赞助教育的方式主要包括向学校投资、向学校提供教学设备和教师、企业自己办学等。在国内比较著名的教育基金有宝钢基金、霍英东基金、曾宪梓基金等，而邵逸夫、田家炳则以建造图书馆和教学楼著称，李嘉诚更是以创办汕头大学、长江商学院而扬名。此外，赞助科学研究同样也是企业公关赞助的重要方面。特别是一些基础性的科学研究，从长远看对人类社会意义重大，但从短期看经济效益甚微。企业的赞助不仅是推动基础研究的重要保障，而且是企业为社会发展所做出的重要贡献，是一项十分有利的社会公益事业。

4. 赞助文化事业

文化生活是公众社会生活的主要内容之一。企业进行文化事业方面的赞助，不仅可以培养与公众的良好感情，而且可以大大提高企业美誉度和社会效益。赞助文化事业的方式有：赞助拍摄与社会组织有关的影视片、赞助文艺演出队伍、赞助文化演出活动等。例如，江铃汽车公司向北京舞剧院赞助 30 万元，上海证券交易所向中央乐团提供每年不少于 250 万元的长期资助等。

三、赞助的策划与实施

赞助活动是一种技术性很强的公关活动，需要公关人员进行精心策划和周密实施。

1. 选好赞助对象

企业的赞助活动可以自选对象，也可以按被赞助者的请求确定，但无论赞助谁、赞助形式如何，都应做好深入细致的调查研究。为此，企业要调查了解接受赞助的组织其公益事业情况怎样，主要内容有：接受赞助的组织过去开展公益事业的情况，包括社会公众的舆论评价；现在请求赞助将开展哪些公益活动，这些活动是否有益于社会；有哪些措施保证等等。总之，企业开展赞助活动最根本的要求是使企业和社会同时受益，必须防止出现赞助与企业的公共关系目标和企业的整体目标相脱离的现象。

2. 制订赞助计划

企业要在选定赞助对象的基础上制订赞助计划。在制订计划时，一定要根据企业的赞助方向和政策，使计划切实可行。赞助计划的内容应该具体、翔实，对赞助的目的、赞助的对象、赞助的形式、赞助的费用预算、赞助的具体实施方案等都应有所计划，并控制范围，做到有的放矢，防止赞助规模超过企业的承受能力。

3. 评估赞助项目

这一步主要是针对具体赞助项目进行的，对每一项具体的赞助项目，赞助工作机构都应进行分析研究。首先是对赞助项目进行总体评估，检查是否符合赞助方向。其次是对赞助效果进行质和量的评估。质的评估的内容主要有：这次赞助向社会表明企业承担了哪些社会责任和义务？社会公众将会有什么评论？能否起到树立企业良好形象的作用？这种作用有多大？量的评估则主要是从赞助对公众的影响面有多大等方面进行，可用数量进行估测。在可行性分析的基础上，再确定赞助的款项、赞助的具体方式及赞助的时机，以便制订此项赞助活动的具体实施方案。

4. 实施赞助方案

赞助机构要派出专门的公共关系人员实施赞助方案。要与接受赞助的组织联系赞助事宜，有的赞助还需要签订赞助协议书或合同(如奥运会、亚运会、全运会的赞助)。在实施过程中，公关人员要充分利用有效的公共关系技巧，尽可能扩大赞助活动的社会影响；同时，应采用广告和新闻传播等手段辅助赞助活动，使赞助活动的效益达到最佳峰值，争取赞助的成功。

5. 检测赞助效果

赞助活动结束后，企业应该对照计划，检测实际效果。在检测过程中，要进行大量的调查，广泛收集各个方面(如公众、新闻媒介、赞助对象)对此次赞助的看法与评论。看看预定的计划与评估的内容是否相符，还存在哪些差距；对活动效果不理想的应找出原因，并把这些写成总结，然后归档留存，为以后的赞助活动提供参考。

四、赞助的注意事项

企业的赞助活动在实际操作中必须注意以下具体事项：

(1) 企业要优先赞助社会慈善事业、福利事业、公共市政建设以及文化教育活动。这样做既能表明企业对社会承担了一定的责任和义务,又比较容易获得社会各界的普遍好感,从而树立企业的良好形象。

(2) 切忌盲目赞助。企业的赞助活动应以企业和企业所面对的社会环境为出发点,制订出切实可行的公共关系政策、方针和策略,切忌盲目赞助。现代社会拉赞助者众多,鱼目混珠,企业应加以仔细评鉴,对有争议的社会活动和社会事件,要慎重赞助。

(3) 开展赞助活动必须符合社会法律规范。这包括两方面的含义:第一,赞助的对象要合法,要认真研究和确认被赞助的组织、个人或社会活动本身是否具有良好的社会声誉,是否有积极广泛的社会影响,以保证赞助活动取得良好的社会效益;第二,赞助的方式要合法,即严格遵守政策法规。

(4) 开展赞助活动应当量力而行,不能超出企业的承受能力。因此,企业在选择赞助项目和赞助金额时,一定要考虑企业的经济承受能力,不能因为片面追求赞助所带来的社会效益,而忽视了企业经费支出的科学性,从而影响企业今后的发展。所以,企业应每年列出赞助总额预算,在该预算范围内予以赞助。

思考题

1. 简述庆典的基本内容。
2. 简述展览会的特点与分类。
3. 如何理解展览会的组织与实施?
4. 新闻发布会的含义与特点是什么?
5. 如何理解新闻发布会的组织与安排?
6. 赞助的作用与类型是什么?
7. 如何理解赞助的策划与实施以及应注意的事项?

附录 中国公共关系发展大事年表

● 1986 年前

1980 年,深圳和香港合资的深圳蛇口华森建筑设计顾问公司成立,成为中国第一家公共关系性质的专业公司,主要是适应特区的需要,提供经验与技术。

1982 年,深圳竹园宾馆设立中国第一个公共关系部门,把国外宾馆酒楼的管理经验与服务模式搬进特区,开始以招徕顾客为目标、扩大影响的服务性公共关系工作。

1983 年,中外合资的北京长城饭店成立公共关系部。该部针对人们对公共关系的陌生与不理解,制订具体的培训指南。

1984 年,广州中国大酒店等多家宾馆和服务部门纷纷设立公共关系部。有些宾馆聘用国外的华人专家担任公共关系部的经理,并带动一批后起的中国公共关系专业人才,创造性地开展各种形式的公共关系工作。后来以这批宾馆酒楼为背景拍摄了电视连续剧《公关小姐》,该剧在全国放映后,引起了很大反响。

1984 年 9 月,广州白云山制药厂在国有工业企业中率先设置公共关系机构。该厂拿出大批资金投入公共关系工作。他们不仅为企业本身服务,还赞助体育事业、社会福利事业,工作出色。

1984 年,全球最早成立(1927 年)的世界第二大公关公司——伟达公关顾问公司率先进入中国市场,在北京设立了代表机构。该公司亚洲地区经理认为,在中国首都没有公共关系机构是不可想象的。

1984 年,第一个公共关系课题组——中国社科院新闻研究所成立,开始了中国社会主义公共关系学的前瞻性研究。

1984 年 4 月 28 日,北京长城饭店在其美籍公关经理的策划下,把美国总统访华的答谢宴从人民大会堂的宴会厅搬到了刚刚开业的北京长城饭店。来自世界各地的 500 余名记者把里根连同长城饭店一起推销到了世界的每一个角落。

1984 年 11 月,《经济日报》发表长篇通讯《如虎添翼——记广州白云山制药厂的公共关系工作》,全面报道和记载了该厂的公共关系先进事迹;同时又发表了重要社论——《认真研究社会主义公共关系》,对中国公共关系的引进和发展,阐述了原则性的看法和指导性的意见。这些文章的发表,标志着现代公共关系在中国得到确立。

1984 年 12 月 26 日,第一个发表公关通讯和社论的全国性报纸——《经济日报》发行。

1985 年 1 月,中国第一个公关培训班由深圳市总工会举办。公关的作用开始为企业所重视,并成为企业战略的组成部分。

1985 年,我国第一家官方的公关研究机构——珠海市应用传播研究所成立。

1985 年,中山大学成立国内第一个公共关系研究会。

1985 年,深圳大学由当地政府批准设立了中国内地首家大专层次的公共关系专业。从此，具有大专学历的公共关系教育在我国一些省市的高校，特别是成人自学考试、夜大学、职业大学等逐步开展起来，并形成相当规模。同时，明安香、王乐夫等着手编写教材，开始了公共关系在中国的理性、系统的发展。到 1987 年，国家教委正式把公共关系列入行政管理、工业经济、新闻学等专业的必修课。

1985 年 8 月，世界上最大的公关公司博雅合资新华社下属的中国新闻发展有限公司成立了中国第一家公关公司——中国环球公共关系公司。

- **1986—1990 年**

1986 年 1 月，中国内地第一个公共关系民间团体——广东地区公共关系俱乐部在广州成立，这是中国第一个公共关系机构。

1986 年，在广州和北京分别召开了“公共关系与现代化”、“公共关系和新闻工作”研讨会。

1986 年秋，时任上海市委常委、市政协副主席的毛经权教授，接受《解放日报》记者采访，详细介绍了公共关系的定义、由来、功能及在经济建设和社会主义发展中的作用。《解放日报》随后在第二版以将近半个版面的篇幅作了报道。不久，《文汇报》又在头版头条发表了毛经权先生撰写的《发展社会主义公共关系学》的文章。

1986 年 11 月 6 日，我国内地第一家公共关系协会——上海市公共关系协会在上海的联谊俱乐部诞生。前上海市市长汪道涵先生就任名誉会长，并建议协会应以“沟通信息、增进理解、加强联系、促进合作”为宗旨。毛经权教授亲自担任协会会长，揭开了上海公共关系事业发展的序幕。

1986 年 11 月，中国社科院新闻研究所公关课题组编著的我国内地第一部公共关系专著《公共关系学概论》由科学普及出版社出版。

1987 年 1 月，《中国公共关系大辞典》(原名《中国社会主义公共关系大辞典》)编写筹备小组成立。

1987 年 1 月，中国第一家公共关系报纸——《公共关系报》在杭州创办。

1987 年 6 月 22 日，中国公共关系协会在北京成立，安岗任协会主席，这标志着公共关系在中国得到了正式确认和接受，公共关系事业的发展进入了一个崭新的时期。

1987 年 10 月，由居易主编的第一部公关译文集《公共关系文集》出版。

1987 年，在杭州召开了由复旦大学、中山大学、兰州大学和杭州大学发起的全国高校公共关系理论研讨会。

1987 年，郭惠民、居易等出版的《公共关系译文集》、深圳大学熊源伟等对国外案例的翻译、上海外国语大学翻译的《公共关系与实践》等，向国人介绍了西方公共关系理论、知识，在当时对公共关系理论在中国内地的传播发挥了重要的作用，为我国公共关系学科研究和学科教育的起步奠定了基础。

1988 年 12 月 15—18 日，第一届全国省市公共关系组织联席会议在杭州举行。来自全国 18 个省、市公共关系组织的 30 多位代表出席了会议。这次会议是由辽宁、天津、广东、浙江、山西等省市公关协会(学会、研究会)发起，浙江省公关协会承办的。会议对中国公关起步阶段所面临的一些理论问题和实际问题进行了探讨。

1988 年 10 月 27 日，中国第一家公共关系专业学术团体——中国公共关系专业委员会在西安成立。

1988年,在北京召开了由中国环球公共关系公司和博雅公共关系公司联合主办的首届国际公共关系专业研讨会。

1989年,第一届全国高校公共关系教学研讨会召开。

1989年1月25日,中国第一份海内外公开发行的《公共关系》杂志在西安创刊。

1989年4月,在联合国计划开发署的支持下,中国公关公司和中国国际经济技术交流中心在北京联合举办1989年国际公关研讨会,来自12个国家和地区的专家学者、经济界人士以"公共关系与企业发展"为中心课题进行了研讨。

1989年9月25日,中国第一所公关院校——黑龙江省公共关系专科学校(大专)正式开学。

1989年9月25—29日,第二届全国省市公共关系组织联席会议在西安举行。来自24个省、市、自治区的160多名代表出席会议。会议通过了向全国公关界推荐的《中国公共关系职业道德准则》草拟及实施方案。

1989年10月22日,广东电视台开播电视连续剧《公关小姐》,这是中国首次将公关职业形象搬上荧屏。

1989年11月13日,北京市公关学会、《北京公关报》接受北京市政府协调办公室委托,开展亚运会公众心理调查活动,这是中国公关界首次承担政府部门交办的大型公关调查。

1989年,梅德明、吴友富教授等翻译的《公共关系与实践》由上海译文出版社出版。

1990年4月,上海市公关协会与上海电视台联合摄制电视专题片《公关在上海》。该片主要反映公共关系这门新型学科在上海的逐步兴起和发展,反映了上海市公关协会成立以来所组织的大型公关活动及本市企事业单位如何运用公关手段为企业经营和产品经销服务,提高企业经济效益的典型事例。

1990年7月,由中国公共关系研究所举办的首届全国公共关系理论研讨会在河北省新城召开,主题是"公共关系和社会发展"。

1990年,深圳大学以其率先创办专科公共关系专业教育这一项目,获国际公关协会首届"世界最佳公关金奖大赛"(IPRA Golden Awards for Excellence)金奖。创造了只有几位老师,在短短几年时间里培养出几千名专科毕业生的世界奇迹。

1990年,首届全国公共关系理论研讨会召开,标志着中国内地的公共关系研究进入了以"探索和发展"为主要特征的新阶段。

1990年11月20—23日,第三届全国省市公共关系组织联席会议在广州举行。全国20多个省、市公关组织的代表及其他人员参加会议。中国公关协会主席安岗和广东省有关领导出席会议并讲话。这次会议是由广东省公关协会和广东省公共关系学会承办的。

- **1991—1995年**

1991年4月,中国国际公共关系协会在北京宣告成立。

1991年,中国国际公关协会致力于加强中国公关界与国际公关界的联合与交流,举办了中国国际公共关系交流大会,并于以后每两年举办一次,均取得了巨大的成就。

1991年5月,中国十大杰出企业公共关系评优颁奖大会暨首次中国公共关系工作会议在北京召开,成为中国公关事业的一个里程碑。

1991年5月20—23日,第四届全国省市公共关系组织联席会议在广州举行。这次会议是由武汉市公关协会承办的,会议进行了严格的代表资格审查,并就现代公关10年的回顾和未来10年的展望进行了深入讨论，一致通过了1989年在西安会议上草拟的《中国公共关系职业道德准则》。

1991年8月，首届中国百家明星企业青年公关艺术大奖赛在大连举行。

1991年8月26日，第一次企业创新与公关策划研讨会在辽宁省辽阳市召开。

1991年12月，大陆海峡两岸关系协会在北京人民大会堂的台湾厅举行了热烈的成立大会，汪道涵任会长，自此开启了两岸两会正式接触谈判的时代。

1992年3月开始，海协、海基两会在北京展开双方第一次正式商谈。经过充分讨论和反复磋商，在两岸事务性商谈中要不要坚持“一个中国”的原则问题上形成双方相互接受的两岸具体表述内容，史称“九二共识”。

1992年11月9—11日，第五届全国省市公共关系组织联席会议在桂林举行。全国20多个省、市、自治区公关组织的200多名代表出席了会议。会议根据中国国际公关协会朱传贤先生提议，讨论研究由《公共关系》杂志社起草的《中国公关职业道德准则》的执行情况，并制定《中国公关从业人员资格证书条例》等问题。这次会议由桂林市公关协会承办。

1993年，中国公共关系协会主办了第一届“中国最佳公共关系案例大赛”，此后大赛每两年举办一次。每一届的获奖案例均汇集成册，由复旦大学出版社出版，对公共关系实务进行研究、总结和探讨。

1993年，《公关世界》杂志在石家庄创刊，汪钦任社长兼主编。

1993年9月22—26日，第六届全国省市公共关系组织联席会议在贵阳举行。来自全国80多个公关组织及港台公关界人士近200人出席了会议。会议紧紧围绕“公共关系为社会主义市场经济服务”这个大主题，研究了公共关系事业在全国以至国际范围内如何上规模、上档次的问题。中国国际公关协会朱传贤先生就中国、国际的公关现状和动向及今后发展趋势作了专题报告。会议高度评价了《中国公共关系大辞典》的出版发行，并开展了签名售书活动。这次会议是由贵州省公关协会承办的。

1994年，中山大学被教育部批准设立第一个公共关系本科专业，随后在一些名校开始尝试招收公共关系方面的硕士生、博士生。

1994年5月26日，正广和饮料厂买下“中华第一街”(上海南京路)的20路无轨车全天营业和乘车权，将60辆无轨车系上“真情难忘正广和”和“跨世纪饮料正广和”蓝字白底的广告围裙形式，在南京路商业街让乘客免费乘坐，以塑造“跨世纪饮料正广和”的品牌声誉和回报社会的企业形象，同时举办“我为儿童献爱心”活动，向500名市优秀少先队员赠送“纪念书”，借以用文化重新“包装”正广和，轰动整个上海。这一广告策划产生巨大反响，不失为1994年成功导入“CIS”的典型案例之一。

1994年8月，中国第一部公共关系大词典——《中国公共关系大辞典》出版发行。

1994年9月11—15日，第七届全国省市公共关系组织联席会议在银川举行，来自全国24个省、市、自治区的公关组织和企业界代表200多人出席了会议。会议认为，公共关系的发展是衡量市场经济发展的重要标志。这次会议成立了“全国公共关系实务协作会”。会议还建议将每年9月的第三个星期日定为“全国公关日”。这次会议是由宁夏回族自治区公关协会承办的。

1995年，深圳大学主办了“中国公关教育十周年暨公关专业教育研讨会”。

1995年5月，国家劳动和社会保障部出版的《中华人民共和国职业分类大典》中，对公关员的职业定位和从事的工作都有了明确的规定，规定指出公关员的职业是：从事组织机构信息传播、关系协调和形象管理事务的咨询、策划、实施和服务。从事的主要工作有：沟通、协调组织与内外重要公众的关系，收集和整理、监测和分析与组织形象管理的咨询建议；制订组织的公众传播计划，并负责实施；参与制订组织和产品的形象管理计划，策划和组织专题公众活动；协助组织发现并处理组织与公众之间的矛盾或危机事件等。

1995 年 6 月，在北京的中外八大公关公司联合签署名为《对在中国开展公关业务的职业标准立场》的文件。

1995 年 9 月 17 日成为中国的第一个公关日，之后每年 9 月的第三个星期日为“全国公关日”。

1995 年 10 月 7—11 日，第八届全国省市公共关系组织联席会议在成都举行。来自 25 个省、市、自治区公关组织的 250 名代表参加了会议。这次会议的主题是学习和贯彻中共中央十四届五中全会的精神，深入探讨公关工作在经济体制从传统的计划经济体制向社会主义市场经济体制的转变过程中，如何发挥其特殊作用，以适应新形势，开创新局面。这次会议由成都市国际公关协会承办。

- **1996—2000 年**

1996 年，延安城市形象工程委员会成立，使延安成为第一个系统导入城市形象设计工程的城市。

1996 年，全国第六届公关理论研讨会适应各省市和企业创名牌的需要，探讨“名牌竞争的公关战略”问题，表明公关理论研究更加贴近中国现实，中国公关介入企业全面建设的时代已经到来。

1996 年 10 月 7 日，第九届全国省市公共关系组织联席会议在滨海城市青岛召开。中国公关协会、中国国际公关协会以及全国各省、市、自治区近 100 个公关协会、公关组织共 200 余人参加了会议。本次会议的主题是：探讨社会主义市场经济下中国公关组织的宗旨、行为和准则，研究探讨如何加强公关组织建设和从业人员队伍建设问题。这次会议是由青岛市公关协会承办的。

1997 年举办了以庆祝香港回归为主题的系列公关活动，《名牌》杂志社组织策划了高举爱国主义旗帜的中国政府对香港恢复行使主权倒计时活动，凤凰卫视等电视台对回归进行了全程直播和前期宣传，使香港回归成了世界瞩目的热点。

1997 年 10 月，第十届全国省市公共关系组织联席会议在南京举行。会议讨论通过了由江苏省公关协会提出的《世纪之交中国公共关系展望要点》，决定由中国公共关系协会和中国国际公关协会主办，由江苏省公共关系协会承办起草，在第十一届全国省市公共关系组织联席会上提出讨论稿。经过两年的论证修改，在新世纪到来之前，制定一个中国公关组织和从业人员共同奋斗的目标。

1997 年 11 月中旬，由中国国际公关协会和中国公关协会牵头，国内知名公关专家和学者组成的“全国公共关系职业审定委员会”在京成立。

1997 年，城市形象建设问题成为公关界的一大热门话题。中国首届公共关系与城市建设研讨会在西安召开。广州、大连、西安等许多地方政府开始重视城市形象建设，并以各种形式推进这一建设，以改善公众形象和投资环境。广州市政府成立了名城办公室，西安实施了城市形象建设八大工程，沈阳市加大了城市形象建设力度，上海加快了向国际大都市迈进的步伐。

1997年4月6日，由延安城市形象工程委员会和北京瀛海威通信信息公司联合策划、精心制作的《共和国摇篮——网上延安》在国际互联网上顺利推出。之后不久，中山大学公关与传播教研室在中山大学网页公告板上设立的“公共关系学网上论坛”开通，这是国内第一个电子公告板上的公共关系论坛，它在第一时间介绍了国内外一些最新的研究动态和学术见解。

1997年7月5日，“中国公关网站”由中国国际公共关系协会设立并开通，该网址平台设在香港咨询行的服务器上，以中、英文两种语言宣传和介绍中国公关业发展的最新情况。

1997年，中外公关界之间的交流又有了进一步的加强。3月14—27日，由澳大利亚公关咨询公司总裁、国际公关协会1992年度主席吉姆·普列切特率领的澳大利亚、新西兰公关代表团一行十余人来华访问，这是海外公关界人士首次组团来访。9月24—27日，中国公关代表团一行6人，应邀赴新西兰奥克兰参加“97澳新公关联席研讨会”，并在会上介绍了中国公关市场的发展情况。

1997年，中国国际公关协会第二届会员代表大会在北京举行，大会选出新一届理事会，我国首任驻美大使柴泽民再次当选为会长。

1997年，中国公关协会学术委员会在苏州召开四届一次扩大会议，对中国10年公共关系理论发展进行大梳理，即围绕中国公共关系基本理论若干问题，诸如中国公共关系的核心、定义、定位、职能等展开了深入的探讨，并达成了一些共识。

1997年，中国台湾公共关系基金会和世界新闻传播学院在台北共同主办“首届海峡两岸公关学术暨实务研讨会”，大陆19位公关学者和公关工作者应邀参加。两岸学者和公关界人士，就公共关系现状和前景、公共关系教育和合作前景进行了深入探讨。

1997年，中国公共关系开始通过国际互联网收集和传达信息：中山大学在网上开设了“公关论坛”栏目；中国国际公关协会也开通了自己的专栏，许多公关专家学者也纷纷入网，网上公关渐成时尚。

1998年11月，1998年度国际公关协会主席卓尔玛·拉卓斯专程访问南京，并就在南京设立亚太理事会事宜草签了框架协议书。

1998年11月，由张龙祥主编的中国第一部公共关系大百科全书——《中国公共关系大百科全书》出版发行。

1998年，中国首届公共关系专业本科生从中山大学毕业，并全部被社会录用。

1998年，在上海举行的全国公共关系职业审定委员会首届扩大会议，集中论证了“国家公关人员职业技术标准”、“国家公关人员职业鉴定规范”等文件，以便进一步修改后上报国家劳动和社会保障部审批、认定。会议还就统编教材的编写等问题交换了意见。

1998年，在石家庄举行的第十一届全国省市公共关系组织联席会议，在全国各省、市、自治区公关协会认真推荐、大会主席团审核认定的基础上，首次隆重表彰了全国百佳公关先进单位，并集结出版图文并茂的专辑。

1998年，上海外国语大学企业管理硕士点设有“企业管理与公共关系”研究方向，为国内屈指可数的公关专业方向。

1999年1月，经国家劳动和社会保障部批准，国家职业资格工作委员会公关专业委员会正式成立，并开始制定公关员职业标准，组织编写、鉴定和出版《公关员职业培训和鉴定教材》，培训公关员职业资格教师等工作。

1999年5月，国家劳动和社会保障部正式出版《国家职业分类大典》，首次将公共关系人员列入其中，这标志着中国正式承认“公关员”这一职业。

1999年8月，在昆明召开的第十二届全国省市公共关系组织联席会议通过了一个重要文献：《充满希望的豪迈事业——21世纪中国公共关系展望》，它全面地描绘了21世纪中国公共关系发展的美好前景，揭开了21世纪中国公共关系事业发展的辉煌篇章。

1999年8月，广东省公关协会与有关部门联合举办的全国首届公关知识精英大赛，展示了懂公关、有才华、又庄重大方的新一代公关人才的超群智商和飒爽英姿。此次大赛为企业招聘优秀公关人才提供了一个好机会。

1999年12月29日，广州举行了中国首次公关员职业资格全国统一鉴定考试。2000年12月3日，全国首次公关员职业资格统一考试在全国24个省、自治区、直辖市顺利进行，有近7 000人参加。2001年举办了两届公关员全国统考，共有14 000余人参加，一大批会策划、会管理、懂传播的公关员持证上岗，标志着新型的中国公关业快步走向职业化、规范化的道路。

2000年3月，中国国际公关协会组织专家，评选出第四届最佳公关案例，并在6月召开的“中国国际公共关系大会”期间举行颁奖晚会，对获奖者进行表彰和奖励。

2000年5月，中国第一个公共关系专业基金会——广州中山大学创意公共关系基金会举行颁奖大会。大会除奖励了中山大学一批优秀师生外，还奖励了社会上有突出贡献的两位公关界人士：一位是中国环球公关公司总经理王志文，另一位是《公关世界》杂志社社长兼总编辑汪钦。

2000年6月，“2000年中国国际公共关系大会”在北京举行，有200多位中外公关公司、中外企业公关部、大专院校公关教育、地方公关协会组织等方面的负责人或代表到会，国际公关协会2000年度主席法齐奥等国际知名人士专程赴会。到会代表就中国加入WTO后公共关系行业发展战略等问题进行了探讨。大会还通过了《新世纪中国公共关系行业宣言》。

2000年8月14—18日，第十三届全国省市公共关系组织联席会议在内蒙古自治区呼和浩特市和包头市两地举行，历时5天。来自全国25个省、市、自治区公关组织的领导、专家、学者、企业界代表共150人出席了会议。

2000年10月，中国国际公关协会首次组织中国公共关系行业代表团出访美国，参加在美国芝加哥召开的有全球3 000多位公关界人士参加的“2000年世界公共关系大会”。这次出访直接接触了世界最前沿的公关理论与实践，有助于探讨和解决中国公关业面临的新问题。11月，广东省公关协会组织有39人参加的“入世贸寻商机赴欧考察团”，重点考察了德国、法国、意大利的科学技术、企业管理、法制建设、城市公共关系与广告事业等，也取得丰硕的成果。这说明中国公关界开始重视组团出访，向海外学习。

- **2001—2006年**

2001年5月8—9日，由亚洲著名商务会议组织机构——“亚洲商务论坛”发起的中国公关大会在北京举行。会议就中国公共关系行业的发展前景、加入世贸组织对中国公共关系行业的影响进行了交流。与会专家就“网络时代的公关传播”、“入世后企业形象建设”等问题进行了演讲，对进一步引进先进的公共关系理论与技巧、推动公共关系本土化运作等具有指导意义。

2001年6月24—29日，第十四届也是新世纪第一次全国公共关系组织联席会议于新疆乌鲁木齐胜利召开。

2001年7月，中国成功申办2008年奥运会。在申奥期间，奥申委积极、主动地加强与国际媒体的联系，开展丰富多样的外宣工作，向世界展示北京和中国的风采，赢得国际舆论的广泛支持。

2001年8月，中国公关网和中国国际公共关系协会网站投入使用，不仅使中国公关业首次有了自己的门户网站和宣传平台，而且可以以最快速度向公关从业人员提供国内外公关信息。

2001年9月，东华大学第一届公共关系本科教育的学生入学。这是中国华东地区第一个本科的公共关系专业。

2001年10月15—17日，国际公关大会在柏林召开。会议的主题是《全球公关：多元化的管理》。中国国际公关协会常务副会长和铭先生、常务副会长兼秘书长郑砚农先生出席了大会，并分别就“中国公共关系市场”和“中国公共关系行业的职业化发展”作了大会发言，受到来自世界各国公关界代表的重视。

2001年12月4日，中国国际公共关系协会通过《会员行为准则》，这是目前最具规范性的公关从业人员行为规范。

2001年12月8—10日，由中国管理科学研究院与市场战略专家委员会等多家知名机构联合举办的中国名牌战略峰会在北京举行。这次峰会旨在总结国内外知名企业创建名牌的经验，研究名牌与市场的内在关系和相互作用，帮助企业迎接入世后的机遇与挑战。参加会议的有国内外著名专家、学者、知名企业家、高级管理人士和国家有关部门战略领导小组的负责人。

2001年12月14日，中国国际公关协会在人民大会堂举行庆祝协会成立十周年大会。全国人大常委会副委员长何鲁丽，全国政协副主席经叔平，国家经贸委、计委、外交部、外经贸部等10个部委负责人，外国驻华使节、各国商务代表以及中外著名企业、著名公关公司共300余人出席了庆典活动。

2002年6月26—27日，第四届中国国际公关大会在北京国宾酒店隆重举行，大会的中心议题是中国公关如何应对入世。会议期间还隆重向第五届中国最佳公关案例大赛获奖者颁了奖。

2002年9月5日，长春市公关学校隆重举行建校十周年庆典。

2002年10月2日，蚌埠市公关协会举行首届“公关节”命名暨咨询服务大会。

2002年10月13—15日，国际公关协会中国主席沈嘉模教授赴埃及开罗出席国际公关协会2002年理事会暨“日新月异的全球环境下公共关系的重要性”公关理论会。会上，沈教授发表了题为“依靠现代科技推动国际公关事业的发展”的演讲，受到了与会各国代表的关注。

2002年12月6日，中国国际公共关系协会第三次会员代表大会在北京召开，会议期间选举产生了新一届的理事会和领导机构，李道豫再次当选为会长，郑砚农、和铭再次当选为常务副会长。会上提出全面推动中国公共关系的职业化、专业化、规范化发展，还通过了《中国国际公关协会会员行为准则》。

2002年12月29日，由上海公共关系协会与香港《大公报》主办的中外公关专家大对话活动在上海图书馆多功能厅举行。汪天云等中外著名专家与200多位来自中外企业、专业公关公司、各类企事业单位的企业决策者和公关从业人员展开对话和讨论。

2002年,中国上海视点公关公司总经理朱艳艳获得由国际商业传播者协会(IABC)颁发的"金鹅毛奖",成为中国捧回该奖项的第一人。此次大奖共有千余件案例参与角逐,分别来自澳大利亚、加拿大、美国、中国、日本、中国香港等国家和地区。朱艳艳获奖,充分证明了中国公共关系行业的巨大进步和实力。

截至2002年3月,全球排名前20位的国际公关公司已经有一半进入中国,它们纷纷把目光转向亚太市场,采取各种扩张策略,积极开拓中国市场。这已成为入世后中国公共关系行业与国际公关业进一步融合的标志和开始。

2002年,由山东牵头组织编纂、中共中央党校出版社出版的《中国公共关系大百科全书》,设"概论"、"组织"、"传播"等13个卷、150多个大类、近千项分类、上万个条目、300多万字,该书系统、全面地涵盖了公关的所有领域和门类。该书的出版对于中国公关界贯彻"十六大"和"三个代表"重要思想,适应经济全球化,应对入世和公关事业的发展具有重要意义和影响。

2003年2月,中国国际公关协会、中国工业经济联合会等行业协会在北京联合主办了"首届企业危机管理论坛",特邀国内危机管理专家、学者就企业危机管理预案、危机传播、危机管理培训等问题进行了深入探讨。这次论坛对与会企业及时应对随后发生的"非典"危机事件发挥了积极的作用。

2003年3月,全面技术提升后的行业门户——中国公关网,为行业内外人士了解中国公关业发展情况创造了非常有利的条件。

2003年4月,上海市委同意了市委宣传部《关于建立上海市新闻发言人制度的意见》。6月初,上海市正式推出市政府发言人,建立了政府新闻发布制度,通过新闻发言人定期举行新闻发布会,向中外媒体公开、规范地披露有关政府工作的重要信息。这是地方政府第一次建立此项制度。焦杨任上海市政府首任发言人。

2003年5月,由中国公关协会学术委员会与《公关世界》联合主编的《中国优秀公关论文集》正式出版。这是中国第一部全景式反映中国公关专家学者关注社会、聚焦热点的写实集。中国公关协会名誉主席安岗为这部论文集撰写了"中国公关专家学者的新奉献"的序言。

2003年7月,中国公关协会学术委员会、《公关世界》杂志社与安徽省公关协会在安徽省蚌埠市联合主办了"新世纪中国首届市县形象建设论坛",来自全国17个省市县的100余位代表和专家学者,紧紧围绕着全面建设小康社会这个战略主题,深入探讨促进市县经济快速发展、全面提升市县综合实力和区域整体形象的新思路、新途径和新方法。

2003年7月,中国国际公关协会在抗击"非典"的过程中,由于做了向中央抗击"非典"部门报送"抗击'非典'危机管理方案"、研究提出并向全国公关界公布了"抗击'非典'行业自救指导意见"等有效工作,被国家民政部授予"抗击'非典'先进全国性社会团体"的荣誉称号。

2003年8月3日,北京2008年奥运会会徽在天坛祈年殿向世界发布。由北京始创国际企划公司设计的第1498号参赛作品《中国印·舞动的北京》脱颖而出,被由中外专家组成的评选委员会和评议委员会一致评为第一名。这是"奥林匹克设计史上的一次高峰"。

2003年8月29日,上海市隆重举行优秀公关案例颁奖典礼。由上海市公关协会和《解放日报》报业集团主办这次评选活动,共有50多家单位、60多个案例参选。一批贴近大上海政治、经济、社会热点的优秀案例显示了中国公关市场的巨大潜力和广阔前景。

2003 年 11 月 28 日，为期 3 天的“新世纪中国首届公关市场理论研讨会”在广西柳州落下帷幕。这是中国公关协会学术委员会成立以来召开的第十一次理论研讨会。

2004 年 6 月，由中国国际公共关系协会公关公司工作委员会起草的《中国公关顾问业服务规范》(指导意见)正式颁布实施。

2004 年，上海市首届“全球通公关新星”大赛举行。

2004 年，党的十六届四中全会首次提出“构建社会主义和谐社会”，这不仅是我国社会主义现代化建设总体布局的一个重大突破和补充，也为中国公关业指明了更高的发展目标和境界。

2004 年，纪念邓小平同志百年诞辰，全国公关界热评邓小平同志的“公众意识”、“稳定”、“协调”原则和处事风格。

2004 年，我国各级政府普设新闻发言人，有些省市经贸、银行、税务甚至公安机关都设立了公共关系部门，说明公共关系已被引进国家许多重要职能部门。

2004 年，中国申办 2008 年世界公共关系大会，喜获世界公关协会批准。

2004 年，第五届中国国际公关大会暨第六届中国公关案例大赛颁奖典礼在北京隆重举行。

2004 年，中国第二届公关市场理论研讨会暨优秀论文颁奖会在浙江省湖州市成功举行。

2004 年，中国首届咨询业大会暨中国咨询业协会发起大会在北京隆重举行。

2004 年，江苏省副省长吴瑞林在庆祝江苏省公关协会成立十周年大会上，要求协会担起政府“公关智囊”的重任。

2004 年，美国公共关系协会会长、全球公关联盟(GA)等组团先后访问了中国国际公关协会、上海公关协会以及上海外国语大学。

2004 年，中国公关界和有关各界对美国阿尔·里斯的新著——中文版《公关第一，广告第二》反应强烈。

2005 年，中国公关界一年一度的高层盛会——第十五届全国公共关系组织联席会议，在中断了三年之后于长沙隆重复会。

2005 年，中国组团参加第十六届世界公关大会，顺利完成 2008 年由中国承办第十七届世界公关大会的交接工作。

2005 年，中国公共关系与和谐社会理论研讨会暨优秀论文颁奖会在河北廊坊市成功举行。

2005 年，由国际公关协会与复旦大学共建的国际公关研究中心，在北京正式挂牌成立。

2005 年，经国家新闻出版总署批准，中国《国际公关》杂志创刊；创办 12 年的《公关世界》杂志，在第十五届全国公共关系组织联席会上荣获“杰出贡献奖”。

2005 年，由中国公关协会学术委员会组织编写的以培养和提高中国公关业领军人物为主要对象的新编教材《公关经理教程》、由李兴国教授编著的中国公关界首部列入“十五”国家级规划教材《公共关系实用教程》正式出版。

2005 年起，上海外国语大学在国际关系博士点设立“国际公关与传播”研究方向。

2006 年 5 月，上海外国语大学党委书记吴友富教授成为当期《公关世界》封面人物，并同刊发表了题为《构建中国国家形象》的文章。

2006 年 5 月 12 日，由中国公共关系协会主办、中国公共关系协会学术委员会和《公关世界》杂志社承办的“中国公关教育20年表彰大会暨中国首届优秀公关案例大赛”颁奖典礼在人民大会堂河北厅隆重举行,会议表彰了荣获“中国公关教育20年突出贡献奖”的专家。

2006年,上海外国语大学“公共关系学”本科专业获得教育部的批准,于当年招收第一届新生。

2006年6月,为了贯彻党中央提出的“全面建设小康社会”、“加强社会主义新农村建设和促进中国‘城镇化健康发展’”,由中国公关协会学术委员会、《公关世界》杂志社、《中国城市经济》杂志社、中国中小城镇品牌形象促进联盟筹备委员会、山东省公共关系协会联合主办,山东省济宁市公共关系协会承办的“中国第二届中小城镇品牌形象论坛暨征集名城名镇参赛活动”在山东济宁市举办。

2006年6月22日,由中国国际公共关系协会主办的“2006中国国际公共关系大会”在北京举行。

2006年6月25日,中国公共关系协会第四届全国会员代表大会在人民大会堂隆重召开。党和国家领导人原军委副主席、中共中央政治局委员、国防部长迟浩田,原全国政协副主席赵南起,原全国政协副主席孙孚凌出席开幕式。来自全国各省、市公共关系协会的领导及会员代表560余人出席本次大会。苏秋成当选为中国公共关系协会第四届理事会会长。

2006年7月,由中国高等教育学会公共关系教育专业委员会举办的“中国高等教育学会公共关系教育专业委员会第八届学术年会”在新疆阿克苏举行。

2006年10月18日,由上海市公共关系协会与国际知名公关公司高诚公关顾问有限公司联合举办的“分享20年经验,放眼50年发展——当代公关趋势论坛”在上海举行。上海公共关系协会会长毛经权与高诚公关全球总裁和首席执行官 Fred Cook 先生一同探讨了世界公关未来50年的趋势,以及经济全球化给公共关系带来的冲击和机会。

2006年10月20—22日,关注贵州经济发展暨全国地方公关组织工作会议在贵州省贵阳市举行。

2006年11月1日,上海市第二届公关新星大赛决赛在上海举行。

2006年11月3日,上海公共关系协会举行“上海市公共关系协会成立20周年庆祝大会”,同时举办了“中外公共关系行业合作国际论坛”。

参考文献

[1] 居延安.公共关系学导论.4版.上海：复旦大学出版社,2008.
[2] 彭和平.企业公共关系与传播媒介.西安：陕西人民教育出版社,1991.
[3] [英]丹尼斯·麦奎尔,[瑞典]斯文·温德尔.大众传播模式论.祝建华,武伟,译.上海：上海译文出版社,2008.
[4] 孙顺华.传播与公关.青岛：青岛出版社,1995.
[5] 程曼丽.公关传播.北京：中国国际广播出版社,1994.
[6] 詹文都.政府公共关系.广州：华南理工大学出版社,2004.
[7] 褚云茂.公共关系与现代政府.上海：上海大学出版社,2002.
[8] 陶应虎,顾晓燕.公共关系原理与实务.北京：清华大学出版社,2006.
[9] [美]弗雷泽·P·西泰尔.公共关系实务.潘艳丽,陈静,等译.北京：清华大学出版社,2008.
[10] 吴勤堂.公共关系学.武汉：武汉大学出版社,2007.
[11] 居延安.公共关系学.3版.上海：复旦大学出版社,2005.
[12] 纪华强.公共关系的基本原理与实务.北京：高等教育出版社,2006.
[13] 杨秀英,傅琼,章永进.公关与礼仪.上海：复旦大学出版社,2006.
[14] 陶应虎,顾晓燕.公共关系原理与实务.北京：清华大学出版社,2006.
[15] 唐雁凌,姜国刚,等.公共关系学.北京：清华大学出版社,2007.
[16] 周安华,苗晋平.公共关系：理论实务与技巧.北京：中国人民大学出版社,2006.
[17] 赵晓兰,赵咏梅,缪春萍,等.最新公共关系学.3版.北京：中国社会科学出版社,2006.
[18] 朱崇娴.公共关系原理与实务.北京：高等教育出版社,2008.
[19] 晃钢令.中国市场营销发展报告.上海：上海财经大学出版社,2005.
[20] [日]池田喜.最新公共关系实务.文岗,译.北京：现代工业出版社,1999.
[21] 董天策.公关理论导引.成都：四川大学出版社,1996.
[22] 郭惠民.国际公共关系教程.上海：复旦大学出版社,1996.
[23] 何春晖.中国公共关系的回顾与展望.中国传媒报告,2002(2).
[24] 胡锐.现代公共关系原理.杭州：浙江大学出版社,1994.
[25] 居延安.公共关系学导论.上海：上海人民出版社,1987.
[26] 廖为建.公共关系学.北京：高等教育出版社,2000.
[27] 单东,等.公共关系学通论.北京：人民出版社,1992.
[28] 沈志屏.策划管理空间——公关新论.沈阳：辽宁人民出版社,1999.
[29] 舒咏平.公关托出名牌.武汉：武汉大学出版社,1999.
[30] 王乐夫.公共关系学概论.北京：高等教育出版社,1994.

[31] 王伟. 新公共关系学. 青岛：青岛海洋大学出版社,1995.
[32] 吴友富. 现代管理与公共关系. 上海：上海外语教育出版社,2001.
[33] 熊源伟. 公共关系学. 合肥：安徽人民出版社,1990.
[34] 叶茂康. 环球：专业公关之路. 上海：复旦大学出版社,1997.
[35] 余明阳. 2006：中国公关新机遇. 第十五届全国公共关系组织联席会暨 2005 中国公关组织高层峰会演讲稿(提纲),2005.
[36] 余明阳. 中国公共关系教育 20 年综述. 公关世界,2006(6).
[37] 余明阳. 2006 中国品牌报告. 上海：上海交通大学出版社,2006.
[38] 翟向东. 中国公共关系教程. 北京：中国商业出版社,1994.
[39] 张龙祥. 中国公共关系大百科全书. 北京：中共中央党校出版社,2002.
[40] 中国社科院新闻研究所公共关系课题组. 公共关系学概论. 北京：科学普及出版社,1986.

后 记

20世纪80年代初，随着改革开放的深入进行尤其是市场经济在我国的生根发展，公共关系这门19世纪初起源于美国的新兴学科，被逐渐引入我国。发展到今天，无论是政府组织还是企业及其他社会组织，都有意识地将公共关系引入组织管理活动中来，各类国际、本土专业公共关系公司如雨后春笋般迅速发展，定位细分、相互促进、共生共荣，公共关系已经成为一种被政府与社会认可并拥有广阔服务领域的崭新职业。

顺应社会经济发展的需要，公共关系作为一门学科在高等学校也得到了快速发展，20多年来，包含博士、硕士、学士、大专、职教、自考、短训、资格考试的公共关系教育体系已初步形成，应运而生的公共关系专著、译著、丛书、杂志与工具书层出不穷，使公共关系学科在普及中提高，在引进中发展。

公共关系学在发展，公共关系活动在经济社会建设中的运用日益广泛，其理论和实践也在不断创新。因此，原有的教材尽管各具特色，但已经很难适应不断变化的组织内外部环境，也不能全面反映当前公共关系研究与发展的现状，特别是网络传媒的发展，改变了信息传播的模式，对公共关系活动提出了新的挑战和要求。

本教材希望在吸收前人编著的公共关系教材的基础上，尽可能多地吸收近年来公关活动的经典案例和最新的研究成果，在体例上也作了相应调整。全书由三大模块构成：公共关系理论篇、公共关系活动过程篇与公共关系实务篇。理论与实践相结合，提高学习者的实践操作能力是本教材希望达到的基本目标。

全书共分十二章，黄忠怀、邓宏武负责全书的策划和统稿工作。各章的作者分别是：第一章、第二章，黄忠怀与邓宏武；第三章、第四章，刘胜军；第五章、第六章，周妙；第七章、第八章、第十一章，张堃；第九章、第十章，邓宏武；第十二章，李欢。另外，刘付春、陈文豪、曾茹和王振堂也参与了本书的校阅工作。由于作者水平所限，本书难免存在各种问题，敬请广大专家和读者批评指正。

黄忠怀

2010年1月